Wanderlust Allgäu

100 Traumpfade

für Gipfelstürmer und Flachlandentdecker

GPX-Daten zum Download

www.kompass.de/gpx

Kostenloser Download der GPX-Daten der im Wanderbuch enthaltenen Wandertouren.

UNSERE AUTORINNEN UND AUTOREN

Siegfried Garnweidner
Allgäu GmbH
Michael Sänger
Maria Strobl
Walter Theil

Alles, was sich Urlaubsgäste und stressgeplagte Erholungssuchende erträumen, finden sie im Allgäu, das für Erholung, Entspannung und Sport wie geschaffen ist. Die Möglichkeiten der Region sind riesig, allzu viele Schönheiten hat das Allgäu zu bieten. Keine Frage also, dass eine Präsentation der schönsten Wanderrouten nur im Teamwork möglich ist. KOMPASS arbeitet seit vielen Jahren mit hervorragenden Expertinnen und Experten aus dem Outdoorbereich zusammen. Verlag und Redaktion danken jenen Damen und Herren, die das Allgäu in jahrelanger Kleinarbeit erkundet, beschrieben und in wunderschönen Fotos festgehalten haben, sehr herzlich für die gute Zusammenarbeit. Ohne ihr Wissen und ihre Erfahrung wäre die Realisierung des vorliegenden Werkes nicht möglich gewesen!

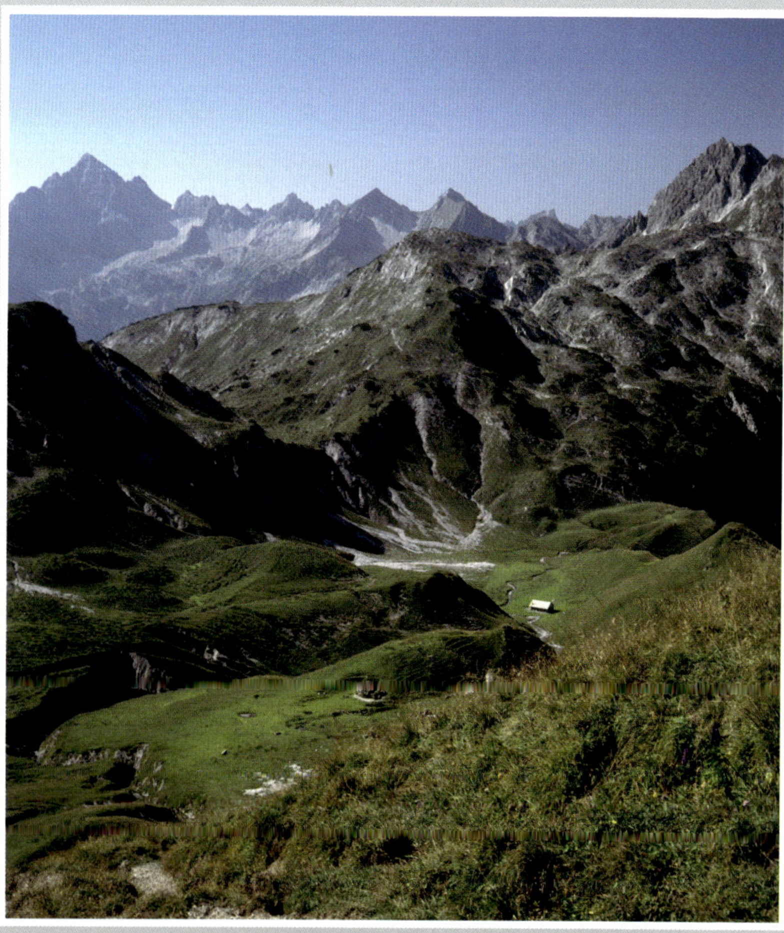

Blick von der Steinkarspitze zum Hochvogel

WANDERERLEBNIS ALLGÄU

Das Allgäu und die Allgäuer Alpen bieten vielseitige Landschaften, wie man sie sich abwechslungsreicher kaum wünschen kann. Großartige Landschaften übersät mit kristallklaren Badeseen, Burgen und Königsschlössern, stille Bauerndörfer, malerische Städtchen und Marktflecken, ausgedehnte Wälder, Klöster, Museen und viele weitere Attraktionen kennzeichnen das West-, Unter-, Ober- und Ostallgäu. Ideal ist es also dort für Leute, die es gemütlich angehen lassen wollen. In diesen meist hügeligen Regionen warten ausgedehnte Themenwanderwege, viel Ruhe, Entspannung und keine Sekunde Langeweile.

Noch aufregender geht es in den Allgäuer Alpen zu, die großartige Ziele für viele Touren anzubieten haben. Auch etliche Seilbahnen führen hier in luftige Höhen, von deren Bergstationen schöne Rundwege über die panoramareichen Gipfelhöhen führen. Richtig spannend wird es auf den höheren Bergen, die mit ihren markanten Flanken, extrem steilen Grashängen und ihrer „herben Schönheit" beliebte Herausforderungen für Bergwanderer und Kletterer im Programm haben, die dort voll auf ihre Kosten kommen. Aber auch viele moderatere Erhebungen rund um dieses hohe Bergmassiv laden ein zum Bergsteigen auf kurzen Tagestouren oder zu mehrtägigen Durchschreitungen mit Hüttenübernachtung.

Mit wachen Augen und Sinn für die Schönheiten der Natur lässt sich der Reichtum der Tier- und Pflanzenwelt im Allgäu entdecken. Wer ein Gespür dafür hat, kann fast auf Schritt und Tritt interessante Blumen oder Tiere am Wegesrand bestaunen. Die Natur mit ihren Gesteinen, ihren Gewässern und der an Aromen reichen Wald- und Wiesenluft ist immer gegenwärtig. Oder er lässt sich von der kulturellen Vielfalt und nicht zuletzt von der Vielzahl an Cafés und guten Wirtshäusern mit lauschigen Biergärten überraschen.

Das Allgäu ist variantenreich, die hier vorgestellten Touren sind individuell anpassbar und bieten für jede Wanderkondition das passende Gelände. Viel Freude beim Entdecken!

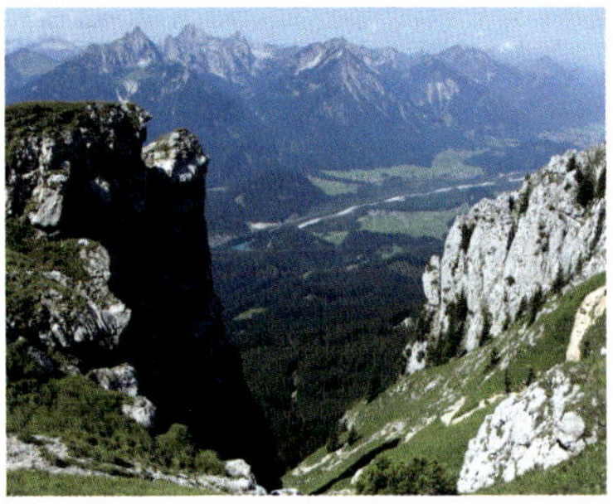

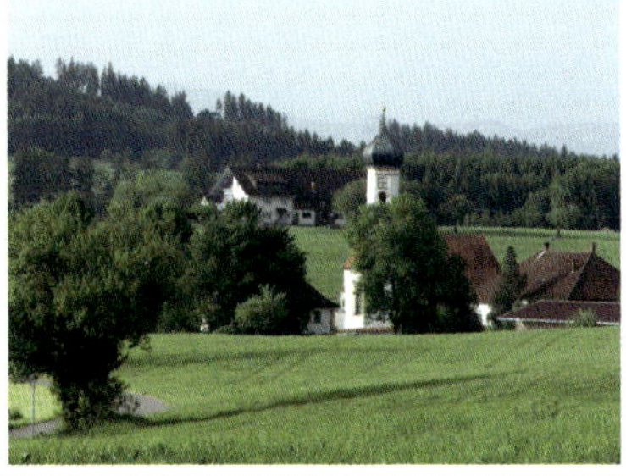

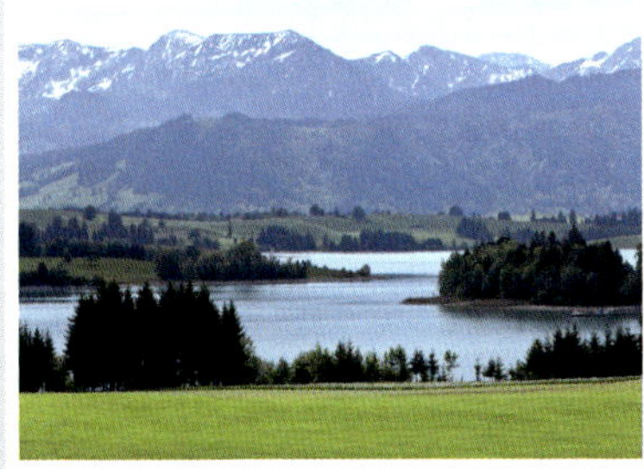

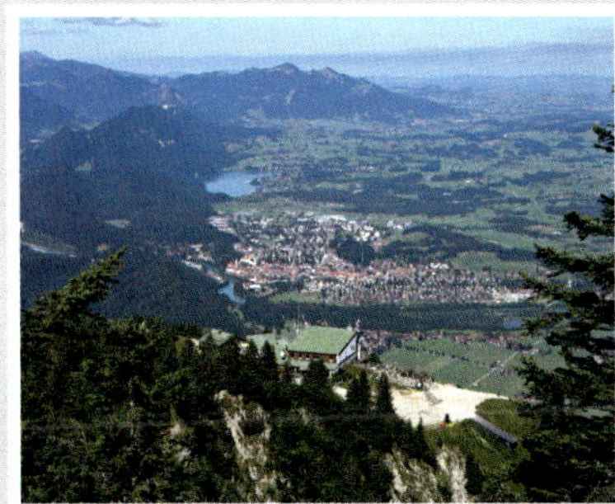

Abwechslungsreiche Landschaften – das Allgäu hat für jeden etwas zu bieten

INHALT UND TOURENÜBERSICHT

AUFTAKT

Unsere Autorinnen und Autoren 2
Wandererlebnis Allgäu 3
Inhalt und Tourenübersicht 4
Legende und Schwierigkeitsbewertung 12
Gebietsübersichtskarte 14

Tour		Seite
001	Bad Grönenbach – Illerbeuren	16
002	Kaufbeuren – Bad Wörishofen	20
003	Nördlicher Kapellenweg · 689 m	24
004	Rund um die Iller-Hängebrücke · 712 m	26
005	Ehwiesmühle · 826 m	28
006	Bergmang-Alpe · 850 m	30
007	Rundgang Marktoberdorf	32
008	Marktoberdorf – Kaufbeuren	34
009	Terra nostra I und II · 785 m	38
010	Freyberg · 750 m	41
011	Von Haldenwang nach Gschlavers	43
012	Nach Ottenstall im Rorachtal	45
013	Altusried – Schmidsfelden	47
014	Rundgang Altusried	50
015	Leutkirch – Bad Wurzach	52
016	Rundgang Leutkirch	56
017	Schmidsfelden – Eisenbach	58
018	Schmidsfelden – Leutkirch	59
019	Wallfahrtskirche Gschnaidt	62
020	Hofgut Unterkürnach	64
021	Wangener Stadtwald · 651 m	66
022	Wangen – Eglofstal – Maria-Thann	68

ANHANG

Tourismusinformationen 244

Impressum 248

km	h	hm	hm								Karte
13	3:30	203	283	✓	✓		✓		✓		187
23,7	6:00	207	266	✓	✓		✓		✓		188
11,3	2:45	130	130	✓	✓		✓				1c
10,9	3:15	260	260	✓							1c
9,7	2:45	250	250	✓			✓				1c
14	3:45	180	180	✓			✓				190
2,9	1:00	49	49	✓	✓		✓				188
25,9	7:00	329	371	✓	✓		✓		✓		188
10,7	3:00	180	180	✓	✓						190
10,4	2:45	100	100	✓	✓						190
10,5	2:45	195	195	✓	✓		✓				187
9,75	2:30	143	143	✓	✓				✓		187
19,8	5:30	550	516	✓	✓		✓		✓		187
4	1:00	87	87	✓	✓		✓				187
25,6	7:00	344	349	✓	✓		✓		✓		187
5,1	1:30	81	81	✓	✓		✓				187
4,4	1:30	73	26	✓	✓				✓		187
17,4	4:30	151	266	✓	✓		✓		✓		187
9,5	3:15	224	224	✓	✓		✓				187
8,5	2:00	254	254	✓	✓		✓				187
11,3	3:15	210	210	✓	✓		✓				1c
21,5	7:00	316	316	✓	✓		✓		✓		187

INHALT UND TOURENÜBERSICHT

Tour		Seite
023	Rund um Hochberg · 812 m	71
024	Schwarzer Grat · 1118 m	73
025	Rudershöhe · 1009 m, Ölberg · 961 m und Heidenkapf · 918 m	75
026	Riedholzer Kugel · 1066 m	77
027	Eistobel – Oberstaufen	79
028	Schwarzer Grat · 1118 m	81
029	Nach Wilhams und aufs Lüßeck	84
030	Wolfsberg · 998 m und Kreuzleshöhe · 1115 m	86
031	Hohenegg · 915 m	88
032	Spießeck und Rohrbachtobel · 873 m	90
033	Speckbach-Wasserfall	92
034	Duracher Moos · 868 m	94
035	Dürrer Bichl und Knollerhag	96
036	Sulzberger See	98
037	Wildberg · 931 m	100
038	Görisried – Oy-Mittelberg	102
039	Schwarzenberger Weiher	104
040	Rundgang Oy-Mittelberg	106
041	Fünf-Seen-Runde · 900 m	108
042	Lechbruck – Halblech	110
043	Rundgang Halblech	112
044	Hochplattenrunde	114
045	Forggensee – Roßhaupten · 894 m	116
046	Hopfensee · 784 m	118
047	Schlossberg · 1044 m und Drachenköpfle · 1002 m	120
048	Alpspitz · 1575 m und Edelsberg · 1630 m	122
049	Aggenstein · 1985 m und Breitenberg · 1838 m	124

km	h	hm	hm	P							Karte
6,8	2:00	190	190	✓	✓		✓				1c
7,5	2:45	350	350	✓				✓			1c
8,9	2:45	330	330	✓	✓			✓			1c
9,2	4:15	470	470	✓	✓		✓	✓			1c
11,2	3:00	476	371				✓				02
12,5	4:30	459	459	✓	✓			✓			187
11,75	3:00	269	269	✓	✓						187
10,9	3:15	330	330	✓				✓			1c
7,4	2:30	250	250		✓		✓	✓			1c
7,3	2:00	200	200	✓	✓			✓			1c
8	2:00	169	169	✓							187
10,6	3:00	160	160	✓			✓				190
13	3:30	161	161	✓	✓		✓				188
12,5	3:30	158	158	✓	✓		✓				188
13,6	3:30	230	230	✓	✓		✓				190
11,2	2:45	185	36	✓	✓				✓		188
9	2:30	128	128	✓	✓						188
5	1:45	103	103	✓	✓		✓				3
12	3:15	170	170	✓			✓				1c
13,6	3:30	179	75	✓	✓		✓		✓		179
6,3	1:45	61	61	✓	✓		✓				4
11,3	5:45	950	950				✓		✓		4
6	2:00	200	200	✓	✓		✓				4
6,8	1:30	10	10	✓	✓		✓	✓			4
6,7	2:15	290	290				✓	✓			4
8,1	4:00	770	770	✓	✓	✓	✓	✓			4
11,25	4:45	1342	497	✓	✓	✓	✓	✓	✓		4

INHALT UND TOURENÜBERSICHT

Tour		Seite
050	Rundgang Pfronten	126
051	Aggenstein · 1985 m über Breitenberg	128
052	Nesselwang – Oy-Mittelberg	130
053	Ellegghöhe · 1136 m	132
054	Reuter Wanne · 1542 m	134
055	Falkenstein · 1115 m	136
056	Rottachseeumrundung · 868 m	139
057	Niedersonthofener Wasserfall · 914 m	141
058	Immenstädter Burgenrunde · 870 m	143
059	Berggasthof Kranzegg	146
060	Bärenkopf · 1463 m	148
061	Über Halden zum Sonthofer See	150
062	Immenstadt-Bühl – Oberstaufen	152
063	Hauchenberg-Runde	156
064	Klammen · 1470 m	159
065	Alpseerundweg · 907 m	161
066	Ochsenschache · 1195 m und Salmaser Höhe · 1221 m	163
067	Oberstaufen – Oberreute	165
068	Enschenstein · 829 m	168
069	Rundgang Weiler-Simmerberg	170
070	Lindenberg-Waldsee – Scheidegger Wasserfälle	172
071	Rundgang Scheidegg	174
072	Hirschberg · 1095 m	176
073	Hausbachklamm – Oberreute – Wildrosenmoos	178
074	Rundgang Oberreute	180
075	Kapf · 998 m	182

km	h	hm	hm	P							Karte
4,8	1:30	51	51	✓	✓		✓				4
13,1	7:00	1420	1420	✓	✓	✓	✓	✓	✓		4
14,2	5:00	746	708	✓	✓	✓	✓	✓	✓		4
15	4:15	298	298	✓	✓		✓	✓	✓		3
8,75	3:30	608	608	✓	✓		✓	✓			3
15,3	4:45	480	480	✓				✓			3
14,4	3:45	120	120	✓	✓		✓				4
5,4	2:00	240	240	✓	✓						1c
7,8	2:30	260	260	✓	✓		✓				3
5,25	1:45	278	278	✓	✓		✓				2
9	3:00	176	899	✓	✓	✓	✓	✓			2
10,5	2:45	142	142	✓	✓		✓				3
19,7	6:30	667	586	✓	✓		✓		✓		2
16	5:30	535	535	✓	✓		✓	✓			187
14	5:30	730	730	✓	✓		✓	✓			3
11,3	3:30	220	220	✓	✓		✓				3
7,4	2:45	490	490	✓	✓		✓	✓			2
10,8	3:00	407	343	✓	✓		✓	✓	✓		3
7,6	2:45	290	290	✓	✓			✓			2
2,5	1:15	37	37	✓	✓		✓				02
11,25	4:00	188	188	✓	✓		✓		✓		187
6,1	2:00	119	119	✓	✓		✓				02
14	4:15	537	537	✓	✓		✓	✓			2
11,5	3:45	258	258	✓			✓				2
4,8	1:30	82	82	✓	✓		✓				02
8	2:15	223	223	✓	✓		✓	✓			2

INHALT UND TOURENÜBERSICHT

Tour		Seite
076	Erlebnis Fernwanderweg E 4	184
077	Hochgrat · 1834 m	190
078	Samstenberg · 1513 m	192
079	Heidenkopf · 1685 m und Gratkopf · 1670 m	194
080	Balderschwang – Grasgehren	196
081	Höllritzereck · 1669 m und Bleicherhorn · 1669 m	198
082	Siplingerkopf · 1746 m	200
083	Rindalphorn · 1821 m	202
084	Rundgang Marktoberdorf	206
085	Weiherkopf · 1665 m und Großer Ochsenkopf · 1662 m	208
086	Tiefenberger Moos	210
087	Grünten · 1738 m	212
088	Malerwinkel	214
089	Berggasthaus Zum Oberen Horn · 1320 m	216
090	Großer Hirschberg · 1644 m und Spieser · 1651 m	218
091	Bad Hindelang – Schattwald	220
092	Wiedemerkopf · 2163 m	222
093	Entschenkopf · 2043 m	224
094	Hochleite und Freibergsee	226
095	Oberstdorf – Edmund-Probst-Haus	228
096	Edmund-Probst-Haus – Schwarzenberghütte	230
097	Schwarzenberghütte – Bad Hindelang	232
098	Kanzelwandhaus · 1520 m	236
099	Fiderepasshütte · 2067 m	238
100	Rappenseekopf · 2469 m und Hochrappenkopf · 2425 m	240

km	h	hm	hm	P							Karte
55	12:45	1653	2799	✓	✓	✓	✓	✓	✓		3
7,25	3:00	981	132	✓	✓	✓	✓	✓	✓		2
8,5	4:00	474	474	✓	✓		✓	✓			3
5,75	3:00	563	563	✓				✓			3
18,2	5:30	1061	668	✓	✓		✓	✓	✓		3
11,1	5:00	780	780	✓	✓		✓	✓			3
9,5	3:30	702	702	✓	✓		✓	✓			3
21,7	7:30	1570	1570	✓	✓	✓	✓	✓			3
2,9	1:00	49	49	✓	✓		✓				188
7	3:15	332	960	✓	✓	✓	✓	✓			3
10,75	2:45	63	63	✓	✓		✓				3
9	4:45	798	798	✓	✓		✓	✓	✓		3
5	1:45	158	158	✓	✓						3
9	3:45	603	603	✓	✓		✓				3
9,5	4:15	692	692	✓	✓		✓	✓			3
14,5	6:30	943	660	✓	✓	✓	✓		✓		3
14,25	7:45	1133	1133	✓	✓		✓	✓	✓		3
12	6:15	1232	1232	✓	✓		✓	✓			3
7,75	2:45	162	527	✓	✓	✓	✓		✓		3
12,2	5:30	1303	196	✓	✓	✓	✓		✓		3
8,2	3:30	228	799	✓	✓	✓			✓		3
17,9	6:00	640	1193	✓	✓		✓		✓		3
8,25	3:00	616	616	✓	✓		✓		✓		3
15,5	6:00	1163	1163	✓	✓		✓				3
19,5	10:00	1610	1610	✓	✓		✓	✓	✓		3

LEGENDE UND SCHWIERIGKEITSBEWERTUNG

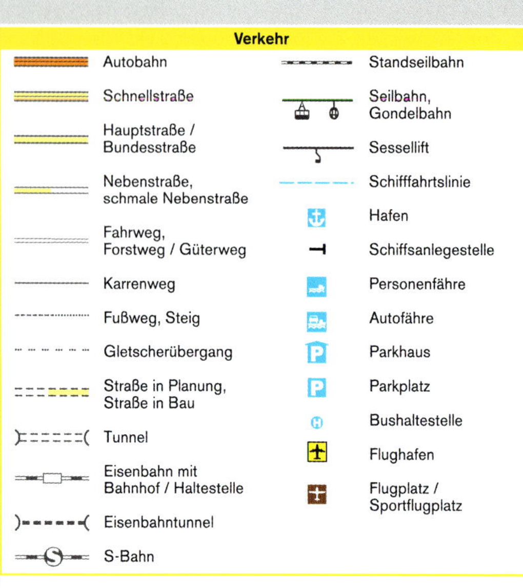

Relief und Vegetation

Geröll, Sumpf / Moor	Naturschutzgebiet / Nationalpark / Naturpark
Heide, Sand	
Wald, Kampfwald (Latschen, Krummholz)	Wein, Obst / Hopfen

Sport und Freizeit

Minigolf, Kinderspielplatz	Bootsverleih, Angeln
Trimmpfad / Fitnessparcours, Grillplatz	Hallenbad, Freibad / Badesee
Klettersteig, gesicherter Wegabschnitt	Sportplatz, Sprungschanze
Wildpark, Findling	

Touristische Hinweise

Information, Jugendherberge	Krankenhaus / Notarztstation
Hotel / Gasthof / Restaurant	Aussichtsturm
Schutzhütte / Berggasthof (im Sommer und Winter)	Schöner Ausblick, Rundblick
Schutzhütte / Berggasthof (Sommerbewirtschaftung)	Kirche, Wallfahrtskirche
	Kapelle, Denkmal
Jausenstation / Almwirtschaft / Imbissstube	Burg / Schloss, Ruine
	Kloster
Buschenschenke / Heuriger, Unterstand	Ausgrabungen, ehemalige Festung
Hütte / Biwak (unbewirtschaftet)	Wegkreuz
Campingplatz, Sehenswürdigkeit	Bildstock, Bildbaum
Museum, Museumsbahn	Höhenpunkt, Gipfelkreuz

■ LEICHT

Hier handelt es sich um gut angelegte Wege ohne echte Gefahrenstellen, die jedermann begehen kann. Das schließt aber kräftige Steigungen nicht aus. Blaue Routen sind meist gut beschildert und markiert, damit eignen sie sich auch für „Wander-Anfänger“.

■ MITTEL

Diese Wege und Steige verlaufen in anspruchsvollerem Gelände, sie können also steil und steinig sein, vielleicht auch durch felsiges Gelände führen (eventuell mit Stahlseil-Sicherungen). Ein gewisses Maß an Wandererfahrung, Trittsicherheit und festes Schuhwerk sollen nicht fehlen. Auch diese Routen, wie fast alle im Bereich des Führers, sind meist ausreichend beschildert und gut markiert.

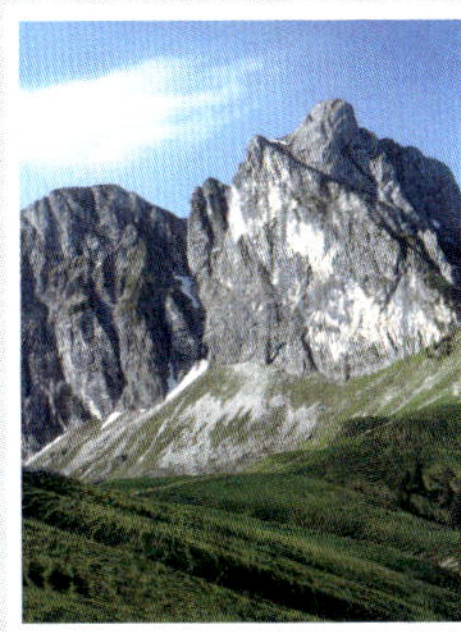

■ SCHWER

Hier findet man anspruchsvolle Touren, die in felsiges Gelände mit abschüssigen und gefährlichen Passagen führen. Außerdem können „schwarze" Touren sehr lang sein. Schwindelfreiheit, Trittsicherheit, gute Kondition und Geschicklichkeit sind daher ebenso notwendig wie Bergstiefel und die richtige Ausrüstung. Hier wirken sich Nässe und Nebel, Neuschnee und Altschneefelder usw. besonders deutlich aus. Auch diese Routen sind zwar meist ausreichend beschildert und markiert – aber für Anfänger ungeeignet!

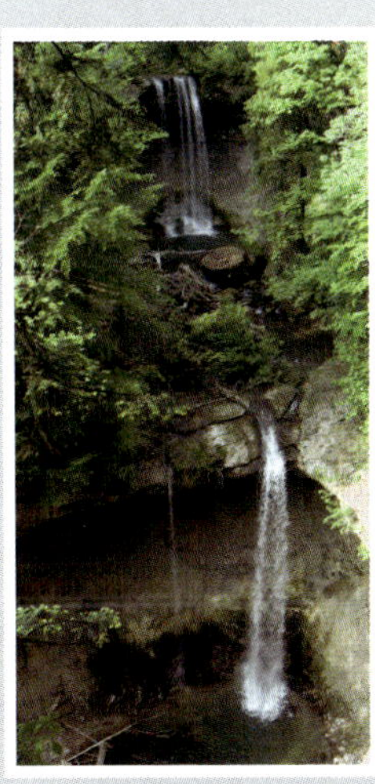

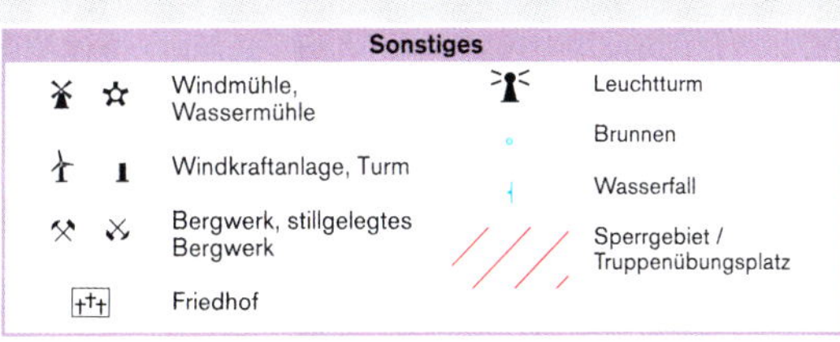

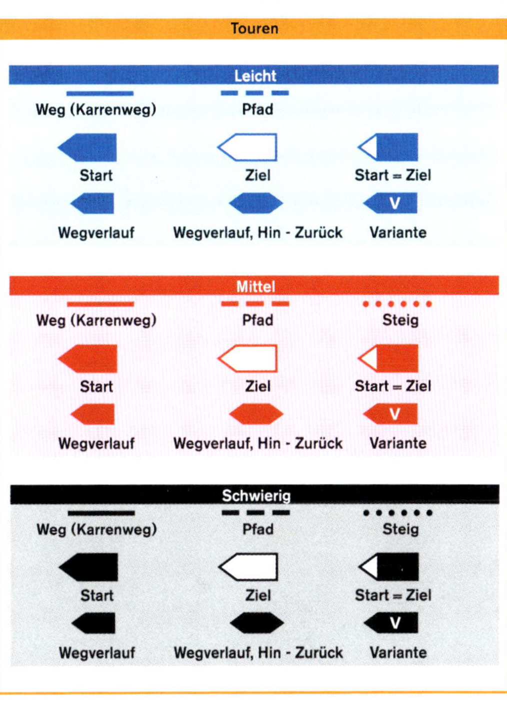

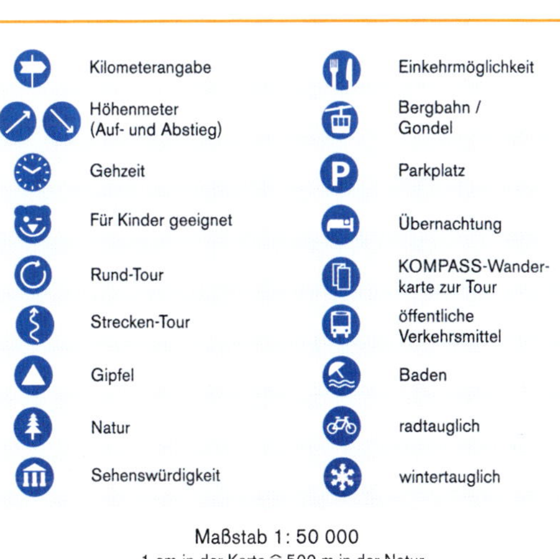

Maßstab 1 : 50 000
1 cm in der Karte ≙ 500 m in der Natur
0 1 2 km

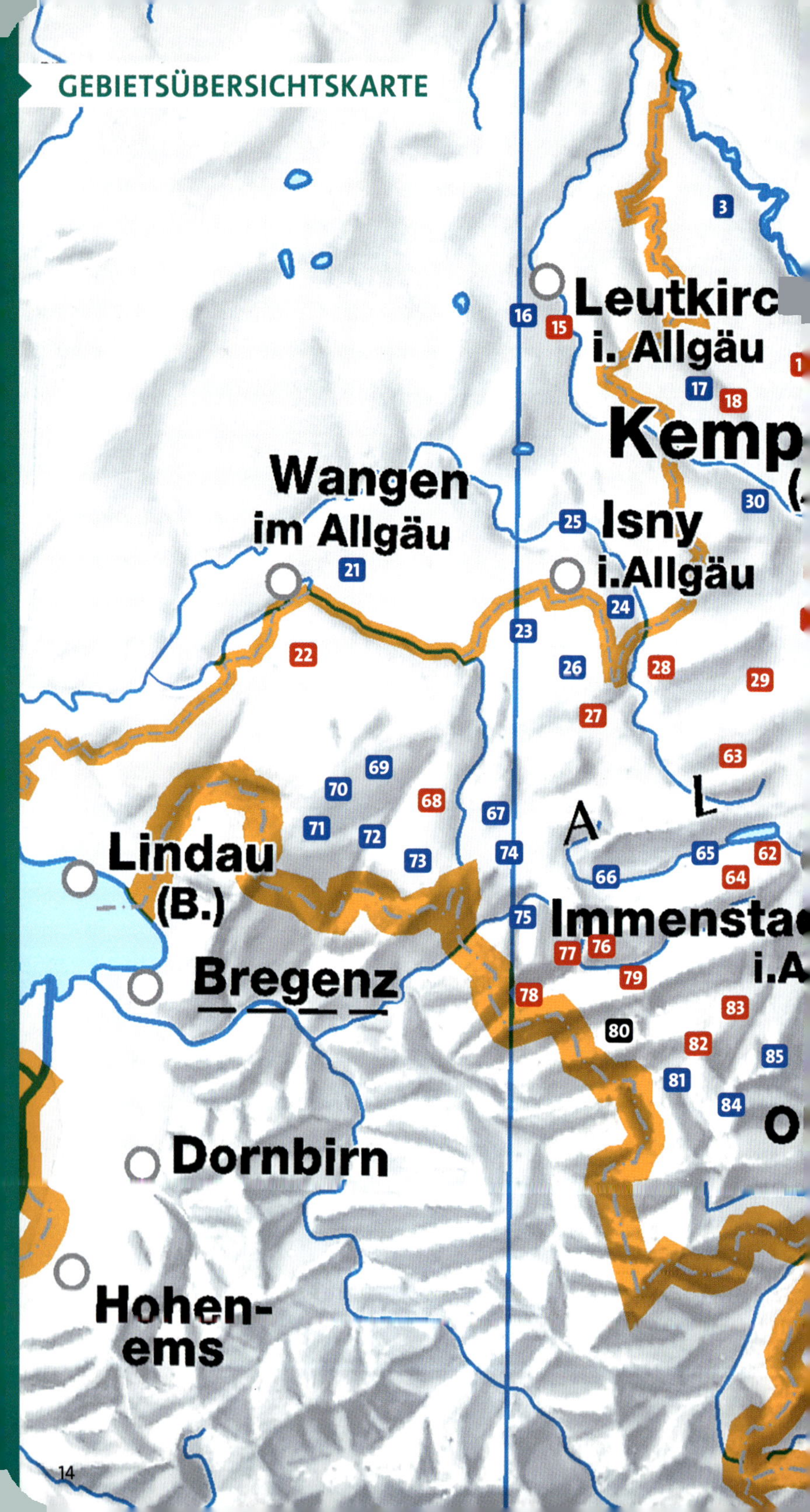

Leutkirch
i. Allgäu
Kemp
Wangen
im Allgäu
Isny
i.Allgäu
Lindau
(B.)
Bregenz
Immenstad
i.A
Dornbirn
Hohen-
ems
A
L
3
15
16
17
18
1
21
22
23
24
25
26
27
28
29
30
62
63
64
65
66
67
68
69
70
71
72
73
74
75
76
77
78
79
80
81
82
83
84
85

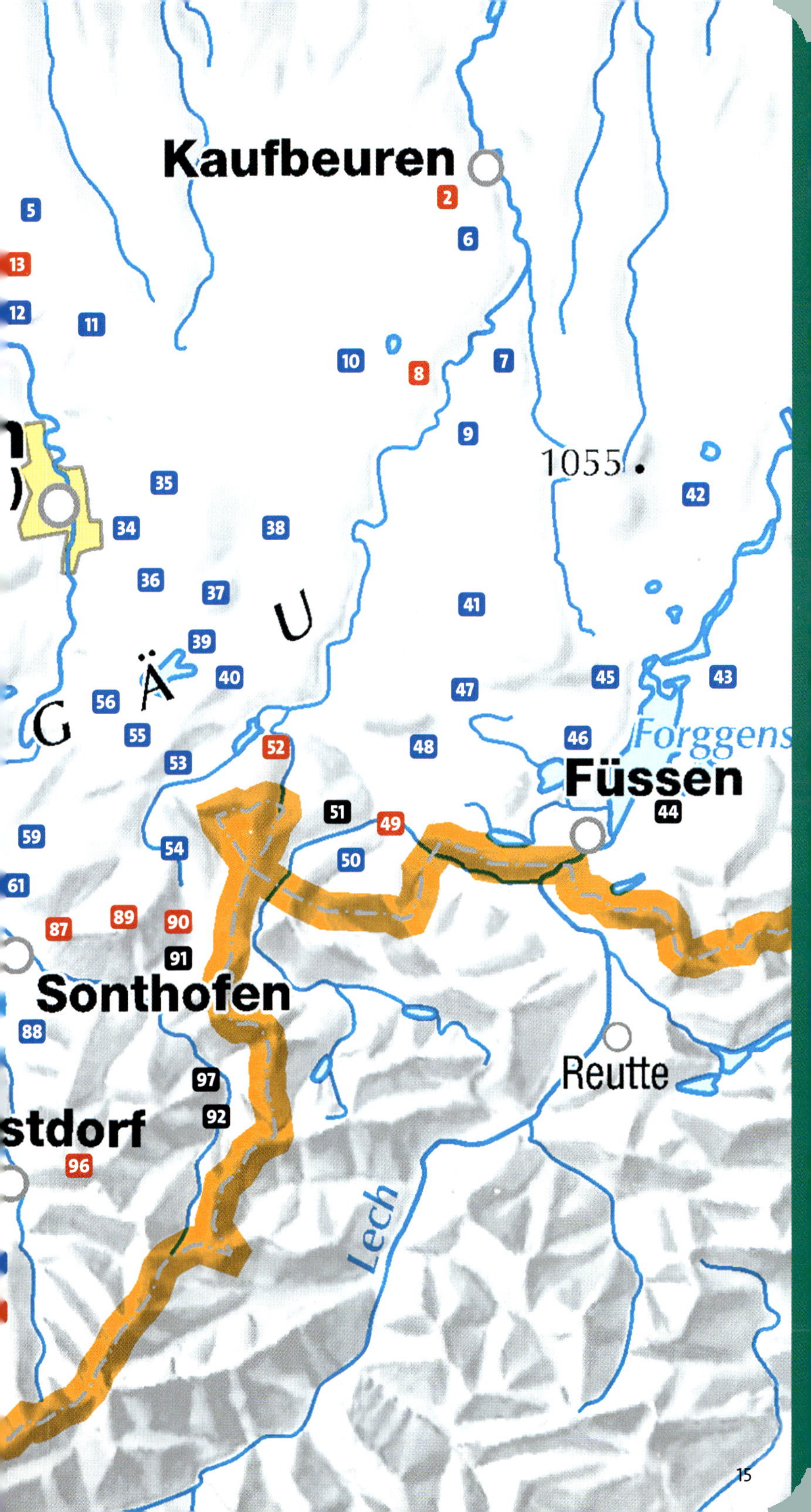

Kaufbeuren
2
5
6
13
12
11
10
8
7
9
1055
42
35
34
38
36
37
41
U
39
40
Ä
G
56
55
53
52
48
47
45
43
46
Forggens
Füssen
44
51
49
50
59
54
61
87
89
90
91
Sonthofen
88
97
92
stdorf
96
Reutte
Lech

1

BAD GRÖNENBACH – ILLERBEUREN

Unterwegs in den Voralpen auf der Wiesengänger-Route

  13 km  3:30 h 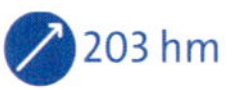 203 hm  283 hm  187

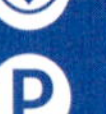

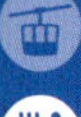

START | Marktplatz 5, Kur- und Gästeinformation Bad Grönenbach. [GPS: UTM Zone 32 x: 591.371 m y: 5.303.106 m]
CHARAKTER | Natur und Kultur halten sich auf bemerkenswerte Weise die Waage. Ein unschweres, sehr abwechslungsreiches Wanderstück von Schloss zu Schloss mit Illerbegleitung.

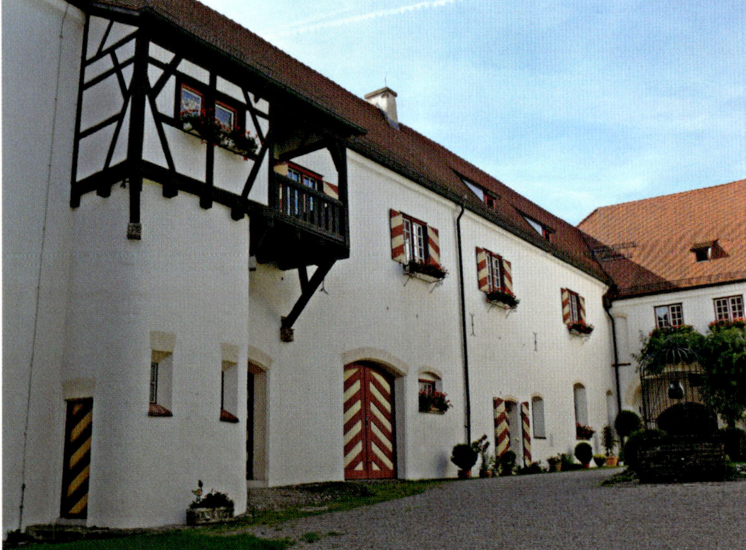

Kronburg: Schloss Kronburg

Tolle Tour über das Hochufer der Iller, viel Waldeinsamkeit, ein Schloss in der Höhe und der Abstieg zum Zielort an der Iller.

▶ Vom **„Marktplatz“** 01 zur „Marktstraße“ laufen, die Straße queren und auf Gehweg rechts ab bis zum „Bräuhausweg“. Hier links ab ansteigend, durch den Verbindungsgang (immer offen) hindurch und dahinter über Treppenstufen links bergauf und auf dem von links kommenden, steilen Pfad rechts ab bis zur „Pappenheimer Straße“ vor dem **Hohen Schloss** 02. Hier kurz rechts ab und nach 20 m links, vorbei an den Trilogienadeln, in Serpentinen ins Tal absteigen. Im Talboden links ab, am Sportplatz vorbei bis zur Landstraße. Diese queren und auf dem Gehweg rechts ab, bis linker Hand der Parkplatz des Walderlebnispfades erreicht wird. Die Etappe nutzt ab hier den breiteren Forstweg im Talboden. An der folgenden Kreuzung rechts ab und links haltend auf einem ansteigenden Pfad bis zu einer T-Kreuzung. Hier rechts ab und wenig später wieder links auf einem mit Handläufen gesicherten, steilen Weg hinunter nach Rothenstein absteigen. Ein Kneippbecken lockt zur regionstypischen Erfrischung. An der Landstraße links in den Ort hineinwandern.

An der Kreuzung im Ort besteht Gelegenheit für einen Abstecher zur romantisch im Wald gelegenen **Burgruine Rothenstein** 03 (Tipp: links ab zu der

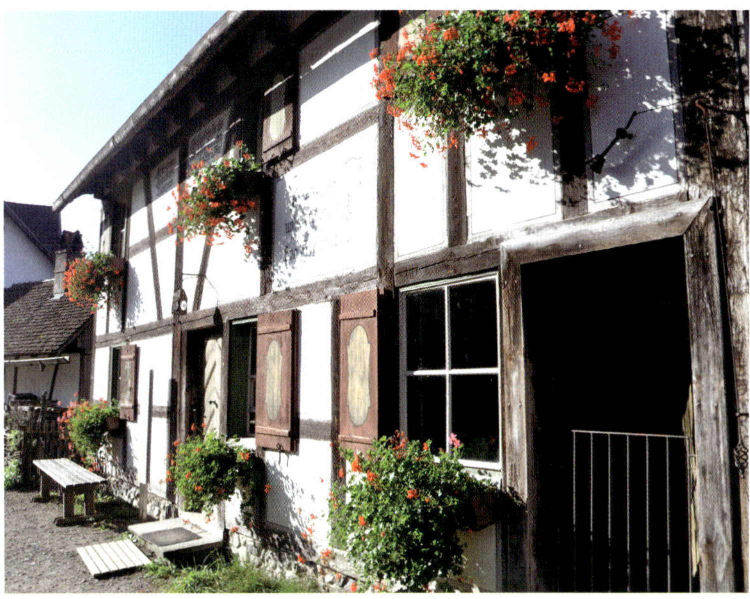

Illerbeuren: Schwäbisches Bauernhofmuseum

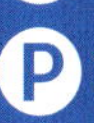

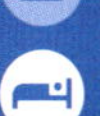

lauschig gelegenen Ruine.) Die Route quert die Straße nach rechts und führt auf Feldweg durch offenes, leicht kupiertes Gelände, vorbei an einer schönen Rastanlage mit Trilogiebank, erst zum Naturfreundehaus Rechberg und, links haltend, bergauf zwischen Steilhang und Weidekoppeln hindurch bis zu einer Rastbank mit Blick auf die **Illerschleife** **04** tief unten.

Weiter geht es, hoch über der Iller, teils über wurzelübersäte Passagen bergab bis zum Waldrand. An der Wegegabelung rechts halten, vom Steilhang weg, dem Feldweg am Waldrand entlang mit Blick auf Oberbinnwang und Wiesen folgen. An der T-Kreuzung rechts ab nach **Oberbinnwang** **05**. Im Ort rechts ab auf Landstraße aus dem Ort heraus und an der nächsten Kreuzung links ab, bevor dann links an einer Scheune ein Feldweg in die Wiesen hinein- und auf den Wald zuführt. Die Route schwingt sich nun für gut drei km zunächst auf den Höhenrücken des 760 m hohen Burgstall und durchmisst den Waldpelz der Länge nach. Kurz vor dem Erreichen einer Landstraße öffnet sich der Waldvorhang, kurz rechts halten, die Straße queren und links wieder in jungen Wald eintauchen. An beiden folgenden markanten Wegegabelungen jeweils der linken Variante folgen. Am Waldrand rechts ab bis zu einer Landstraße laufen. Hier links ab, vorbei am Gästehaus Schloss Kronburg. Die Woringer Straße leitet zum Ortseingang von Kronburg und zur Memminger Eingangsstele (linker Hand). Hier gibt es die Alternative, den ca. 15 km langen Stichweg nach Memmingen nach rechts zu wählen, die Option, einen Abstecher zum **Schloss Kronburg** **06** zu machen oder nach Illerbeuren zu laufen.

Die Wiesengänger Route führt an der Stele zunächst links herum und rechts in die Straße „Im Frauenpaint" und über die „Rechbergstraße" durch ein Wohngebiet. Nach etwa 200 m geht es links ab auf schönem Pfad durch Wald zu einem weiteren Abzweig. Hier geht es links weiter bergab Richtung **Wagsberg** **07**.

Kurz später ist der Waldrand erreicht und auf Wiesenweg geht es in den kleinen Ort an der Iller. Auf der Landstraße rechts halten und im weiteren Verlauf der „Kronburger Straße" bis nach Illerbeuren folgen. An der Kreuzung „Kronburger Straße" und „Museumstraße" sind es nur noch wenige Meter rechts ab bis zum **Schwäbischen Bauernhofmuseum** **08** und dem Tourende.

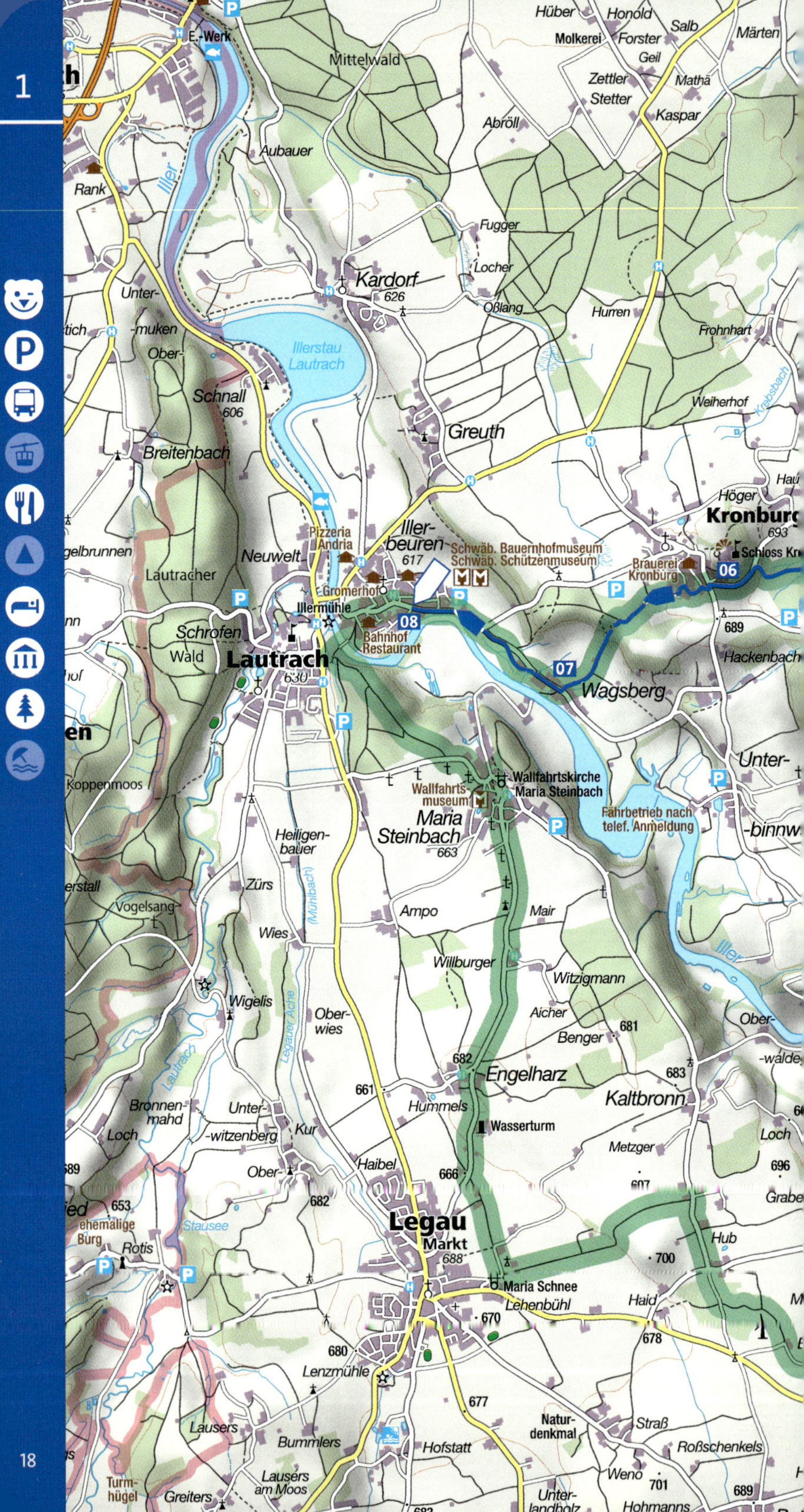
E.-Werk
Mittelwald
Aubauer
Rank
Iller
Kardorf
626
Illerstau
Lautrach
Schnall
606
Breitenbach
Greuth
Pizzeria
Andria
Iller-
beuren
617
Schwäb. Bauernhofmuseum
Schwäb. Schützenmuseum
Neuwelt
Gromerhof
Illermühle
Bahnhof
Restaurant
08
Lautracher
Schrofen
Wald
Lautrach
630
07
06
Wagsberg
Brauerei
Kronburg
Kronburg
693
Schloss Kr
Höger
Hackenbach
689
Wallfahrtskirche
Maria Steinbach
Wallfahrts-
museum
Maria
Steinbach
663
Fährbetrieb nach
telef. Anmeldung
Koppenmoos
Heiligen-
bauer
Zürs
Vogelsang
Ampo
Mair
Wies
(Mühlbach)
Willburger
Witzigmann
Wigelis
Ober-
wies
Aicher
Benger
681
682
Engelharz
683
Kaltbronn
661
Hummels
Wasserturm
Bronnen-
mahd
Unter-
-witzenberg
Kur
Loch
Haibel
666
Metzger
696
Ober-
682
653
ehemalige
Burg
Rotis
Stausee
Legau
Markt
688
Hub
700
Maria Schnee
Lehenbühl
Haid
670
678
680
Lenzmühle
677
Natur-
denkmal
Straß
Lausers
Bummlers
Hofstatt
Roßschenkels
Lausers
am Moos
Weno
701
Greiters
Unter-
landholz
Hohmanns
689
Turm-
hügel
Hüber
Honold
Salb
Märten
Molkerei
Forster
Geil
Zettler
Mathä
Stetter
Kaspar
Abröll
Fugger
Locher
Oßlang
Hurren
Frohnhart
Weiherhof
Krebsbach
Unter-
-muken
Ober-
Lautrach
Legauer Ache
Iller
Unter-
-binnw
Ober-
-walde
Grabe

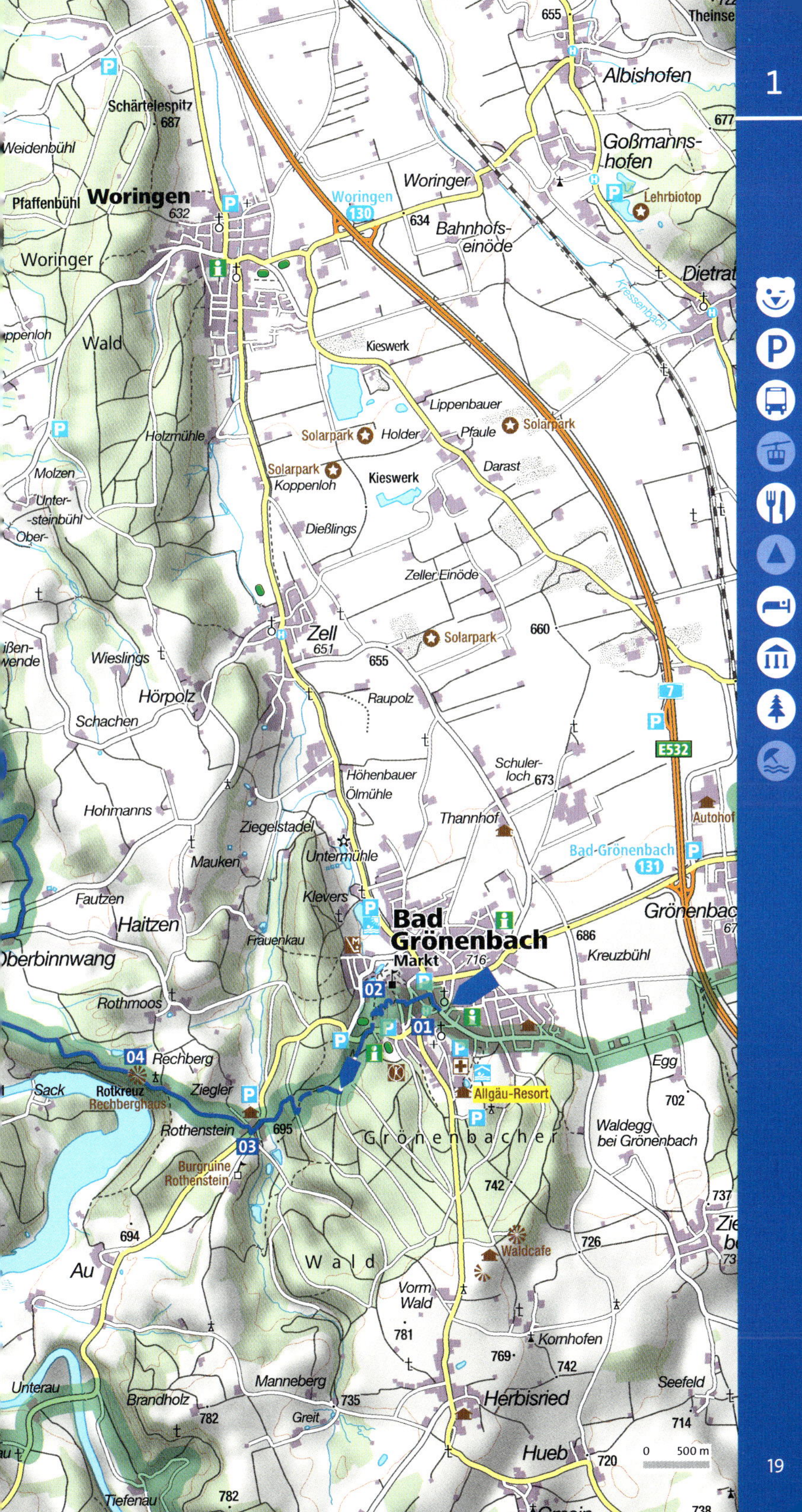
Theinse
655
Albishofen
677
Goßmanns-
hofen
Lehrbiotop
Dietrat
Kressenbach
Schärtelespitz
687
Weidenbühl
Pfaffenbühl
Woringen
632
Woringer
Woringen
130
634
Bahnhofs-
einöde
Woringer
Wald
Kieswerk
Solarpark
Holder
Lippenbauer
Pfaule
Solarpark
Holzmühle
Molzen
Unter-
-steinbühl
Ober-
Solarpark
Koppenloh
Kieswerk
Darast
Dießlings
Zeller Einöde
Zell
651
655
Solarpark
660
Wieslings
Hörpolz
Schachen
Raupolz
7
E532
Höhenbauer
Ölmühle
Schuler-
loch
673
Hohmanns
Ziegelstadel
Thannhof
Autohof
Untermühle
Mauken
Bad-Grönenbach
131
Fautzen
Klevers
Bad
Grönenbach
Markt
716
686
Kreuzbühl
Haitzen
Frauenkau
Oberbinnwang
Rothmoos
02
01
04
Rechberg
Egg
Sack
Rotkreuz
Rechberghaus
Ziegler
Allgäu-Resort
702
Rothenstein
695
03
Waldegg
bei Grönenbach
Grönenbacher
Burgruine
Rothenstein
742
737
694
Au
Waldcafe
726
Wald
Vorm
Wald
781
Kornhofen
769
742
Unterau
Manneberg
Seefeld
Brandholz
782
735
Herbisried
Greit
714
Hueb
720
0
500 m
Tiefenau
782
738
Gmein-

2

KAUFBEUREN – BAD WÖRISHOFEN

Unterwegs in den Voralpen auf der Wiesengänger-Route

 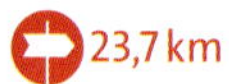 23,7 km  6:00 h 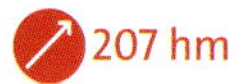 207 hm 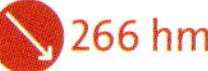 266 hm  188

START | Kaiser-Max-Straße, Rathaus Kaufbeuren.
[GPS: UTM Zone 32 x: 621.344 m y: 5.304.218 m]
CHARAKTER | So muss das Wiesenparadies ausgesehen haben. Eine leichte Streckenwanderung mit kulturellen Höhepunkten, Alpenblick, erfrischendem Fußbad und Panoramen.

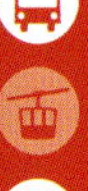

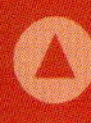

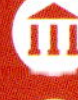

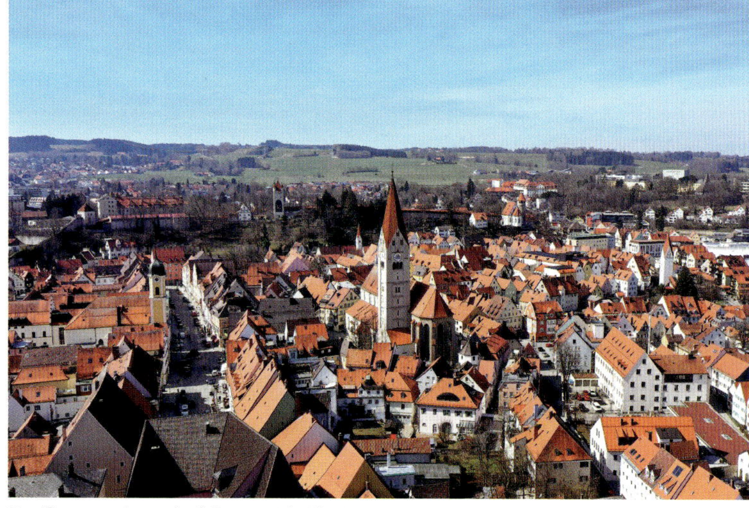

Kaufbeuren: Innenhof Crescentia Kloster

Erfrischendes Kneipp- oder wohlriechendes Waldbad? Beides ist geboten. Dazu eine Klosteranlage und eine Terrassenlandschaft.

▶ Aus der **Altstadt** 01 auf der „Kaiser-Max-Straße“, der Straße „Am Breiten Bach“ und der Straße „Unter dem Berg“ vorbei am Crescentiakloster zur Gasse „Blasiusberg“ und hinauf zur St.-Blasius-Kirche von 1319. Über Treppen hinunter in den „Schießstattweg“. Nun links über die Kemptener Straße und die Kemnater Straße, vorbei an der Friedsäule von 1337, zur **Eingangsstele** 02. Nun geradeaus auf Gehweg bergan. In Höhe Ortseingangsschild Kleinkemnat die Straße queren und auf Pfad rechts steil hinunter ins Eybachtal. Dann bergauf und durch ein sehenswertes Natura-2000-Gebiet mit Tümpelbiotopen. Es folgt wieder Wald mit der Querung des Kemnatbaches, dann geht es hinauf zum Hof der Hoffnung – der Fazenda da Esperança Santa Crescentia im Weiler Bickenried, der ehemaligen **Sommerresidenz der Irseer Äbte** 03. Nach Querung der Landstraße über einen Geländerücken mit Blicken auf die Alpenkette bis zu einer T-Kreuzung und rechts ab nach Irsee wandern. Durch die „Hochstraße“ zur **St.-Stephan-Kirche** 04 mit altem Friedhof laufen, dahinter, steil bergab durch den „Alten Burggraben“, erreicht die Etappe die „Marktstraße“ und rechts ab die gewaltige **Klosteranlage** 05 an der „Von-Bannwarth-Straße“ (Tipp: Klosterkirche und Klosterpark unbedingt besichtigen). Auf der „Von-Bannwarth-Straße“ links bergan bis zur Straße „Schönblick“ laufen, hier rechts halten und dann auf Pfad links hinunter in ein Tal absteigen. Auf Waldweg geht es später links ab hinunter durch den Riedgraben mit Fischteichen und dann auf Waldwegen erst rechts am Bachverlauf entlang und später links über einen Geländebuckel bis zu einer T-Kreuzung. Im spitzen Winkel nach links, dann nochmals links bis zum **„Schwarzen Kreuz“** 06, einem Sühnekreuz am früheren Kirchweg nach Irsee.

Später an beiden T-Kreuzungen jeweils rechts abzweigen und nach dem Erreichen des Waldrandes durch herrliche Wiesen bis zu einem Wegekreuz laufen. Hier scharf rechts. Der Weg führt der Länge nach über den Höhenrücken mit tollen Blicken auf die von Gletschern geformte Terrassenlandschaft. Beim Erreichen der Landstraße links halten und ein Stück weiter zunächst rechts und dann links ab auf Wiesen an der Terrassenstufe entlanglaufen. Eine Spitzkehre führt zur Landstraße hinunter und rechts geht es weiter bis Großried. Dort erst rechts ein Stück auf Landstraße bergauf wandern und gleich links ab, vorbei an der 1500 erbauten **Heilig-Kreuz-Kapelle** 07. Geradeaus über Wiesen führt der Weg durch jungen Wald und nach Querung einer Landstraße am Waldrand entlang mit schönem Blick auf Weiler und Wiesen zum Dorf Untergammenried. Hier geht es links auf Landstraße bis zur **Waldmühle** 08 mit Fischzucht und -räucherei (Parkplatz, Bushaltestelle) und vor dem Wörthbach rechts ab. (Tipp: Unbedingt die Kneippanlage an dem Rastplatz mit Trilogiebank ausprobieren!) Vorbei an endlos langen Weißdornhecken und vielen informativen Tafeln, vorbei am aus 135 Quellen gespeisten **Waldsee** 09 geht es durch die „Obere Mühlstraße“ zu einem Eichenhain mit der **Eingangsstele** 10 und drei Trilogienadeln. Später rechts ab zur „Gammenrieder Straße“, hier links weiter und dann erst rechts in den „Kellerweg“ und links in den „Promenadenweg“ bis zur „St.-Anna-Straße“. Rechts ab, bis links die „Schulstraße“, am **Kneipp-Museum** 11 vorbei, zur Straße „Klosterhof führt. Nun links ab, am Dominikanerinnenkloster vorbei bis zur „Hauptstraße“ und rechts bis zum „Luitpold-Leusser-Platz“ mit dem Start- und **Willkommensplatz** 12 wandern.

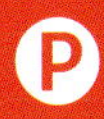

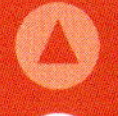

Crescentiakloster

Die heilige Crescentia leitete im 18. Jahrhundert das örtliche Kloster, das heutige Crescentiakloster. Sie galt als aufmerksame Zuhörerin und besaß die Gabe, sich in ihre Mitmenschen hineinversetzen zu können. Gleichzeitig verfügte die Franziskanerin über einen scharfen Verstand und ein kritisches Urteilsvermögen. Das machte sie zu einer klugen Ratgeberin, die sich nicht scheute, Probleme zu benennen. Daher vertrauten auch bedeutende Persönlichkeiten ihren Ratschlägen. Unmittelbar mit ihrem Tod setzte ein Strom von Pilgern ein, der bis heute nicht nachgelassen hat.

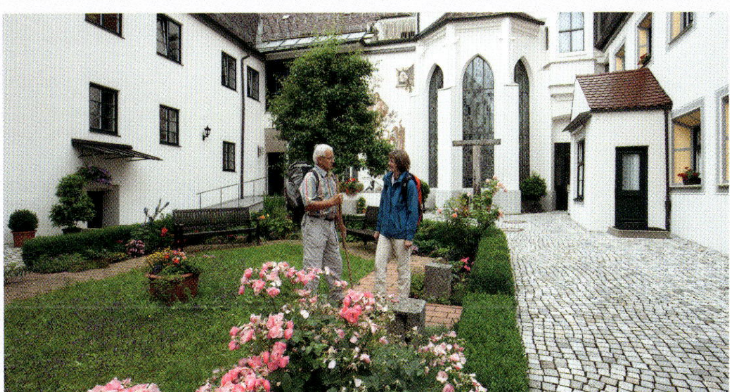

Kaufbeuren: Innenhof Crescentiakloster

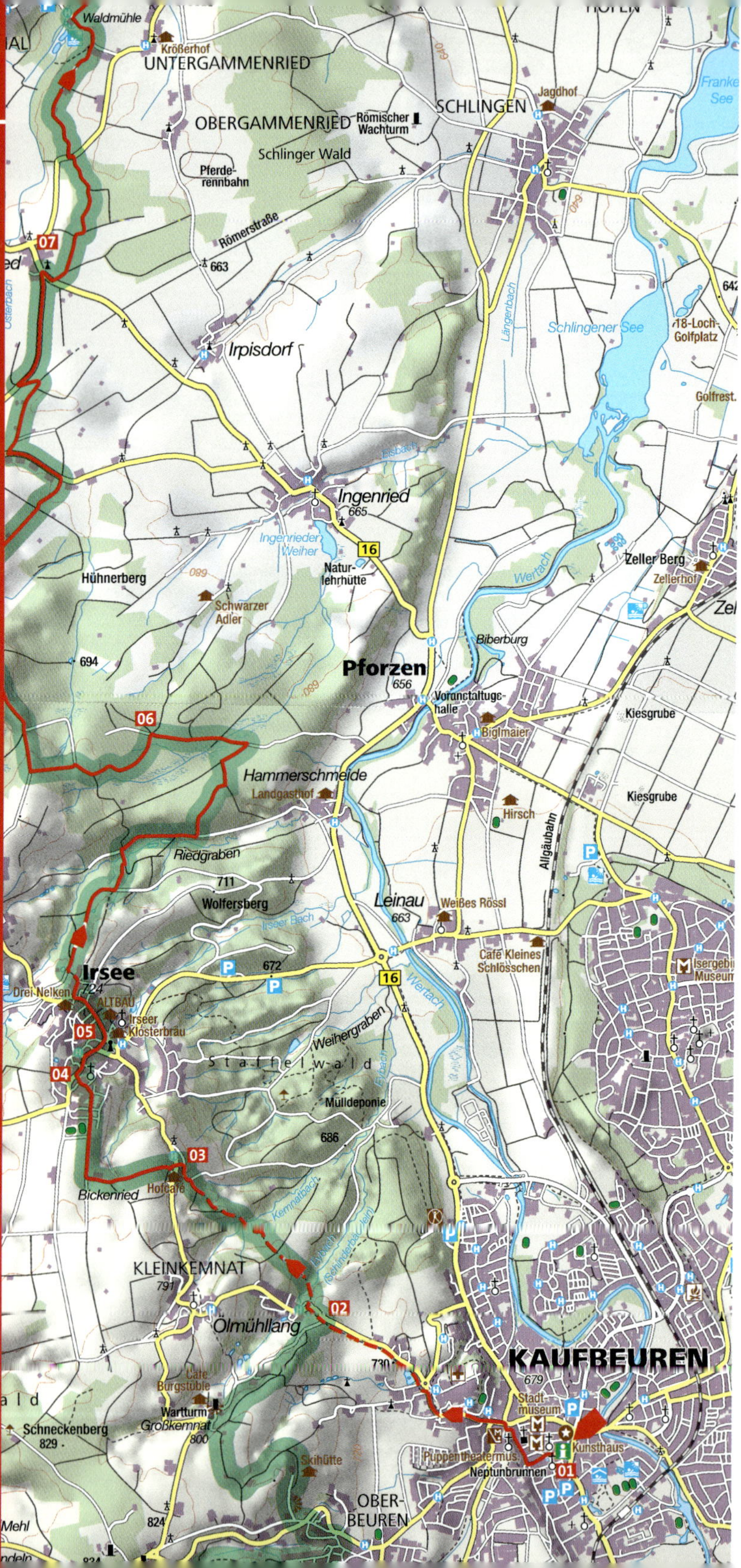

2

Waldmühle
Krößerhof
UNTERGAMMENRIED
OBERGAMMENRIED
Römischer Wachturm
SCHLINGEN
Jagdhof
Schlinger Wald
Pferderennbahn
Römerstraße
663
Irpisdorf
Schlingener See
18-Loch-Golfplatz
Ingenried
665
Ingenrieder Weiher
Naturlehrhütte
Hühnerberg
Schwarzer Adler
Zeller Berg
Zellerhof
Biberburg
694
Pforzen
656
Veranstaltungehalle
Biglmaier
Kiesgrube
Hammerschmeide
Landgasthof
Hirsch
Allgäubahn
Riedgraben
711
Wolfersberg
Leinau
663
Weißes Rössl
Café Kleines Schlösschen
Irsee
724
672
Drei Nelken
ALTBAU
Irseer Klosterbräu
Staffelwald
Weihergraben
Mülldeponie
686
Bickenried
Hofcafé
KLEINKEMNAT
791
Ölmühllang
730
KAUFBEUREN
679
Stadtmuseum
Kunsthaus
Puppentheatermus.
Neptunbrunnen
Café Burgstüble
Wartturm
Großkemnat
800
Schneckenberg
829
Skihütte
OBERBEUREN
824

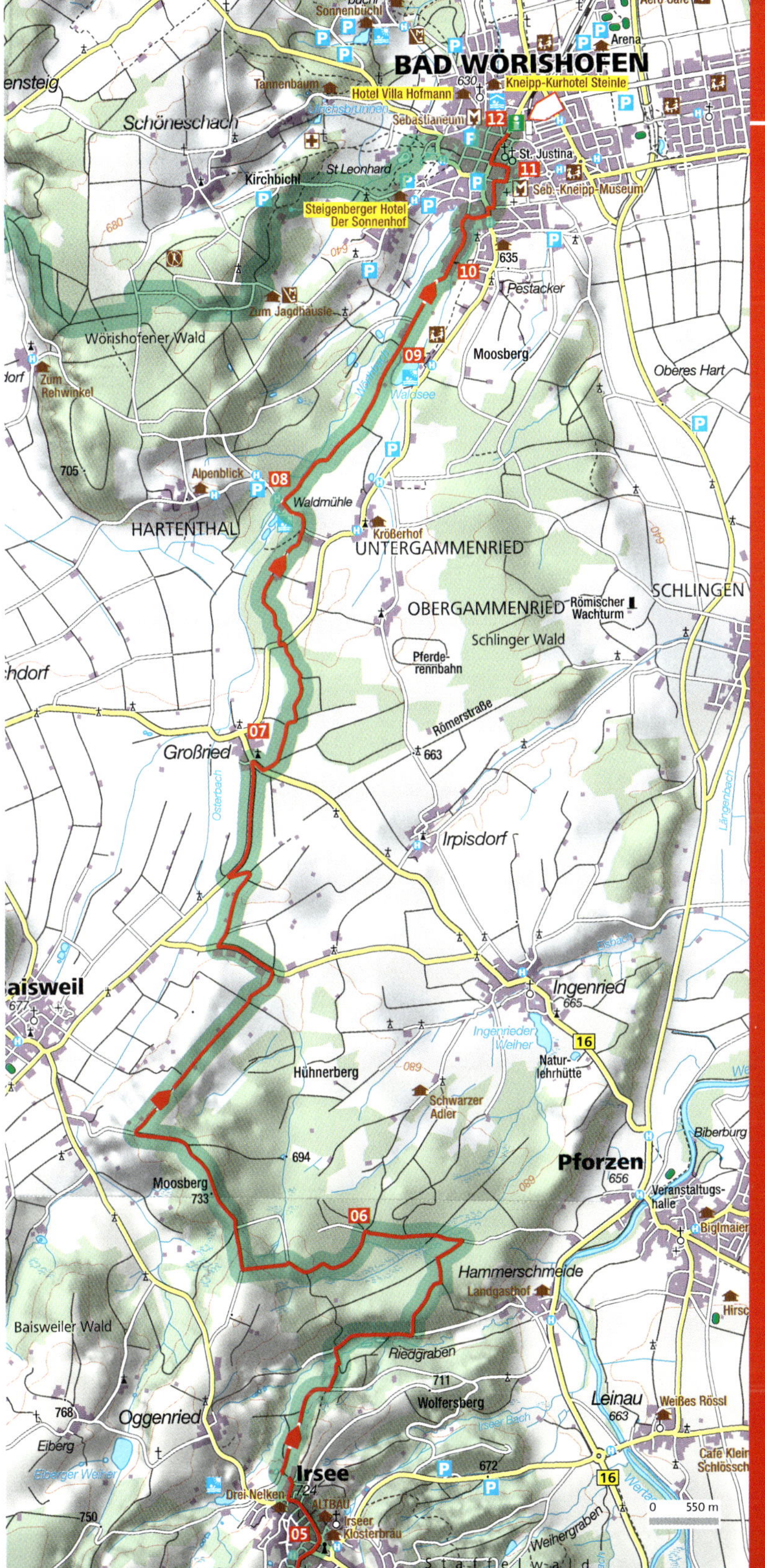
BAD WÖRISHOFEN
Hotel Villa Hofmann
Kneipp-Kurhotel Steinle
Sebastianeum
St. Justina
Seb.-Kneipp-Museum
Steigenberger Hotel
Der Sonnenhof
Schöneschach
Kirchbichl
St Leonhard
Tannenbaum
Sonnenbüchl
Arena
Pestacker
Zum Jagdhäusle
Wörishofener Wald
Zum Rehwinkel
Moosberg
Waldsee
Oberes Hart
Alpenblick
Waldmühle
HARTENTHAL
Krößerhof
UNTERGAMMENRIED
OBERGAMMENRIED
Römischer Wachturm
SCHLINGEN
Schlinger Wald
Pferde-rennbahn
Römerstraße
Großried
Irpisdorf
Ingenried
Ingenrieder Weiher
Natur-lehrhütte
Hühnerberg
Schwarzer Adler
Baisweil
Moosberg
Pforzen
Veranstaltungs-halle
Biberburg
Biglmaier
Hammerschmeide
Landgasthof
Baisweiler Wald
Riedgraben
Wolfersberg
Oggenried
Eiberg
Eiberger Weiher
Leinau
Weißes Rössl
Irsee
Drei Nelken
ALTBAU
Irseer Klosterbräu
Staffelwald
Weihergraben
0 550 m

3

NÖRDLICHER KAPELLENWEG • 689 m

Im Illerwinkel

  11,3 km 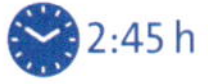 2:45 h 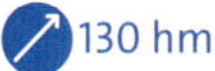 130 hm 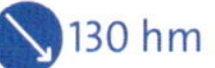 130 hm 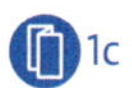 1c

START | Legau, Parkplatz bei der Wallfahrtskirche Maria Schnee am Lehenbühl, 679 m.
[GPS: UTM Zone 32 x: 585.171 m y: 5.300.971 m]
CHARAKTER | Sehr einfache Rundwanderung ohne besondere Steigungen.

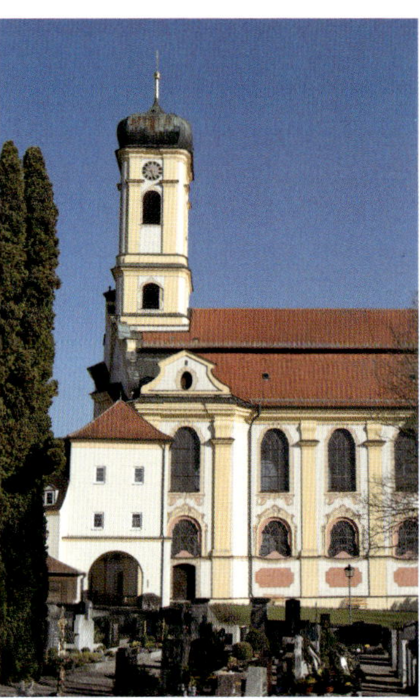

Wallfahrtskirche Maria Legau

Die beiden Attraktionen auf dieser einfachen Wanderung, die man auch gut mit dem Fahrrad unternehmen kann, sind die Wallfahrtskirche Maria Schnee am Lehenbühl und die Wallfahrtskirche Maria Steinbach.

Von der Wallfahrtskirche Maria Schnee am Lehenbühl am Ortsrand von **Legau** 01 gehen wir auf dem Kaltenbronner Feldweg nach Norden. Anschließend nach rechts auf die Steinbacher Straße einbiegen und am Straßenrand einen kurzen Hang hinauf. Dahinter geht es in die Ortschaft **Engelharz** 02.

Man folgt nun lange der etwas monotonen Fahrstraße und hat dabei die Wallfahrtskirche Maria Steinbach im Blick. Am Rande der Straße finden sich Kreuze und Kreuzwegkapellen. Dann geht es direkt nach **Maria Steinbach** 03 hinein und zur sehenswerten Wallfahrtskirche. Nach dem Kirchenbesuch gehen wir an der Mariensäule vorbei und auf dem Wallfahrerweg bergab.

Hinter dem Löschteich geradeaus weiter, gering ansteigend am Rand der Dorfstraße aus dem Ort hinaus, nach **Mückental** 04 hinunter, und die Staatsstraße 2009 queren. Auf einem Asphaltsträßchen nach Westen weiter, bei der Kreuzung am Kneippbecken geradeaus und bei der folgenden Querstraße links abbiegen.

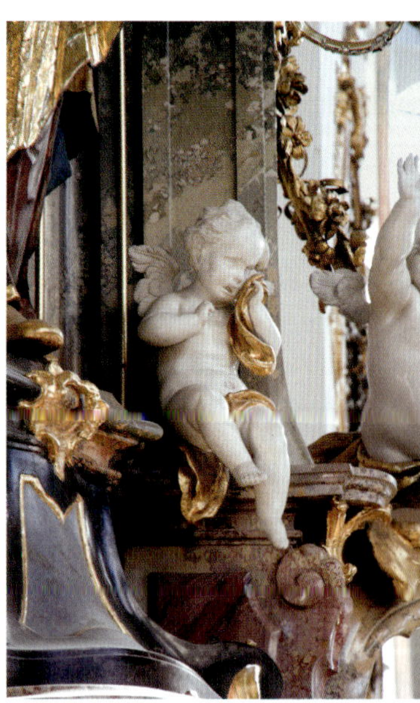

Plärrengel in der Wallfahrtskirche Maria Steinbach

Beim Wegkreuz kurz vor **Zürs** **05** verlassen wir die Straße nach links und gehen auf einem Asphaltweg am Hof von Zürs vorbei. Anschließend durch eine schwach ausgeprägte Senke und auf einem Feldweg gering ansteigend in den Wald hinein. Mitten im Wald kommt man an der Ausleitung der **Hofser Ach** **06** vorbei. In der folgenden Linkskurve des Fahrwegs, kurz bevor es wieder bergauf geht, geradeaus weiter und auf einer Traktorspur zum Kanal hinunter, auf einem Steg den Kanal der Hofser Ach queren und auf grüner Fahrspur zur Fahrstraße hinunter, die bei **Wigelis** **07** erreicht wird. Im Ort findet sich auf der linken Seite die Kapelle Wigelis, die auf das Jahr 1750 zurückgeht. Die heutige Kapelle wurde um das Jahr 1810 gebaut. Hinter Wigelis steigt der Fahrweg wieder deutlich an und bringt uns erst nach **Unterwitzenberg** **08** und dann nach **Oberwitzenberg** **09**, wo wir bei der Kapelle links abdrehen. Bei der nächsten Verzweigung in Oberwitzenberg wieder links halten und auf der Querstraße nach rechts weiter. Anschließend am Straßenrand in ein paar Kurven leicht bergab und nach langer gerader Strecke nach **Legau** **10** hinein. Hinter der Bäckerei Landerer links abbiegen und zur Pfarrkirche hinüber. Von der Kirche auf der Lehenbühlstraße zum **Ausgangspunkt** **01** zurück.

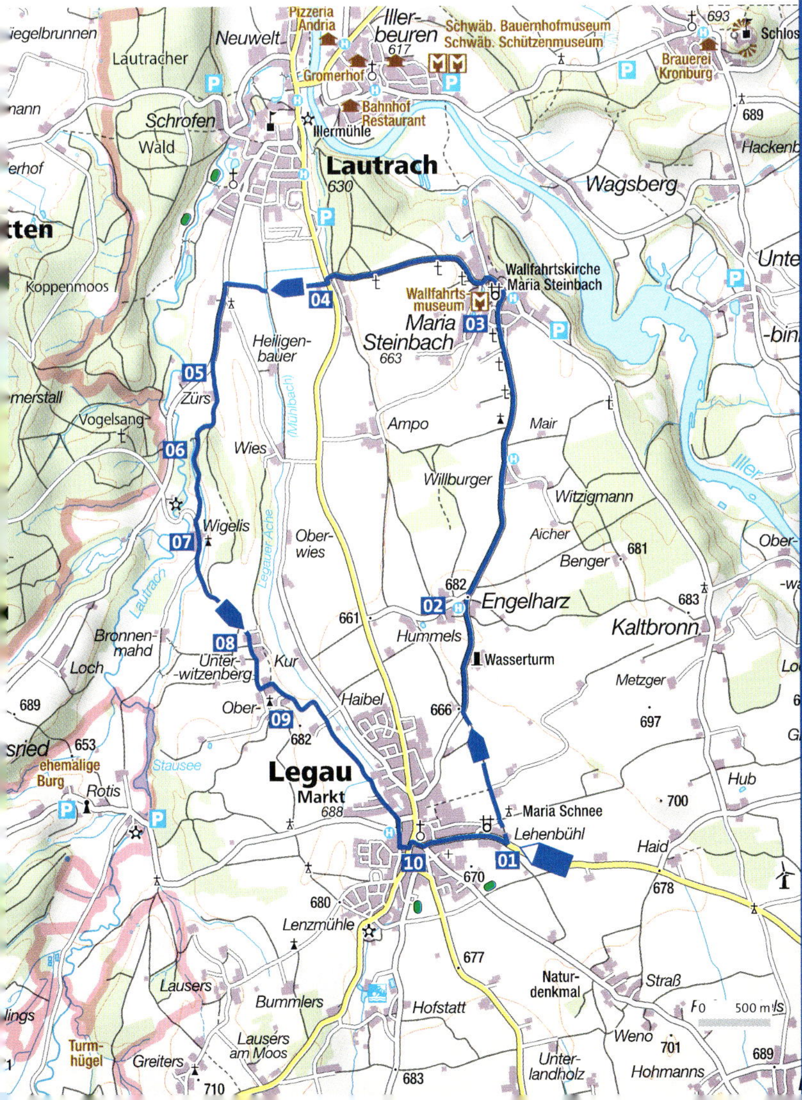

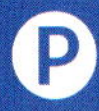

RUND UM DIE ILLER-HÄNGEBRÜCKE • 712 m

An der Iller

  10,9 km  3:15 h  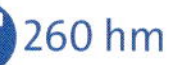 260 hm 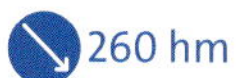 260 hm  1c

START | Wanderparkplatz Au, 639 m.
[GPS: UTM Zone 32 x: 589.121 m y: 5.301.385 m]
CHARAKTER | Sehr abwechslungsreiche, aber lange und etwas mühsame Wanderung mit beachtlichen Höhenunterschieden.

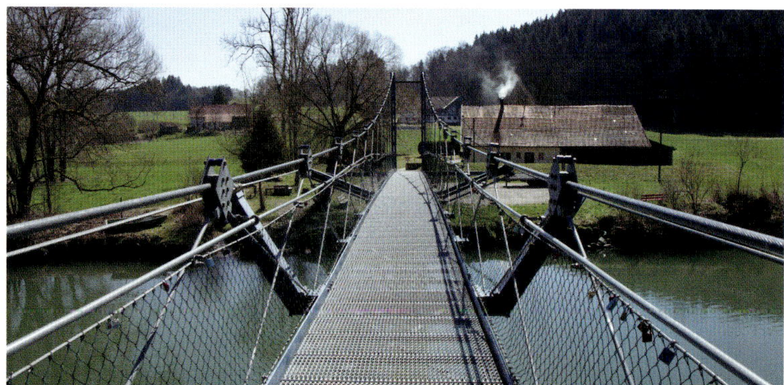

Iller-Hängebrücke

Interessante Rundtour mit etlichen landschaftlichen Höhepunkten.

Direkt beim **Wanderparkplatz Illerbrücke Au** 01 beginnt ein Fahrweg, der sich sogleich teilt. Wir folgen dem linken Wegast, der ein wenig ansteigt und nach **Tiefenau** 02 führt. Bei der Verzweigung neben der Siedlung Tiefenau geradeaus weiter und bald deutlich aufwärts. Der Fahrweg schlängelt sich über einen Waldhang hinauf und trifft am **Waldrand** 03 auf die Maierhofweide. Nun auf grüner Fahrspur und hinter dem Zaundurchschlupf nach rechts auf einen Feldweg, der nach **Maierhof** 04 abfällt. Dort trifft man auf einen Asphaltweg, dem man nach Osten folgt. Hinter dem Ortsrand zweigen wir nach rechts auf einen Feldweg ab, der über einen Wiesenhang gegen Südosten hinunterführt und links abdrehend in den Wald eintaucht.

Man quert den wilden, tiefen Graben des Kalten Bachs und steigt dahinter auf gutem Wanderweg wieder deutlich an. Anschließend fällt der Weg ins Illertal ab, wo er wieder auf eine Fahrspur stößt. Bei der Abzweigung links halten und auf einem Treppenweg zur eindrucksvollen **Hängebrücke** 05 hinunter. Die Brücke hat eine Spannweite von 84,5 Meter und ist für maximal 60 Personen zugelassen.

Am anderen Ufer der Iller steht die Ortschaft Fischers. Von ihr auf einem Asphaltweg weiter, in dessen Linkskurve, unmittelbar vor einer Bachbrücke, auf einem Wiesenweg am Bach entlang. Man kommt bald in den Wald hinein, und der Weg steigt deutlich an. Hinter einem Rechtsbogen des Weges durch den Wald am Illerhang in Richtung Kalden weiter. Dabei geht man lange entlang der Hangkante, hoch über der Iller entlang und erreicht die **Burgruine Kalden** 06. Gleich dahinter ist der schönste Ausblick auf das Illertal.

Nach dem Aussichtspunkt zweigt der Weg rechts ab und fällt als steiler Steig in den **Kaldener Tobel** 07 ab, wo man auf

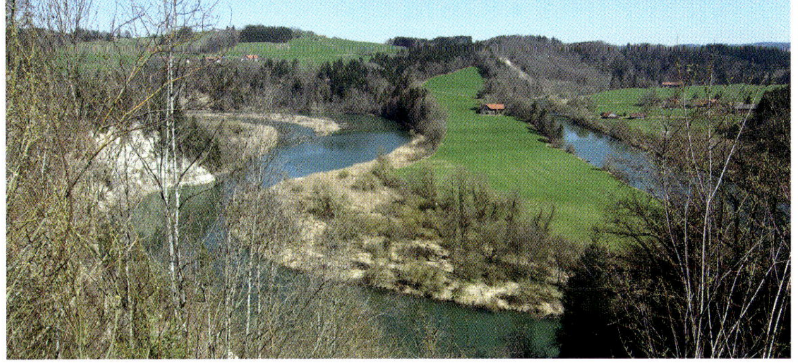
Die Iller bei Kalden

einem Steg den Kaldener-Tobel-Bach quert. Auf gutem Weg geht es nun in der Au an ein Altwasser heran und auf einem Fahrweg nach **Betzers** 08, wo man sich bei der beschilderten Verzweigung rechts hält, um auf einem Asphaltweg nach **Wurms** 09 abzusteigen. Am Ortsanfang rechts halten und auf einem Feldweg am Illerstausee entlang zum **Laufwasserkraftwerk Fluhmühle** 10, wo die Rohrach in die Iller mündet.

Links haltend auf einer Asphaltstraße gegen Westen hinauf und zu einer beschilderten Abzweigung. Bei ihr rechts abbiegen und dem Wegweiser zur Illerbrücke Au folgen. Der schöne Weg führt uns anfangs im Wald, dann auf freier Wiese wieder nahe an die Iller heran und in leichtem Linksbogen nach Unterau, wo man die Kreisstraße MN 21 erreicht. An ihrem Rand nach rechts zum **Ausgangspunkt** 01 zurück.

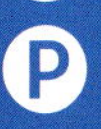

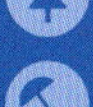

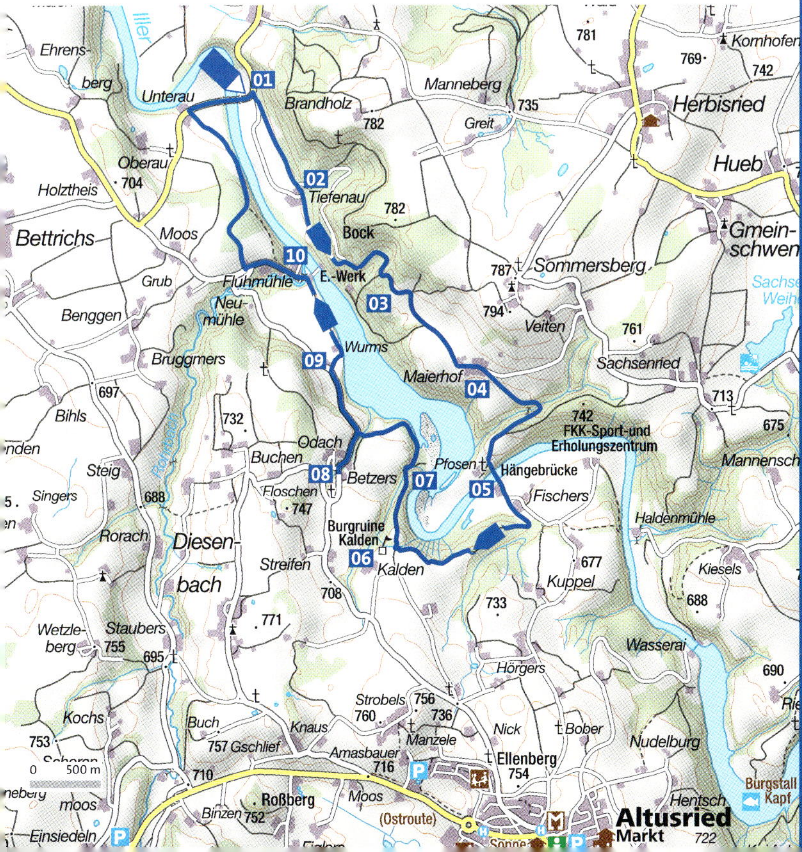

EHWIESMÜHLE • 826 m

Zwischen Unter- und Oberallgäu

  9,7 km  2:45 h 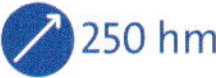 250 hm  250 hm  1c

START | Schrattenbach, Parkplatz unter der Kirche, 763 m.
[GPS: UTM Zone 32 x: 597.581 m y: 5.299.329 m]
 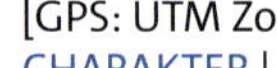
CHARAKTER | Leichte Rundwanderung mit schönen Ausblicken auf die Allgäuer Alpen mit kurzen Steiletappen.

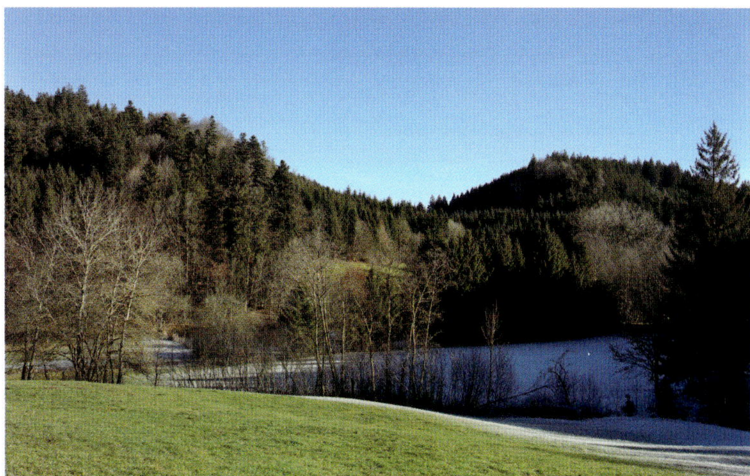

In der Nähe von Ehwiesmühle

An der Schnittstelle zwischen Unter- und Oberallgäu breitet sich eine prächtige Voralpenlandschaft aus, die ideale Wanderrouten bietet.

Direkt unterhalb der **Kirche** von **Schrattenbach** gibt es einen **Parkplatz** 01. Von ihm zur Straße mit dem Namen „An der Steige" und hinter dem Friedhof auf den Höhenweg einbiegen, um nach ein paar Minuten nach rechts dem Wegweiser nach Hinterhalde zu folgen. Nach einem kurzen Wiesenhang kommt man in den Wald hinein, der Weg steigt relativ steil an, und man zweigt nach links zum beschilderten **Aussichtspunkt** 02 ab. Dahinter folgen wir einem steilen Waldweg nach Norden hinauf. Oben, an der Hangkante, flacht der Weg deutlich ab und bringt uns zu einer Wiese. Über sie eben zu einem Asphaltsträßchen, auf dieses links einbiegen und zur Ortschaft **Hinterhalde** 03.

Im Bauerndorf rechts abbiegen, um auf einem Feldweg über eine weite, flache Wiesenkuppe zum Staatsforst Schillinger zu gehen. Am Waldrand nach links auf eine Forststraße einbiegen und in einem Rechtsbogen bergab. Man kommt an einer Kiesgrube und einem **Brunnen** 04 vorbei und wieder aus dem Wald heraus, bis man schließlich das **Gasthaus Ehwiesmühle** mit **Biergarten** 05 erreicht.

Nach der Einkehr über den Parkplatz hinunter, scharf rechts abbiegend über den Bach, um dem nach Finstersteig beschilderten Wanderweg zu folgen. Der schöne Weg bringt uns am Waldrand entlang, an ein paar Fischteichen vorbei und zu einer **Verzweigung** 06. Nach

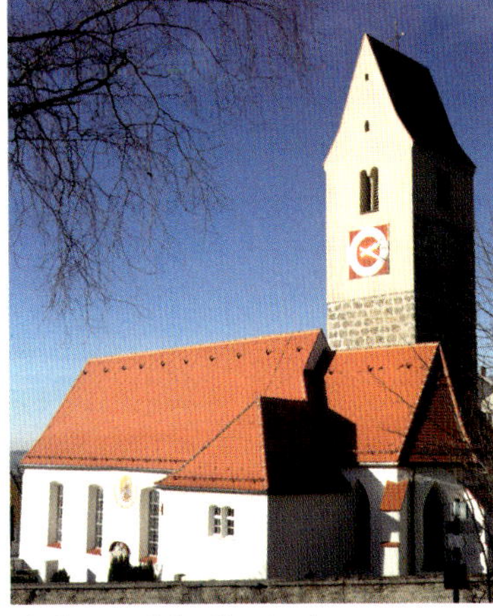

Kirche von Schrattenbach

rechts kann man die kurze Alternative direkt über Bärenwies nach Schrattenbach wählen. Die längere Variante über Finstersteig zweigt schräg links ab. Das folgende Forststräßchen steigt

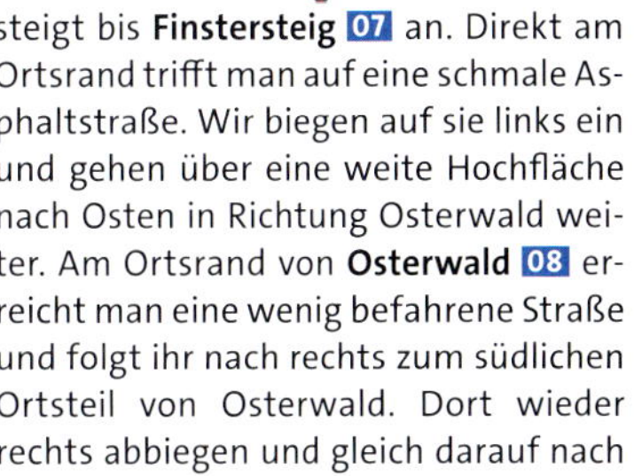

im Wald nun wieder an, schwenkt am Waldrand ein wenig nach rechts und steigt bis **Finstersteig** **07** an. Direkt am Ortsrand trifft man auf eine schmale Asphaltstraße. Wir biegen auf sie links ein und gehen über eine weite Hochfläche nach Osten in Richtung Osterwald weiter. Am Ortsrand von **Osterwald** **08** erreicht man eine wenig befahrene Straße und folgt ihr nach rechts zum südlichen Ortsteil von Osterwald. Dort wieder rechts abbiegen und gleich darauf nach links.

Im weiteren Verlauf kommt man wieder in den Wald hinein, durch eine leichte Rechtskurve, dann ein wenig abwärts und zu einer **Wegkreuzung** **09**. Bei ihr rechts abbiegen, gegen Westen an zwei großen Windrädern vorbei und zur Ortschaft **Bärenwies** **10**. Durch den Ort und auf der Höhe des Hauses Nr. 8 nach links auf einen Fahrweg. Dieser fällt neben der Autostraße bis **Schrattenbach** **01** ab.

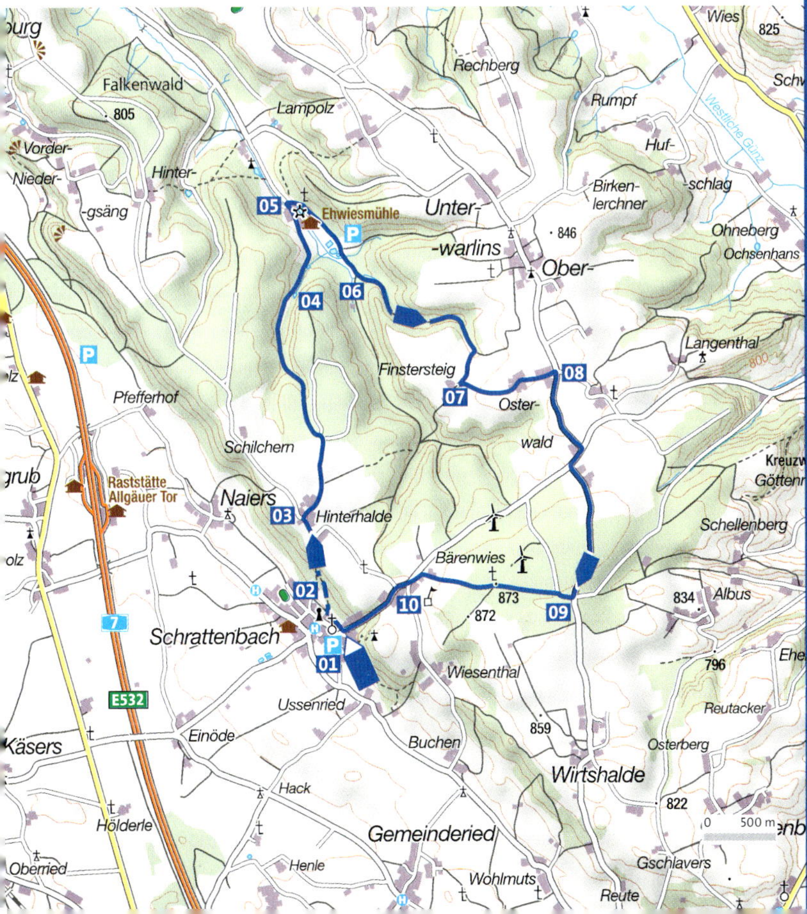

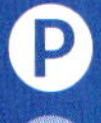
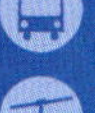

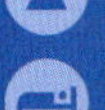
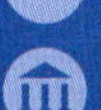

6

BERGMANG-ALPE • 850 m

In der Wanderregion Ostallgäu

  14 km 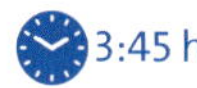 3:45 h  180 hm  180 hm  190

START | Wanderparkplatz zwischen Oberbeuren und Friesenried, 830 m. [GPS: UTM Zone 32 x: 617.779 m y: 5.303.408 m]
CHARAKTER | Einfache, aber relativ weite Wanderung ohne nennenswerte Steigungen.

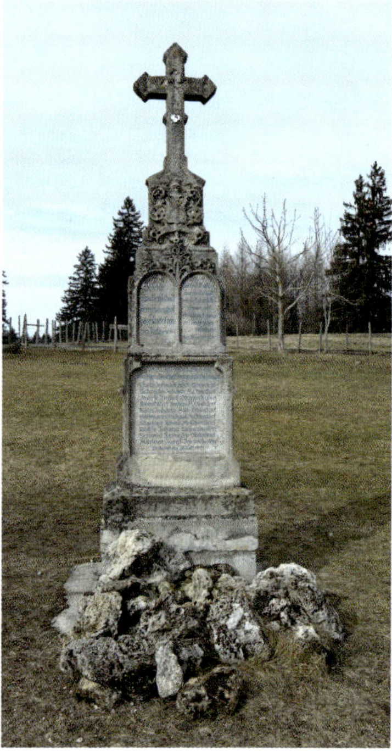

Gedächtniskreuz für die Gründungsmitglieder der Weidegemeinschaft Bergmang-Alpe

In den Wäldern südwestlich von Kaufbeuren gibt es ein relativ dichtes Wegenetz. Der Fantasie sind beim Austufteln von Wanderrouten deshalb kaum Grenzen gesetzt. Als Ziel wird hier die auf einem aussichtsreichen Hügel gelegene Wirtschaft Bergmang-Alpe vorgeschlagen.

▶ Die Wanderung kann man am **Wanderparkplatz** 01 westlich von Oberbeuren an der Staatsstraße 2055 beginnen. Dieser Parkplatz findet sich direkt bei der beschilderten Abzweigung zum Klosterladen der Abtei St. Severin.

Zuerst quert man die Staatsstraße und geht auf der gegenüberliegenden Forststraße gegen Süden in den Wald hinein, um auf dem Schwäbisch-Allgäuer Wanderweg Augsburg–Sonthofen dem Wegweiser zur Bergmang-Alpe zu folgen. Schon nach weniger als 100 Metern Wegstrecke trifft man auf eine Verzweigung, wo man sich links hält und etwa 20 Minuten zu einem **Kreuzungssystem** 02 weitergeht. Auch dort geradeaus weiter und auf einem deutlich schmäleren Fahrweg durch den Wald dahin. Beim folgenden Wegedreieck links abbiegen, nach weniger als 100 Metern Entfernung nach rechts und im Wald ein wenig aufwärts.

Auf der Höhe von 836 Metern erreicht der Fahrweg seine Scheitelstrecke. Dort zweigt in der Nähe eines Mammutbaums nach links ein Rückeweg ab. Wir gehen nach **rechts** 03 in den Wald hinein und auf alter Fahrspur zum Rand einer Lichtung, wo sie sich zu einem Waldweg zusammenschnürt.

In einer schwach ausgeprägten Talmulde erreicht man wieder ein Kiessträßchen, dem man nach links, gering ansteigend, nach Süden folgt. Wieder kommt man auf eine Lichtung, an deren Rand es scharf nach **rechts** 04 auf einen Fahrweg geht. An beschilderter Stelle schräg links auf einen schmalen Holztransportweg abzweigen und gleich darauf wieder links halten.

Bei der nächsten Wegmarkierung nach links auf einen Wanderweg und zu einer **Holzkapelle 05**, die zugleich als Unterstand dient. Bald darauf einer freien Waldwiese entlang, an ihrem Rand ein wenig rechts schwenken und neben einem Weidezaun über ausgedehnte Wiesen.

Im weiteren Verlauf kommt man wieder auf eine deutliche Fahrspur, die sich über das freie Gelände dahinschlängelt. Anschließend durch ein kurzes Waldstück, an einer Mariengrotte abfallend vorbei und auf die Wenglinger Steige genannte **Asphaltstraße 06**. Auf ihr nach rechts bis zum **Wanderparkplatz 07**, wo man links abbiegt und in den Salvawald hineingeht.

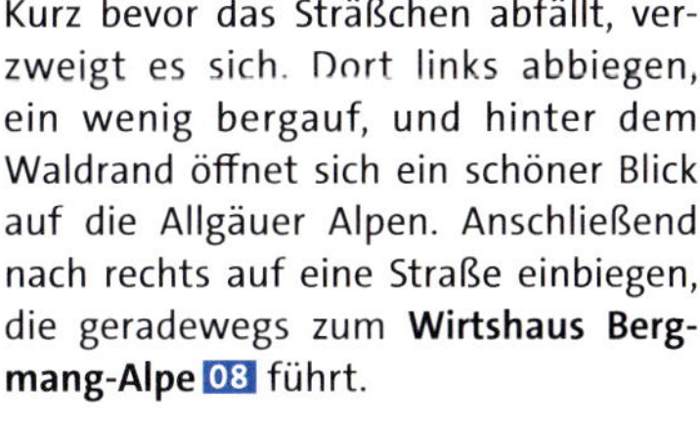

Kurz bevor das Sträßchen abfällt, verzweigt es sich. Dort links abbiegen, ein wenig bergauf, und hinter dem Waldrand öffnet sich ein schöner Blick auf die Allgäuer Alpen. Anschließend nach rechts auf eine Straße einbiegen, die geradewegs zum **Wirtshaus Bergmang-Alpe 08** führt.

Zurück kann man auf der gleichen Strecke gehen, oder man sucht sich alternative Wege, die im Wesentlichen links der Zugangsroute durch den Wald verlaufen. Dabei hat man Gelegenheit, dem unbedeutenden **Sattlersbuckl 09** einen Besuch abzustatten. Statt einem Gipfelkreuz gibt es auf ihm einen Sendemast.

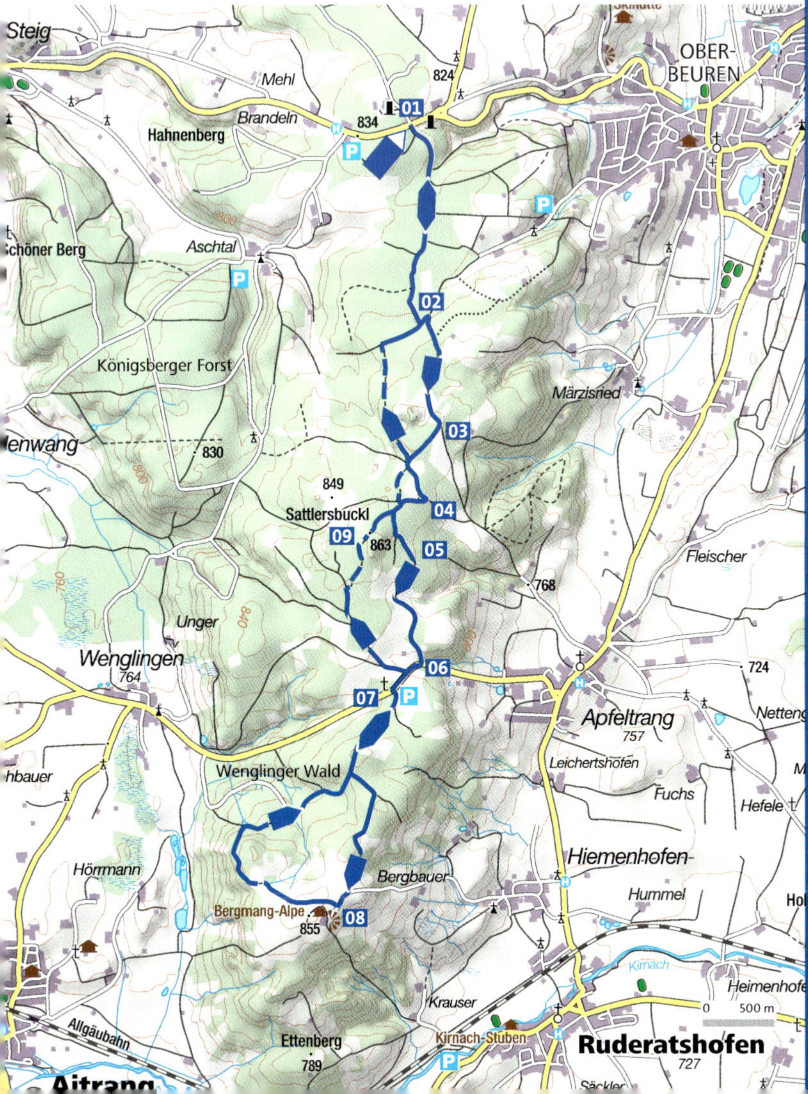

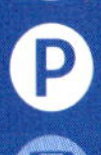
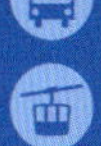

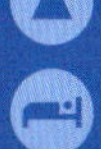
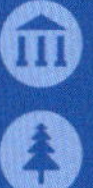

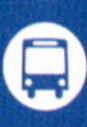
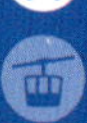

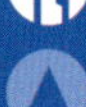

7

RUNDGANG MARKTOBERDORF

In der Stadt der Geschichten

  2,9 km 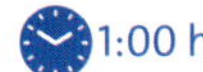 1:00 h 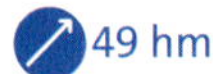 49 hm  49 hm  188

START | Kemptener Straße, Start- und Willkommensplatz .
[GPS: UTM Zone 32 x: 621.040 m y: 5.292.785 m]
CHARAKTER | Kurze Stadtwanderung mit reichlich Überblick, einem Landeplatz für Engel, einem Schloss und einer sehenswerten Wallfahrtskirche.

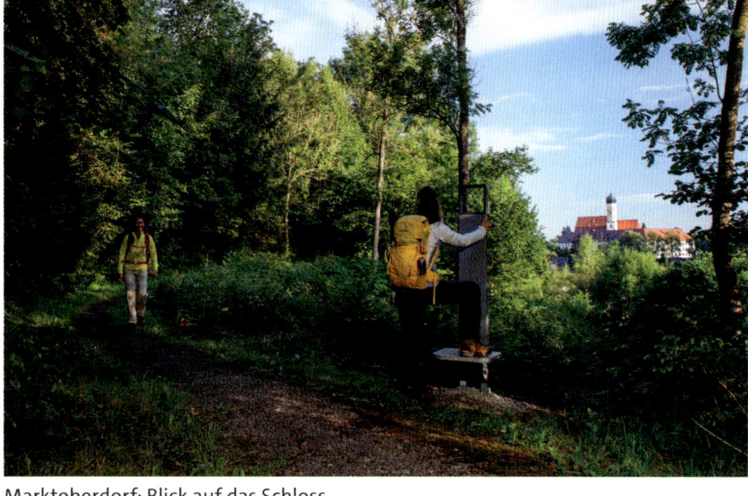

Marktoberdorf: Blick auf das Schloss

Hinauf zum Landeplatz für Engel, vorbei an Sagenpunkten und wunderschönen Blickhorizonten. Marktoberdorf lädt ein!

Vom Start- und Willkommensplatz Ecke Bahnhofstraße und **Kemptener Straße** 01 durch die „Kemptener Straße" stadteinwärts. Die Meichelbeckstraße vorsichtig geradeaus queren. Kurz links und dann rechts in die Carl-Maria-von-Weber-Straße. Vorbei an der Kreuzung „Schützenstraße" bis zur Kreuzung „Froelichstraße", hier kurz geradeaus und dann links ab durch die Straße „Am Graben" bergauf bis zum Erreichen des „Buchelweges".

Rechts herum verläuft der Fahrweg, mäßig steil ansteigend, am Waldrand des **Naturschutzgebietes „Buchel"** 02 auf der Luitpoldhöhe entlang. Es ist das grüne Herz von Marktoberdorf. Glaubt man dem Volksmund, so hat dieser 779 m hohe Buckel, seit 1889 Naherholungsgebiet, gewisse Ähnlichkeiten mit einem schlafenden Drachen, den Bauch prallvoll von Wasser und dicht mit grünen Schuppen bedeckt.

Real ist hingegen linker Hand die **Wendelinkapelle** 03 von 1907, an der die Route vorbeiführt. Der Buchelweg macht einen Linksknick und erreicht auf dem Scheitel der Höhe einen Waldweg. Hier rechts entlang. Erst lockt linker Hand eine Fokussierstele, die den sagenumwobenen **Aggenstein** 04 in der Alpenkette ins Visier nimmt, dann das Kunstwerk des einheimischen Künstlers Christoph Wank mit dem vielsagenden Namen: **Engellandeplatz** 05. Das Alpenpanorama ist jedenfalls en-

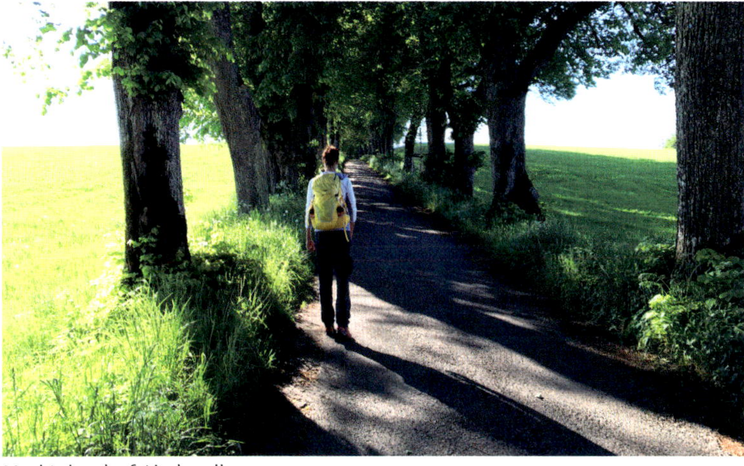

Marktoberdorf: Lindenallee

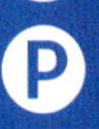

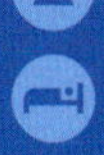

gelgleich. Zurück auf dem Stichweg bis rechter Hand, am Waldrand entlang, ein Wiesenweg leicht abwärtsführt, dann links auf Waldwegen bis zur Fokussierstele auf die 1774–1780 im Auftrag des Fürstbischofs Clemens Wenzeslau angelegte **Lindenallee** 06. Immer wieder folgen schöne Aussichten auf die Wallfahrtskirche St. Martin und das **Schloss** 07. Nach einigen Schwüngen erreicht die Route wieder die Kreuzung „Am Graben" und führt über Am Graben, Froelichstraße, Carl-Maria-von-Weber-Straße und die Kemptener Straße zum **Ausgangspunkt** 01 zurück.

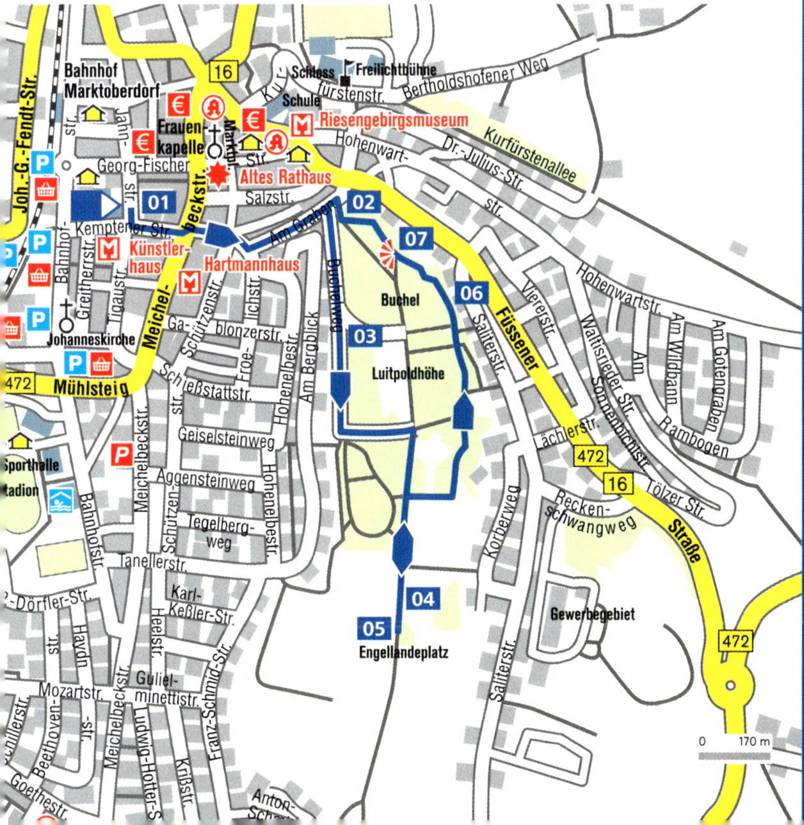

8

MARKTOBERDORF – KAUFBEUREN

Unschwere Wanderung mit viel Pfiff

  25,9 km 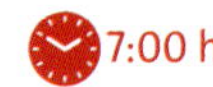 7:00 h 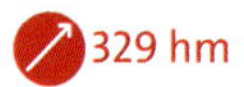 329 hm 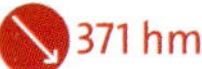 371 hm  188

START | Kemptener Straße, Start- und Willkommensplatz Marktoberdorf. [GPS: UTM Zone 32 x: 621.095 m y: 5.292.783 m]
CHARAKTER | Die muntere Wertach, eine echte Bergalpe, stille Wälder, altes Burggemäuer, prächtige Aussichten.

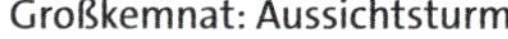

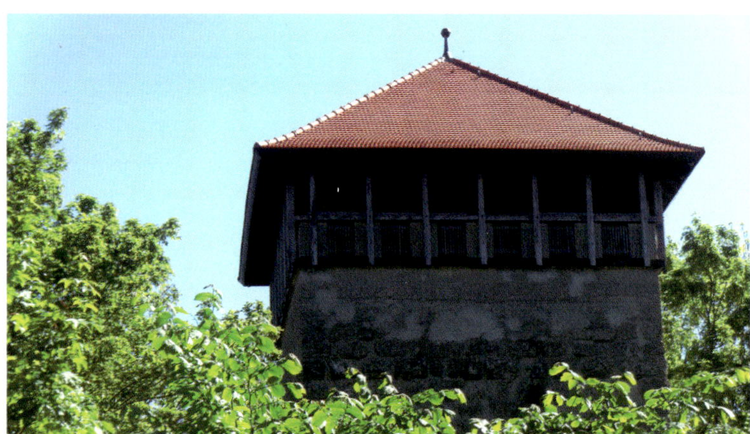

Großkemnat: Aussichtsturm

Ein Potpourri aus Wald und Wiese, Kapellen und Kirchen, einer Alpe, einer Burgruine und den Spuren einer Heiligen.

Links in die **„Kemptener Straße"** 01 auf Geh- und Radweg laufen und an der Bahnlinie entlang über eine Brücke bis zur Straße „Mühlsteig". Hier rechts ab, an den Schulen vorbei und in Höhe der Sportplätze im rechten Winkel rechts ab und wieder an der Bahn entlang. Den folgenden Bahnübergang nach rechts durch die „Zugspitzstraße" in den Ortsteil Thalhofen bis zur „Brückenstraße" nutzen. Erst die Straße queren, dann auf Gehweg links ab, bis sich ab Höhe „Mühlbachstraße" rechts ein Fahrweg von der Straße trennt und über die Wertach zur Eingangsstele und dann zu einem **Eisenbahnmuseum** 02 führt. Hier rechts ab in die „Hattenhofener Straße" durch Felder und Wiesen zum kleinen Weiler Hattenhofen auf einem Hügel über der Wertach. An der **Kirche** 03 (schöne Aussicht!) vorbei geht es rechts ab auf Feldweg hinunter in eine Senke mit einem Fischteich und schöner Hütte. Der folgende Pfad links bergauf führt auf dem Prallhang über der Wertach durch ein interessantes Waldstück. Anfangs schlängelt sich der Pfad an der Abbruchkante entlang, mündet dann in breite Waldwege und führt vor Geisenhofen nach mehreren gut markierten Abzweigen durch Wiesen in den Weiler mit der kleinen **„Marienkapelle zur Unbefleckten Empfängnis"** 04. Im Ort erst links, dann rechts an gewaltigen Eichen vorbei zur Landstraße. Sie wird geradeaus gequert. Der Fahrweg unterquert die Bundesstraße, folgt ihr links ab ein kurzes Stück und wendet sich dann für eine wunderschöne, lange Wiesenpassage auf Ruderatshofen zu. Vorbei am Modellflugplatz, schönen Weißdorngehölzstreifen erreicht die Etappe durch den „Widumweg" die „Hauptstraße". Ihr links ab folgen bis zur alten Schmiede (bereits um 1500 erwähnt), hier rechts ab und nach

Querung der Kirnach auf das Bauerndorf Hiemenhofen zu. (Tipp: Ein Abstecher zur **St.-Jakobus-Kirche** 05 in Ruderatshofen mit Friedhof ist lohnend!) Vorbei an Sagenstationen erreicht der Weg, unter einer Bahnlinie hindurch und vorbei an einem Bauernhof, die Bergmangstraße. Hier links abbiegen und bergauf, mit zwischenzeitlich sagenhaftem Alpenpanorama linker Hand, auf den Bergsattel der eiszeitlichen **Moränenlandschaft** 06. (Tipp: links ab in 300 Metern die Alpe Bergmangbauer.) Rechts ab geht es durch Wiesen zu einer weiteren Sagenstation und dann durch herrliche Waldpassagen bis zu einer Landstraße (hier auch Parkplatz). Ihr ein kurzes Stück nach rechts folgen und dann links ab durch herrliche Wald- und Wiesenlandschaft bis zu einem markanten Linksabzweig, der im Auf und Ab mal durch Wald, mal durch Wiesen führt. Vor Oberbeuren dann rechts ab durch ein eiszeitliches Erosionstal zur Station 8 des regionalen **Naturlehrpfades „Via Aqua“** 07 und weiter auf der Straße „Im Grund“ bis zur „Heimenhofer Straße“ wandern. Hier links ab bis kurz vor eine Landstraße und auf der „Alten Steige“ links ab bis zum Ortsausgang und der Landstraße „Lindauer Straße“. Diese vorsichtig links ab queren und dann rechts den „Skihüttenweg“ leicht bis mäßig ansteigend nutzen. Kurz vor der **Skihütte** 08 (Tipp: Schöne Einkehr) rechts ab, hangbegleitend auf Feldweg erst an der Trinkwasserversorgung von Kaufbeuren vorbei, dann in Schwüngen hinauf auf den Bergsattel mit ersten Blicken auf den „Römerturm“ und an einer Trilogiebank zwischen zwei Linden vorbei. Vor dem Weiler Großkemnat mit seinem Bauernhoftheater empfiehlt sich ein kurzer Abstecher in den Weiler hinein zur **Burgruine Großkemnat** 09 mit ganzjährig offenem Aussichtsturm (der ehemalige Bergfried) und Einkehrmöglichkeit im Café Burgstüble. Die Route biegt allerdings vor der Theaterscheune rechts ab über Felder und Wiesen. Der Weg entwickelt sich zum spannenden Pfad, vorbei an der **Fatima-Kapelle** 10 und herrlichen Altbuchen über einer Erosionsrinne und erreicht erst die Straße „Gutwillen“ und rechts ab die Landstraße mit der Eingangsstele. Während die Wiesengänger Route hier links Richtung Irsee weiterführt, empfiehlt sich der Stichweg in das sehenswerte Kaufbeuren rechts ab auch als Übernachtungsort.

Zuweg Kaufbeuren: Auf Gehweg führt der Weg, vorbei an der Friedsäule von 1337, über die Kemnater Straße und die Kemptener Straße immer geradeaus bis zum Zentrum. Hier rechts ab in den „Schießstattweg“, dann über Treppen hinauf zur **St.-Blasius-Kirche** 11 von 1319 und hinunter durch die Gasse „Blasiusberg“, dann durch die Straße „Unter dem Berg“, vorbei am Crescentiakloster zur Straße „Am Breiten Bach“ bis zur „Kaiser-Max-Straße“. Damit ist das Altstadtzentrum mit der Dreifaltigkeitskirche, dem sehenswerten **Neptunbrunnen** 12, dem Rathaus, der Tourist-Information und dem Start- und **Willkommensplatz** 13 davor erreicht.

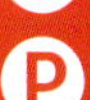

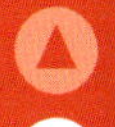
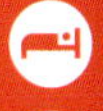

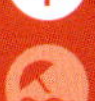

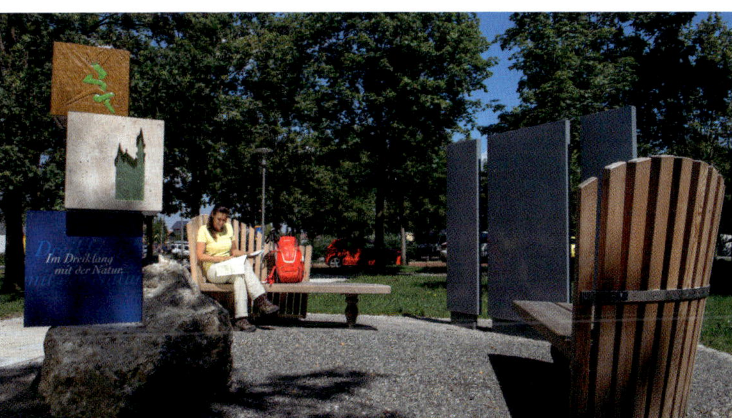

Marktoberdorf: Start- und Willkommensplatz

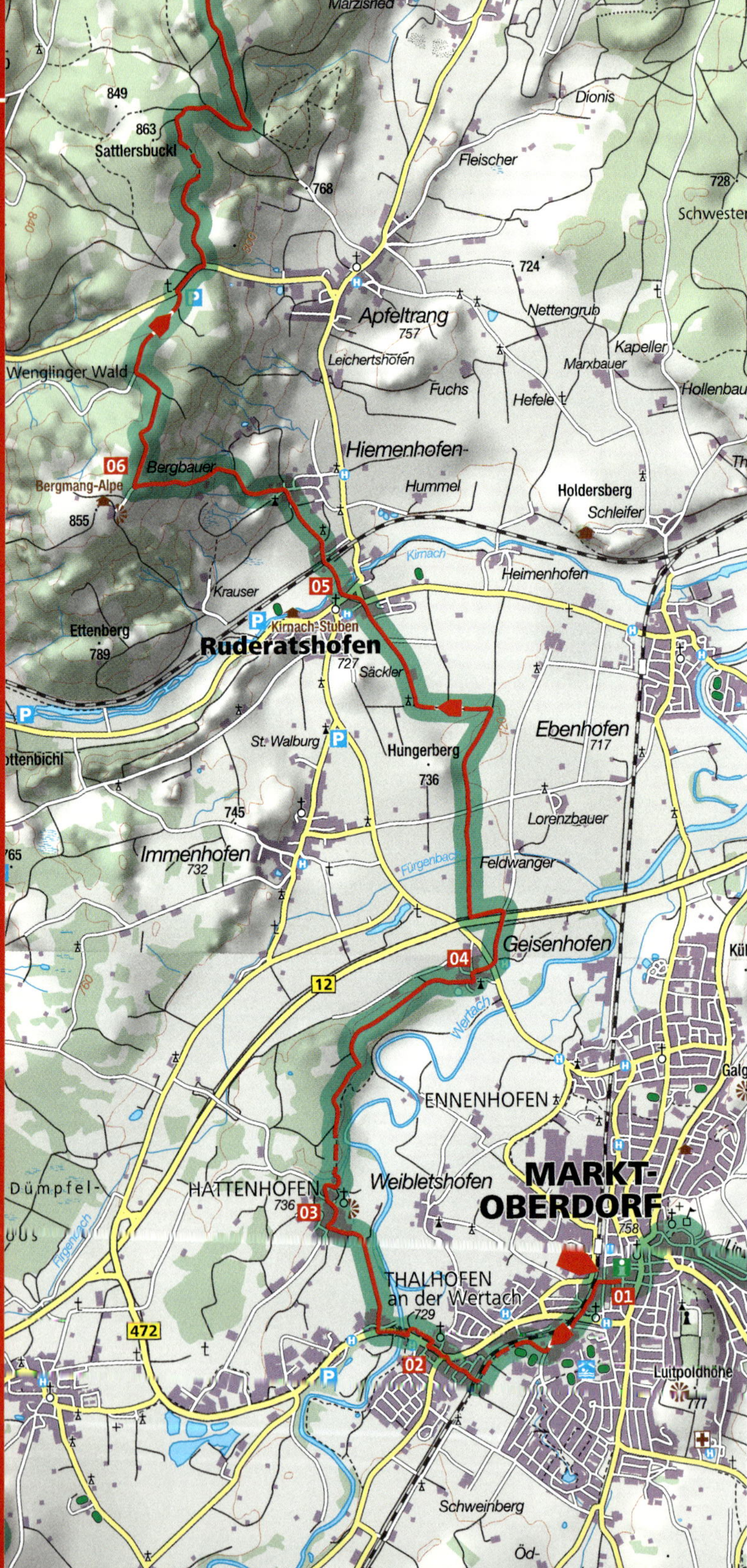

Märzisried
Dionis
849
863
Sattlersbuckl
768
Fleischer
728
Schwestern
724
Apfeltrang
757
Nettengrub
Kapeller
Leichertshofen
Marxbauer
Wenglinger Wald
Fuchs
Hefele
Hollenbauer
Hiemenhofen
06
Bergbauer
Bergmang-Alpe
855
Hummel
Holdersberg
Schleifer
Kirnach
Heimenhofen
05
Krauser
Kirnach-Stuben
Ruderatshofen
727
Säckler
Ettenberg
789
Ebenhofen
717
St. Walburg
Hungerberg
736
745
Lorenzbauer
Immenhofen
732
Fürgenbach
Feldwanger
Geisenhofen
04
12
Wertach
ENNENHOFEN
Dümpfel-
HATTENHOFEN
736
03
Weibletshofen
MARKT-
OBERDORF
758
THALHOFEN
an der Wertach
729
01
472
02
Luitpoldhöhe
777
Schweinberg
Öd-

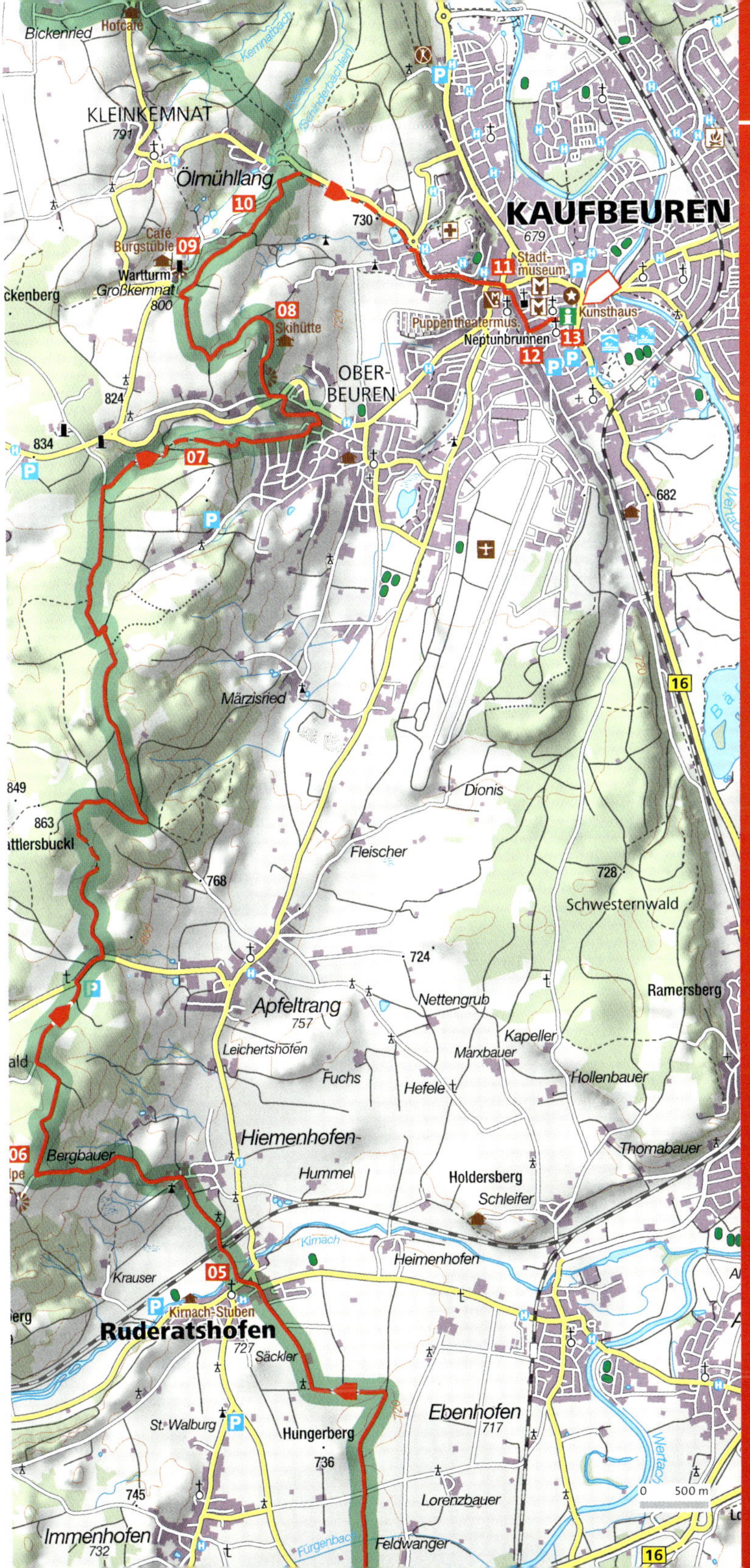
KAUFBEUREN
679
Stadtmuseum
Kunsthaus
Puppentheatermus.
Neptunbrunnen
Kleinkemnat
791
Ölmühllang
Bickenried
Hofcafé
Kemnatbach
Schinderbächlein
Café Burgstüble
Wartturm
Großkemnat
800
Skihütte
OBER-BEUREN
730
824
834
682
Märzisried
Dionis
Fleischer
728
Schwesternwald
768
849
863
724
Apfeltrang
757
Nettengrub
Ramersberg
Leichertshofen
Kapeller
Marxbauer
Fuchs
Hefele
Hollenbauer
Hiemenhofen
Bergbauer
Hummel
Holdersberg
Schleifer
Thomabauer
Kirnach
Heimenhofen
Krauser
Kirnach-Stuben
Ruderatshofen
727
Säckler
Ebenhofen
717
St. Walburg
Hungerberg
736
745
Lorenzbauer
Immenhofen
732
Feldwanger
Fürgenbach
Wertach
0 500 m
16
01
05
06
07
08
09
10
11
12
13

8

TERRA NOSTRA I UND II • 785 m

Römerwege

 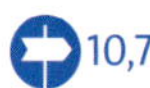 10,7 km 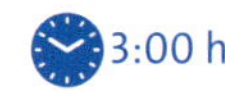 3:00 h 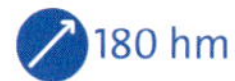 180 hm 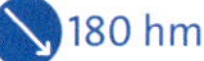 180 hm  190

START | Kohlhunden, Parkplatz am Kuhstallweiher, 769 m.
[GPS: UTM Zone 32 x: 622.534 m y: 5.289.713 m]
CHARAKTER | Leichte Rundwanderung ohne besondere Steigungsstrecken.

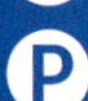

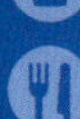

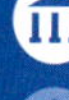

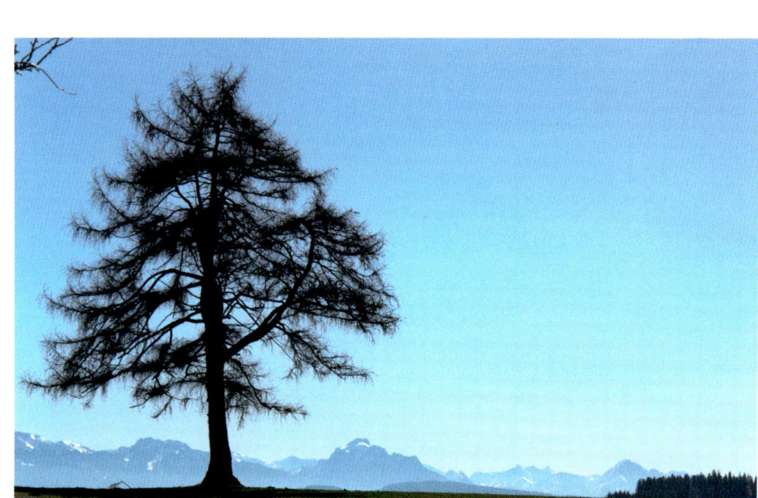

Ausblick von Rieder auf die Allgäuer Alpen

Die beiden Rundwanderungen Terra Nostra I und Terra Nostra II sind nicht besonders lang und anstrengend, sodass sie sich gut hintereinander bewältigen lassen. Beide Strecken sind als Lehrpfade ausgewiesen und bieten etliche Attraktionen.

▶ Wir beginnen die Wanderung am Parkplatz beim **Kuhstallweiher** 01 in Kohlhunden. Von dort auf einem Sträßchen der Beschilderung des Wanderwegs Terra Nostra I folgen. Schon nach ein paar Minuten kann man nach rechts zum **Römerbad** 02 abzweigen.

Anschließend in das Dorf Kohlhunden hinein, bei der Verzweigung rechts und unmittelbar vor der **Bushaltestelle** 03 links abbiegen. Nun im Wesentlichen gegen Westen gering abfallend aus Kohlhunden hinaus. Auf dem Asphaltsträßchen erreicht man schließlich die Siedlung **Ettwiesen** 04, wo man links abbiegt und am Badesee Ettwieser Weiher vorbeigeht.

Vom großen Parkplatz beim Badegelände dem Verlauf der Asphaltstraße ein wenig ansteigend durch einen Rechtsbogen folgen und an beschilderter Stelle nach links auf einem zum Kindle ausgewiesenen **Treppenweg** 05 abbiegen. Nach kurzem Anstieg erreicht man die **Waldkapelle Kindle** 06. Gleich hinter der Kapelle verzweigt sich der Weg. Dort links halten, durch relativ dichten Wald weiter und zu einem Forststräßchen. Auf dieses links einschwenken, und ein wenig abwärts. Dann geht es aus dem Wald heraus und nach Kohlunden hinunter.

Die Villa Rustica

Als im Jahr 2002 bei Kohlhunden die Umgehungsstraße gebaut wurde, stieß man auf die Überreste eines römischen Gutshofs. Insgesamt wurden 10 Gebäude entdeckt. Vor allem das Haupthaus muss recht stattlich gewesen sein; es sollte die Besucher wohl richtig beeindrucken. Ein Zeichen von Armut war es jedenfalls nicht. Die genaue Funktion der einzelnen Räume konnte nicht restlos geklärt werden.

Etwa 40 Meter vom Hauptgebäude entfernt stand das Badhaus. Außer ihm gab es wohl auch Ställe, Werkstätten, Scheunen und vielleicht auch einen kleinen Tempel.

Das Badhaus in der Villa rustica sollte am Sonntag von 10–12 Uhr geöffnet sein. Aber auch wenn es geschlossen ist, kann man dank großzügiger Verglasung vieles von außen sehen.

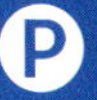
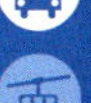
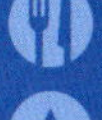
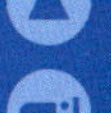
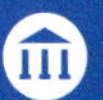

Am **Ausgangspunkt** 01 kann man die Wanderung beenden, oder man legt noch eine drauf, denn auch der Abschnitt II des Wanderwegs Terra Nostra lässt sich noch leicht schaffen.

Dazu am Ostrand des Parkplatzes links abbiegen und am Ostufer des Kuhstallweihers auf schönem Wanderweg weiter. Hinter einer Wiese in den Wald hinein. Nach der Waldetappe trifft man auf einen Fahrweg und folgt ihm schräg nach links (Wegweiser Marktoberdorf). Dann wieder in den Wald hinein.

Der Rundweg knickt scharf nach **links** 07 ab und nach kurzer, geringer Steigungsstrecke zweigt nach rechts ein beschil-

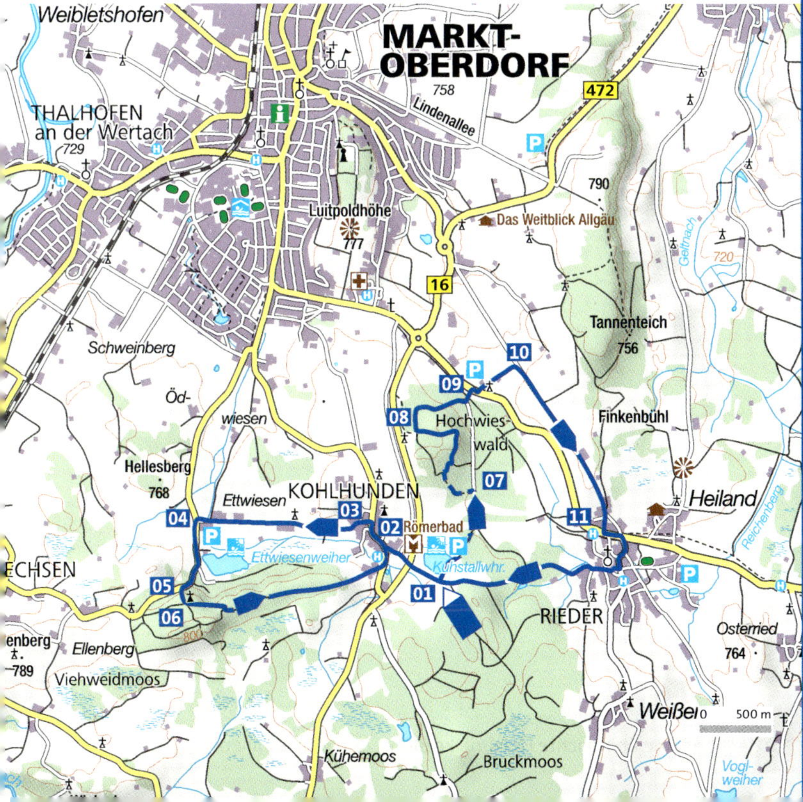

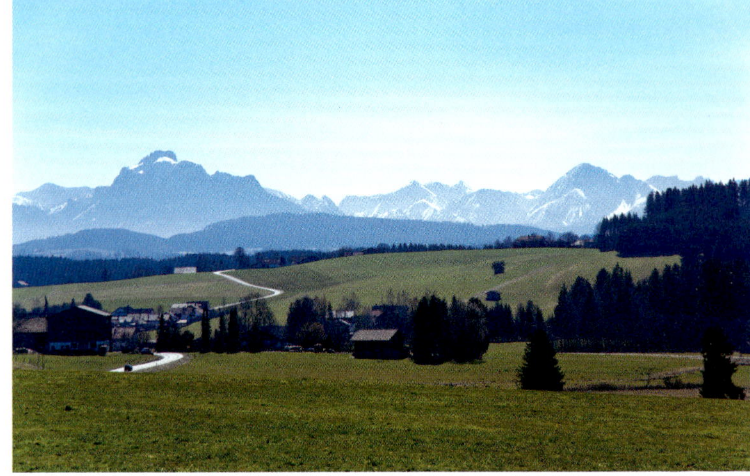
Ausblick über Rieder auf die Allgäuer Alpen

derter Waldweg ab. Er steigt ein wenig an, weitet sich zu einer Rückegasse und flacht deutlich ab. Bei der anschließenden Verzweigung schräg rechts halten. In der folgenden Rechtskurve der Abzweigung dann nach links, an einer Wildfütterung vorbei und dem Fahrweg folgend nach Norden weiter.

Hinter einem Linksknick des Sträßchens eben gegen Westen weiter und in der folgenden Rechtskurve der Straße geradeaus und gut 100 Meter weiter vorne auf den **Oberdorfer Pestfriedhof** **08**.

Von ihm auf gleichem Weg zur beschilderten Route zurück und auf dem Forststräßchen nach Norden weiter. Der Weg dreht ein wenig rechts ab und erreicht einen Waldparkplatz. Hinter ihm über einen Fuß- und Radweg und anschließend die **Bundesstraße 16** **09** vorsichtig queren.

Anschließend auf einem Feldweg über freies Gelände gegen Nordosten zur **Alten Rieder Straße** **10** hinauf. Auf sie nach rechts einbiegen und gegen Südosten zu einem breiten Rücken ansteigen, auf dem sich ein großartiges Alpenpanorama öffnet. Dann geht es geringfügig abwärts und man kommt in der Ortschaft **Rieder** **11** an. In Rieder nach rechts auf die Bergstraße einbiegen und die B 16 noch einmal queren. An ihrem Rand nur kurz nach Osten weiter und dann nach rechts auf die Dorfstraße, um dem Wegweiser nach Sulzschneid zu folgen.

Unmittelbar vor der Filialkirche St. Joseph nach rechts, an der alten Mühle vorbei und dem Weiherweg folgend aus Rieder hinaus. Das asphaltierte Sträßchen führt gegen Westen durch den Wald zum **Kuhstallweiher** **01** zurück.

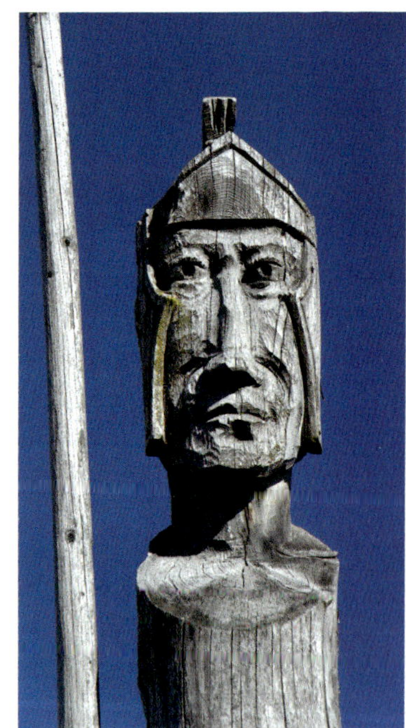
Römerkopf beim Römerbad in Kohlhunden

FREYBERG • 750 m

Zu Bachtel- und Bärensee

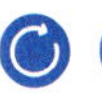 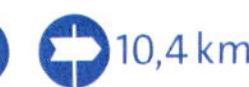 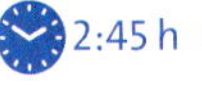 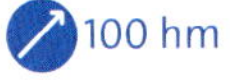 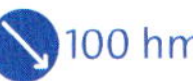 

START | Bahnhof in Biessenhofen, 700 m.
[GPS: UTM Zone 32 x: 622.783 m y: 5.298.602 m]
CHARAKTER | Einfache Rundwanderung.

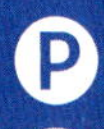

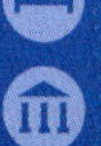
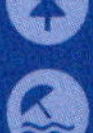

Um das Prädikat „Bergtour" zu verdienen, fehlen dem Freyberg ein paar Hundert Höhenmeter. Eigentlich ist diese nette Rundwanderung ein etwas größerer Spaziergang mit ein paar landschaftlichen Attraktionen an den beiden Stauseen. Übrigens: Das etwas zweifelhaft aussehende Wasser der beiden Seen lädt nicht zum Baden ein.

Zuerst geht man vom **Bahnhof** in **Biessenhofen** 01 zur Füssener Straße und auf ihr nach Süden, bis man nach links in die Schützenstraße einbiegen kann. Beim Schützenheim wird das Ufer der **Wertach** 02 erreicht. Dort links abbiegen und auf dem Uferweg an der Lebensmittelfabrik vorbei. Hinter dem Werksgelände zum Heubrückenweg, wo man rechts abbiegt und auf der Brücke die Wertach quert.

Bei der ersten Abzweigung auf einem Fahrweg nach links ins Landschaftsschutzgebiet hinein und am Bachtelsee entlang. Nach geringem Anstieg fällt der Kiesweg ein wenig ab, quert auf einer Brücke den Siechenbach und etwa 25 Meter dahinter zweigt nach rechts ein schmaler **Waldweg** 03 ab. Auf-

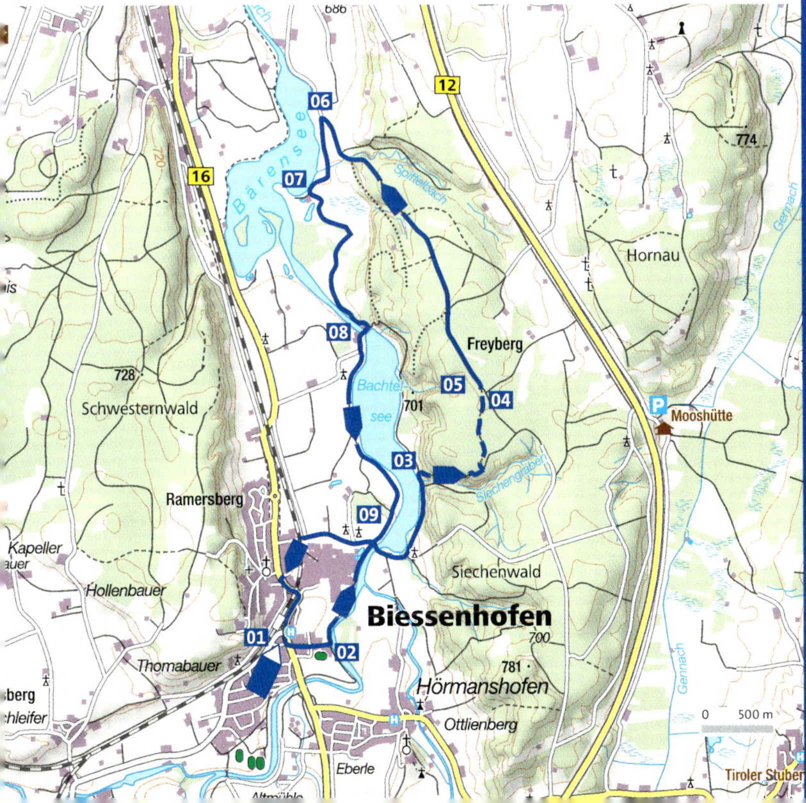

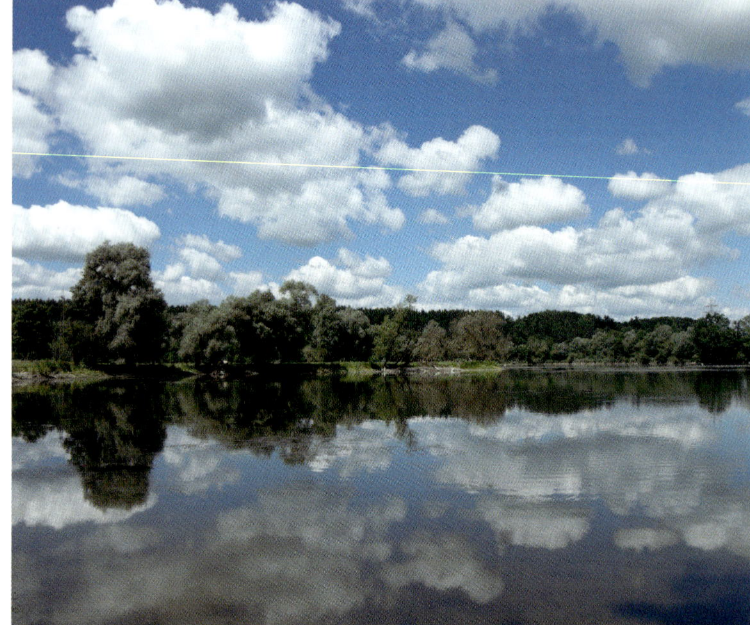

Bärensee

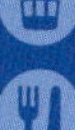
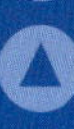

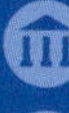

passen: Der Weg ist nicht beschildert und leicht zu übersehen. Auf diesem Weg neben dem Siechengraben weiter und zwischendurch steil hinauf. Durch Mountainbiker ist der schmale Pfad stellenweise stark in Mitleidenschaft gezogen, was sich bei Nässe unangenehm auswirken kann.

Schließlich stößt man zu einer Wegverzweigung, hält sich dort ein wenig rechts und folgt dem Fahrweg, der nach kurzem Anstieg links abdreht. Bei der folgenden Kreuzung geht es geradeaus auf einem Waldweg nach Norden weiter. Dann trifft man auf eine **Forststraße** 04, wo man schräg links weitergeht. Diese Straße führt kaum merklich über den höchsten Punkt des **Freybergs** 05. Bei den folgenden Abzweigungen erst schräg rechts und dann ein wenig links weiter und im Wesentlichen gegen Norden dahin.

Nachdem sich die Forststraße geweitet hat, fällt sie etwas steiler ab, quert den Spittelbach und flacht deutlich ab. Über weite Wiesen führt sie auf Hirschzell zu, das man aber nicht erreicht, denn vorher kommt man zu einem **Wegspitz** 06, wo man scharf nach links abzweigt.

Auf dem beliebten Fuß- und Radweg nach Süden dahin, wieder über den Spittelbach und unmittelbar hinter dem Brücklein nach rechts auf einen schmalen Pfad. Dieser bringt uns in ein paar Minuten zur Wasserwachthütte direkt am ausgedehnten **Bärensee** 07. Nach dem kurzen Ausflug wieder zum Fuß- und Radweg zurück und auf ihm nach Süden durch die parkartige Wertachau.

Beim **Kraftwerk Biessenhofen** 08 auf der Staumauer die Wertach queren und auf dem Dammweg neben dem Bachtelsee nach Süden weiter. Man kommt an einem **Pumpwerk** 09 vorbei und bald darauf wieder zum Heubrückenweg. Auf ihn rechts abbiegen, hinter der Bahnstrecke nach links auf den Heuweg einschwenken und hinter dem Hof nach links auf die Kaufbeurer Straße und an ihrem Rand zum **Bahnhof** 01 zurück.

Alternative mit dem Rad

Wer etwa eine Viertelstunde Schiebezeit oder einen kleinen Umweg in Kauf nimmt, kann die Rundtour auch mit dem Fahrrad zurücklegen.

VON HALDENWANG NACH GSCHLAVERS

Auf dem Oberallgäuer Rundwanderweg

 10,5 km 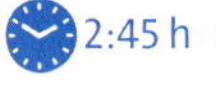 2:45 h 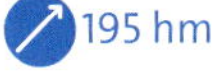 195 hm 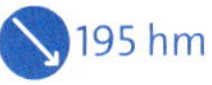 195 hm  187

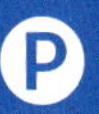

START | Haldenwang, Bushaltestelle an der Kirche, Parkplatz am Rathaus. [GPS: UTM Zone 32 x: 600.880 m y: 5.295.070 m]
CHARAKTER | Leichte Steigungen, teilweise beschilderte Wald- und Feldwege (kurzzeitig undeutlich), ruhige Gemeindesträßchen und ganz kleiner Abschnitt auf Staatsstraße.

Dieser Abschnitt des Oberallgäuer Rundwanderwegs führt uns über dem weiten Illertal das einsame Bauernland zwischen den beiden Landkreisen Ober- und Ostallgäu vor Augen.

▶ Von der Kirche in **Haldenwang** 01 wandern wir das ruhige Sträßchen bergan zum Weiler **Steig** 02. Gemütlich geht's daraufhin links zwischen Waldinseln hindurch. Auf leicht talwärts füh-

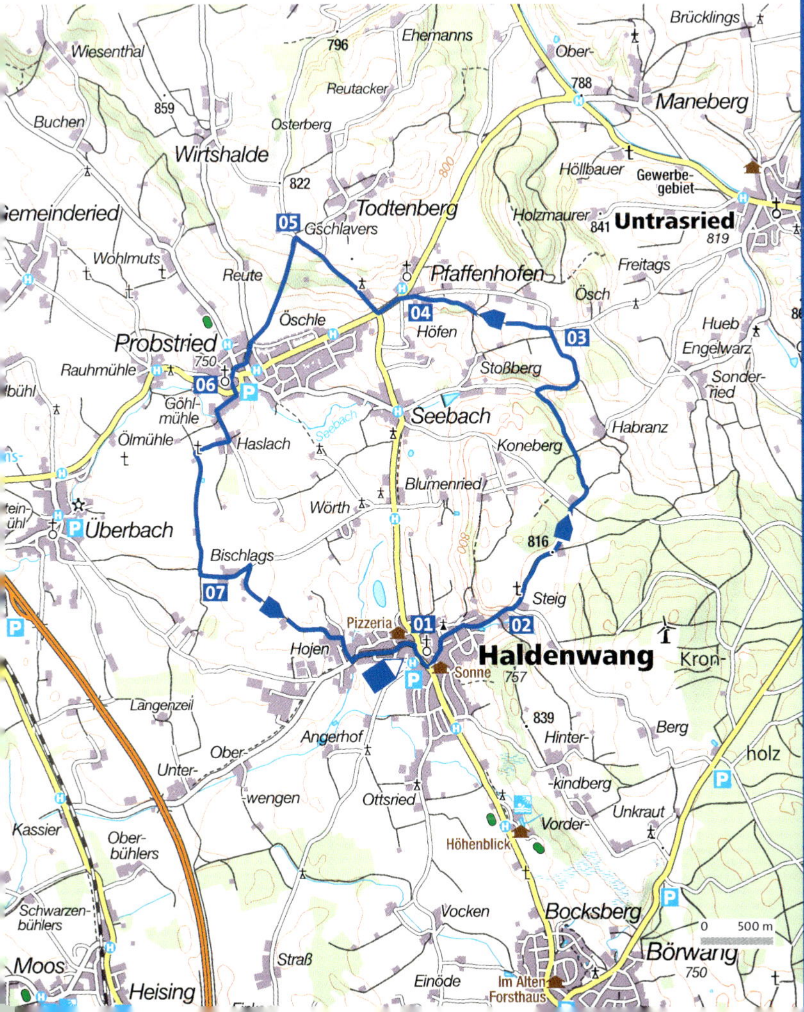

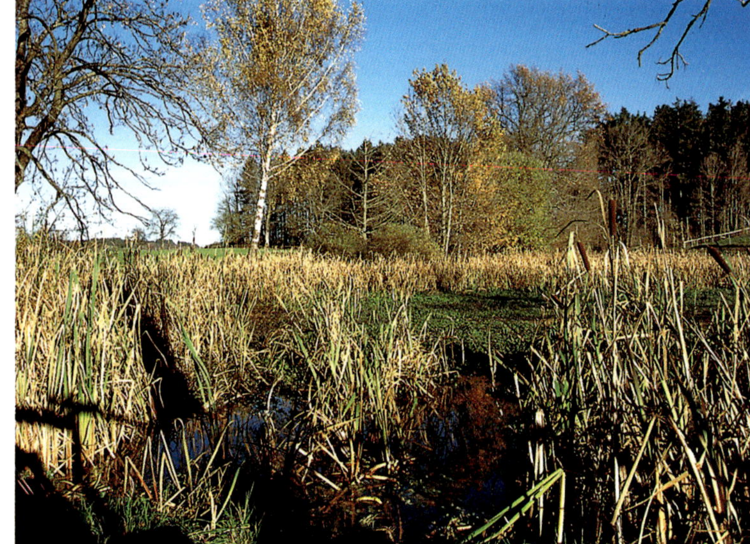

Verstecktes Feuchtbiotop beim Probstrieder Ortsteil Haslach.

renden Waldwegen entlang der Landkreisgrenze zum Ostallgäu lassen wir uns von der Beschilderung des kurzweiligen Oberallgäuer Rundwanderwegs die Richtung zeigen.

Nach einem kleinen Anstieg erreicht man **Ösch** **03**. Der zweite Feldweg, der nach links abbiegt, bringt uns nach **Pfaffenhofen** **04**. Dort folgen wir ganz kurz der Staatsstraße bergab in Richtung Probstried, bis das schmale Sträßchen nach **Gschlavers** **05** abschwenkt. Der hoch gelegene Dietmannsrieder Weiler markiert unseren Umkehrpunkt.

Nun leitet uns ein Hohlweg durch ein Waldstück wieder bergab und hinein nach **Probstried** **06**, wobei man die begeisternde Alpenkette auf sich wirken lassen kann. An der Kirche entdeckt man einen Fußweg, der hinunter zur Querung der Hauptstraße und dann weiter über die Seebachbrücke zum Ortsteil Haslach führt.

Das Schild „Rundwanderweg“ dirigiert uns auf einen Wirtschaftsweg. Wir passieren einen Waldflecken und kommen zu einem von Rohrkolben umkränzten Tümpel. Auf anfangs undeutlichem Feldweg spaziert man über das sanft gewellte Moränenland, an einer Kreuzung links, zum Weiler **Bischlags** **07**.

Ein letztes Bergpanorama zeichnet das Finale rechts über den Ortsteil Hojen nach **Haldenwang** **01**.

Oberallgäuer Rundwanderweg

In vorschlagsweise neun Tagesetappen kann sich der Naturfreund auf Schusters Rappen dem insgesamt rund 230 Kilometer langen Oberallgäuer Rundwanderweg anvertrauen und dabei alle Facetten des Landkreises kennen lernen. Vom anmutigen Hügelland nördlich der Allgäuer Hauptstadt über die liebenswerten Voralpen mit teils anspruchsvollen Einlagen bis zur faszinierenden Gipfelkulisse um das „oberste Dorf“, gewürzt mit vielen erdgeschichtlichen und kulturhistorischen Zeugnissen.

Routenverlauf: Altusried – Buchenberg – Missen – Steibis – Balderschwang – Oberstdorf – Hindelang – Wertach – Wildpoldsried – Altusried.

NACH OTTENSTALL IM RORACHTAL

Altusrieder Weiler und Einöden

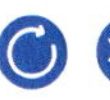 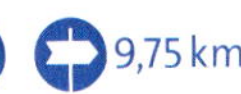 9,75 km 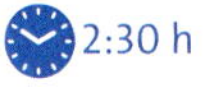 2:30 h 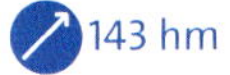 143 hm 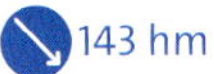 143 hm  187

START | Altusried, Bushaltestelle bei der Post, 722 m.
[GPS: UTM Zone 32 x: 590.680 m y: 5.295.220 m]
CHARAKTER | Kleine Steigungen auf teilweise etwas lückenhaft bezeichneten Wirtschafts- und Waldwegen sowie zum Teil undeutlichen Feldwegen, verkehrsfreie Sträßchen, kurzer Pfad. Orientierung!

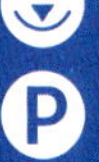
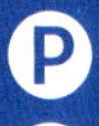

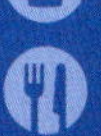

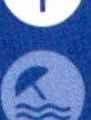

Mitunter auf amüsanten alten Wegen umkreist unsere Genusswanderung in fortwährendem Bergauf, Bergab die einstige Nordwestbucht des nacheiszeitlichen Kempter Gletschersees. Hier ist aber Orientierung gefragt. Verträumt-stille Waldinseln, murmelnde Wiesenbäche, verstreute Weiler und Einöden gestalten diese nördliche Moränenlandschaft zu einem liebenswerten Flecken Oberallgäu.

▶ Wir spazieren in **Altusried** **01** bei der Post Richtung Leutkirch und folgen der Kaldener Straße zum Dorfrand. Ein Sträßchen führt zum Ortsteil **Strobels** **02**. Hinter dem ersten Hof entdeckt man eine Fahrspur, die zu den oberen

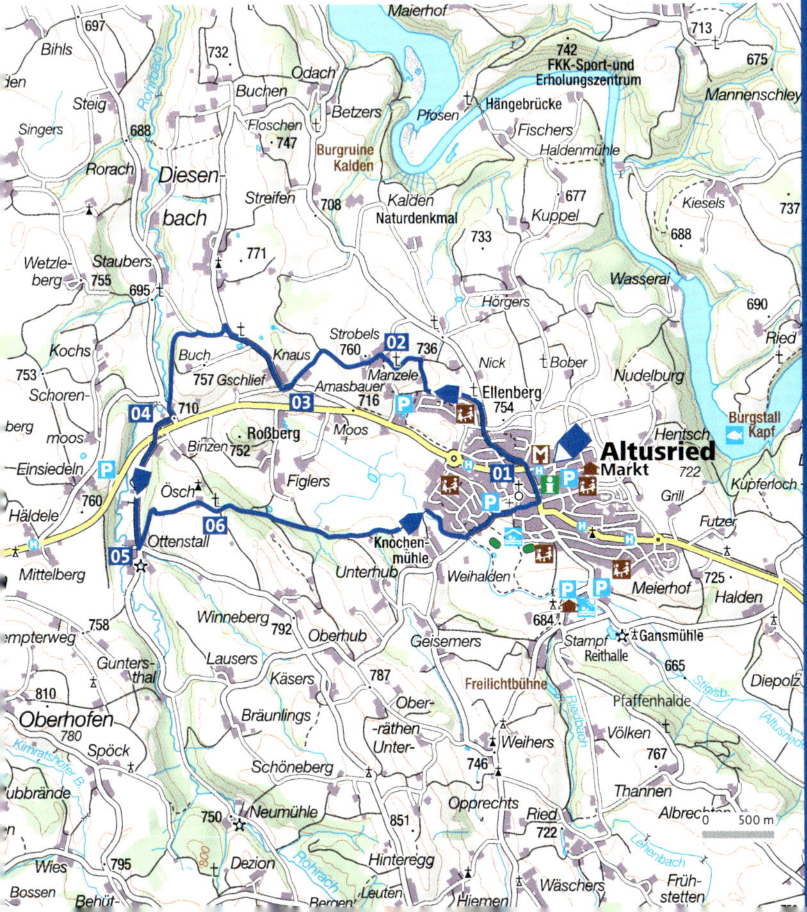

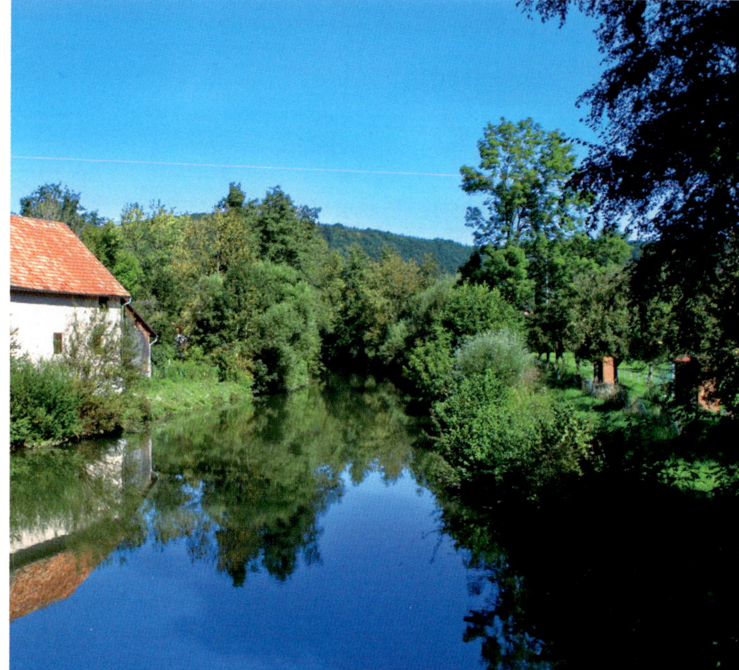
Bei den Quellbächen des Altusrieder Bachs

Häusern leitet. Nach kurzem Abstieg auf einem Wirtschaftssträßchen steigt vom Weiler **Knaus** 03 eine Straßenkehre über das anmutige Hügelland Richtung Diesenbach.

Hinter einem Feuchtbiotop schlagen wir talwärts Kurs in Richtung Binzen ein und biegen wenig später auf einen Waldweg ab. In der Talmulde von **Binzen** 04 geht es auf einem weitgehend verkehrsfreien Sträßchen unter der nach Kimratshofen verlaufenden Staatsstraße hindurch und im recht bequemen Wiesental des von der Wiggensbacher Flur kommenden Rorachbachs nach **Ottenstall** 05. Am Ortsschild beginnt sich eine Feldwegschleife zur versteckten Einöde Ösch aufzuschwingen. Anschließend weist uns das Schild „Figlers“ auf einen fallenden Waldweg, der sich zu einem reizvollen Pfad verschmälert.

Am **Wegweiser „Ösch“** 06 hält man sich rechts und genießt auf dieser köstlichen Schleichwegroute nun für ein Weilchen die herrliche Waldesruhe. Rechts in den Wirtschaftsweg von Figlers einschwenkend, kommen wir zu einem Aufschwung. An der anschließenden Wegteilung wandern wir links bergab. Zuletzt begleitet uns der murmelnde, verspielt kurvige Oberlauf des Altusrieder Bachs zurück nach **Altusried** 01.

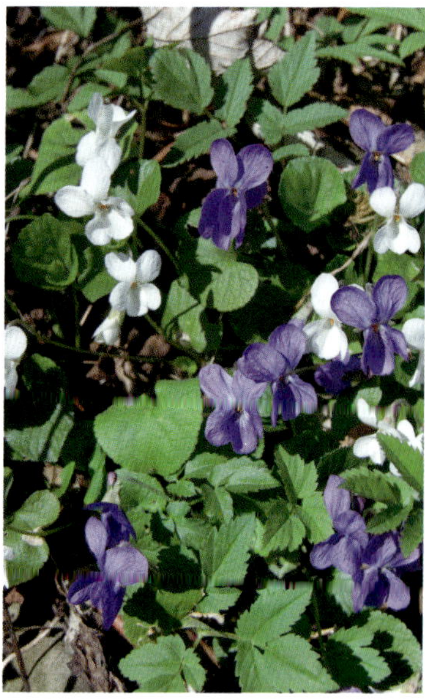
Weiße und blaue Veilchen

ALTUSRIED – SCHMIDSFELDEN

Einsame Passagen, entlegene Dörfer und ein spannendes Ziel

 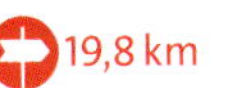 19,8 km 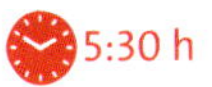 5:30 h 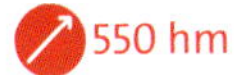 550 hm 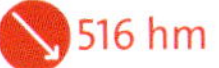 516 hm  187

START | Hauptstraße 18, Gästeinformation Altusried .
[GPS: UTM Zone 32 x: 590.944 m y: 5.295.349 m]
CHARAKTER | Mittelschwere Mittelgebirgswanderung durch die stille, geheimnisvolle und waldreiche Adelegg ins Glasmacherdorf Schmidfelden.

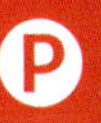
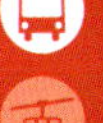

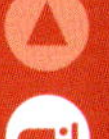
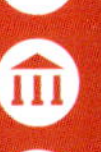
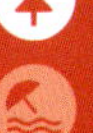

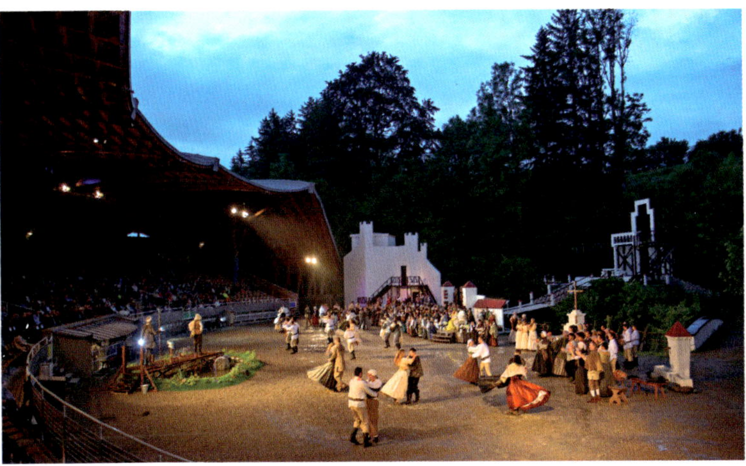

Altusried: Freilichtbühne

Vom **Rathausplatz** 01 rechts an der Hauptstraße auf Gehweg entlang, die „Schmiedstraße“ queren und am Gasthof Rössle (bereits 1482 erwähnt) vorbei geradeaus bergab in die Andreas-Hofer-Straße, Schul- und Untere Schulstraße queren und weiter durch Wiesen Richtung Freilichtbühne. An der Landstraße rechts auf Gehweg an den Trilogienadeln vorbei bergan und hinter der links liegenden **Freilichtbühne** 02 die Landstraße queren und am Zaun entlang zum Einstieg in den wunderschönen **Naturlehrpfad Altusried** 03. Ein munteres Auf und Ab, vielfach mit der Begleitung des Riedbaches, folgt nun.

Vor einem Gehöft mit einem Wegekreuz samt Bank zwischen zwei Eiben endet der Naturlehrpfad und es geht links auf Fahrstraße weiter. Der Weg zieht wieder rechts ab auf Feldweg zum Brittlingsbach, mal durch Wald oder über Wiesen. An der Landstraße rechts ab und an der folgenden Straßenkreuzung auf Fahrweg geradeaus auf den Weiler Trunzen zu. Zwischen den Gehöften auf der Anhöhe geht es rechts steil bergauf und sogleich wieder links ab auf Feldweg, vorbei an einer Trilogiebank, bis ein Fahrweg erreicht wird. Geradeaus geht es in den Weiler Eggholz, rechts das Gebäude der **ehemaligen Hauskäserei und Sennereigenossenschaft Eggholz** 04. In Höhe Schwenkels rechts ab zur Landstraße und links erst in den Weiler Strohmayers und dann in den Weiler Zur Mühle laufen. An der großen Kreuzstation, unter einer Linde rechter Hand, rechts ab und bergauf. Am folgenden Bauernhof links halten und die Viehweide geradeaus queren. Es folgt Hochwald und an der rechts im Tal liegenden Wasserversorgung auf Stufen hinuntersteigen, den Bach queren und am Waldrand entlang, links eine umzäunte Photovoltaikanlage, steil durch Wiesen bergauf bis zu einer kleinen Fahrstraße und geradeaus zum Weiler **Hitzlo** 05 wandern, der bereits im 14. Jh. erwähnt wird. Hier links ab auf Fahrweg und später auf Wiesenpfad in den Weiler Scheiben. Rechts ab nach **Schwarzachen** 06.

Vor dem Ortseingang zieht der Fahrweg geradeaus in Kehren und teils steil ansteigend vorbei am Abschlag 8 des höchstgelegenen **Golfplatzes** 07 Deutschlands hinauf bis zum Weiler **Adelegg** 08. Am Waldrand erst links, dann rechts bergab und auf Forststraße, später Waldwegen durch den Kirchtobel hinunter nach **Unterkürnach** 09 mit Hofgut und sehenswerter Marien-

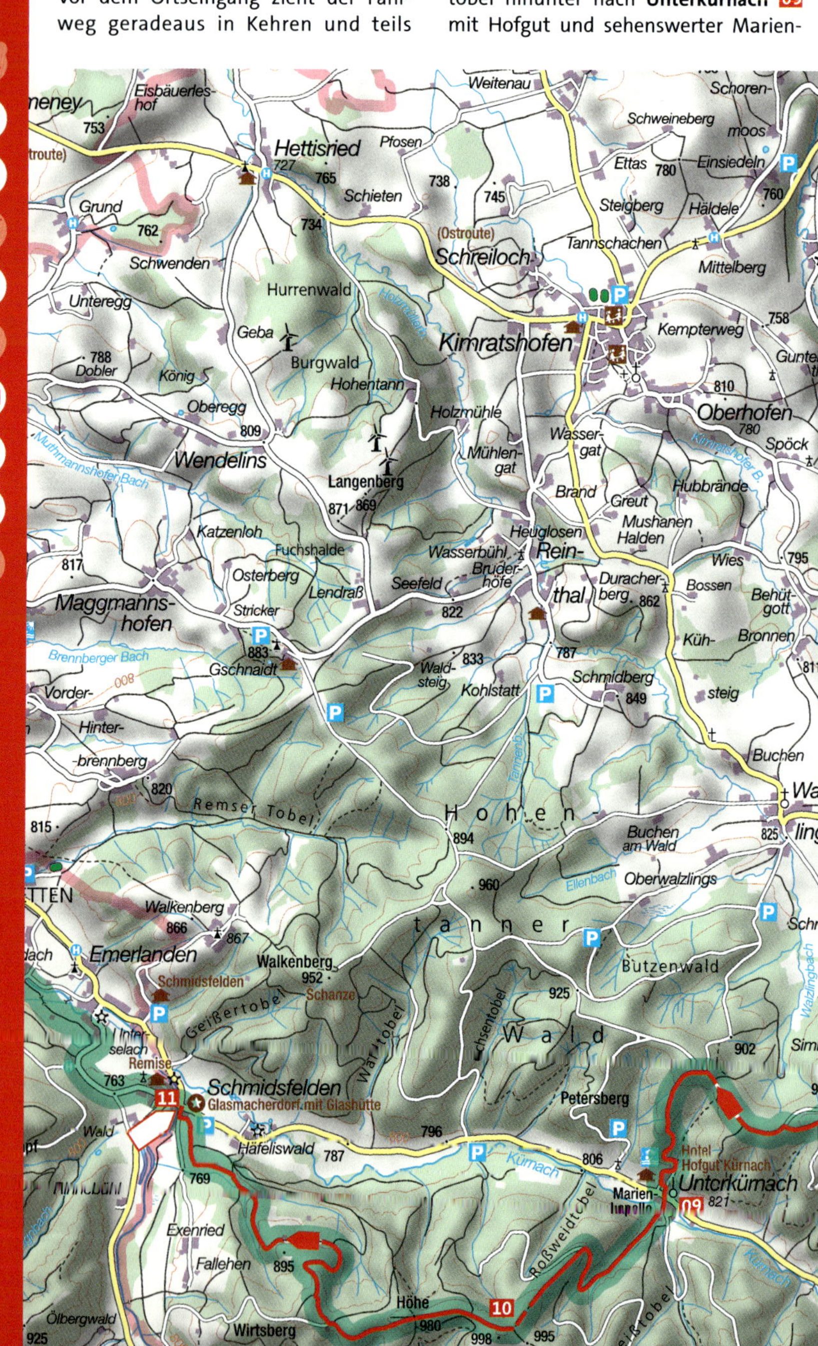

kapelle. Der Weg quert die Landstraße geradeaus und steigt dann, vorbei an einer Sägerei, mäßig steil auf Forst-, später Waldweg wieder bis auf 1000 m zur Wüstung **Wolfsberg** 10 an.

Oben angekommen, geht es rechts ab durch Hochwald, vorbei an Bergweiden. Die Route erreicht den Mussenhof und steigt auf Wald- und Fahrwegen hinunter zum Zusammenfluss von Eschach und Kürnach. Vor dem Glasmacherdorf Schmidsfelden erst links die Eschach und an der Bushaltestelle die Straße rechts queren und hinein in das historische **Glasmacherdorf** 11.

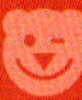

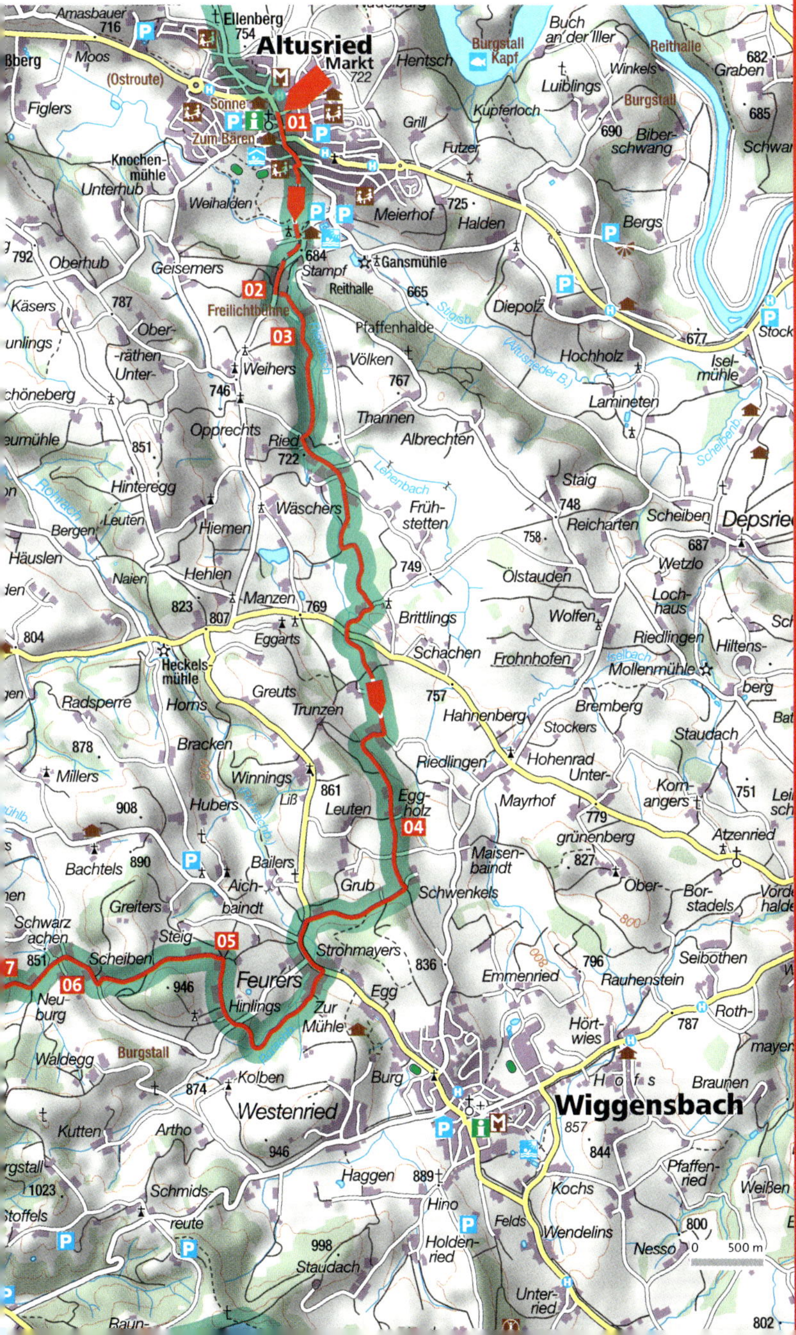

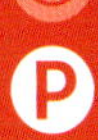

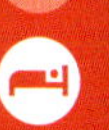

RUNDGANG ALTUSRIED

Auf den Spuren des Bauerntheaters

  4 km  1:00 h  87 hm  87 hm  187

START | Hauptstraße, Gästeinformation Altusried .
[GPS: UTM Zone 32 x: 590.874 m y: 5.295.391 m]
CHARAKTER | Bestes Wandertheater mit Auf und Ab, mit Weitblicken und Alpenpanorama und einigen tollen Akteuren. Leichtes Wandervergnügen im schönsten Bühnenbild.

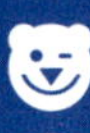
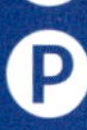

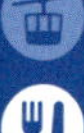
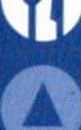

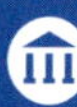

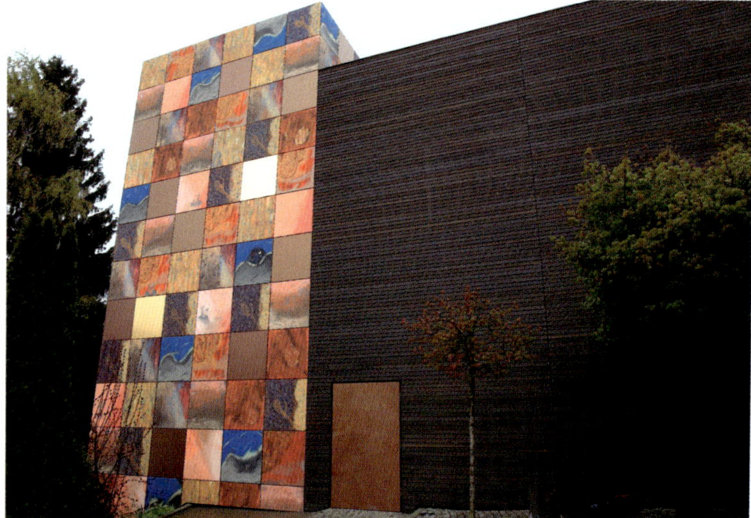

Altusried: Theaterkästle

Von der Start- und Willkommensinstallation am **„Rathausplatz“ 01** an der „Hauptstraße“ rechts ab, an der Tourist-Information und dem Gasthof Zum Bären vorbei. In einer Linkskurve, geradeaus weiter, bergab auf der „Andreas-Hofer-Straße“ laufen. Vorbei an der Bücherei und durch ein Tor geht es zum imposanten Bau des **„Theaterkästle“ 02**. An der „Schulstraße“ links ab, dann gleich rechts auf einem Feldweg, über die „Untere Schulstraße“ hinweg auf dem Fußweg ins freie Gelände laufen. Links und rechts Wiesen und Koppeln. Am Parkplatz der Freilichtbühne den Koppach queren, dann links zur Straße und rechts bergan, vorbei an den drei Trilogienadeln zur Tradition des Altusrieder Freilichttheaters, auf Fußweg geht es bergauf. In Höhe der Zuschauertribüne der **Altusrieder Freilichtbühne 03** (links) geht es auf einem Wiesenweg steil bergauf.

Nach Erreichen des Plateaus rechts ab und dann links am Waldrand entlang zu den Gehöften des Weilers Geisemers. Hier rechts auf Fahrstraße halten und auch am nächsten Abzweig, immer begleitet vom herrlichen Blick auf Altusried, rechts halten. Nun bergab mit bestem Alpenpanorama zum Weiler Weihalden. Nach der Rechtskurve links abbiegen und auf dem Fahrweg, vorbei an dem Turnierreitplatz eines Reiterhofes, ins Koppachtal hinunter. Unten angekommen rechts abbiegen und gleich wieder rechts, unterhalb der Bebauung am Koppach entlang. Der Weg schlängelt sich an der ehemaligen

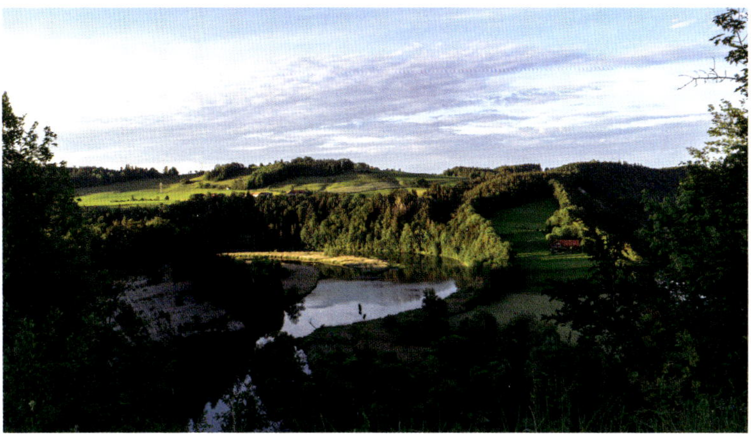

Die Iller auf der Höhe von Altusried

Knochenstampfmühle 04 von 1561 mit Mühlrad vorbei und folgt den Mäandern des Koppachs. Bald ist die „Poststraße“ erreicht, hier links bergauf auf dem Gehweg. Vorbei am Dorfmuseum im **Glögglerhaus** 05, bis links die **Kirche St. Blasius und Alexander** 06 zu sehen ist. Dann stößt die Route wieder auf die „Hauptstraße“, die links entlang zurück zum **Ausgangspunkt** 01 führt.

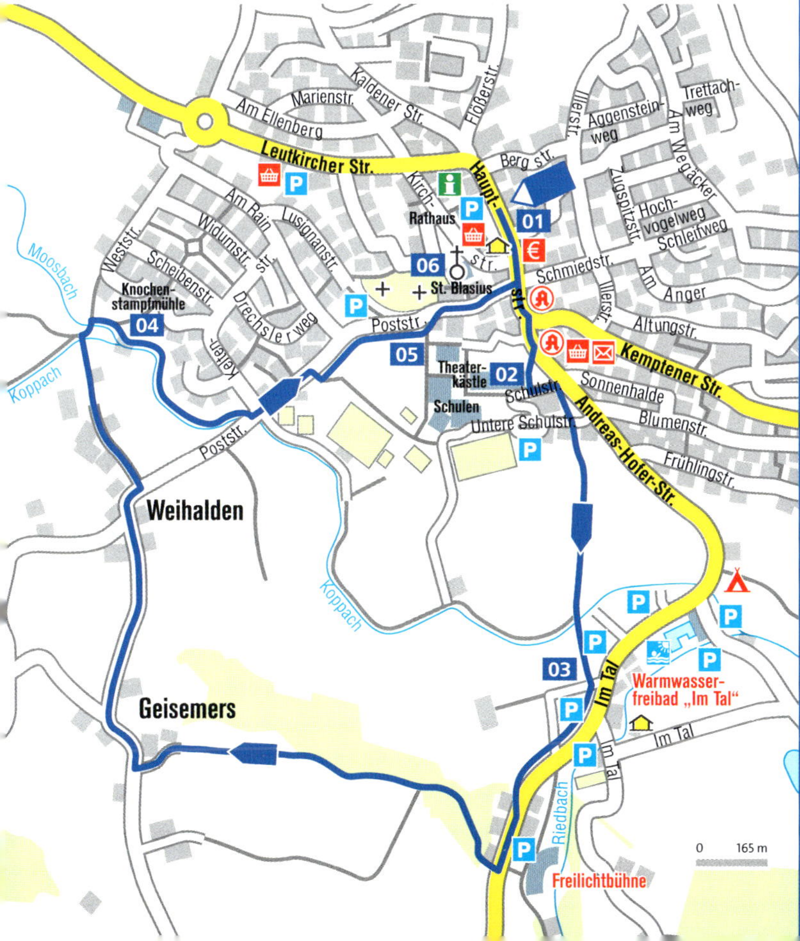

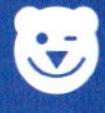
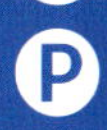

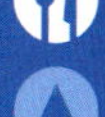
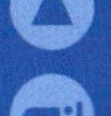

LEUTKIRCH – BAD WURZACH

Begegnung mit dem Wurzacher Ried

 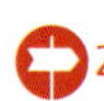 25,6 km  7:00 h 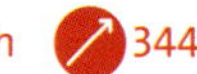 344 hm  349 hm  187

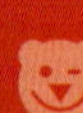

START | Gansbühl, Leutkirch.
[GPS: UTM Zone 32 x: 576.697 m y: 5.297.611 m]
CHARAKTER | Von der Wasserscheide aufs Schloss, über den Wachbühl zum Käsedorf und hinein ins jahrtausendealte Hochmoor bei Bad Wurzach. Eine lange, aber unschwere Tour.

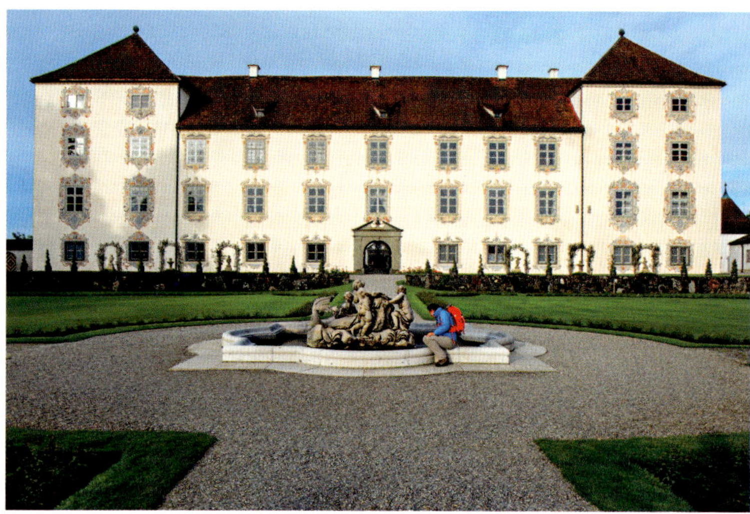

Leutkirch: Schloss Zeil

Ein tolles Schloss, das Hügel-, Wiesen- und Waldmeer und die Käserei am Wege.

▶ Am **Start- und Willkommensplatz Gänsbühl** 01 startet die Tour zunächst Richtung „Marktstraße", hier rechts ab bis zur „Unteren Grabenstraße". Auf Gehweg links bergab und dann rechts in die „Brühlstraße" abbiegen. Den „Schleifweg" queren und geradeaus auf dem „Dammweg", bis links die Bahnlinie unterquert wird. Hier rechts ab auf Geh- und Radweg am Industriegebiet vorbei, die Eschach querend und rechts an der Bahn entlang bis zu einem beschrankten Bahnübergang. Kurz links und sofort wieder auf Radweg rechts ab. Am Holzhof vorbei rechts auf die Brücke über die A 96 zu. Die Autobahn überqueren und durch die Straße „Im Alten Dorf" zur **Wehrkirche „St. Magnus"** 02 aus dem 13. Jh. in Unterzeil laufen.

Der Weg führt erst an der Straße auf Gehweg entlang und bald auf mäßig steil ansteigendem Weg in einer Linkskurve (abseits der Straße) hinauf zum **Schloss Zeil** 03 mit der sehenswerten Pfarrkirche Maria Himmelkönigin. Vor dem Schloss rechts ab in Sichtweite des GH Grüner Baum im Bogen bis zur Landstraße. Hier kurz rechts ab und dann links ab Richtung Wald laufen. Die Route führt durch ein eingezäuntes Wildschweingehege bis zur 1858 erbauten **Holzkapelle St. Josef** 04 mitten im Wald.

Weiter geht es durch Wald, später vorbei an der **Sebastianskapelle** 05 von Sebastianssaul (linker Hand) bis zu einer T-Kreuzung. Hier links ab und auf wenig befahrenen Landstraßen hinauf zur kleinen **Holzkapelle St. Colomban und St. Gallus** 06 am Abzweig zum lohnenswerten Aussichtspunkt Wachbühl (Allgäu- und Alpenblick in 791 m Höhe) wandern. Die Route führt hinunter nach Starkenhofen mit kleiner **Kapelle** 07 und verstreut liegenden Gehöften. Am Hinweisschild Butzenmühle geht es rechts ab über Felder und nach Ab- und Aufstieg, vorbei an zwei lebensgroßen, geschnitzten Fantasiefiguren, hinauf zum **Bergbauernhof „Bergjockl"** 08. Von hier hinunter nach **Gospoldshofen** 09. Durch den „Pfalzerweg" zur „Seibranzer Straße" im Ort. (Tipp: links ab wenige Meter zur Kapelle Hl. Petrus von Alcántara und der sehenswerten Käserei Hofer mit uriger Einkehr und Museum im „Sennerstüble".)

Rechts geht es weiter an der Straße entlang. An dem Abzweig Richtung Wengenreute links ab in die Straße „Rumpelmühle" und mäßig steil bergauf nach **Wengenreute** 10. Vor der kleinen Kapelle im Ort rechts weiter bergauf in die Straße „Waldeslust". Über offene Wiesenlandschaft bis zum Waldrand folgt eine sehr lange Passage auf Forstwegen durch Wald mit wechselnden Waldformationen. An der 4. Kreuzung links abbiegen und bei Erreichen der T-Kreuzung links ab und zwei Kreuzungen weiter rechts ab bis zur einer **Landstraße** 11 laufen. Diese geradeaus queren und auf dem Parkplatz links halten und mit der zweiten Wegeführung rechts ins Röthelenbachtal einsteigen. Der Bach begleitet den Weg in vielen Schlingen und Kehren bis zum idyllischen **Rötelenbachweiher** 12. Weiter geradeaus durch lichter werdenden Wald und Wiesen bis zu einer stark befahrenen Landstraße. Hier links ab auf Geh- und Radweg, bis die Straße vor dem Dorf Albers rechts ab hinunter ins **Wurzacher Ried** 13 gequert wird. Die Route zweigt dann links ab und führt, immer das tellerflache Ried im Blick, in halber Höhe auf Bad Wurzach zu. An einer T-Kreuzung rechts ab Richtung Ried und später links ab auf einem **Bohlen- und Naturweg** 14 durch eine bizarre, sich selbst überlassene Bruchlandschaft. (Tipp: Am Abzweig Bohlenweg geradeaus geht es zu einem Aussichtspunkt.) An der folgenden T-Kreuzung links und gleich wieder rechts ab. Wir erreichen an einer Kreuzung die **Eingangsstele** 15, die drei Trilogienadeln und laufen den Stichweg geradeaus zum **Start- und Willkommensplatz** 16 vor dem Kurhaus.

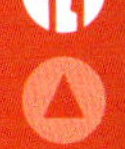
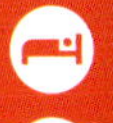

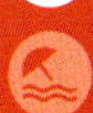

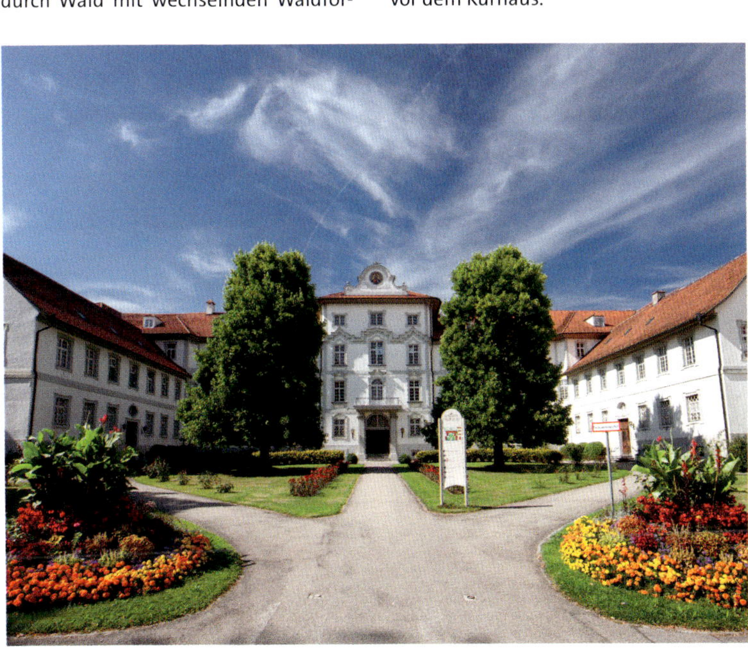

Bad Wurzach: Schloss Bad Wurzach

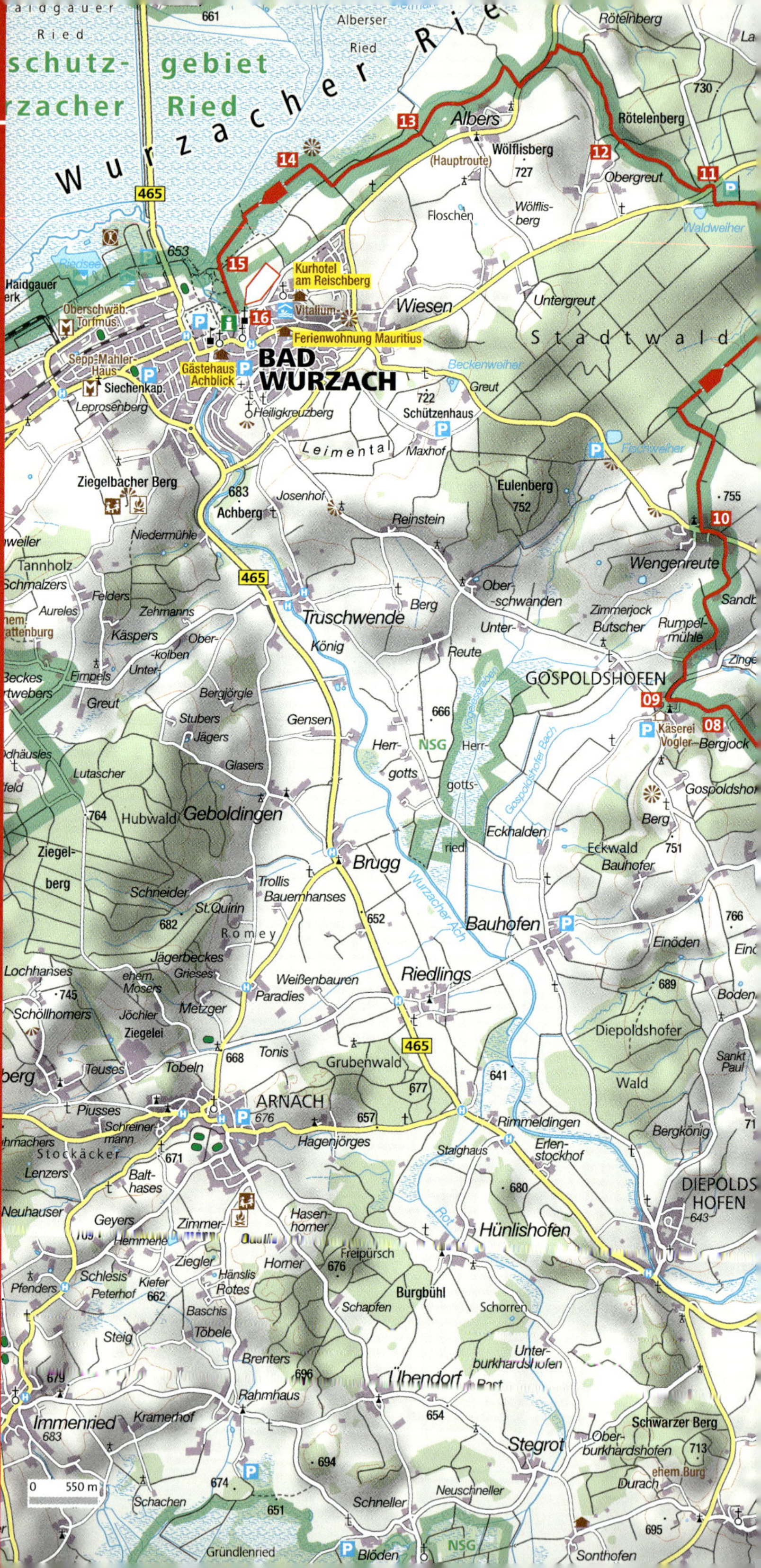

Naturschutzgebiet Wurzacher Ried

BAD WURZACH

Kurhotel am Reischberg

Ferienwohnung Mauritius

Gästehaus Achblick

Vitalium

Albers

Wölflisberg

(Hauptroute)

Rötelenberg

Obergreut

Wiesen

Untergreut

Stadtwald

Leprosenberg

Siechenkap.

Oberschwäb. Torfmus.

Sepp-Mahler-Haus

Heiligkreuzberg

Schützenhaus

Leimental

Maxhof

Ziegelbacher Berg

Achberg

Josenhof

Eulenberg

Reinstein

Wengenreute

Niedermühle

Tannholz

Truschwende

König

Ober-schwanden

Unter-

Reute

GOSPOLDSHOFEN

Käserei Vogler

Bergjock

Geboldingen

Hubwald

Brugg

Herrgottsried

NSG

Eckhalden

Eckwald

Bauhofer

Bauhofen

Riedlings

Weißenbauren

Paradies

Diepoldshofer Wald

ARNACH

Hagenjörges

Grubenwald

Rimmeldingen

Erlenstockhof

Hünlishofen

DIEPOLDSHOFEN

Immenried

Kramerhof

Rahmhaus

Ühendorf

Stegrot

Schwarzer Berg

Oberburkhardshofen

Unterburkhardshofen

Burgbühl

Schorren

Freipürsch

Schapfen

Brenters

Töbele

Schneller

Neuschneller

Blöden

Gründlenried

Sonthofen

Schachen

ehem. Burg

Durach

0 550 m

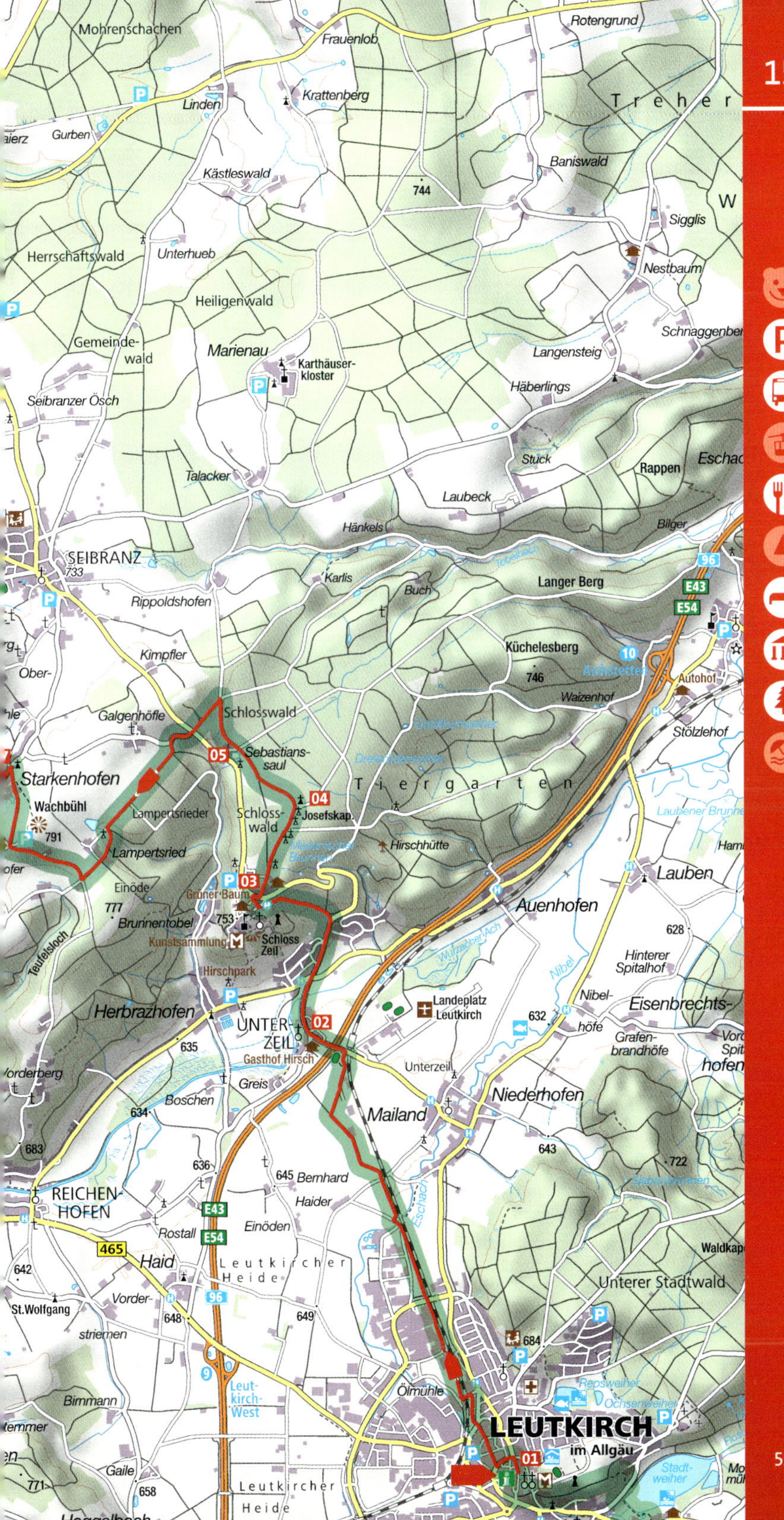
Mohrenschachen
Frauenlob
Rotengrund
Linden
Krattenberg
Treher
Gurben
Kästleswald
Baniswald
744
W
Sigglis
Herrschaftswald
Unterhueb
Nestbaum
Heiligenwald
Schnaggenber
Gemeinde-
wald
Marienau
Karthäuser-
kloster
Langensteig
Seibranzer Ösch
Häberlings
Stuck
Rappen
Eschac
Talacker
Laubeck
Hänkels
Bilger
SEIBRANZ
733
Karlis
96
Buch
Langer Berg
E43
E54
Rippoldshofen
Kimpfler
Küchelesberg
10
Aichstetten
746
Autohof
Ober-
Waizenhof
Galgenhöfle
Schlosswald
Stölzlehof
05
Sebastians-
saul
Starkenhofen
04
Tiergarten
Wachbühl
Lampertsrieder
Schloss-
wald
Josefskap.
791
Lampertsried
Hirschhütte
Laubener Brunnen
Lauben
03
Einöde
Grüner Baum
Auenhofen
777
753
Brunnentobel
628
Kunstsammlung
Schloss
Zeil
Hinterer
Spitalhof
Teufelsloch
Hirschpark
Nibel
Landeplatz
Leutkirch
Nibel-
Eisenbrechts-
Herbrazhofen
UNTER-
ZEIL
02
632
höfe
Grafen-
brandhöfe
635
Gasthof Hirsch
Unterzeil
Vorderberg
Greis
Niederhofen
Boschen
Mailand
634
683
636
643
722
645 Bernhard
REICHEN-
HOFEN
Haider
E43
Rostall
Einöden
E54
465
Waldkap
Haid
Leutkircher
Heide
642
Unterer Stadtwald
Vorder-
St.Wolfgang
96
648
649
striemen
684
9
Leut-
kirch-
West
Birnmann
Ölmühle
Repsweiher
Ochsenweiher
LEUTKIRCH
im Allgäu
01
Gaile
771
658
Stadt-
weiher
Leutkircher
Heide
Heggelbach

RUNDGANG LEUTKIRCH

Stadt, Land, Wasser

 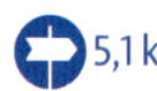5,1 km 1:30 h 81 hm 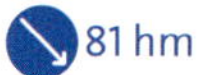81 hm 187

START | Gänsbühl, Start- und Willkommensplatz Leutkirch.
[GPS: UTM Zone 32 x: 576.697 m y: 5.297.611 m]
CHARAKTER | Eine Stadtwanderung mit faszinierend viel Grün, überraschenden Perspektiven und einer sensationellen Leutkircher Altstadt. Bestes Wanderkino.

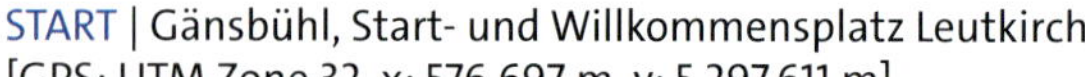

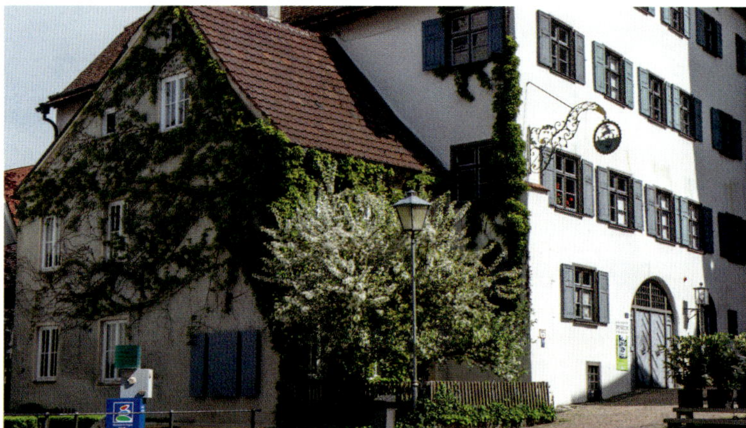

Leutkirch: Glasmachermuseum

Pfiffige Rundwanderung durch die Altstadt hinunter zum Stadtweiher und hinauf zur Wilhelmshöhe.

▶ Vom **Startpunkt** 01, den „Gänsbühl", vorbei am **Gänselieselbrunnen** 02, zur „Marktstraße" und hier links ab vorbei an dem Martinsbrunnen bis zur Spitalgasse, die links ab, am ehemaligen Spital vorbei, zur **Leutekirche St. Martin** 03 führt. Es geht rechts an der Kirche vorbei und über den Marienplatz auf Treppen bis zum „Oberen Graben" hinauf. Dort rechts ab in den „Hoherbergweg" laufen und dann links in die schöne Allee. Vorbei an der **Thingstätte** 04 aus NS-Tagen mit drei Trilogienadeln zum Thema Glas. Dann auf Pfad rechts erst zu einer Kneippanlage und weiter zum Stadtweiher hinunter. Nach Querung der „Balterazhofer Straße" geradeaus zum **Naturpfad Stadtweiher** 05, vorbei an der Fokussierstele und einer Infotafel, die auf den 1397 erstmals erwähnten Stadtweiher und seine Geschichte bis

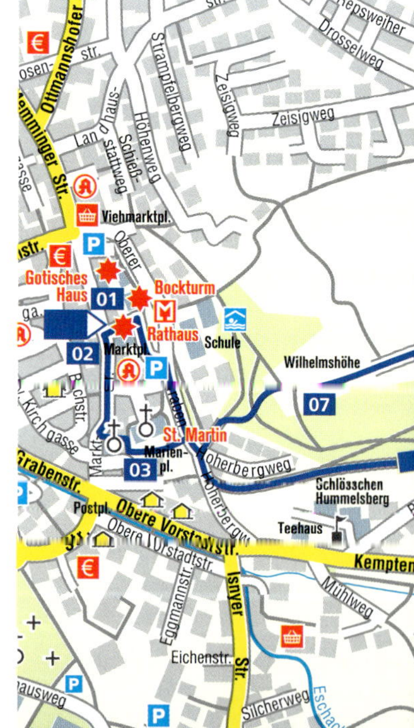

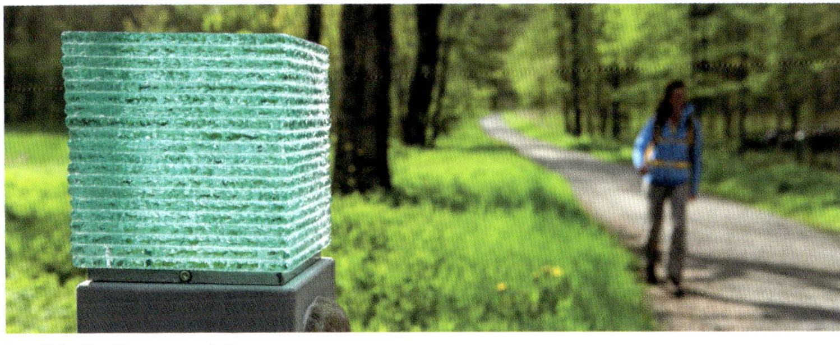

Leutkirch: Eingangsstele

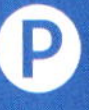
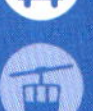

zum Ausbau zwischen 1961 und 1965 auf heute 18 Hektar Fläche verweist.

Der Wasserabfluss wird über eine Brücke gequert und die viel befahrene „Kemptener Straße" erreicht. Hier bitte links über den Parkplatz des Stadtbades laufen, bis der Weg an den Tennisplätzen vorbei links wieder in eine Allee mündet. Am östlichen Weiherufer zum Naturschutzgebiet und der ehemaligen **Pumpstation Moosmühle** **06** gibt es weitere Infotafeln. Weiter links am Ufer entlang zwischen Waldrand und Wasser wandern, bis rechts ein Naturweg bergan abzweigt. Beim Erreichen der „Balterazhofer Straße" (Tipp: weniger Meter rechts ab der sehenswerte Waldfriedhof) links ab, dann geradeaus in den von Alleebäumen gesäumten „Vogelhaldeweg" abzweigen. Auf Höhe der Treppenanlage hinunter zum Kneippbad steigen, dann rechts bergan, erst auf Pfad, dann über Treppen zum Waldrand mit Grillhütte laufen. Hier bitte links am Waldrand entlang auf dem Pfad halten, bis von rechts ein Fahrweg („An der Wilhelmshöhe") nach links zur **Festwiese** **07** der Leutkircher auf die Wilhelmshöhe (709 m) führt. Von dort über Treppenanlagen erst zum „Oberen Graben" hinunter, dann rechts ab bis zur Grundschule und links ab im spitzen Winkel und rechts hinunter durch die „Schneegasse" zum „Gänsbühl" und dem **Endpunkt** **01**.

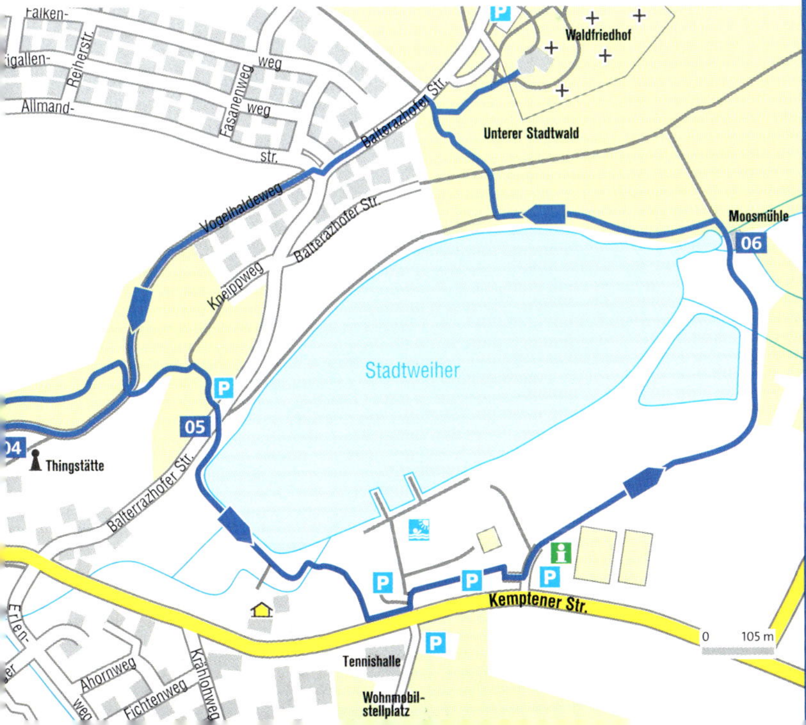

SCHMIDSFELDEN – EISENBACH

Auf historischen Pfaden durch die Welt der Glasmacher

  4,4 km 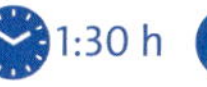 1:30 h  73 hm 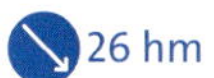 26 hm  187

START | Schmidsfelden 9, Glashütte Schmidsfelden.
[GPS: UTM Zone 32 x: 583.874 m y: 5.289.106 m]
CHARAKTER | Auf den Spuren der Glasmacher mitten durch die Adelegg mit der Eschach als Wegbegleiter und Grenzfluss. Historisch spannend, landschaftlich einladend und einfach zu gehen.

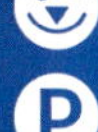

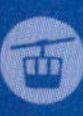
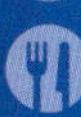
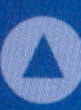

Herrlich entspannte und äußerst lehrreiche Wanderung auf Naturpfaden.

Von der **Glashütte** 01 geht es zur Eschach und mit dem Segen des hl. Nepomuk entlang der Eschach flussaufwärts weiter auf die Fußreise. Nach der **Eschachbrücke** 02 führt die Route mit dem Sonderzeichen der drei Steinmännle in Blau auf weißem Grund und einer stilisierten Leiter links oben weiter. Der Kurs führt parallel zur Eschach. Tipp: Ein Abstecher rechts zum nachgebauten Steinpocher demonstriert, welche Rohstoffe für die Glasherstellung notwendig sind. An der nächsten Wegegabelung rechts ab auf schönem Wald- und Wiesenweg in einiger Entfernung zur Eschach, bis von links ein Sträßchen den Berg hinab kommt.

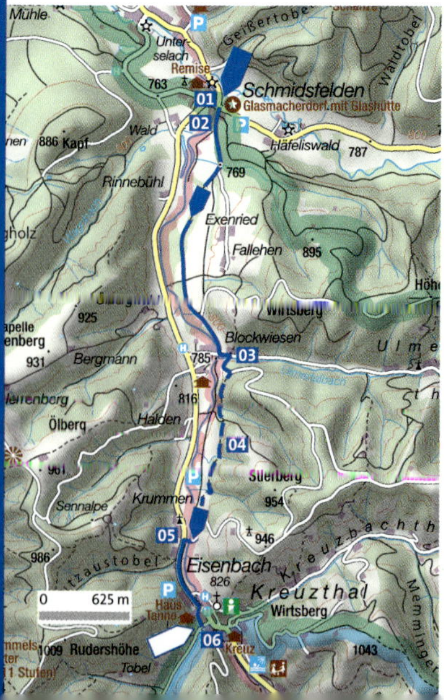

Die Route hält Kurs geradeaus, links üppige Wiesen, rechts der Gehölzstreifen entlang der Eschach. Am Weiler **Blockwiesen** 03 informiert eine Infotafel des parallel verlaufenden Glasmacherweges über die Geologie und Erdgeschichte der Region. An dieser T-Kreuzung erst links und gleich darauf vor einem Parkplatz wieder rechts abbiegen. Die folgende Infotafel erläutert die Geschichte des Ulmertales und die spannenden Hintergründe der Namensgebung. Über den Ulmer Bach geht es weiter und dann am Waldrand entlang.

Nach kurzem, aber steilem Aufstieg geht es rechts ab und nun hangparallel wieder in den Wald hinein. Vorbei an einer Rastbank mit schönem Blick ins Tal der Eschach. Hier informiert eine Infotafel über die Geschichte der ehemaligen Glashütte am **Balthasartobel** 04, die 1726 aufgrund Holzmangels aufgegeben wurde. Am Ende des Waldweges geht es über eine kleine Brücke und dann über Pfad weiter. Ein munteres Auf und Ab führt oberhalb des Eschachtals nun weiter in Richtung Eisenbach.

Die folgende Fahrstraße führt rechts hinunter und über die Eschach. Hier links ab und später auf Gehweg bis zum **„Glasmacherweg“** 05 und einigen Stationen zur Glasmachergeschichte von Eisenbach mit sehenswerten Zeitzeugnissen. Weiter vorbei an einem überdachten Rastplatz und dem Schwarzen Haus, dem letzten Glasmacherhaus Eisenbachs, führt die Route zum **Zielpunkt** 06 unmittelbar vor dem herrschaftlichen Haus Tanne an der Eschach, womit das Ende erreicht ist.

SCHMIDSFELDEN – LEUTKIRCH

Eine echte Muse-Wanderung

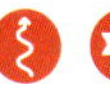 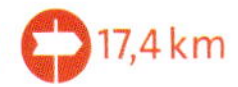 17,4 km 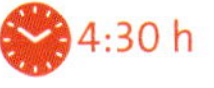 4:30 h 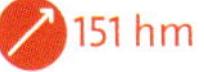 151 hm 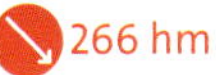 266 hm  187

START | Schmidsfelden 9, Glashütte Schmidsfelden.
[GPS: UTM Zone 32 x: 583.874 m y: 5.289.106 m]
CHARAKTER | Leichte Wanderung durch das Eschachtal mit vielen sakralen Höhepunkten und der natürlichsten Annäherung an eine umtriebige Mittelstadt im Allgäu, die man sich vorstellen kann.

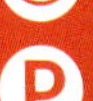
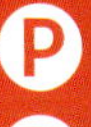

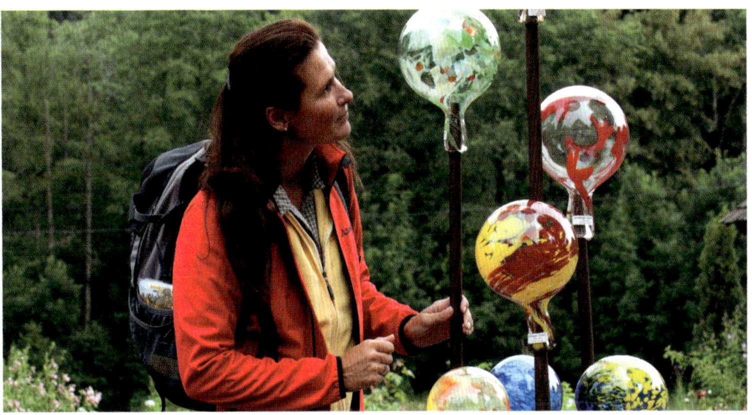
Schmidsfelden: Glasmacherkunst

Von der Adelegg in die quirlige und einst freie Reichsstadt Leutkirch.

Vor der von Johann Balthasar von Schmidsfeld 1825 gegründeten **Glashütte 01** im historischen Glasmacherdorf Schmidsfelden fällt der Startschuss für die Wanderung nach Leutkirch. Richtung Emerlander Mühle, seit der Eschachquerung auf württembergischen Boden, beginnt die schrittweise Verabschiedung von dem nördlichsten Ausläufer der Alpen, der waldreichen Adelegg, dem „Dunklen Herz des Allgäus". An der **Emerlander Mühle 02**, erstmal 1551 als Sägemühle erwähnt und bis 2000 auch in Betrieb, erreichen wir linker Hand bergan einen Höhenzug, an dessen Steilhang über dem Eschachtal der Weg zur Hochform aufläuft.

Der meist schmale Pfad tänzelt an der Hangkante entlang bis zum Sportplatz von Friesenhofen mit der **Kirche St. Peter und Paul 03**, die Wurzeln der einstigen Wehrkirche datieren ins 15. Jh. Auf Geh- und kombiniertem Geh- und Radweg führt die Route durch die Wiesen des

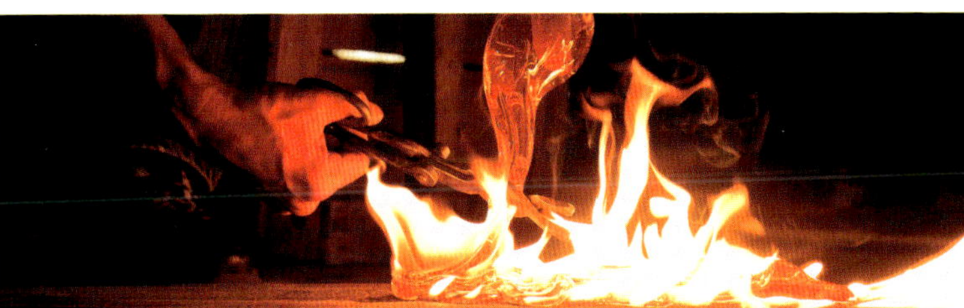
Schmidsfelden: Glasmacherkunst

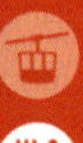
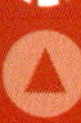

Eschachtals nach Hinznang. (ÖPNV, Linie 7551) Vor der Kirche St. Gertrud rechts steht ein sehenswerter **Dreiländerstein** 04. Nun geht es bergauf auf Landstraße auf eine Geländestufe und dann links ab auf Feldwegen immer am Waldrand entlang. Die Passage entlang der ehemaligen Heeresmunitionsanstalt, versteckt im Urlauer Tann, führt später vor die Zufahrt zum neuen CenterParc. Auf asphaltierten Fahrwegen mit schönem Blick auf Urlau linker Hand, jenseits von Wiesen und Feldern, ziehen interessante Wegekreuze an der Strecke, eines davon mit kunstvollen Schmiedearbeiten unter einer mächtigen Linde, die Aufmerksamkeit auf sich. Im kleinen Weiler Grünenbach beeindruckt die auf einer Anhöhe im Ortskern stehende **St.-Vitus-Kapelle** 05.

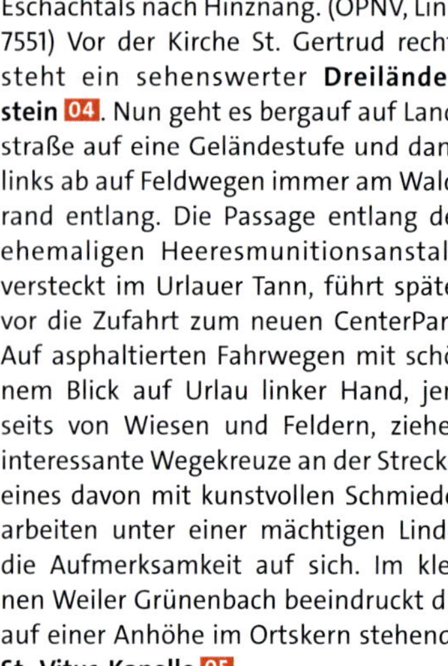

In dem Weiler Allmishofen, der bereits im 9. Jh. beurkundet wird, geht es rechts ab wieder leicht bergauf, dann links ab und durch ein bewegtes Hügelmeer mit Wiesen und Äckern nach einer kurzen Straßenberührung in den Stadtwald „Oberer Wald“ der einst Freien Reichsstadt Leutkirch mit dem lauschigen Krählohweiher hinein. Vor dem Krählohweg, der zur Kemptener Straße führt, grüßt die **Eingangsstele** 06 von Leutkirch. An der Kemptener Straße bitte vorsichtig (Fußgängerübergang) die Straßenseite wechseln und rechts ab bis kurz vor dem Parkplatz des **Freibades Stadtweiher** 07 laufen. Dort bitte links ab bis zum Ufer des schönen Stadtweihers und auf dem Naturpfad Stadtweiher links am Ufer entlang bis zur **Fokussierstele** 08 vor der „Balterazhofer Straße“ wandern. Die Straße queren und bergan auf Pfad erst zu einer Kneippanlage und dann über Treppen zu einem Asphaltweg. Hier links ab, an der Thingstätte und drei Trilogienadeln vorbei bis zu einem Parkplatz am „Oberen Graben“ am Ende der schönen Allee laufen. Dort links halten und durch eine Toröffnung vor dem ehemaligen **Franziskanerinnenkloster** 09 bergab zur **Kirche St. Martin** 10 und weiter bis zur Marktstraße laufen. Rechts geht es durch die Fußgängerzone bis zum Gänselieselbrunnen. Dort rechts bis kurz vor den großen Bockturm. Hier endet die Wanderung linker Hand am **Start- und Willkommensplatz** 11.

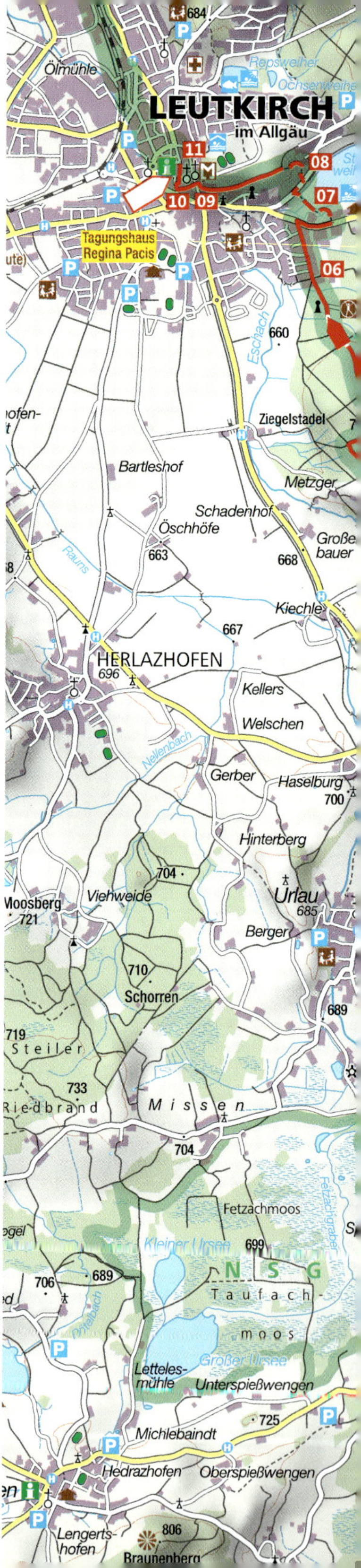

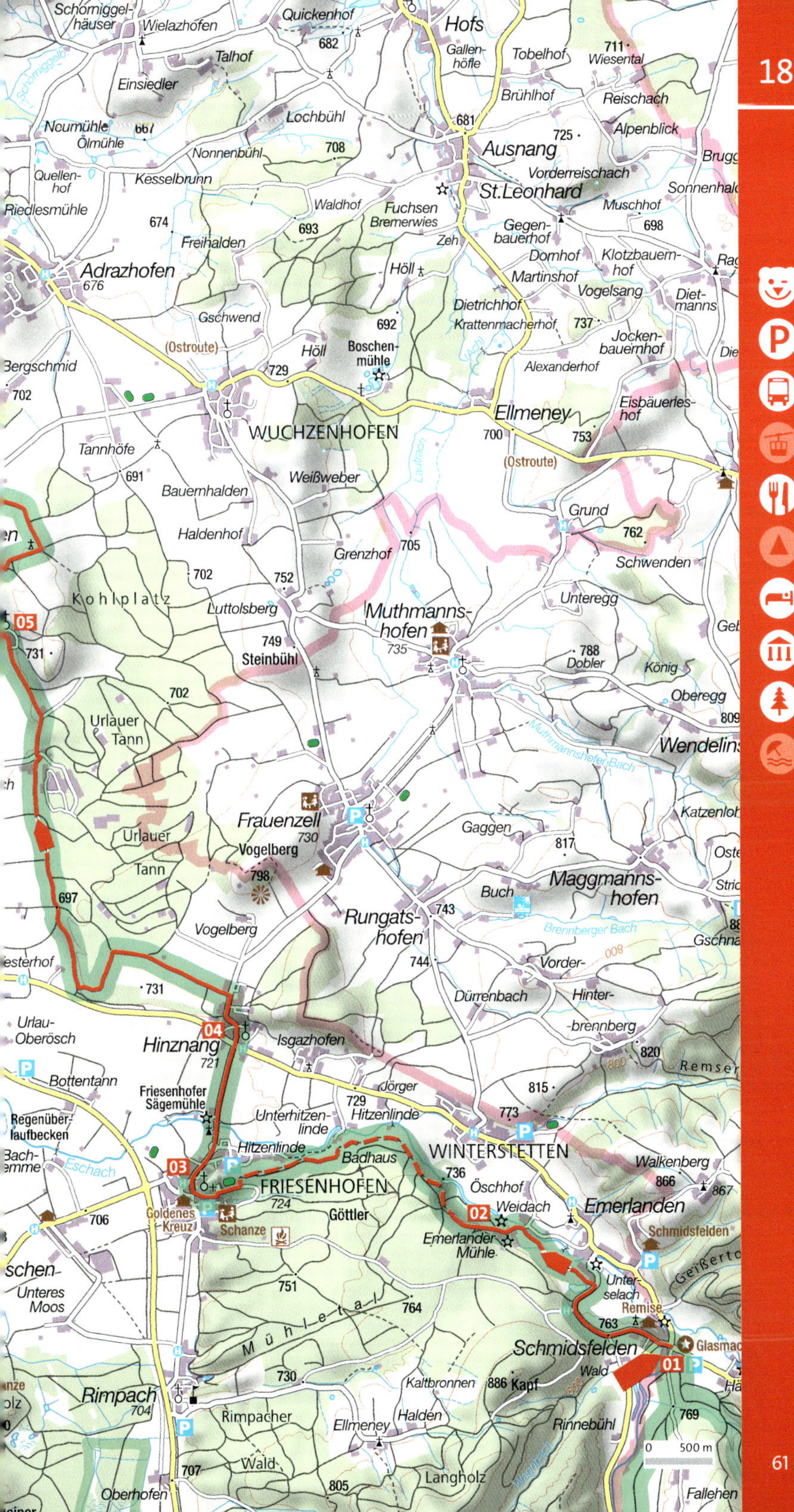
Schorniggel-
häuser
Wielazhofen
Quickenhof
682
Hofs
Gallen-
höfle
Tobelhof
711
Wiesental
Talhof
Einsiedler
Brühlhof
Reischach
Lochbühl
681
725
Alpenblick
Neumühle
667
Ölmühle
708
Ausnang
Nonnenbühl
Vorderreischach
Quellen-
hof
Kesselbrunn
St. Leonhard
Sonnenhalde
Riedlesmühle
Waldhof
Fuchsen
Bremerwies
Muschhof
674
693
Gegen-
bauerhof
698
Freihalden
Zeh
Dornhof
Klotzbauern-
hof
Adrazhofen
676
Höll
Martinshof
Vogelsang
Diet-
manns
Gschwend
Dietrichhof
692
Krattenmacherhof
737
Jocken-
bauernhof
Bergschmid
(Ostroute)
Höll
Boschen-
mühle
729
Alexanderhof
702
Eisbäuerles-
hof
Ellmeney
WUCHZENHOFEN
700
753
Tannhöfe
(Ostroute)
691
Weißweber
Bauernhalden
Grund
762
Haldenhof
Grenzhof
705
Schwenden
702
752
Kohlplatz
Luttolsberg
Muthmanns-
hofen
Unteregg
05
735
749
Steinbühl
731
788
Dobler
König
702
Oberegg
809
Urlauer
Tann
Wendelins
Muthmannshofer Bach
Katzenloh
Urlauer
Tann
Frauenzell
730
Gaggen
Vogelberg
817
798
Maggmanns-
hofen
Buch
697
743
Rungats-
hofen
Vogelberg
Brennberger Bach
Gschna
Vorder-
744
esterhof
731
Dürrenbach
Hinter-
-brennberg
Urlau-
Oberösch
04
Isgazhofen
Hinznang
721
820
Remser
Bottentann
Jörger
815
Friesenhofer
Sägemühle
Unterhitzen-
linde
729
Hitzenlinde
773
Regenüber-
laufbecken
Hitzenlinde
Badhaus
WINTERSTETTEN
Walkenberg
Eschach
03
736
866
867
FRIESENHOFEN
Öschhof
Emerlanden
724
02
Weidach
706
Goldenes
Kreuz
Schanze
Göttler
Schmidsfelden
Emerlander
Mühle
Unter-
selach
Geißerto
Unteres
Moos
751
764
Remise
763
Mühletal
Schmidsfelden
Glasmac
730
Wald
01
Kaltbronnen
886 Kapf
Rimpach
704
Rimpacher
Halden
Ellmeney
Rinnebühl
769
707
Wald
0
500 m
805
Langholz
Oberhofen
Fallehen

WALLFAHRTSKIRCHE GSCHNAIDT

In der Nordwestecke des Oberallgäus

  9,5 km 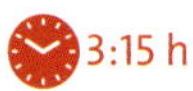 3:15 h  224 hm  224 hm  187

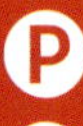

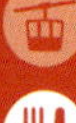
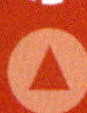
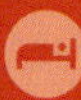

START | Altusried/Kimratshofen, Bushaltestelle, Parkplatz am Sportplatz. [GPS: UTM Zone 32 x: 586.630 m y: 5.294.460 m]
CHARAKTER | Zum Teil unbezeichnete Feld- und Wanderwege, mit Steigungen, mitunter schwach ausgeprägte Fahrspuren und Pfade, kurze weglose Abschnitte, teils stille Sträßchen. Orientierungssinn!

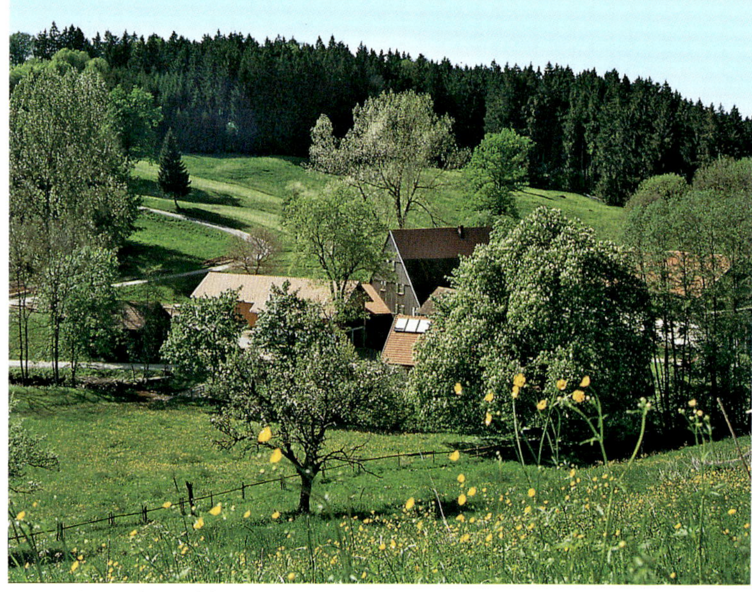

Wie in einem alten Bilderbuch: der Kimratshofer Weiler Holzmühle

Unsere „Pilgertour“ zu dem recht hoch gelegenen Wallfahrtsort bei Maggmannshofen startet an der Bushaltestelle in **Kimratshofen** 01. Ein Fußgängerweg steigt neben der Straße Richtung Leutkirch zum Ortsende. Gleich darauf beachten wir den Wanderwegweiser „Hohentann“.

Nach einem Feldwegabschnitt über eine Waldkuppe geht's kurz weglos an zwei markierten Telefonmasten vorbei. Hinter dem Steg, auf dem wir im Wiesental des **Holzmüllerbachs** 02 das Ufer wechseln, setzt sich die witzige Pfadfinderei an einem uralten Zaun entlang fort, bis wir im Wald auf eine steile Fahrspur stoßen. Wir kreuzen den folgenden Waldweg und kommen auf einem undeutlichen Pfad nach **Hohentann** 03.

Direkt vor dem Einödhof beginnt rechts ein Feldweg. An der nächsten Verzweigung lassen wir uns vom Schild „Wendelins“ den Kurs zeigen. Nach der Überschreitung eines Bächleins schaltet sich über eine Wiese eine längere schwach ausgeprägte Fahrspur ein, die uns zum Weiler **Wendelins** 04 bringt.

Das Sträßchen der Gschnaidter Route wird wenig später von einem Waldweg abgelöst. An der ersten Gabelung hält man sich rechts, an der zweiten links und ab dem Wegende am Waldrand bergauf. Zuletzt gelangt man geradeaus auf einem recht verwachsenen Pfadstück und an einer Hecke entlang in den Wallfahrtsort **Gschnaidt** **05**.

Nach einem Besuch der Kirche – nebenan steht eine Kapelle mit einer Sammlung Sterbekreuzchen aus nah und fern – wird man beim Wirt gerne eine schmackhafte Brotzeit bestellen, bevor man sich auf den Weiterweg macht. Über **Lendraß** **06**, Richtung Hohentann, finden wir ein verkehrsfreies Sträßchen vor. Bald zweigt ein mit „Holzmühle“ ausgeschilderter Feldweg ab. Nach einer kurzen Wiesenspur leitet ein Waldpfad durch ein Mischgehölz bergab nach **Holzmühle** **07**. Dort trägt uns ein Holzsteg über den bekannten Holzmüllerbach und anschließend ein Feldweg über eine Anhöhe zurück nach **Kimratshofen** **01**, wobei der Bauernhof Mühlengat rechts liegen bleibt.

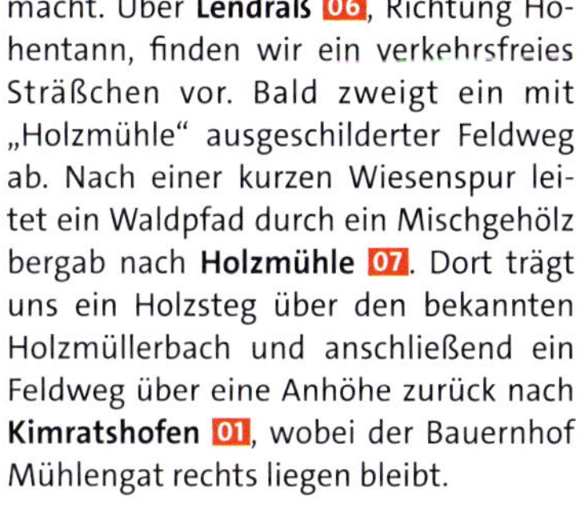

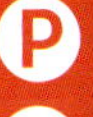

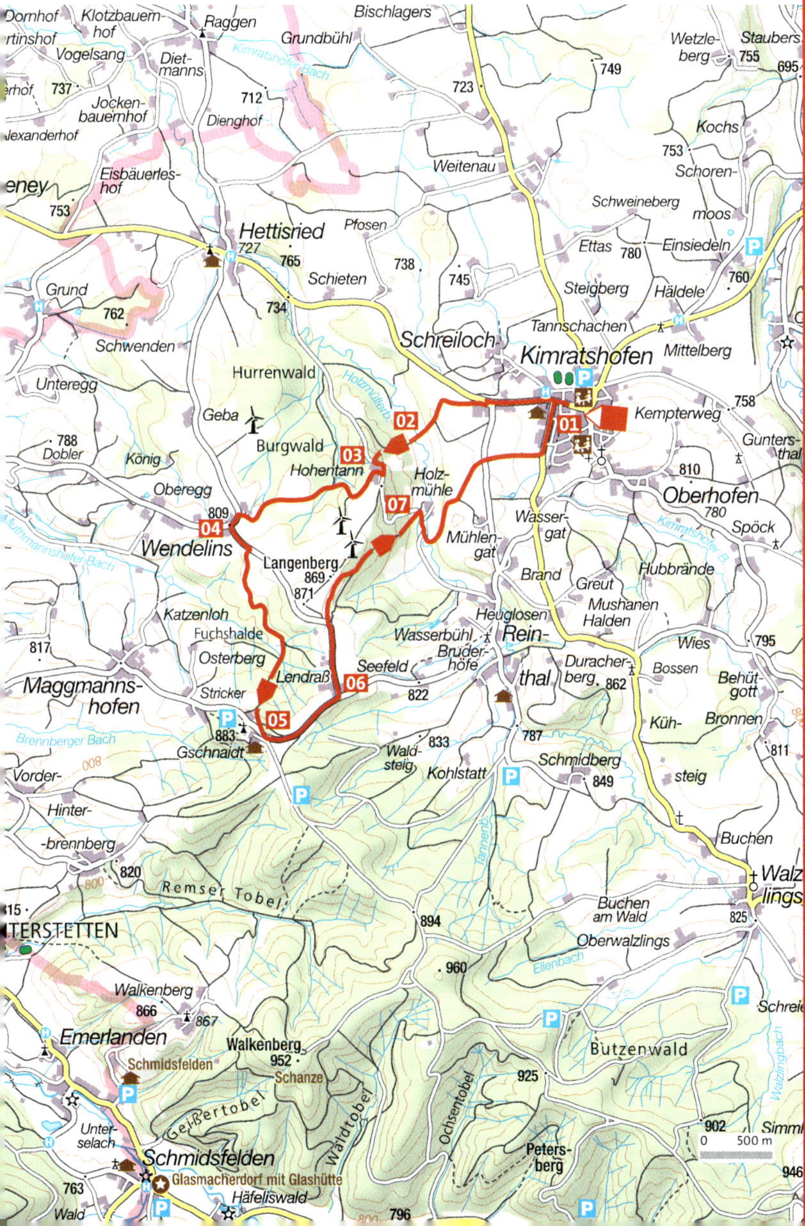

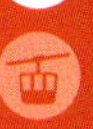

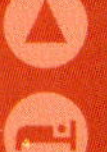

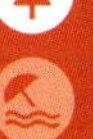

HOFGUT UNTERKÜRNACH

Zweimal durch den Hohentanner Wald

  8,5 km 2:00 h 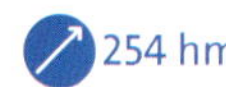 254 hm 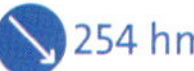 254 hm  187

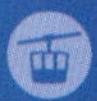

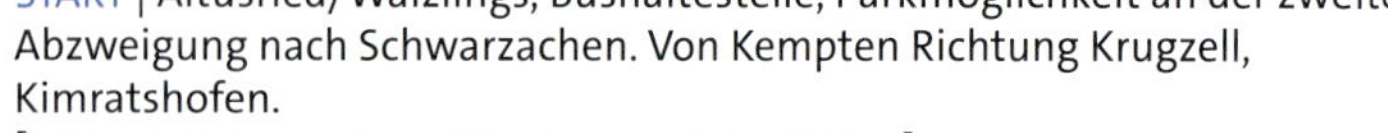

START | Altusried/Walzlings, Bushaltestelle, Parkmöglichkeit an der zweiten Abzweigung nach Schwarzachen. Von Kempten Richtung Krugzell, Kimratshofen.
[GPS: UTM Zone 32 x: 588.020 m y: 5.291.100 m]
CHARAKTER | Mäßige Steigungen. Überwiegend beschilderte Forst- und Waldwege, zuletzt verkehrsfreies Sträßchen, kurzer Abschnitt auf ruhiger Staatsstraße. Etwas Orientierungssinn wird gebraucht.

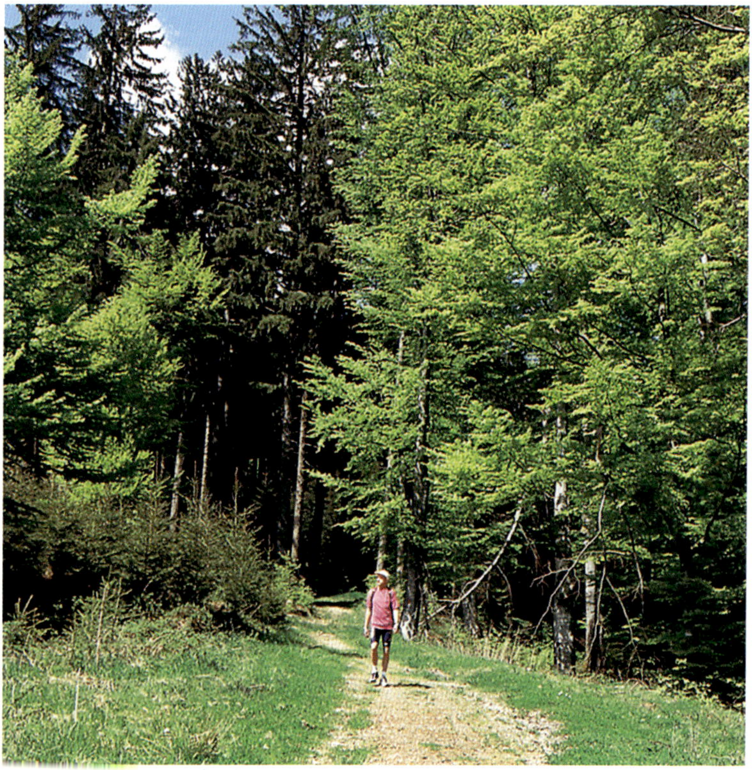

Frühlingseinzug im Hohentanner Wald

Diese seniorenfreundliche Halbtagestour durch die erfrischende, mittelgebirgsartige Landschaft des Hohentanner Waldes zählt zu den beglückendsten Unternehmungen im nördlichen Oberallgäu. Auf der beschriebenen Wirtshauswanderung im Grenzgebiet zwischen den Gemeinden Altusried und Wiggensbach überschreitet man gleich zweimal den lang gezogenen Mischwaldhöhenzug, ohne jedoch dabei groß außer Atem zu geraten.

▶ Bei der **Bushaltestelle** in **Walzlings** 01 zeigt uns der Wanderwegweiser „Schwarzachen“ den Kurs. Nach einer Bachquerung folgen wir dem Forstweg Richtung Butzenwald und halten uns an einer Gabelung im inspirierenden Mischwald links. An der nächsten Verzweigung geht's abermals links und an einer Kreuzung geradeaus stetig bergauf.

Auf dem Höhenzug des **Hohentanner Waldes** 02 queren wir einen breiten Forstweg. Nun leitet ein Waldweg talwärts, wobei an einer Gabelung auf die Markierung zu achten ist. Leidenschaftliche Barfußwanderer seien allerdings gewarnt und sollten diesen Kirchtobelweg, eine recht seltsam anmutende Glasscherbenpiste, nur mit einigermaßen solider Hornhaut begehen.

Das Kürnachtal wartet im Wiggensbacher Weiler **Unterkürnach** 03 mit einer stattlichen Einkehr auf: dem Hofgut Kürnach.

Ein kurzes Stück nehmen wir nun rechts mit der meist wenig befahrenen Staatsstraße von Kempten vorlieb, dann entführen uns mehrere Forstwegwindungen über den **Petersberg** 04 erneut empor in den schweigenden **Hohentanner Wald** 05. Jenseits der Talsohle erstreckt sich der ebenfalls mittelgebirgsartige Kürnacher Wald.

Auf der Höhe wandern wir an einem Wegdreieck in Richtung Frauenzell, richten uns nach einem weiteren Wegdreieck („Gschnaidt") nach der Beschilderung „Walzlings" und bummeln an der nächsten Verzweigung gemütlich hinunter zum Weiler **Oberwalzlings** 06.

Ein verkehrsfreies Asphaltsträßchen bringt uns anschließend zurück nach **Walzlings** 01.

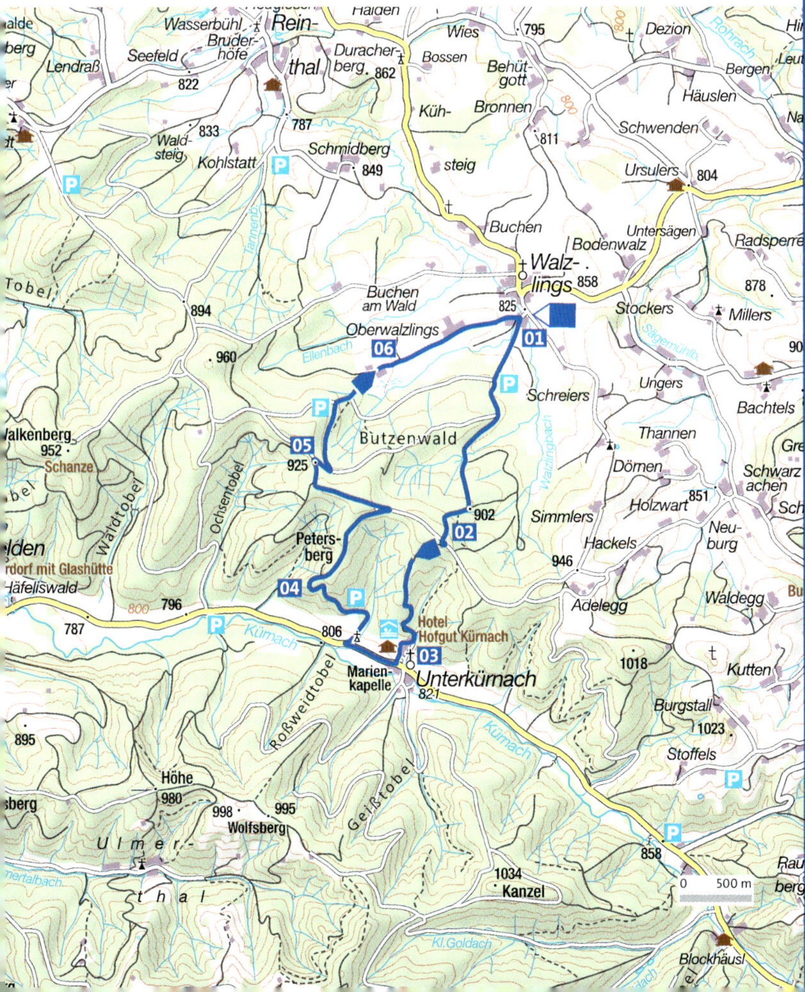

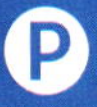
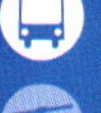

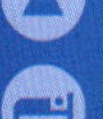
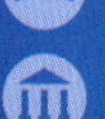

WANGENER STADTWALD • 651 m

An der Oberen Argen

  11,3 km 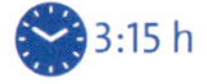 3:15 h 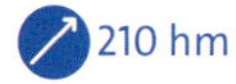 210 hm 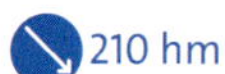 210 hm 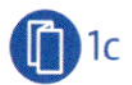 1c

START | Wangen im Allgäu, Parkplatz Scherrichmühlweg, 549 m.
[GPS: UTM Zone 32 x: 562.981m y: 5.281.872 m]
CHARAKTER | Leichte, aber lange Rundwanderung mit stattlichem Höhenunterschied.

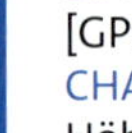

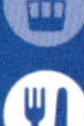
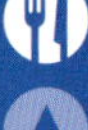

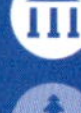
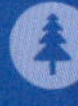

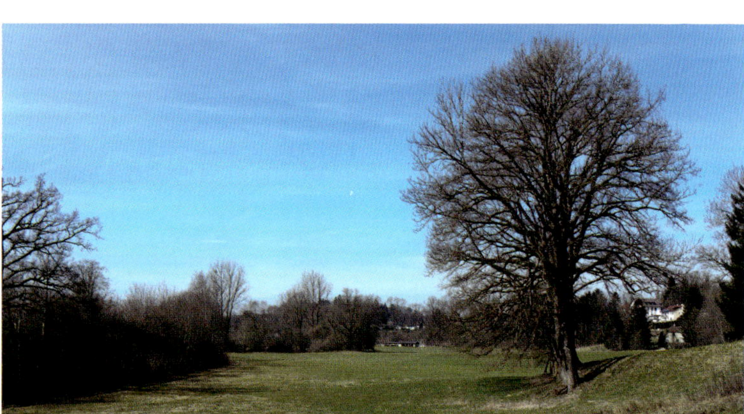

An der Oberen Argen bei Wangen im Allgäu

Abwechslungsreiche Rundtour am Stadtrand von Wangen.

Die Wanderung beginnt direkt beim Großparkplatz am Scherrichmühlweg in **Wangen** 01. Von ihm am Kreisverkehr vorbei und auf einer Brücke über die Obere Argen. Beim Bildstock und gleich dahinter rechts abbiegen und auf einem Wanderweg neben der Oberen Argen entlang. Bei der Wegverzweigung geradeaus weiter, am Waldrand einen Bach queren und auf einer Fahrspur im Wald ein wenig bergauf. Der kurvige Fahrweg steigt schließlich zum **Durrenberg** 02 an. Bei der gleichnamigen Siedlung stößt man neben einem Wegkreuz auf ein Asphaltsträßchen. Schon nach weniger als 100 Metern verlassen wir es nach rechts, um einem Fahrweg zu einer ausgedehnten Wiese hinab zu folgen.

Im Talgrund verzweigt sich der **Weg** 03. Dort nach links abbiegen und wieder zur Oberen Argen, neben der man nach **Epplings** 04 geht. Auf einem Sträßchen durch die Siedlung, dann schräg rechts abbiegen und der Epplingser Halde folgen. Anschließend aus dem Ort nach rechts hinaus und auf der Straße Am Epplingser Bach geradeaus weiter. Dann wird es relativ steil.

Noch vor dem Götzenberg muss man an beschilderter Stelle rechts abbiegen und hinter einem kurzen Anstieg wieder rechts abbiegend durch ein Weidegatter und auf einem Wiesenweg zum nächsten Weidegatter, hinter dem man sich links hält. Am Wiesenrand zu einem Buschwerk hinauf, hinter ihm links, wieder über eine Wiese und vor dem Waldrand rechts bleiben. Nun nicht nach links auf die deutliche Fahrspur abbiegen, sondern geradeaus weiter und in den **Buchwald** 05 hinein.

Nach sanfter Gefällstrecke auf einem Waldweg erreicht man die Asphaltstraße K8044, neben der sich auf der linken Seite ein frischer **Brunnen** 06 findet. Hinter **Lochhammer** 07 müssen wir nach **links abbiegen** 08 und nach **Grub** 09 hinübergehen. Im Weiler links abbiegen und auf einem Feldweg über einen weiten Wiesenhang hinauf. Je weiter man hinaufkommt, umso prächtiger wird der Alpenblick, in dem die markante Nagelfluhkette dominiert, bis man nach **Halden** 10 hineinkommt.

Am Rand von Halden rechts abbiegend einer Asphaltstraße folgen, durch einen leichten Linksbogen und in das Greutholz hinein. In einer großen Waldlichtung trifft man auf eine Fahrwegverzweigung, wo man geradeaus weitergeht und wieder in den Wald kommt. Bei der folgenden Verzweigung abweichend von der Beschilderung geradeaus weiter, auf grober Rückegasse durch den Wald hinab und wieder auf ein Forststräßchen, auf dem man nach **Wolfaz** 11 kommt.

Von Wolfaz auf einer Asphaltstraße geradeaus weiter und durch einen Rechtsbogen. In der gleichen Richtung auf einem Feldweg weiter, an einem **Waldspielplatz** 12 vorbei, zur Asphaltstraße hinaus und am Siedlungsbereich von **Deuchelried** 13 entlang. Anschließend nach links auf einen guten Weg, der zur Kirche abfällt. Beim Kirchplatz links abbiegen und auf dem Knöbele aus dem Ort hinaus.

Noch vor der tiefsten Stelle der Gefällstrecke an beschilderter Stelle nach links auf einen Feldweg einbiegen, bis man kurz vor Wangen wieder den Hinweg erreicht, auf dem man zum **Ausgangspunkt** 01 zurückgeht.

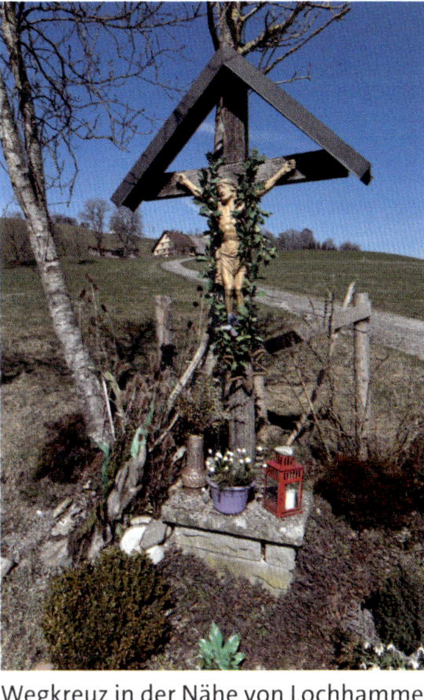

Wegkreuz in der Nähe von Lochhammer

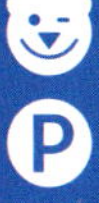

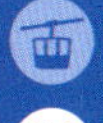
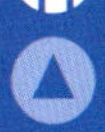
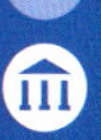

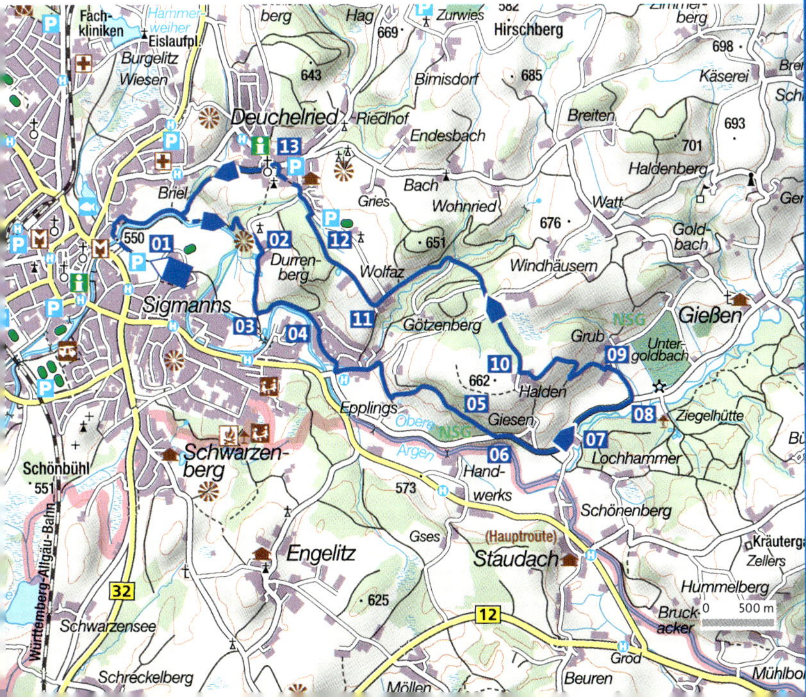

WANGEN – EGLOFSTAL – MARIA-THANN

Große Aussichtsrunde links und rechts der Oberen Argen

  21,5 km 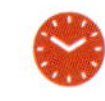 7:00 h  316 hm 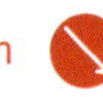 316 hm  187

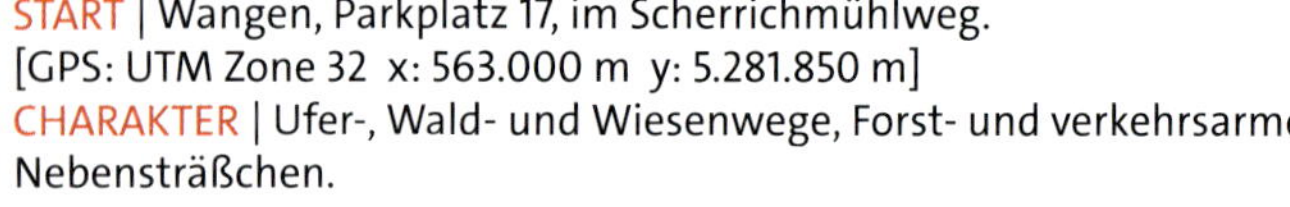

START | Wangen, Parkplatz 17, im Scherrichmühlweg.
[GPS: UTM Zone 32 x: 563.000 m y: 5.281.850 m]
CHARAKTER | Ufer-, Wald- und Wiesenwege, Forst- und verkehrsarme Nebensträßchen.

Große aussichtsreiche Dörfertour im Tal der Oberen Argen, die neben ihrem landschaftlichen Reiz mit ganz unterschiedlichen Sehenswürdigkeiten aufwartet: dem historischen Stadtkern von Wangen, dem interessanten Schaukräutergarten Zellers, dem (nicht zugänglichen) Schloss Syrgenstein und der mächtigen Wallfahrtskirche Maria-Thann, eine der ältesten Kirchen des Allgäus.

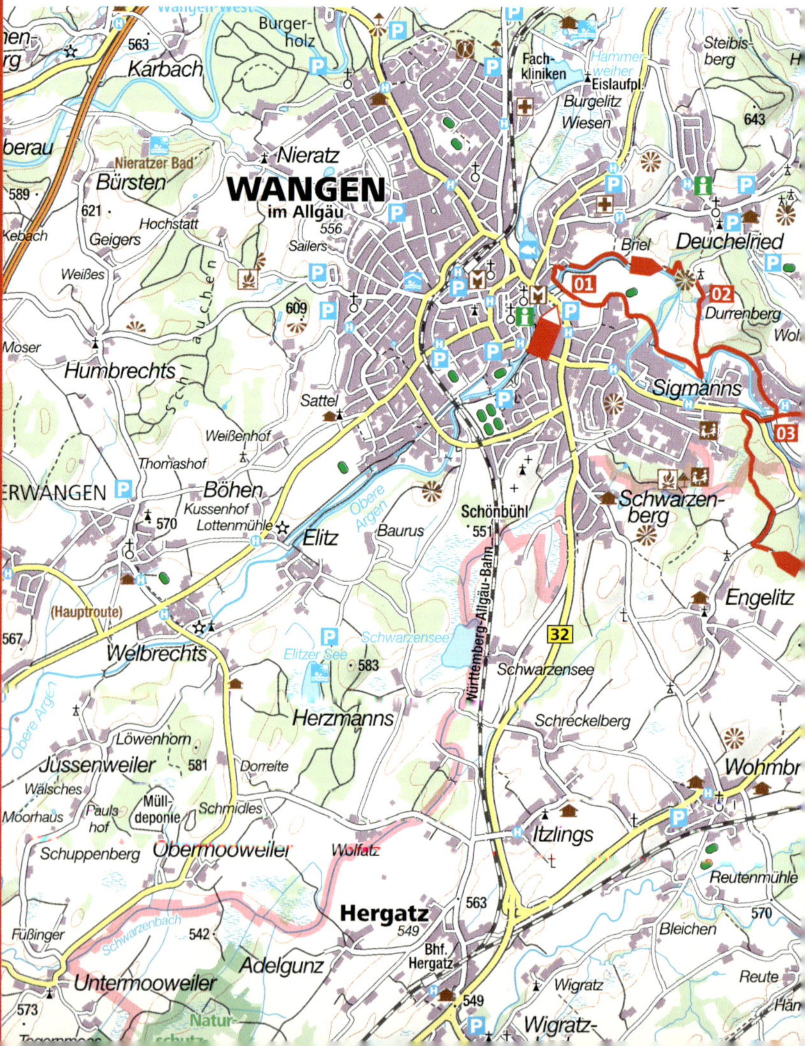

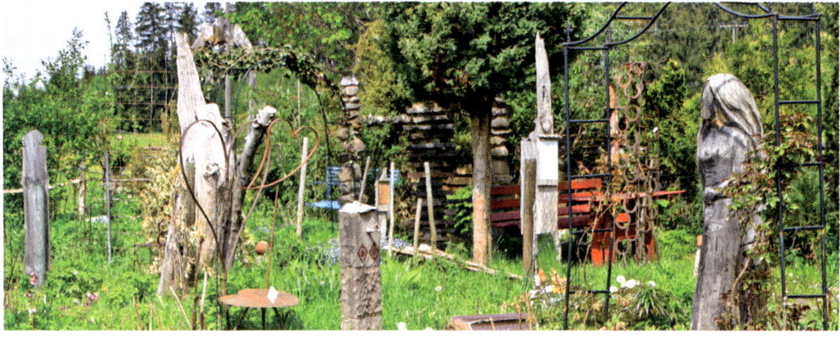

Kräutergarten Zellers

Vom **Parkplatz P14** 01 überqueren wir auf dem Scherrichmühlweg die Brücke über die Obere Argen, biegen bei der ersten Möglichkeit rechts ab und schwenken sofort wieder rechts auf einen schmalen Naturpfad. Am Ufer entlang folgen wir dem Schild Deuchelried/Epplings. Wir kommen in einen Wald, überqueren einen kleinen Zufluss und steigen in Kehren leicht an zum **Hofgut Dürrenberg** 02. Toller Bergblick.

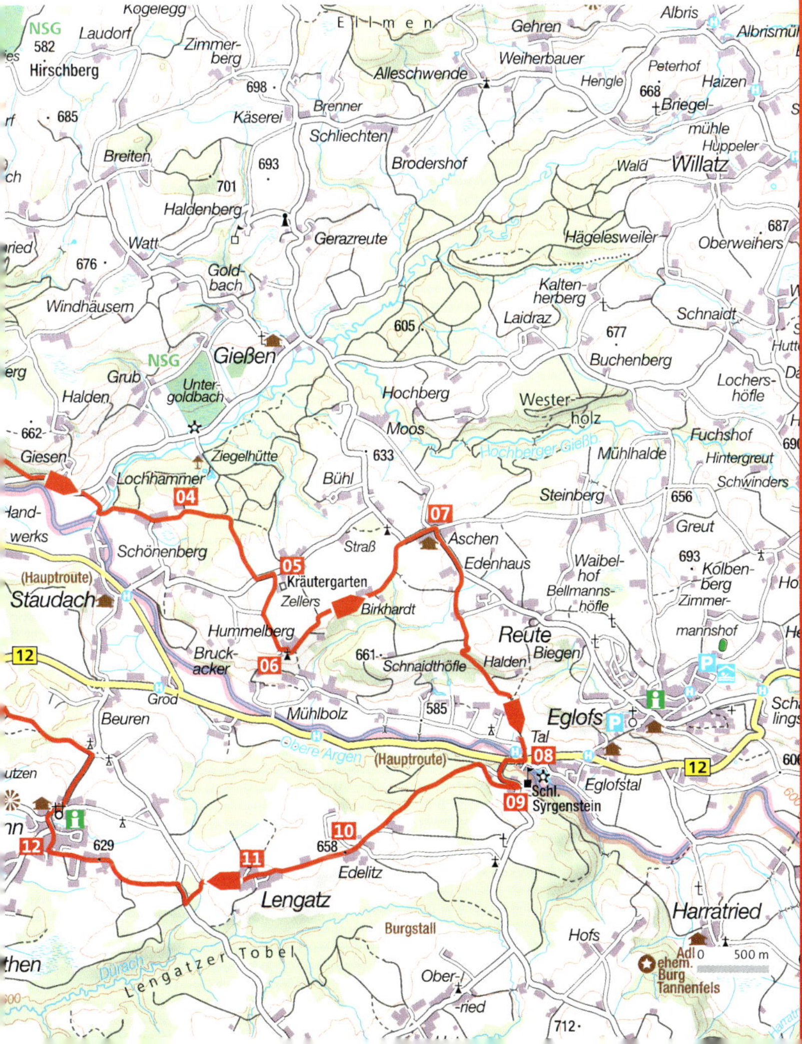

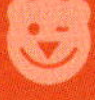
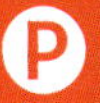

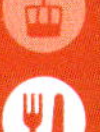
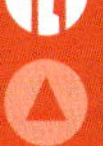
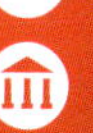

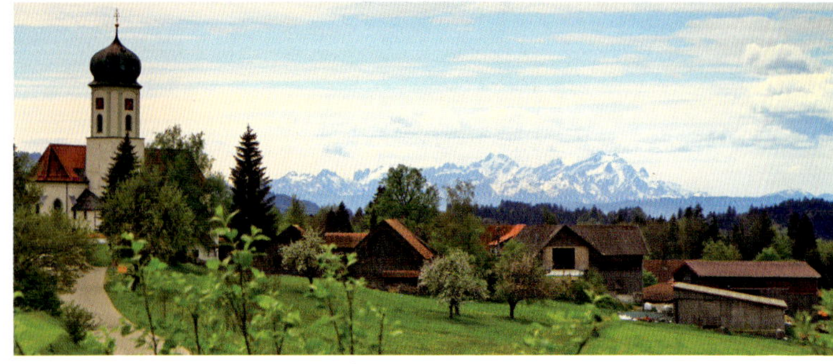

Blick zurück nach Maria-Thann und in die Berge

Leicht abwärts und linkshaltend stoßen wir auf Wald und wieder auf die Obere Argen, folgen ihr, durchqueren **Epplings** 03 und biegen am Ortsende links ab (Am Epplingser Bach). Das Asphaltsträßchen steigt leicht an, am Ortsendeschild zweigt rechts ein schmaler Pfad ab, über den wir den Grashang hochsteigen, nach 20 m bei einem Drehkreuz rechts abbiegen und auf einem schmalen Wiesenpfad den Hang queren. Beim nächsten Drehkreuz halten wir uns links und wandern zum Wald hoch. Am Waldrand entlang treffen wir auf einen Forstweg, der leicht abfallend zur Straße hinabführt. Kurz links, dann biegen wir rechts auf ein schmales Asphaltsträßchen ab und überqueren den Gießbach.

Direkt nach der Brücke folgen wir links der Beschilderung Schönenberg. Bei der Pos. Schönenberg geht es links auf Asphalt, dann auf Asphaltspuren in den Wald hoch. Oben auf der Kuppe (**Locherkapf** 04) verlassen wir das geteerte Sträßchen nach rechts, wandern auf einem Grasweg am Waldrand entlang. Nach einem kurzen Waldstück bringt uns der Forstweg ins Freie, wir treffen auf ein Asphaltsträßchen, folgen ihm kurz links und biegen dann rechts ab nach Zellers. Wir besuchen den originellen und üppigen **Kräutergarten** 05 und wandern sehr aussichtsreich weiter nach **Hummelberg** 06 und – an einer kleinen Kapelle vorbei – links nach **Aschen** 07.

Vorbei am Gasthof Ochsen geht es nach Edenhaus, wo wir die Abzweigung nach rechts nicht übersehen dürfen. Ein nicht asphaltierter Landwirtschaftsweg führt uns durch Wiesen zu einer Wegteilung, wo wir links bleiben. Bei einem Haus setzt kurzzeitig wieder Asphalt ein, dann geht es auf einem Forstweg zunächst leicht, nach einer Rechtskurve im Wald deutlich stärker bergab zur Autostraße und zur Oberen Argen bei **Eglofstal** 08.

Wir halten uns kurz rechts, überqueren bei der Landesgrenze Baden-Württemberg/Bayern Straße und Fluss, und steigen links hoch zum **Schloss Syrgenstein** 09. Vor dem Schloss biegen wir scharf rechts ab und wandern auf einem Forstweg in den Wald hinein. Stets linkshaltend erreichen wir leicht ansteigend bei einem Hof wieder freies Gelände, passieren kurz darauf **Edelitz** 10, dann **Lengatz** 11, mit traumhaftem Alpenblick. Weiter mit der Markierung 6 sind wir etwa 20 Minuten später bei der **Wallfahrtskirche** in **Maria-Thann** 12.

Das Sträßchen nach Beuren verlassen wir bei einer kleinen Kapelle nach links und wandern auf einem Feldweg über Wiesen und durch ein Kiesgrubengelände. Wir überqueren die B12, steigen leicht an zum Waldrand und folgen dem Schild Richtung Wangen. Nach einem Waldstück treffen wir auf ein Asphaltsträßchen, halten uns rechts, leicht bergab und biegen bei der nächsten Verzweigung links ab. Der Waldweg (Nr. 5) bringt uns hinab zur Autostraße (Picknickplatz). Wir queren die Straße, gehen rechts, überqueren die Obere Argen und treffen in **Epplings** 03 wieder auf unseren Hinweg. Bei der Verzweigung zum Hofgut Dürrenberg halten wir uns links und wandern rechts an der Oberen Argen entlang. Wir queren zwei Brücken, stoßen auf Asphalt und gelangen nach Umrundung der Schulgebäude wieder zurück zum **Ausgangspunkt** 01.

RUND UM HOCHBERG • 812 m

Spaziergang im Süden von Isny

 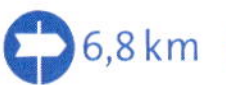 6,8 km 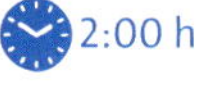 2:00 h 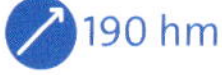 190 hm 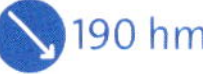 190 hm  1c

START | Parkplatz, 696 m.
[GPS: UTM Zone 32 x: 577.729 m y: 5.281.847 m]
CHARAKTER | Kurzweiliger und aussichtsreicher Spaziergang mit pfundigen Blicken auf die Allgäuer Alpen.

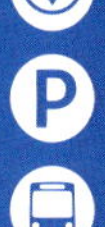
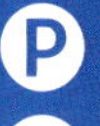
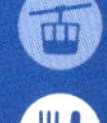
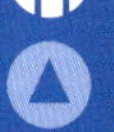

Das Württembergische Allgäu ist von einer großartigen Landschaft geprägt, in der es neben dem allgegenwärtigen Alpenblick sanfte Hügel, weite Täler, ausgedehnte Wälder und weite Freiflächen gibt. Ein ideales Revier also zum Wandern und Radfahren, zum Bummeln und zum Staunen.

▶ Der **Parkplatz** 01 am Spitalhofweg bietet sich als Ausgangspunkt an. Von ihm am Fahrbahnrand nach Süden hinauf und am Waldrand rechts abzweigen. Ein steiler Treppensteig bringt uns nun zum Kriegerdenkmal hinauf und gleich weiter zum **Aussichtspunkt** 02 beim Lobauer-Denkmal, direkt neben der Bergstation eines Skilifts.

Vom Rastplatz geht man wieder zurück in den Wald und kann in der ersten leichten Linkskurve nach rechts auf einen durchs Brombeergestrüpp führenden Waldweg abzweigen, der sich bald zu einer Fahrspur weitet und auf ein Kiessträßchen trifft. Bequemer, aber etwas weiter wäre es, auf dem Fahrweg im Wald zu bleiben und bei der ersten Abzweigung nach rechts auf dieses Kiessträßchen einzuschwenken.

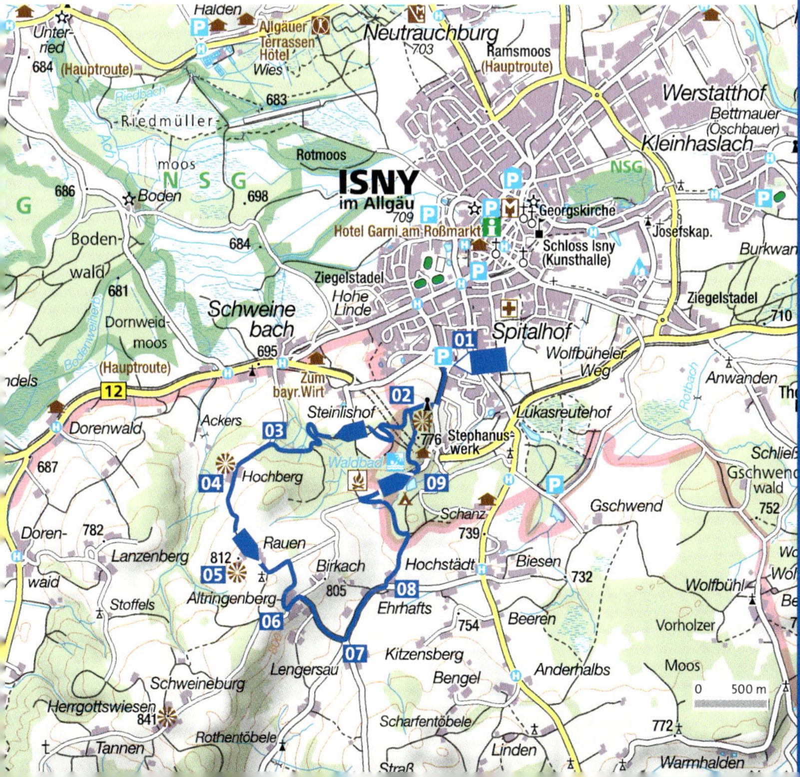

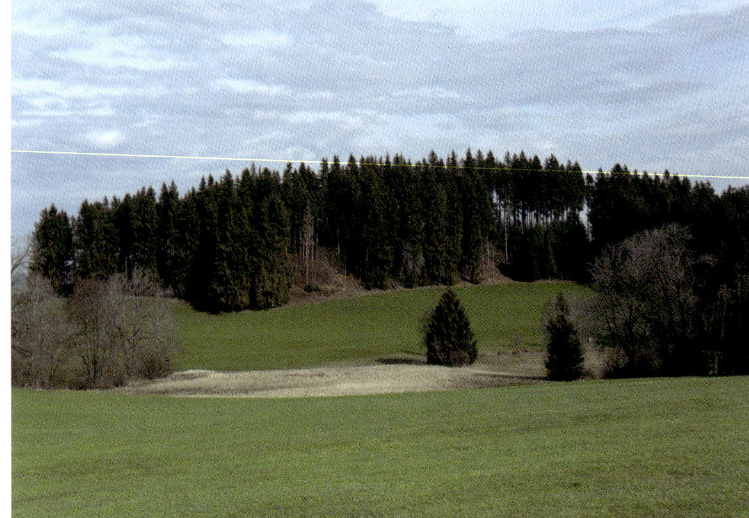

Der Hochberg bei Isny im Allgäu

Der Fahrweg führt geradeaus über eine Kreuzung und fällt bis zu einem Waldbach ab. Dahinter steigt er deutlich an und verzweigt sich. Dort wieder geradeaus weiter, bis man direkt am Waldrand auf eine **Querstraße** 03 trifft, der man nach links folgt. Bald darauf kommt man durch die Einöde **Hochberg** 04 und am freien Hang nach **Rauen** 05 hinauf, von wo es auf einem Asphaltsträßchen weitergeht.

Hinter dem Ort, auf der Asphaltstraße bleibend, links abdrehen, bei der nächsten Verzweigung rechts herum und in das schöne Bauerndorf **Altringenberg** 06, wo der höchste Punkt der Rundtour erreicht wird. Im Dorf links abbiegen und bei der nächsten Verzweigung nach rechts, aus dem Wald hinaus und bis zur Bushaltestelle bei **Lengersau** 07 hinab. Neben dem Bushäuschen links abdrehen und nach **Ehrhafts** 08 weiter, wo man beim Hydranten dem Wegweiser zum Waldbad folgend links abbiegt, beim folgenden Feldkreuz geradeaus weitergeht und bald darauf in den Wald hineinkommt.

Hinter dem Waldrand trifft man auf einen breiten Kiesweg, dem wir nach links folgen, am Campingplatz und am Tennisplatz vorbeigehen, bis ein großer Parkplatz erreicht wird. Bei ihm rechts abbiegen, kurz der Fahrstraße folgen, dann aber links daneben auf einen Spazierweg ausweichen, um am Waldbad beim **Felderholzweiher** 09 mit der dazugehörenden Wirtschaft vorbeizugehen.

Noch vor dem Wasserbehälter zweigt nach links eine breite Kiesstraße ab. Wir folgen dem Wegweiser zum Lobauer-Denkmal, wo der Hinweg wieder erreicht wird, dem wir bis zum **Ausgangspunkt** 01 folgen.

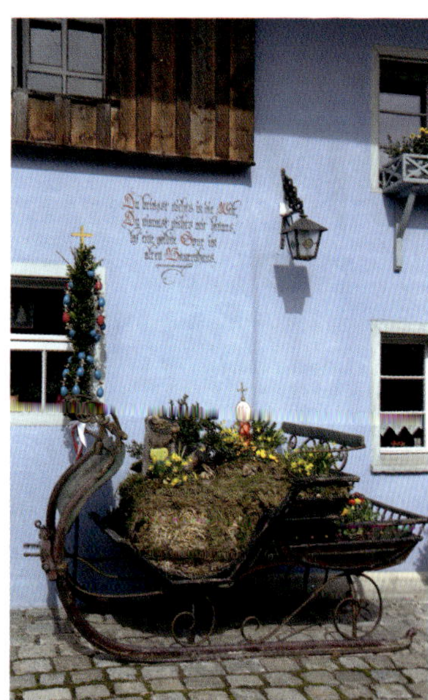

In Altringenberg

SCHWARZER GRAT • 1118 m

Zum Aussichtsturm auf dem Schwarzen Grat

  7,5 km 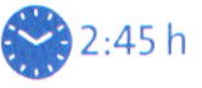 2:45 h 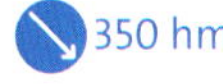 350 hm 350 hm  1c

START | Parkplatz Buchenstock, 786 m.
[GPS: UTM Zone 32 x: 582.151 m y: 5.282.308 m]
CHARAKTER | Auf den beschilderten Fahrwegen sind Auf- und Abstieg sehr einfach. Wer die möglichen Abkürzungen wählt, bekommt es mit sehr steilen, teils groben Steigen zu tun.

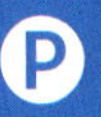
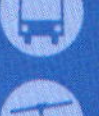
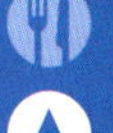
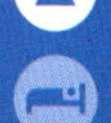
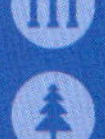
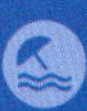

Der Aussichtsturm auf dem Schwarzen Grat ermöglicht eine Schau auf die Allgäuer Alpen und weit darüber hinaus.

▶ Vom **Parkplatz Buchenstock** 01 muss man auf einer Forststraße etwa 100 Meter weit ansteigen und dann nach links abbiegen, um dem Wegweiser zum Schwarzen Grat zu folgen. Schon nach ein paar Minuten zweigt auf der rechten Seite, nicht markiert, aber deutlich erkennbar, eine **Wegrampe** 02 ab, auf der man eine weite Straßenschlaufe abkürzen kann. Dieser schmale Weg steigt über einen Waldrücken rund 100 Höhenmeter ziemlich steil an, bis er eine Forststraße erreicht, der man etwa 30 Meter weit nach links folgt. Beim Wegweiser nach rechts auf einen Holzziehweg einbiegen. Weiter oben verlässt dieser die Scheitelstrecke eines Waldrückens nach rechts, fällt ein wenig ab, um wieder auf eine schmale Forststraße zu stoßen.

Gleich nachdem dieser Fahrweg wieder abfällt, zweigt auf der Höhe von etwa 970 Meter nach links ein schmaler **Pfad** 03 ab. Auf ihm nur ein paar Meter ansteigen. Sogleich trifft man auf einen Querweg, folgt ihm ebenfalls nur ein paar Meter nach links und erreicht eine Gabelung. Dort nach rechts und auf einem Pfad einen langen Hang querend wieder zur markierten Route.

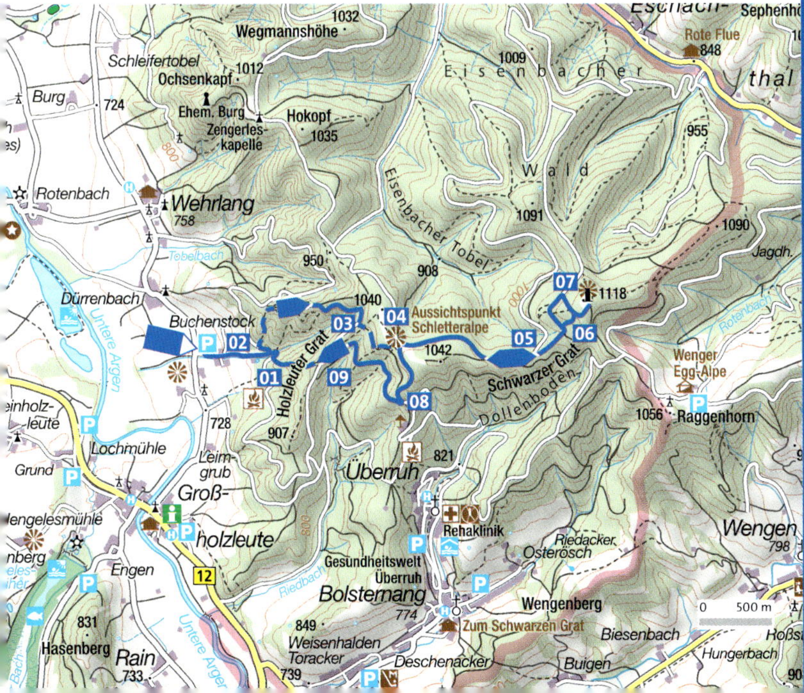

Auf ihr zu einer Fahrwegverzweigung am Rastplatz bei der **ehemaligen Schletteralpe** 04 hinauf.

Von der Schletteralpe auf einem wenig ansteigenden Sträßchen nach Osten und auf breitem Gratrücken zu einer **Fahrwegverzweigung** 05. Bei ihr geradeaus weiter.

Etwa 30 Meter hinter der nächsten Verzweigung, wo man nach links durch eine Kurve geht, zweigt auf der Höhe von etwa 1060 Meter nach rechts ein sehr steiler **Waldpfad** 06 ab. Wer diese Abkürzung wählt, plagt sich einen extrem steilen Hang hinauf, quert eine Forststraße und erreicht schließlich den Aussichtsturm auf dem **Schwarzen Grat** 07.

Der Abstieg verläuft im Wesentlichen entlang der Aufstiegsroute. Wobei es sich empfiehlt, dem Fahrweg zu folgen, der am Aussichtspunkt **Rüssel** 08 vorbeiführt. Auf der Höhe von etwa 930 Meter trifft man zu einer Wegverzweigung, wo die „Normalroute" scharf rechts abknickt. Wer geradeaus in Richtung Großholzleute weitergeht, kann nach etwa 100 Metern nach rechts auf einen nicht bezeichneten **Pfad** 09 einbiegen. Dieser fällt auf einer Waldrippe, teils zwischen tiefen Gräben, ab und erreicht nahe des Ausgangspunktes einen Fahrweg. Auf ihm nach rechts und das letzte Stück zum **Parkplatz Buchenstock** 01 zurück.

Tipp

Der Aussichtsturm auf dem Schwarzen Grat ermöglicht eine Schau auf die Allgäuer Alpen und weit darüber hinaus, wie sie schöner kaum sein kann.

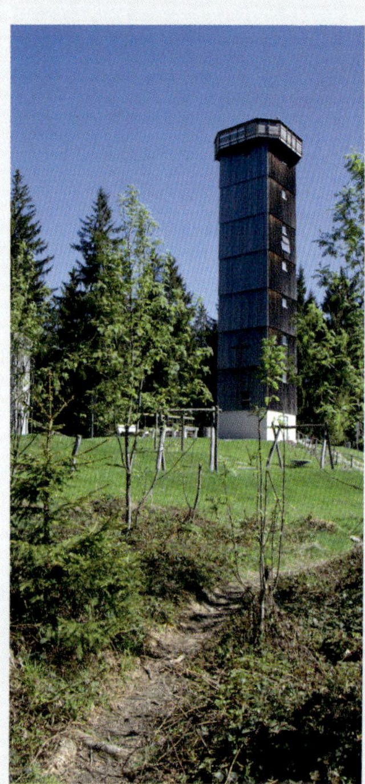

Der Aussichtsturm auf dem Schwarzen Grat

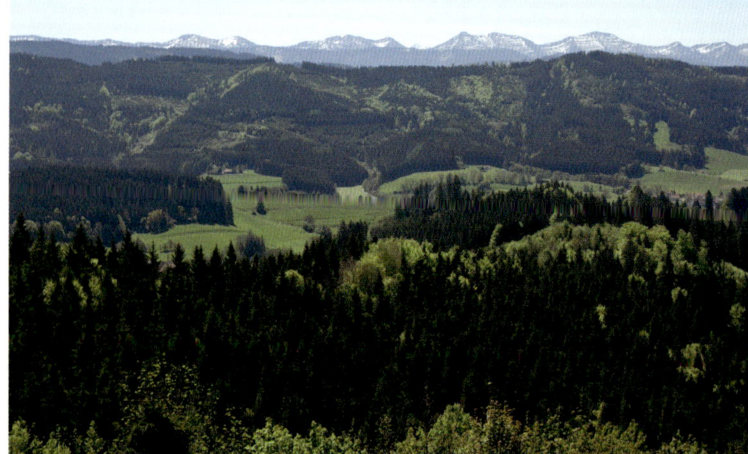

Ausblick vom Rüssel auf die Allgäuer Alpen mit der Nagelfluhkette

RUDERSHÖHE • 1009 m, ÖLBERG • 961 m UND HEIDENKAPF • 918 m

Auf der Himmelsleiter zur Adlegg-Runde

  8,9 km  2:45 h  330 hm 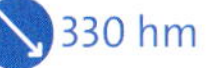 330 hm  1c

START | Wanderparkplatz Löschweiher in Rohrdorf, 730 m.
[GPS: UTM Zone 32 x: 581.375 m y: 5.286.277 m]
CHARAKTER | Leichte Rundwanderung mit ein paar Steiletappen.

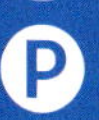

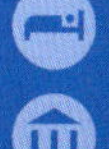

Schöne und aussichtsreiche Rundwanderung auf kleine Allgäuer Vorberge.

Gleich hinter dem **Parkplatz Löschweiher** 01 verzweigt sich ein Fahrweg. Dort folgen wir der linken Variante, die am Löschweiher entlang und in den Rohrdorfer Tobel hineinführt. Lange geht es nur gering ansteigend am Rohrdorfer Bach entlang. Erst nach etwa 1,3 Kilometer wird der Weg schmäler und deutlich steiler. In der Steigungsstrecke kommen wir an einem schönen **Wasserfall** 02 vorbei.

Etwa 250 Meter weiter vorne bringt uns ein Steg über den Bach und dahinter beginnt die **Himmelsleiter** 03. Es hat mal jemand 211 Treppenstufen gezählt. Wer es nicht glaubt, kann sie nachzählen, wenn er dem geschickt angelegten Steig in Kehren über einen steilen Waldhang hinauffolgt. Anschließend geht es auf einem Wurzelpfad in Serpentinen durch den Wald weiter, bis man eine **Forststraße** 04 erreicht. Auf ihr nach links gering ansteigend weiter und auf einem breiten Bergkamm zu einer **Fahrwegeverzweigung** 05. Auch bei ihr nach links

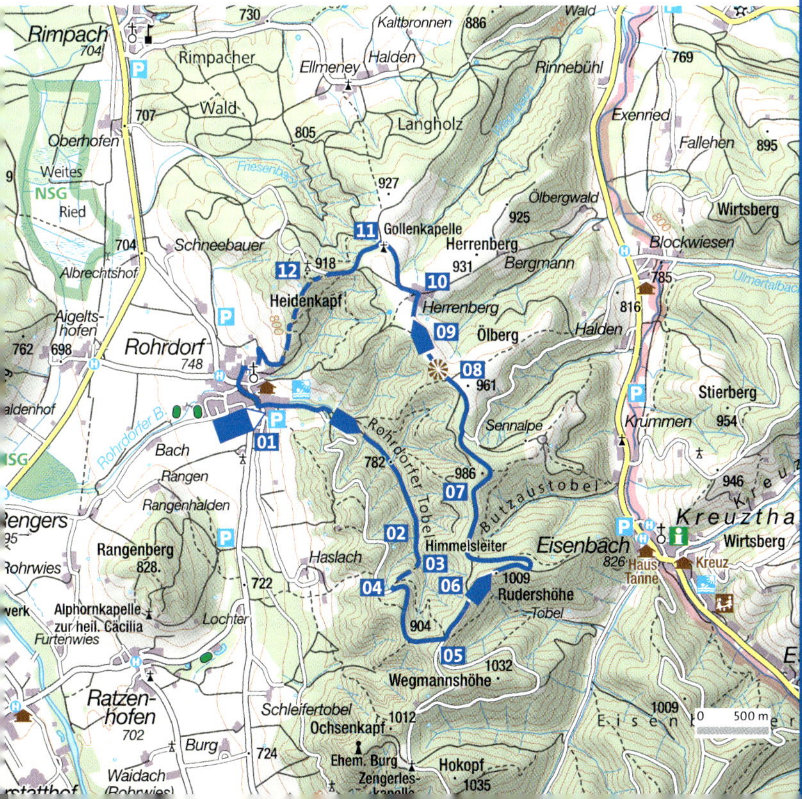

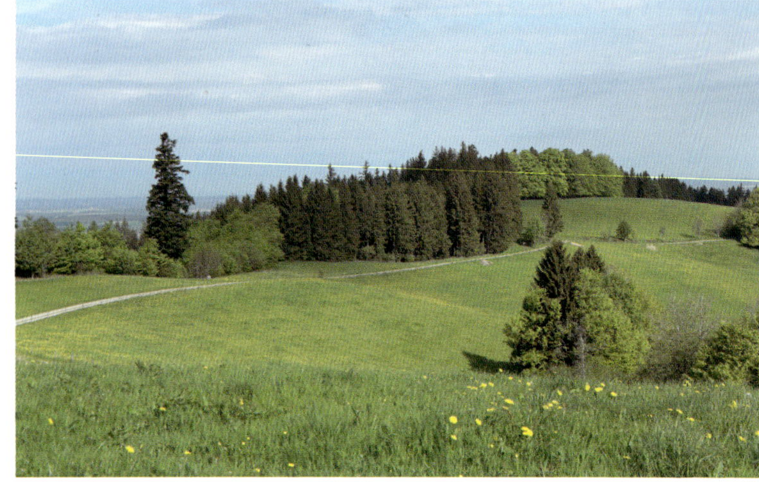

Ausblick vom Ölberg

und dem aussichtsreichen Glaserweg folgen. Die Forststraße bringt uns über die wenig auffällige **Rudershöhe** 06 und beschreibt dahinter eine Spitzkehre. Dann fällt sie sehr gering nach Westen ab.

Bei einem **Antennenmast** 07 beschreibt die Kiesstraße einen leichten Rechtsbogen und führt anschließend ein wenig auf und ab. Wer mag kann weglos nach rechts zum höchsten Punkt einer Weidewiese, dem **Ölberg** 08, hinaufgehen. Dann an der linksseitigen Abzweigung nach **Rohrdorf** 09 vorbei.

Man kann die Wanderung noch etwas ausdehnen: Wenn man geradeaus weitergeht, kommt man zur **Alpe Herrenberg** 10, wo man sich links hält und einem guten Fahrweg durch eine idyllische Wald- und Wiesenlandschaft folgt.

Beim **Wegedreieck** 11, wo einst die Gollenkapelle stand, hält man sich links, und in einer sanften Rechtskurve der Straße biegt man wieder links auf einen Rückeweg ab, der sich zu einem schmalen Steig verjüngt und zum Gipfel des **Heidenkapfs** 12 ansteigt. Neben der Mobilfunkanlage und dem Gipfelkreuz gibt es einen schönen Rastplatz.

Nach der Pause zum Rückeweg zurück, dort rechts, um auf schmalem Pfad anfangs ziemlich steil, dann über einen Waldgrat abzusteigen und schließlich zu einem Fahrweg. Auf ihm nach rechts, durch eine Linkskehre und nach Rohrdorf hinein. Durch den Ort zum **Ausgangspunkt** 01 zurück.

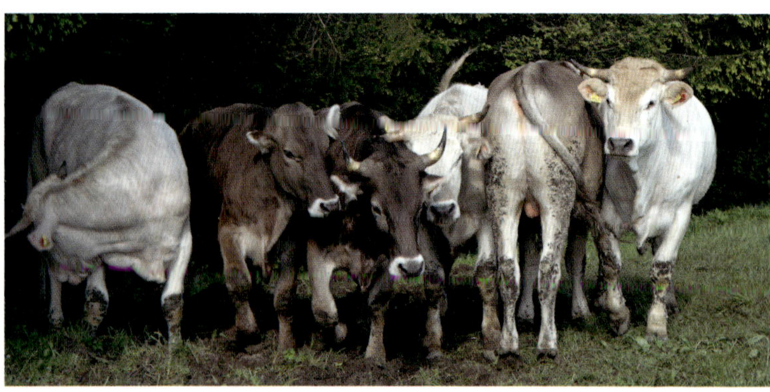

Stierweide bei der Herrenalp

RIEDHOLZER KUGEL • 1066 m

Durch den Eistobel und auf zwei kleine Wandergipfel

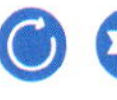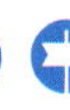 9,2 km 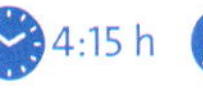 4:15 h 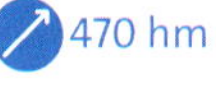 470 hm 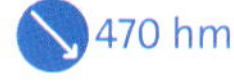 470 hm  1c

START | Argentobelbrücke, 700 m.
[GPS: UTM Zone 32 x: 577.084 m y: 5.276.931 m]
CHARAKTER | Auf dieser leichten Wanderung ist normalerweise nicht mit Schwierigkeiten zu rechnen.

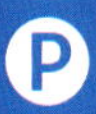
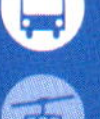

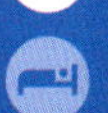

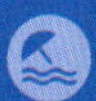

Auf dieser beliebten Rundtour lässt sich der spannende Weg durch den Eistobel gut mit einer kleinen Bergwanderung verbinden. An strengen Wintertagen gibt sich der Eistobel besonders eindrucksvoll. Bei den engen Wasserfällen bilden sich bizarre Eisgebilde und von den teilweise überhängenden Felsen am Rande der Schlucht hängen gigantische Eiszapfen herab. Mit etwas Geschick kann man zu einigen dieser Felsen hinaufkraxeln und sogar hinter die bizarren Eisvorhänge gehen. Ganz ohne Risiko ist das allerdings nicht, denn diese Eiszapfen brechen hin und wieder ab und stürzen in die Tiefe.

Im Talkessel von Ebratshofen entstand am Ende der letzten Eiszeit ein Schmelzwassersee, dessen Wasser in einer Rinne ablief, die sich im Laufe vieler Tausend Jahre zu einer eindrucksvollen Schlucht vertiefte. Weil sich bei Frost bizarre Eiszapfen in der Schlucht bilden und das eisig kalte Wasser zu skurrilen Formen gefriert, wird das Tal Eistobel genannt. Er gehört zu den schönsten Geotopen Bayerns. Ausführliche Erklärungen zu den geologischen Besonderheiten im Eistobel gibt es auf einer Infotafel des Bayerischen Umweltministeriums.

▶ Vom **Parkplatz** 01 geht man zum Kassenhäuschen (im Sommer Eintritt) und folgt einem steilen Treppensteg in das Argental hinab. Dort unten geht es unter der Eistobelbrücke durch und auf einem breiten Weg anfangs nach Südosten, dann nach Süden in den **Eistobel** 02 hinein. Westlich der Argen folgt

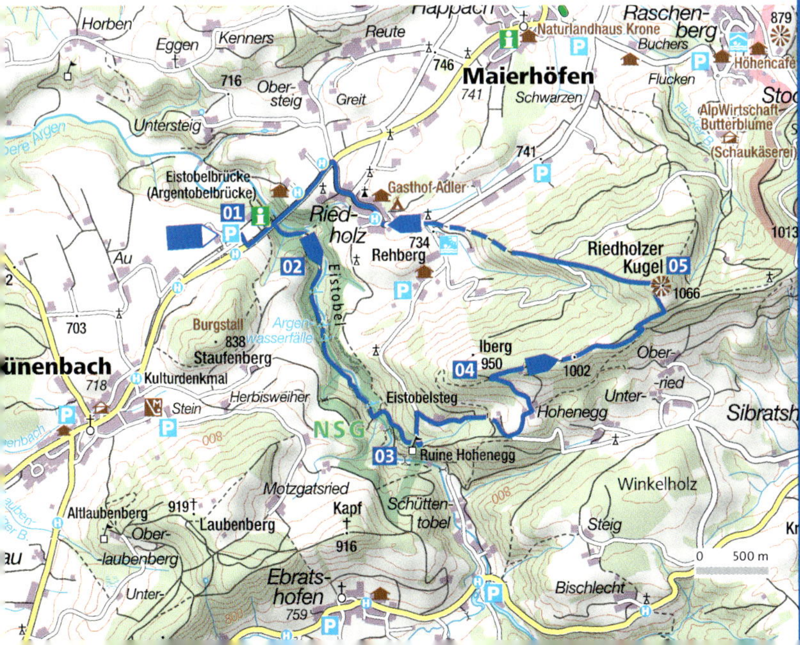

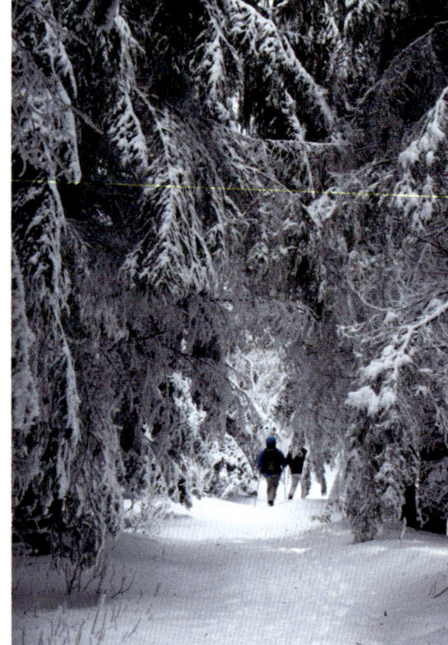
Übergang vom Iberg zur Riedholzer Kugel

man nun in mehrmaligem Auf und Ab unter steil aufragenden Molasse- und Nagelfluhfelsen dem Weg zu den Wasserfällen, den aufregenden Großen Wasserfall, die Zwinge, wo sich das Wasser zwischen Sturzblöcken windet. Hinter der 50 Meter hohen Hohe Wand kommt noch ein besonders eindrucksvoller Wasserfall und dann erreicht man den Eissteg. Auf ihn nach links über die Argen und sogleich, dem Wegweiser zur Kugel folgend, rechts abbiegen. Die gut beschilderte Route steigt im Wald an, bis nach rechts ein kurzer Stich zur Kapelle und zur Ruine der **Burg Hohenegg** 03 ansteigt.

Auf dem gleichen Weg zurück und rechtshaltend zur Kreuzung hinauf. Dort links abbiegen und bei der folgenden Forststraße rechtshaltend zum Jugendheim hinauf. Von ihm der Beschilderung folgend im Zickzack nach Hohenegg, wo der Aufstieg zum Iberg beginnt. Er steigt anfangs über einen Wiesenhang an, dann auf einem Hohlweg durch den Wald und zur Bergwachthütte bei der Schleppliftstation auf dem **Iberg** 04. Dort hält man sich rechts und folgt einer Wegspur der Länge nach über einen langen Höhenrücken in geringem Auf und Ab bis zu einer Abzweigung. Bei ihr links und etwas steiler weiter, am Rande einer Lichtung abermals linkshaltend auf einem Weg zur Skihütte und dem höchsten Punkt der **Riedholzer Kugel** 05 hinauf.

Auf einem engen Steig über einen Waldrücken nach Westen hinunter, einen Fahrweg queren und nach Riedholz. Auf der Hauptstraße durch den Ort und zur Autostraße hinaus. Neben ihr auf dem Fuß- und Radweg nach Südwesten zur Eistobelbrücke beim **Ausgangspunkt** 01.

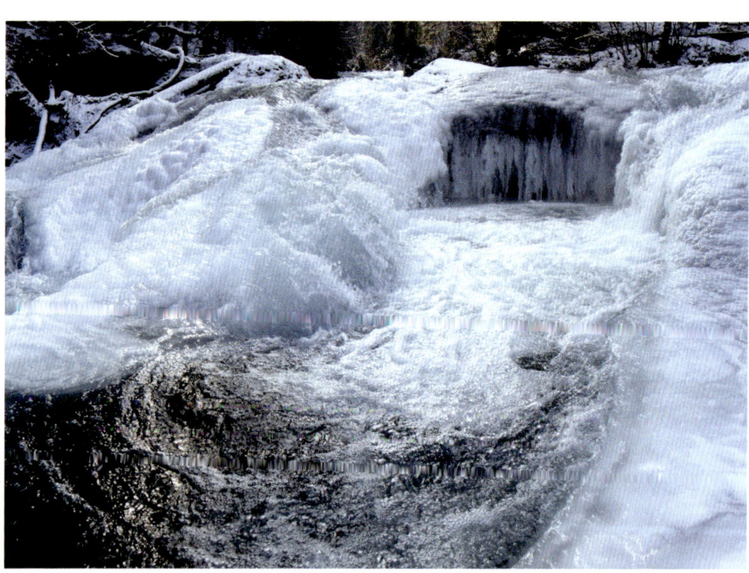
Panorama über einen Wasserfall im winterlichen Eistobel

EISTOBEL – OBERSTAUFEN

Hinauf auf aussichtsreiche Höhen

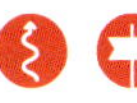 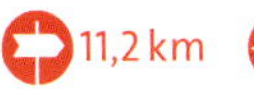 11,2 km 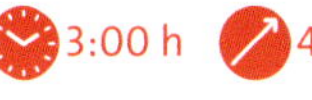 3:00 h 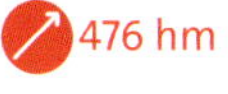 476 hm 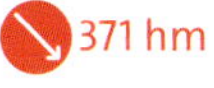 371 hm 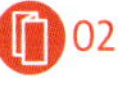 02

START | Abzweig oberhalb der Burgruine Hohenegg.
[GPS: UTM Zone 32 x: 578.226 m y: 5.275.456 m]
CHARAKTER | Auf schnellstem Wege in die Alpregion! Aus der hügeligen Voralpenlandschaft steigt man hinauf zu den Panoramalogen und wird mit tollen Blicken in die immer höher wachsende Bergwelt verwöhnt.

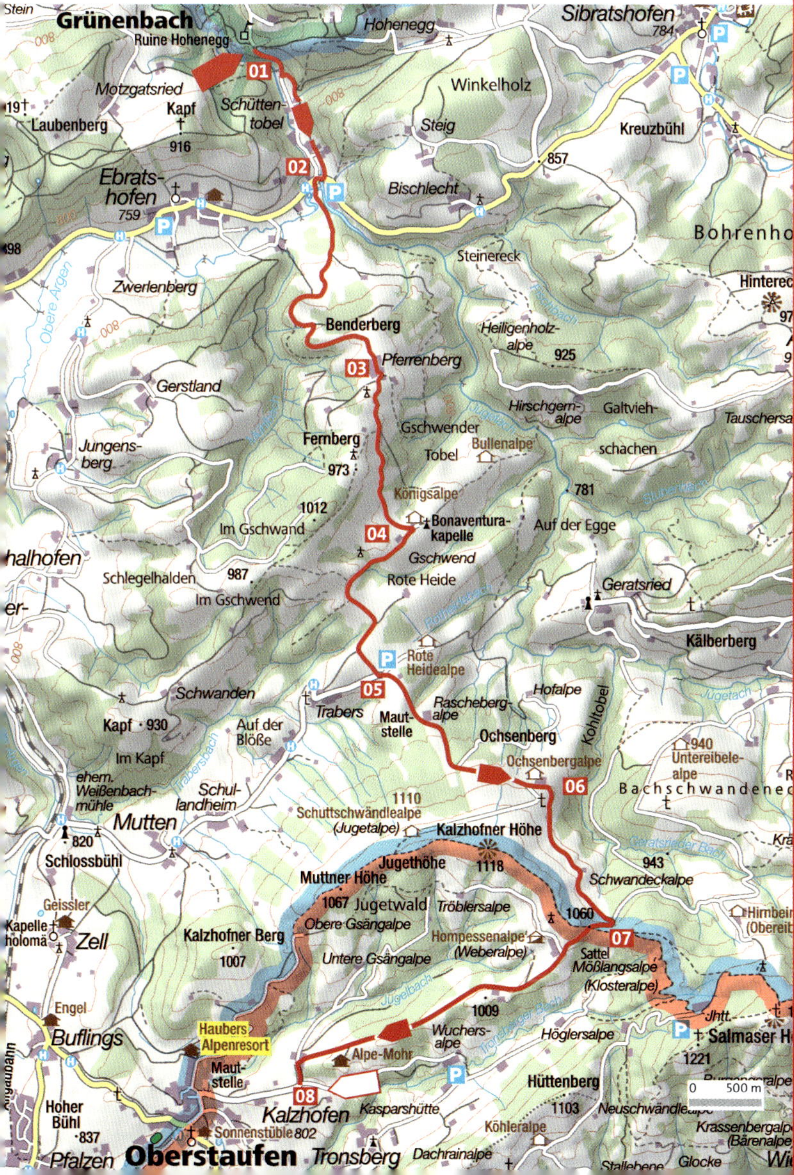

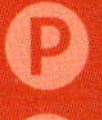
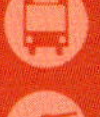

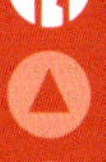
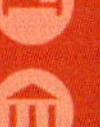

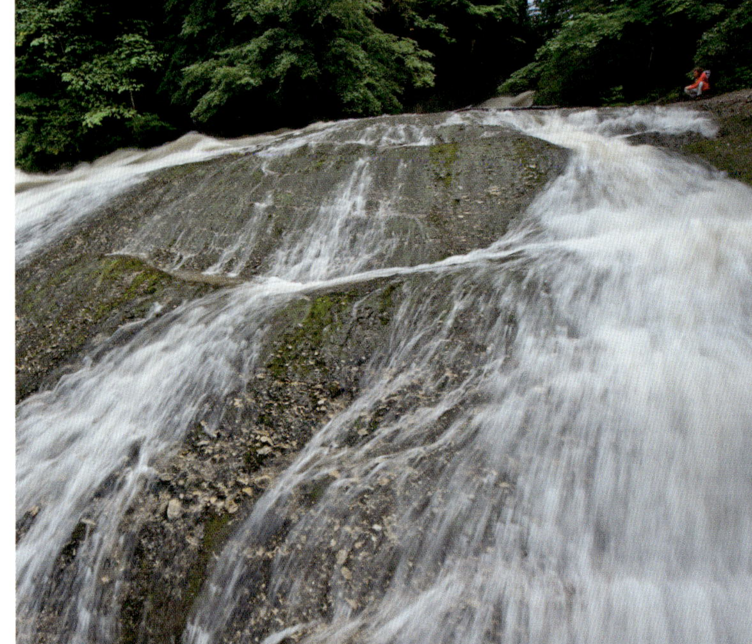

Isny: im Eistobel

Raus aus dem Eistobel, hinauf auf aussichtsreiche Höhen mit Blick über den wunderschönen Hügelteppich der Voralpen.

Los geht's oberhalb der **Burgruine Hohenegg** 01. Auf steilem Weg geht's rechts hinab in das Tal der Oberen Argen und am Talboden angekommen links in Richtung Parkplatz für Eistobelbesucher. Kurz auf einem breiten Forstweg, dann an einer Wegegabel rechts ab auf munterem Pfad. Vorbei an einem Sägewerk und immer in Waldrandnähe erreicht die Route den Ebratshofener Ortsteil **Schüttentobel** 02.

Geradeaus erst am Seniorenheim vorbei, über den Parkplatz und dann noch vor der Landstraße rechts mit der Fußgängerbrücke über die Obere Argen. Hinter der Brücke links, die Straße queren und dann geradeaus weiter, hinauf Richtung Pferrenberg sowie zur Königsalpe laufen. Das kleine Asphaltsträßchen bahnt sich den Weg hinauf nach Pferrenberg, wo die schmucke **Franziskuskapelle** 03 die Blicke auf sich zieht. Weiter dem Straßenverlauf folgend bis zum Rand des Weilers, führt die Route an einer Wegegabel geradeaus in Richtung Königsalpe weiter. Anfangs über einen Schotterweg, dann nach einem Weidedurchlass über Wiesenweg schwingt sich die Route bis zur **Königsalpe** 04. Hier lohnt nicht nur die Einkehr, sondern auch ein Besuch der kleinen Kapelle Gschwend.

An der Königsalpe geht es rechts weiter in Richtung Mutten, vorbei an einem alleinstehenden Baumriesen bis zum **Parkplatz Rote Heide** 05. Hier geradeaus bzw. leicht halblinks weiter auf Asphaltweg in Richtung Kalzhofner Höhe. Über die kleine Mautstraße geht es teils steil bergauf bis zu einer Drei-Wege-Gabelung in Sichtweite der Ochsenberg-Alpe. Mit der mittleren Variante geht es direkt an der aussichtsreich gelegenen **Ochsenberg Alpe** 06 vorbei, in der man hervorragend einkehren kann.

Nun windet sich das kleine Asphaltsträßchen mit tollen Blicken auf die wachsende Bergwelt zur Linken bis zur Schwandegg-Alpe und von dort weiter bis zur Passhöhe der Oberjochpassstraße hinauf, wo die Route von der **Passhöhe** 07 aus nach **Immenstadt-Oberstaufen** 08 führt.

SCHWARZER GRAT • 1118 m

Der höchste Berg Württembergs

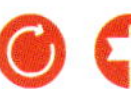 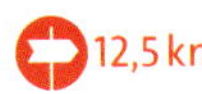 12,5 km 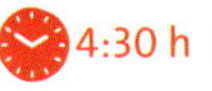 4:30 h 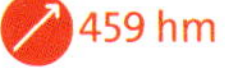 459 hm 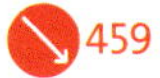 459 hm 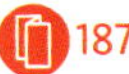 187

START | Parkplatz in Großholzleute, an der ehem. Bahnstation. [GPS: UTM Zone 32 x: 581.170 m y: 5.281.100 m]
CHARAKTER | Meist breite Wald- und Forstwege, wurzeliger Pfad im Abstieg zur Rehaklinik und die letzten Meter im Aufstieg zum Aussichtsturm.

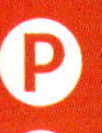

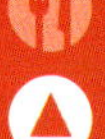
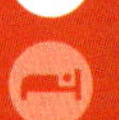

Hart an der Grenze zwischen Bayern und Baden-Württemberg liegt der höchste Berg des ehemaligen Landes Württemberg, dessen fast 30 Meter hoher Aussichtsturm mit Blick bis zum Bodensee nicht nur Wanderfreunde anzieht, sondern auch bei Radlern und Bergläufern ein beliebtes Gipfelziel ist.

An der ehemaligen Bahnstation in Großholzleute starten wir vom **Wanderparkplatz** 01 über den Bahnhofweg auf einem Kiesweg rechts hoch zum Wald. Vorbei an einem Infoschild und einem großen alten Holzschlitten (der früher

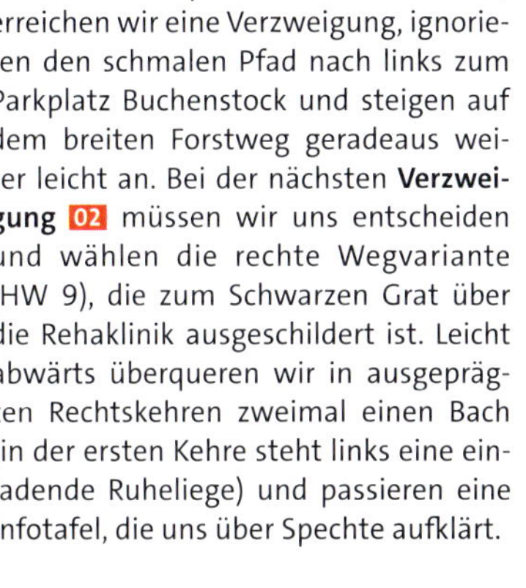

zum Holztransport verwendet wurde) erreichen wir eine Verzweigung, ignorieren den schmalen Pfad nach links zum Parkplatz Buchenstock und steigen auf dem breiten Forstweg geradeaus weiter leicht an. Bei der nächsten **Verzweigung** 02 müssen wir uns entscheiden und wählen die rechte Wegvariante (HW 9), die zum Schwarzen Grat über die Rehaklinik ausgeschildert ist. Leicht abwärts überqueren wir in ausgeprägten Rechtskehren zweimal einen Bach (in der ersten Kehre steht links eine einladende Ruheliege) und passieren eine Infotafel, die uns über Spechte aufklärt.

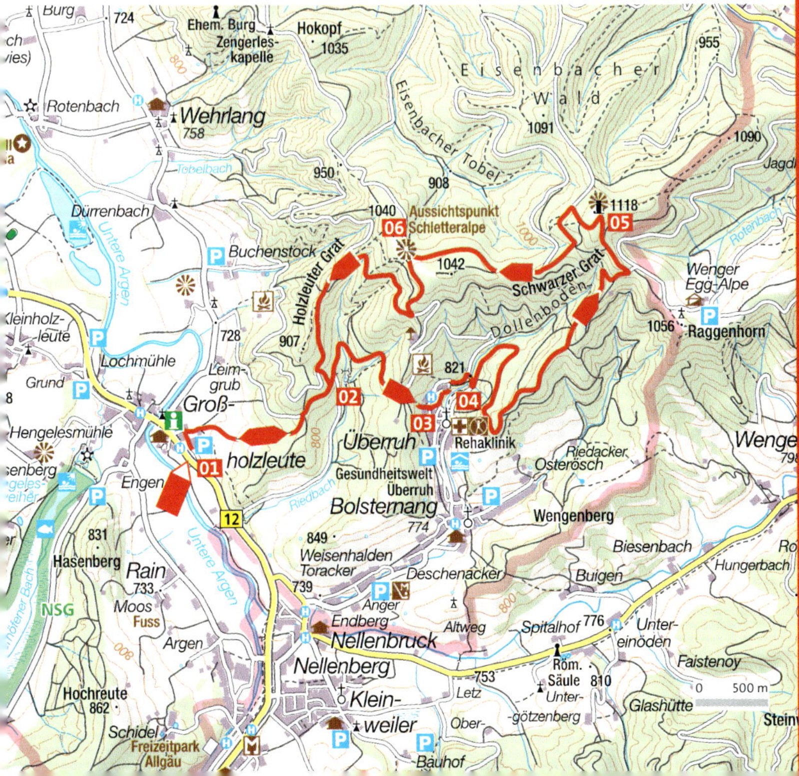

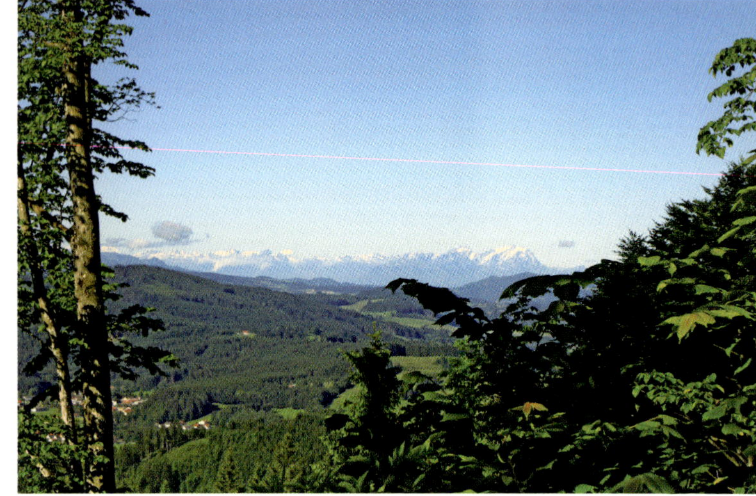

Tolle Fernsicht auf dem Weg zur Schletteralpe

Der Weg steigt dann wieder leicht an zu einer Kreuzung, wo wir auf einen schmalen Pfad geradeaus Richtung Rehaklinik einschwenken. Der wurzelige Pfad führt durch den schattigen Wald ziemlich steil abwärts, es folgen Holzstufen, und nach dem Überqueren eines breiteren Weges geht es nochmals über steile Stufen weiter bergab zu den Gebäuden der **Rehaklinik Überruh** 03.

Auf Asphalt an den mehrstöckigen Gebäuden vorbei und links hoch zu einer asphaltierten Zufahrtsstraße, der wir leicht abwärts nach rechts folgen, bis zu einer scharfen Rechtskurve; hier befindet sich eine große Info- und Wegetafel. Wir folgen dem Sträßchen weiter nach rechts, bis nach links ein nicht asphaltierter Waldweg abzweigt, mit Markierung und Infotafel: **Rothirschweg** 04.

Es geht im Wald leicht aufwärts, teilweise mit lichten und auch flacheren Passagen, und vorbei an gesperrten, als Vogelschutzgebiet deklarierten Wegabzweigungen. Wir bleiben auf dem breiten Rothirschweg und folgen

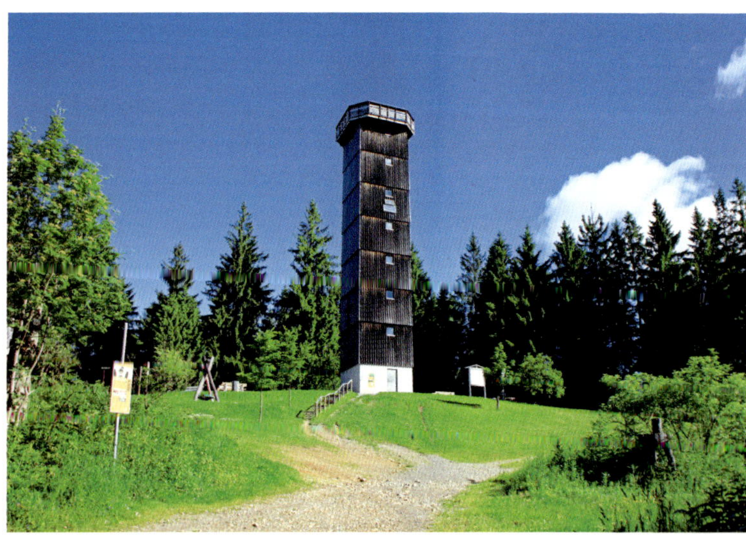

Der Aussichtsturm auf dem Schwarzen Grat …

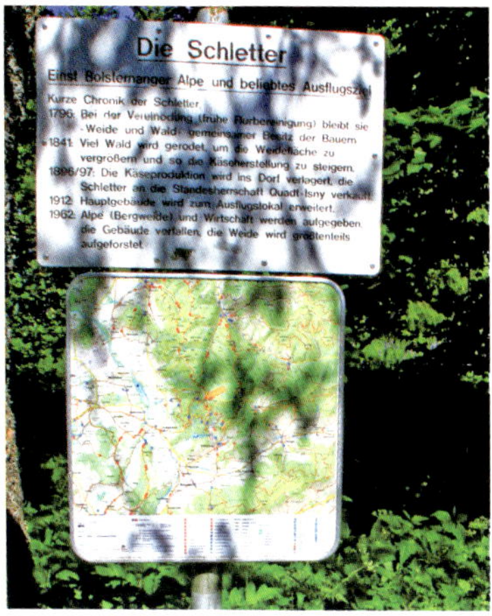

Schletteralpe-Info

weiter ansteigend der Beschilderung zum Schwarzen Grat. Bei einer Verzweigung, wo links ein MTB-Weg markiert ist, halten wir uns rechts und nehmen den Wanderweg – über den auch der bekannte Schwarze-Grat-Berglauf ausgeschildert ist. Hier bietet sich uns ein fantastischer Bergblick. Der Weg wird schmaler und schlängelt sich als steiler, wurzeliger Pfad durch den Wald hoch, kurze Zeit später ist schon der Aussichtsturm zu sehen, den wir nach wenigen Metern erreichen. Das Gipfelplateau des **Schwarzen Grat** **05** ist mit vielen Sitzbänken, einem Spielplatz, einem kleinen Holzturm für Kinder und dem holzverkleideten Schwarzen-Grat-Turm sehr familienfreundlich ausgestattet. Die Turmstube mit Kiosk ist Sonn- und Feiertag bei schönem Wetter zwischen Mai und November geöffnet. Die Aussichtskanzel des Turms bietet ein fantastisches Panorama.

Abwärts halten wir uns rechts Richtung Bolsterlang über Schletteralpe; auch Großholzleute ist mit rotem Punkt markiert. Der breite Waldweg führt abwärts und zu einer ausgeprägten Linkskehre, nach rechts geht es zum Eschacher Weiher. Wir folgen der Markierung Schletteralpe, bald wird der Weg flacher und nach rechts öffnet sich hin und wieder der Blick.

Auf einer Lichtung erreichen wir die Pos. **Schletteralpe** **06**, wo uns eine Tafel über die einst als Ausflugsziel bekannte Alpe informiert. Es geht leicht abwärts am Hang entlang, mit herrlicher Aussicht ins Tal und in die Berge. Nach einem steileren Stück stoßen wir auf die Abzweigung zur Rehaklinik, wenden uns aber scharf rechts und folgen dem breiteren flacheren Weg, der an etlichen Bächen und kleineren Wasserfällen vorbei führt. Immer linkshaltend bringt uns der Waldweg wieder zur **Verzweigung** **02** mit dem Hinweg, und am Holzschlitten vorbei wandern wir hinab zum Ausgangspunkt in **Großholzleute** **01**.

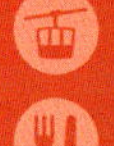

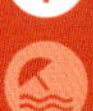

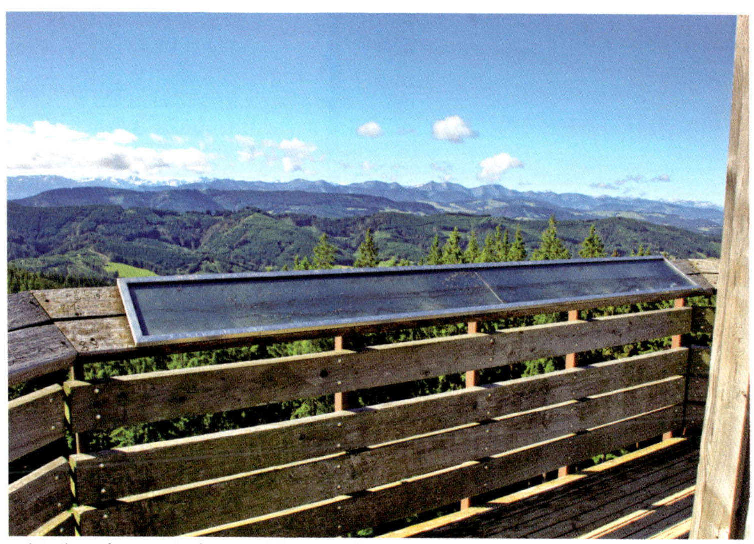

... ist eine phantastische Aussichtsplattform

NACH WILHAMS UND AUFS LÜSSECK

Zwischen Sonneneck und Hauchenberg

  11,75 km 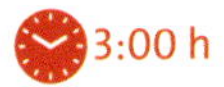 3:00 h 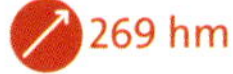 269 hm 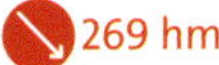 269 hm  187

START | Weitnau/Hellengerst, Gasthof Goldenes Kreuz, Parkplatz.
[GPS: UTM Zone 32 x: 590.300 m y: 5.279.340 m]
CHARAKTER | Einfache Steigungen, dürftig bezeichnete Wirtschaftswege und meist verkehrsfreie Sträßchen, kurze Fahr- und Pfadspuren, mehrere weglose Abschnitte, zuletzt Radweg. Orientierungssinn erforderlich.

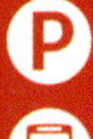
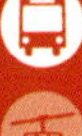
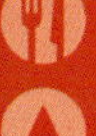

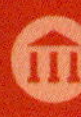

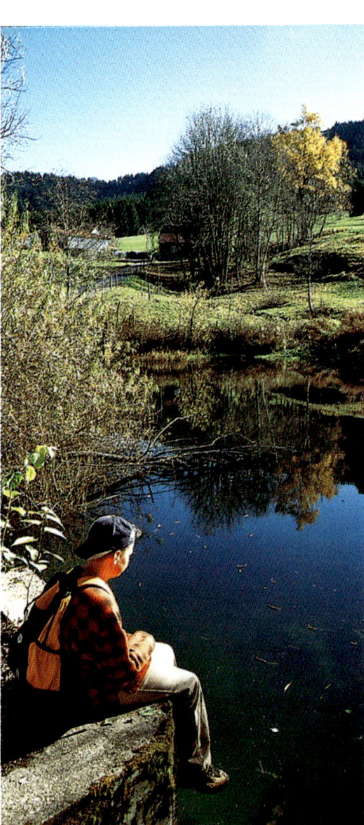

Verträumter Weiher im Weitnauer Weiler Rieder

Als Startpunkt für den individuellen Orientierungskurs wählen wir den Festsaal in **Weitnau** 01. Der Hirnbeinweg bringt uns zur Kirche. Dort leitet der Wanderwegweiser „Rieder" zu einem Wiesenpfad.

Bei einem Einzelanwesen setzt ein Waldhang an. An einem Viehstall vorbei sind mehrere weglose, flache Viehweiden zu queren, wobei man auf die Durchgänge zu achten hat. Schöne Ausblicke ergeben sich über das Weitnauer Tal zum langen Sonneneck-Höhenzug. Über einen Bachsteg gelangt man mit zwei letzten Weidequerungen zum Weiler **Rieder** 02.

Richtung Missen geht es auf dem rechten Feldweg an einem Bächlein entlang. Der Wegweiser „Missen über Höllanger" zwingt zum Queren wegloser, aber bestens beschilderter Viehweiden. Danach folgen wir einem Pfad, später einem Waldweg und an der Wegspinne bei einem Teich mit Unterstand dem Hirnbeinweg Richtung Sibratshofen, ein **Trettenbach-Quellwasser** 03 als Begleiter. Die lobenswerten Schautafeln vermitteln einiges über Wald, Alpwirtschaft und Bergbäche.

Der beschauliche Wanderweg über Bachstege wird später vom Wirtschaftsweg nach **Wilhams** 04 abgelöst, der durch das ruhige Wiesental des Trettenbachs leitet. Noch ein kleiner Aufschwung, dann ist am Ostfuß des bewaldeten Hauchenbergs das Dörfchen erreicht.

Nach gemütlicher Einkehr wandern wir zurück durch das Wiesental und nehmen am Ende der Lichtung die leicht bergwärts leitende Abzweigung des Wurzelpfades in Richtung Sibratshofen. Dieser wechselt dann später in einen Waldweg, der sich jedoch bald wieder als Pfad entpuppt. Ab der Anhöhe **Lüßeck** 05, geht es auf einem quer laufenden Forstweg gemütlich abwärts und zurück nach **Weitnau** 01.

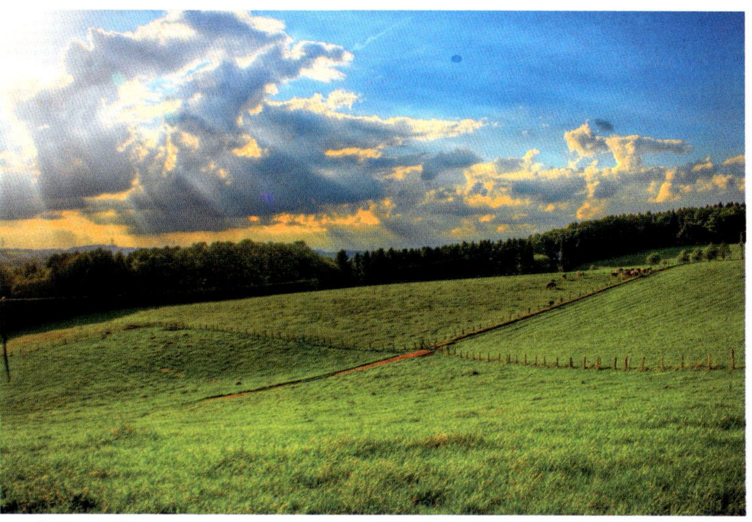

Herrliche Wolkenstimmung im Wiesental.

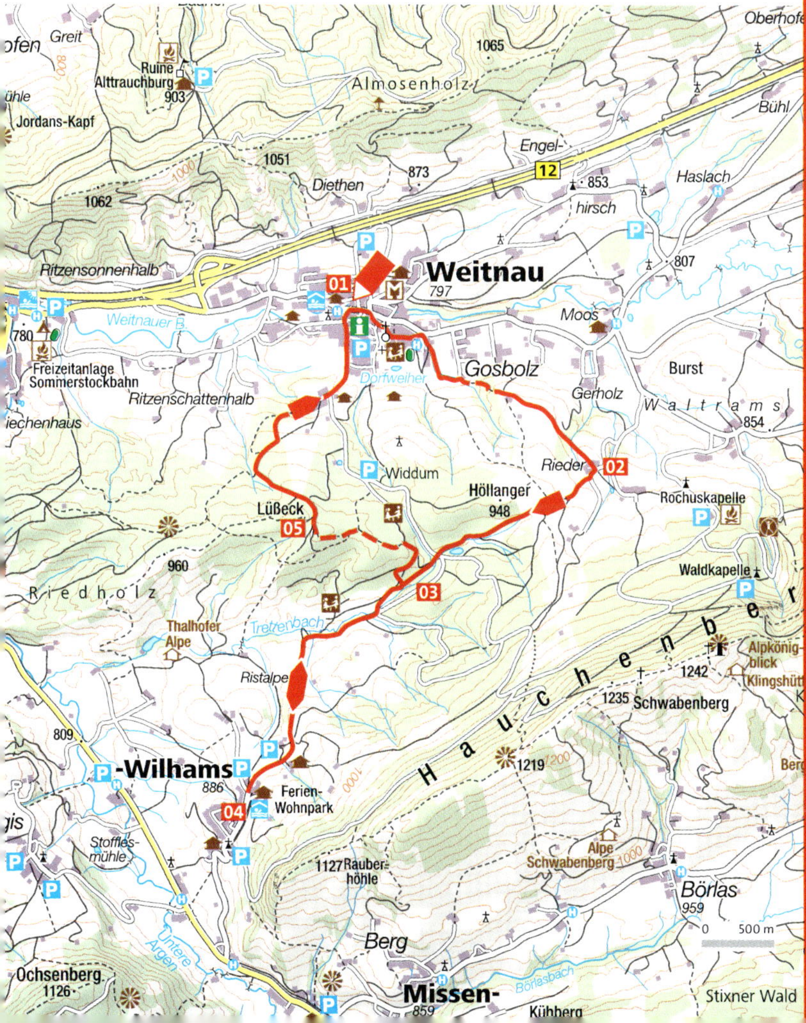

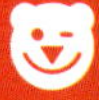
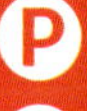

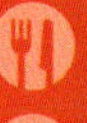

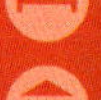

WOLFSBERG • 998 m UND KREUZLESHÖHE • 1115 m

Im Kürnacher Wald

 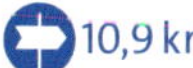  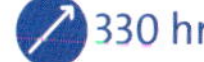  

10,9 km 3:15 h 330 hm 330 hm 1c

START | Unterkürnach, 815 m.
[GPS: UTM Zone 32 x: 587.258m y: 5.288.614 m]
CHARAKTER | Einfache Rundwanderung mit einem etwas abenteuerlichen Abschnitt auf grober Rückegasse. Die richtige Routenfindung ist nicht immer ganz einfach.

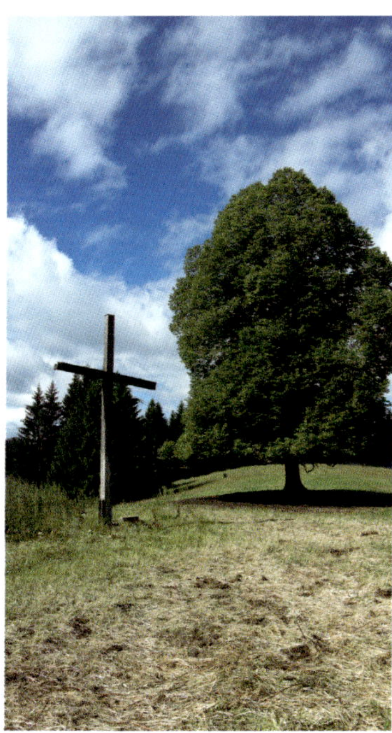

Auf dem Wolfsberg

Hügeliger Waldspaziergang in schöner Voralpenlandschaft.

▶ Beim Hofgut Kürnach in **Unterkürnach** 01 gibt es einen großzügigen Parkplatz, wo die Tour beginnt. Zuerst geht man über die Autostraße zum Sägewerk hinüber und rechts haltend auf dem Glasmacherweg in Richtung Wolfsberg weiter. Eine Forststraße steigt gering durch den Wald an und verzweigt sich nach einer Linkskehre. Dort zwischen den beiden Straßenästen linksseitig auf einen **Rückeweg** 02 einbiegen und auf ihm zur Wüstung am **Wolfsberg** 03, wo bis zum Jahr 1965 ein Bergbauernhof stand. Heute sind nur noch die Grundmauern von Stall und Wohnhaus erhalten.

Am Waldrand trifft man auf einen Fahrweg, folgt ihm knapp 100 Meter weit nach rechts und biegt beim Wegschild nach links auf einen Wiesenweg ab, der zum Kreuz am **Wolfsberg** 04 führt, das ein wenig unterhalb des höchsten Punktes steht, und von dem es schöne Ausblicke zu bestaunen gibt.

Auf dem gleichen Weg zum Waldrand zurück und auf einem Kiesweg nach Südosten weiter. Bei der folgenden Verzweigung geradeaus dahin und nach kurzer Gefällstrecke an einem Jagd- bzw. Wohnhaus vorbei und wieder bergauf. Bei den nächsten beiden Verzweigungen geradeaus weiter, bis man auf ein großzügig ausgelegtes **Forststraßenkreuzungssystem** 05 trifft, bei dem man scharf nach rechts abbiegen muss.

Beim Wegedreieck auf etwa **1050 Meter Höhe** 06 nach rechts die Straße verlassend auf einen forsch ansteigenden Waldrücken. Dann folgt man einer teils abenteuerlichen Rückegasse über die **Kreuzleshöhe** 07. Am höchsten Punkt, der mit vernünftigem Aufwand im Unterholz nicht erreichbar ist, knapp rechts vorbei und auf der Höhe von etwa 1090 Meter in einer sanften Kurve der Gefällstrecke nach links auf einen schmalen **Waldpfad** 08. Er verlässt den Wald, erreicht ein **Kreuz** 09 und einen aussichtsreichen Rastplatz.

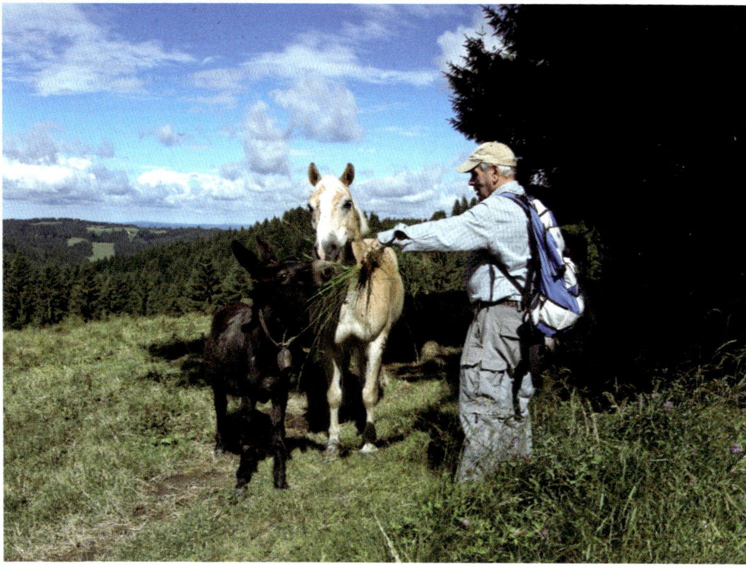

Esel- und Pferdefütterung

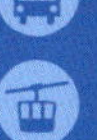

Nun über einen Wiesenrücken zu einer Asphaltstraße hinunter und sogleich nach rechts auf einer geschotterten Fahrspur nach Osten weiter. Bei der Abzweigung nach links und einer Schlepperspur nach Norden folgend dahin. Der Weg schnürt sich zu einem Waldpfad zusammen, der nach geringer Gefällstrecke bei der Forststraße die Aufstiegsroute erreicht. Auf ihr nach rechts weitergehen und wieder zum großzügigen **Kreuzungssystem** **05**.

Nun schräg nach links dem Wegweiser nach Unterkürnach folgen. Bei der nächsten Verzweigung links bleibend auf dem Hauptweg weiter und auf gutem Fahrweg nach **Unterkürnach** **01** zurück.

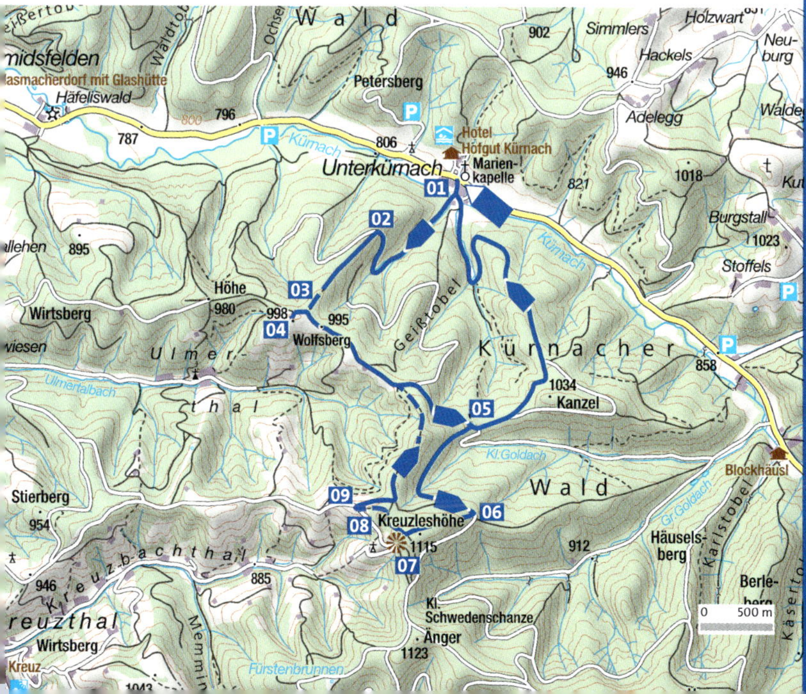

31

HOHENEGG • 915 m

Über den Mariaberg

 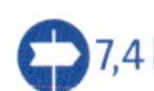 7,4 km  2:30 h  250 hm 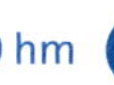 250 hm  1c

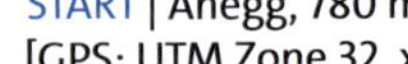

START | Ahegg, 780 m.
[GPS: UTM Zone 32 x: 593.997 m y: 5.284.759 m]
CHARAKTER | Einfache Wanderung mit ein paar Steiletappen. Abstieg im Wald ebenfalls ziemlich steil.

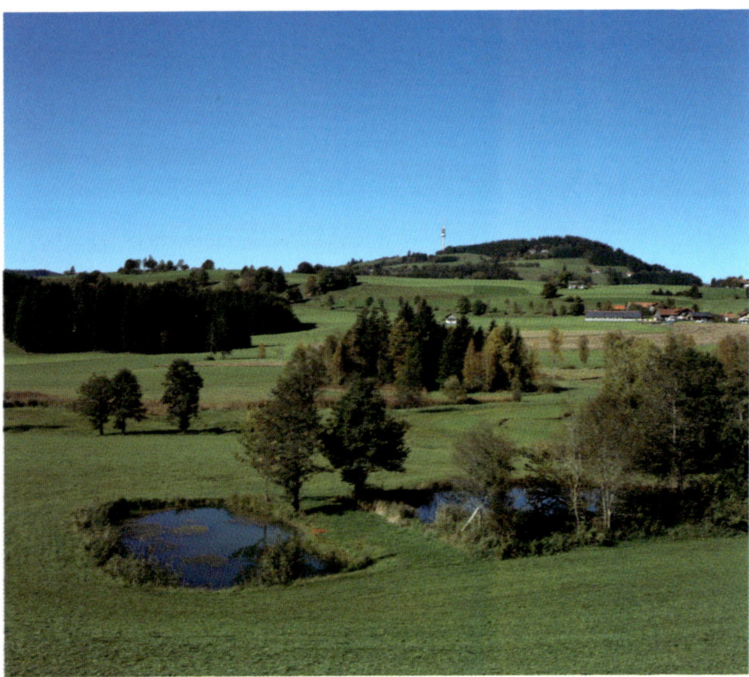

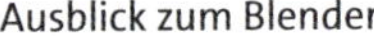

Ausblick zum Blender

Am Stadtrand von Kempten findet sich diese landschaftlich großartige und aussichtsreiche Rundtour mit Badegelegenheit im Herrenwieser Weiher. Die Parkmöglichkeiten am Ausgangspunkt in Ahegg sind leider ziemlich beschränkt.

▶ Von **Ahegg** 01 geht man auf dem Fuß- und Radweg (ehemalige Bahntrasse) nach Norden zum **Herrenwieser Weiher** 02. Hinter dem südlichen Ufer zweigt nach rechts ein Fahrweg ab, der im Wald ansteigt und nach Mariaberg beschildert ist. Nach moderatem Anstieg geht es über eine aussichtsreiche Hochfläche und bei der Verzweigung leicht rechtshaltend wieder in den Wald hinein.

In der folgenden Gefällstrecke zweigt nach ein paar Minuten links der **Alpenvereinsweg** 03 ab. Der schmale Waldweg führt nach Nordosten weiter, quert steile Waldhänge und führt anfangs in aussichtsreichem Gelände, dann in dichtem Wald in mehrfachem Auf und Ab durch tiefe Gräben.

Neben den Ruinen der **Pulvermühle** 04 trifft man auf einen Fahrweg, der stellenweise asphaltiert ist. Auf ihn links einbiegen, um **Eppenried** 05 herum

Der Burgus von Ahegg

Als Burgus bezeichneten die Römer eine kleinere befestigte Anlage. Davon gab es rund um Buchenberg einige. Allerdings verwendeten die Bauern die alten Gemäuer als Steinbrüche für ihre Hofstellen. Anders in Ahegg. Der dortige Burgus diente der Bewachung der Römerstraße, die von Bregenz nach Kempten verlaufen ist. Das gesamte Mauerwerk ist erhalten geblieben und wurde, um es vor weiterer Verwitterung zu schützen, überdacht.

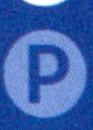

und in lichtem Wald nach Norden hinauf. Schließlich erreicht man die Mariaberger Straße, auf die man nach rechts einbiegt. Knapp 200 Meter weiter vorne kommt man beim **Landgasthof Mariaberg** 06 und der Kapelle Mariä Heimsuchung vorbei. Dort zweigt der Aufstieg links ab und taucht nach einem kurzen Wiesenstück in den Wald ein. Geht man bei der folgenden Verzweigung links, kann man auf einem Stufensteig steil abkürzen.

Schon bald erreicht man einen aussichtsreichen Wiesenrücken mit der Mulzer Föhre, über den man nach links weitergeht. Der Wiesenweg trifft im weiteren Verlauf auf ein Asphaltsträßchen, folgt ihm in der gleichen Richtung am St.-Lorenz-Bildstock vorbei bis zum Sendemasten auf dem **Hohenegg** 07. Direkt neben dem Antennenmast muss man schräg links abbiegen und einem guten Wanderweg durch den Wald zum Aussichtspunkt folgen.

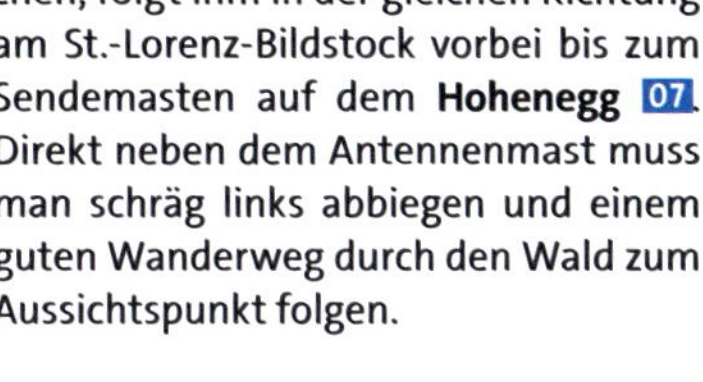

Bei der folgenden **Verzweigung** 08 rechts weiter und auf breitem Waldweg nach Nordwesten dahin. Auf diesem Weg bleiben, der im Wald anfangs gering, zuletzt aber ziemlich steil abfällt und auf einen **Feldweg** 09 stößt. Auf ihm links abbiegen und neben dem Herrenwieser Weiher mit einem Abstecher zum **Burgus** 10 (siehe Tipp) zum **Ausgangspunkt** 01 zurück.

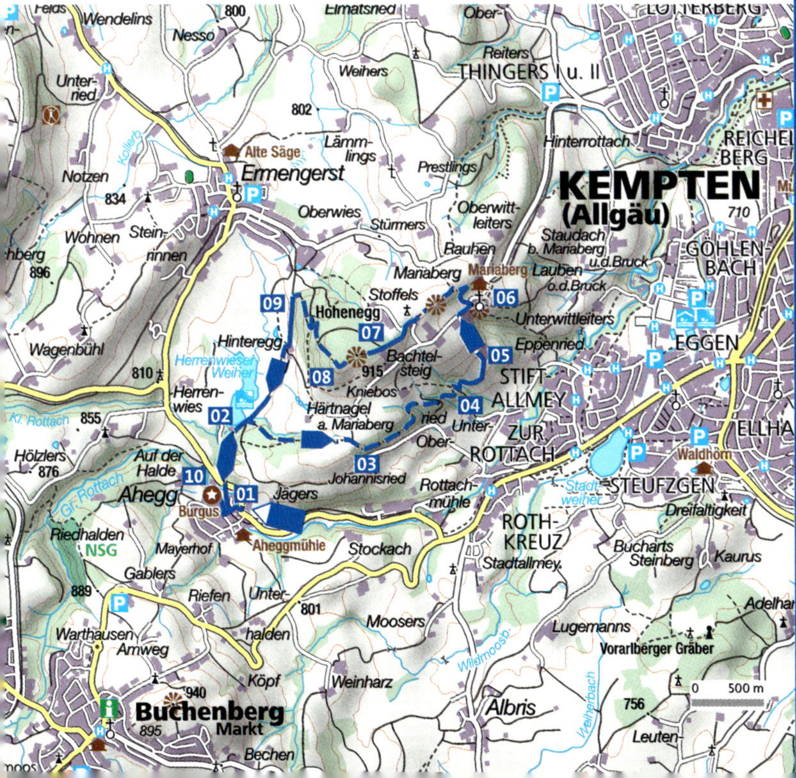

SPIESSECK UND ROHRBACHTOBEL • 873 m

Durch den Wirlinger Wald

  7,3 km 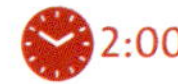 2:00 h 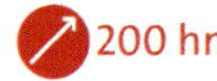 200 hm 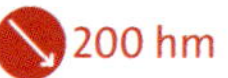 200 hm  1c

START | Wanderparkplatz südöstlich von Buchenberg, 901 m.
[GPS: UTM Zone 32 x: 594.351 m y: 5.282.927 m]
CHARAKTER | Vor allem bei Nässe sind die Steige im Rohrbachtobel sehr rutschig.

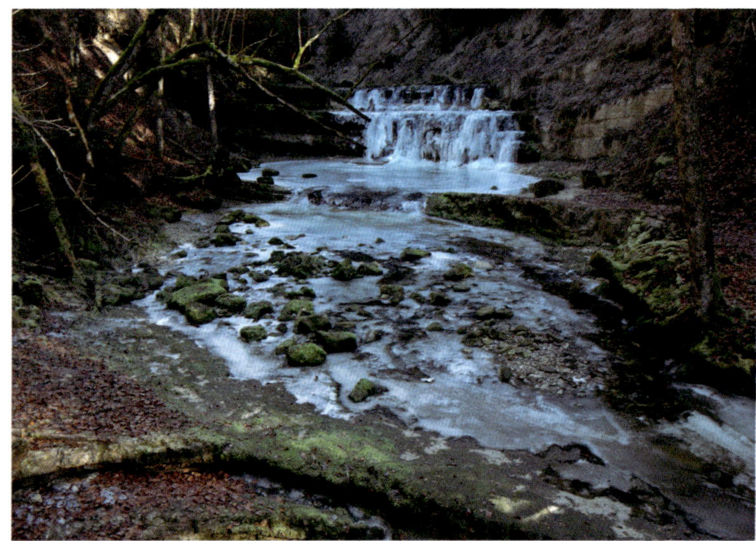

Im Rohrbachtobel

Im Waldgebiet südlich von Buchenberg finden sich mit dem Naturschutzgebiet Rohrbachtobel und der brillanten Aussicht am Spießeck zwei landschaftliche Höhepunkte.

▶ Südöstlich von Buchenberg gibt es am Waldrand einen **Wanderparkplatz** 01. Dort beginnt der Bodenlehrpfad Buchenberg, auf den man schräg rechts einbiegt. Am Rande des Wirlinger Waldes geht man neben einer Wiese zu einer Wegverzweigung, wo man rechts abbiegt, um dem Wegweiser in Richtung Rohrbachtobel zu folgen. Bei der folgenden **Verzweigung** 02 links abbiegen und zur **Verzweigung „Räue“** 03. Bei ihr gehen wir rechts und hinter einer schwach ausgeprägten Kuppe gering abfallend auf einem Holztransportweg zum **Räuebrunnen** 04 und einem Rastplatz. Bei der nächsten Abzweigung links weiter und zur kleinen **Spießeckhütte** 05 (Unterstand).

Neben der Hütte links abbiegend am Rande des Rohrbachtobels einem steilen Hang entlang, über zwei Stege, streckenweise unbequem über Wurzelwerk und zur Verzweigung auf einer Waldkuppe. Bei ihr rechts abbiegen und die letzten Meter zum großartigen Aussichtsplatz auf dem **Spießeck** 06 hinauf.

Auf dem gleichen Weg zur Spießeckhütte zurück und auf einem schmalen Steig nach Westen, der in den Rohrbachtobel abfällt. Streckenweise steil und zwischendurch auch etwas anspruchsvoller in den Rohrbachtobel hinab. Am steilen Hang führt der vor allem bei Nässe unbequeme Steig durch das Na-

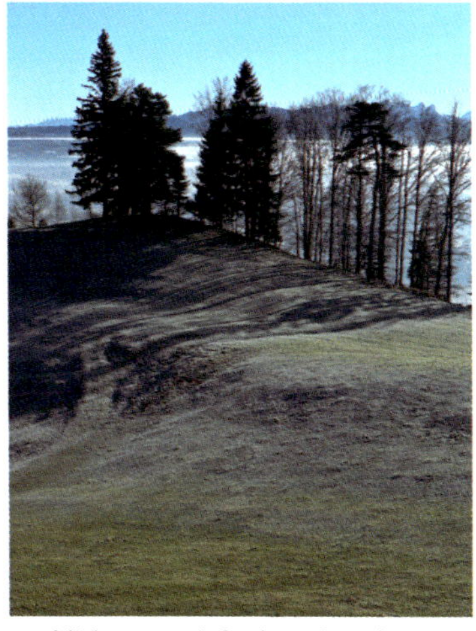

Ausblick vom Spießeck nach Südosten

turschutzgebiet und erreicht neben zwei Kaskaden, die über breite Felsenriegel herabfallen, eine Brücke. Auf ihr nach links den **Rohrbach** 07 queren und anschließend am Hang kurz steil bergauf.

Schließlich erreicht man eine Infotafel und gleich darauf eine Wegverzweigung. Bei ihr geradeaus weiter. Im weiteren Verlauf trifft man auf eine breite Forststraße und geht auch auf ihr geradeaus, im Wesentlichen nach Norden weiter. Bei der folgenden Fahrwegekreuzung rechts abbiegen und in geringem Anstieg in Richtung Buchenberg bis zur **Heinrich-Bickel-Hütte** 08 (Unterstand und Rastplatz).

Dort kann man zwei Alternativen für den Rückweg wählen. Beide sind etwa gleich lang. Wer links abzweigt, kommt zum Gundebühl, wo sich nach einer Rechtskurve die Route verzweigt. Wir gehen rechts weiter und erreichen kurz vor dem Ausgangspunkt wieder den Hinweg, dem wir das letzte Stück zum **Ausgangspunkt** 01 folgen.

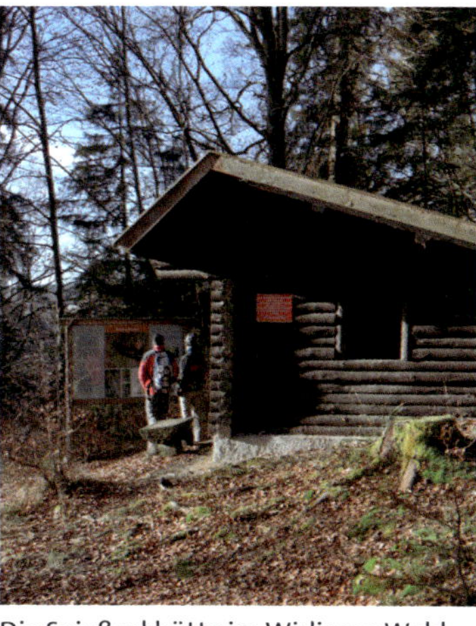

Die Spießeckhütte im Wirlinger Wald

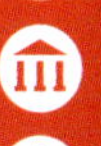

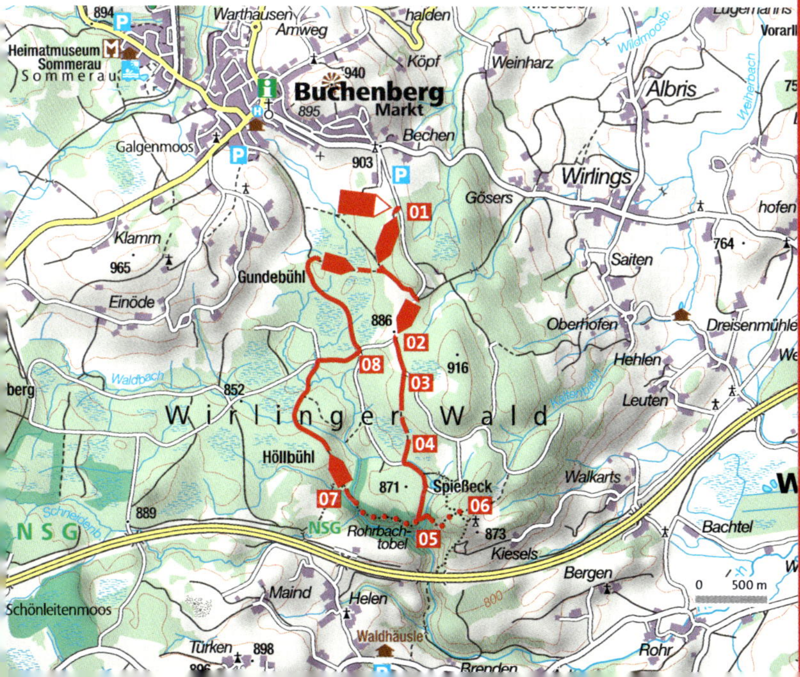

SPECKBACH-WASSERFALL

Berg- und Talkurs für passionierte Pfadfinder

  8 km 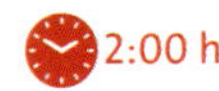 2:00 h  169 hm  169 hm 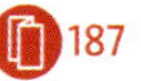 187

START | Weitnau/Hellengerst, Gasthof Goldenes Kreuz, Parkplatz. [GPS: UTM Zone 32 x: 590.300 m y: 5.279.340 m]
CHARAKTER | Einfache Steigungen, dürftig bezeichnete Wirtschaftswege und meist verkehrsfreie Sträßchen, kurze Fahr- und Pfadspuren, mehrere weglose Abschnitte, zuletzt Radweg. Orientierungssinn erforderlich.

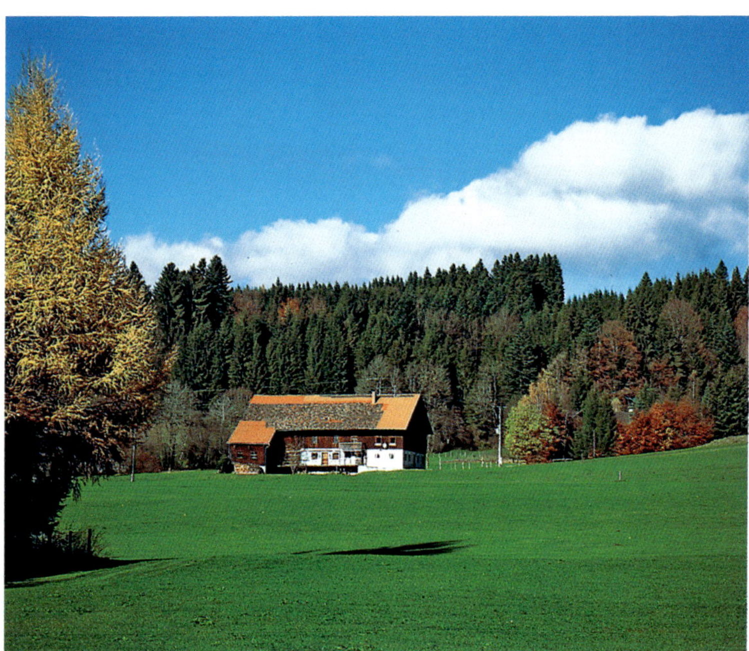
Bei Eisenbolz

Wegen der wiederholt neckisch weglosen Einlagen ist diese kurzweilige Unternehmung über dem Weitnauer Tal als mittelschwer einzustufen. Es handelt sich dabei wohlgemerkt nicht um eine willkürliche Schikane, sondern um spannende offizielle Wanderrouten, die selten begangen werden.

▶ Das Täfelchen „Fuchsmühle" weist beim Gasthof Goldenes Kreuz in **Hellengerst 01** an der Kirche bergab zum letzten Haus. Die Bezeichnung Weg ist für die erste Etappe allerdings leicht übertrieben. Zwei Schilder erleichtern zumindest die Orientierung über eine größere spurlose Wiese. Auf einem kurzzeitig von einem Zufahrtssträßchen unterbrochenen Feldweg leitet der Talkurs an einem Engelwarzer Einödhof vorbei. In der Talsohle begleitet uns der Fuchsbach, im weiteren Verlauf auf einem verkehrsfreien Sträßchen, nach **Eisenbolz 02**.

Am Ortsanfang halten wir uns an den Wegweiser „Wasserfall" und wandern auf einem geteerten Wirtschaftsweg in einer Kehre bergwärts, zur Linken der bewaldete Hauchenberg. An einem Stadel dirigiert uns der Richtungszeiger „Hellengerst" auf eine Fahrspur. Nach kaum nennenswerter, wegloser Weidequerung gehen wir noch vor dem **Einödhof Kreut** 03 an einer mit der vereinzelt auftauchenden Markierung „9“ bezeichneten Fichtenreihe hinauf zu einer Anhöhe.

Eine Pfadspur durchzieht anschließend einen kleinen dunklen Waldfleck, dann müssen wir uns Richtung Hellengerst am Waldrand entlang abermals mit einem weglosen Abschnitt begnügen. Wieder auf freier Weide behält man die Richtung bei und stößt auf einen Wirtschaftsweg. Diesem folgt man talwärts und schlendert zuletzt wieder ohne Weg am Waldsaum zum **Speckbach-Wasserfall** 04, der sich in diesem verschwiegenen Winkel über eine Felsstufe ergießt.

Nach einem Bachsteg spazieren wir rechts auf dem vom Weitnauer Tal sanft ansteigenden Radweg, der die Trasse des Isny-Bähnles benützt, unter dem Gestüt Osterhof vorbei zum ehemaligen Bahnhof **Hellengerst** 01 und zurück zum Ausgangspunkt.

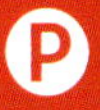

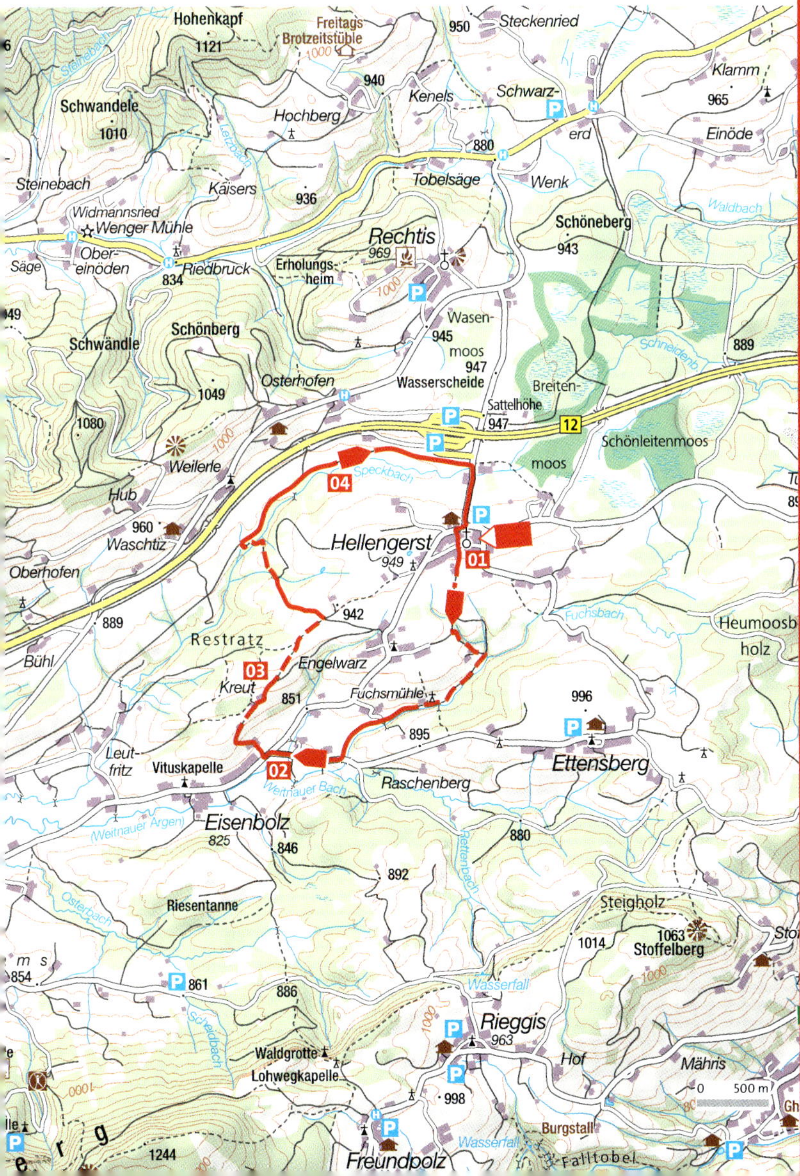

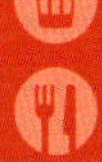

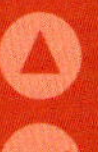

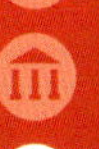

DURACHER MOOS • 868 m

Zum Morauchelstein im Kemptener Wald

  10,6 km 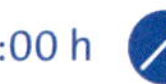 3:00 h 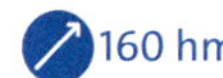 160 hm 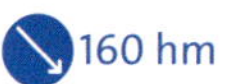 160 hm  190

START | Gasthaus Waldschänke bei Oberhof, 760 m.
[GPS: UTM Zone 32 x: 603.073 m y: 5.283.010 m]
CHARAKTER | Sehr einfache Rundwanderung.

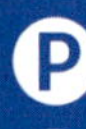

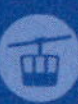

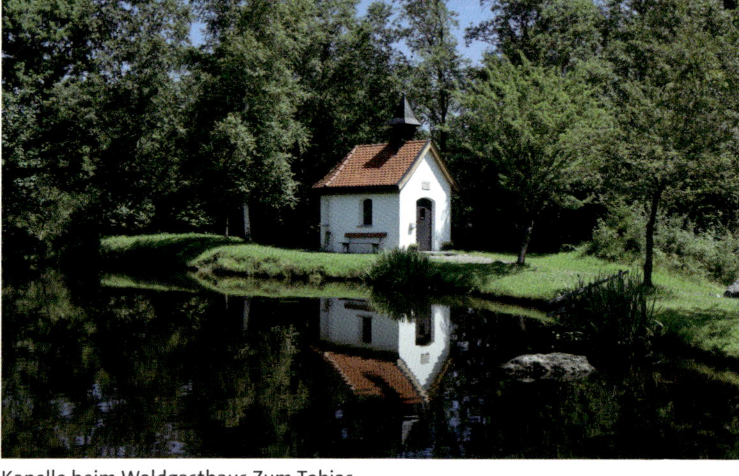

Kapelle beim Waldgasthaus Zum Tobias

Auf dieser einfachen Rundwanderung vor den Toren Kemptens gibt es ein paar kleine Attraktionen.

▶ Vom oberen **Parkplatz** beim **Gasthaus Waldschänke** 01 auf einem Sträßchen kurz nach Osten und am Waldrand nach rechts abbiegen, um auf einem Steg die Durach zu queren. Anschließend ein paar Meter durch den Wald hinauf und nach links auf einen Treppenweg einbiegen.

Am Rand einer Lichtung trifft man auf einen Fahrweg, biegt auf ihn nach links ein und folgt dem Wegweiser zur Waldkapelle. Die Fahrspur schnürt sich zu einem Waldweg zusammen, der sich unmittelbar vor der Waldkapelle gabelt. Dort nach links und zur idyllisch gelegenen **Holzkapelle** 02.

Von der Waldkapelle nach Süden weiter, schräg links auf einen Fahrweg einbiegen und dann kurz neben der Autobahn zu einem kleinen **Parkplatz** 03. Dort nach links auf einen Feldweg, dem man nach Nordosten folgt. Der teils asphaltierte Fahrweg quert den Langeneckbach und steigt spürbar an. Bei der Verzweigung nach rechts dem Wegweiser in Richtung Bodelsberg folgen.

Man geht nun lange durch das Duracher Moos und wieder in den Wald hinein. Dort beschreibt das Sträßchen eine Linkskurve und verzweigt sich. Wir biegen rechts ab 04, um dem Wegweiser zu Fliehburg und zum Morauchelstein zu folgen.

Bei der folgenden Verzweigung rechts weiter und nach einer leichten Linkskurve der Forststraße zweigt nach rechts ein Waldweg ab, der zur Fliehburg beschildert ist. Nach ein paar Minuten erreicht man einen **Wall** 05, der aber wahrscheinlich gar keine Fliehburg

Mit dem Fahrrad

Wer ganz am Anfang der Rundtour eine kurze Trage- bzw. Schiebestrecke in Kauf nimmt, kann die Wanderung auch gut mit dem Fahrrad absolvieren.

begrenzte, sondern ein Stauwall für den Langeneckbach war. Wer sich diesen Abstecher spart, hat nicht viel verpasst. Jedenfalls muss man auf dem gleichen kurzen Stichweg wieder zur Forststraße zurück, um dieser nach rechts zur nächsten Abzweigung zu folgen, die man hinter der Infotafel „Der Baum" erreicht. Bei der Verzweigung nach links und gegen Norden weiter, bis man links des Weges den **Morauchelstein** **06** sieht. Dieser Nagelfluhfindling liegt direkt am Waldrand. Er ist nicht mehr glatt geschliffen, wie man das von einem Eiszeitfindling erwarten könnte. Im Laufe der Zeit haben sich durch Regenwasser Rinnen (sogenannte Karren) gebildet, die die Oberfläche hinunterziehen. Mit viel Fantasie kann man die Struktur des Findlings mit einer Morchel (Morauchel) vergleichen, weshalb er seinen Namen bekommen hat.

Bei der nächsten Einmündung nach links hinunter und der Straße bis zum **Waldgasthaus Zum Tobias** **07** folgen.

Nach der Einkehr auf dem gleichen Weg zurück und bei der ersten Abzweigung nach rechts auf ein Sträßchen. Diesem folgt man nun lange nach Süden, dann nach Westen, bis wieder der Ausgangspunkt bei der **Waldschänke** **01** erreicht ist.

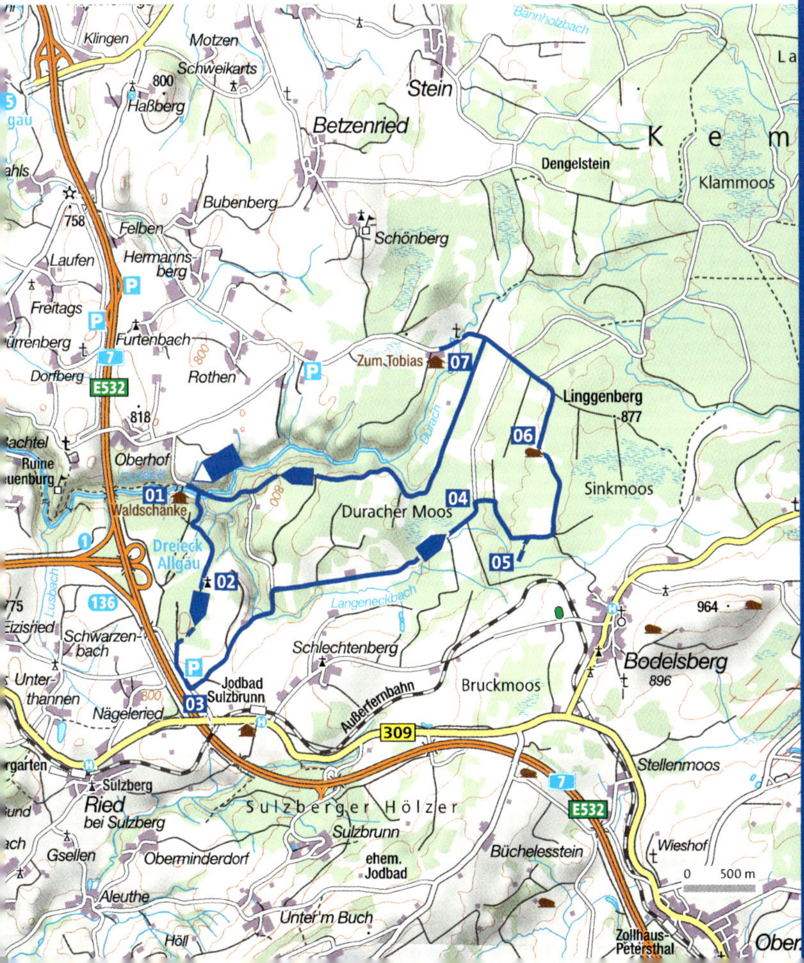

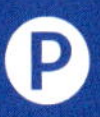
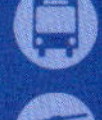

35

DÜRRER BICHL UND KNOLLERHAG

Die höchsten Erhebungen des Kempter Waldes

  13 km  3:30 h  161 hm 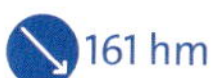 161 hm  188

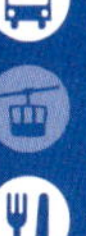

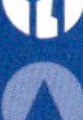
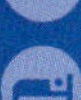
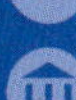

START | Betzigau/Möstenberg, Bushaltestelle, Parken am Straßenrand auf der Kuppe am oberen Ortsrand.
[GPS: UTM Zone 32 x: 606.890 m y: 5.288.950 m]
CHARAKTER | Kleine Steigungen, zum Teil beschilderte Forstwege und kurze Pfade, ein wenig Orientierungssinn ist vorteilhaft.

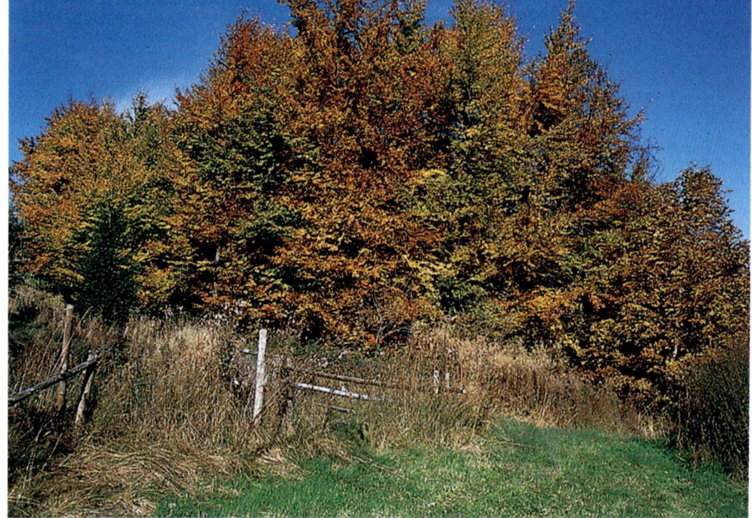

Am Nordrand des Kempter Waldes bei Hauptmannsgreut

An der **Bushaltestelle in Möstenberg** 01 machen wir uns auf den Weg durch die „grüne Lunge" des Allgäus. Beim oberen Ortsrand folgen wir an der Kapelle dem Wirtschaftssträßchen Richtung Stellbrunnenwiese. In der ersten Kurve entführt uns ein Waldweg in den zu Beginn noch lockeren Kempter Wald.

Nach kurzer wegloser Weide zweigt vor einem Stadel links ein Pfad ab. Ein Holzsteg trägt uns beim Stockermoos über einen kleinen Bach. Bald biegen wir rechts wieder in einen Waldweg ein und nehmen am Wiesenende die Kempter-Wald-Straße bergab zum **Grillplatz Stellbrunnen** 02.

Danach weist das Schild „Dengelstein" auf einen Forstweg. An der kommenden Gabelung links haltend, wird der Bannholzbach gequert. Bei dem von Blaubeergestrüpp überzogenen Klamm-Moos verschmälert sich der Fahrweg zum Wurzelpfad. Erneut auf einem Forstweg, bleiben wir der breiten Hauptroute treu, die zum Schwäbisch-Allgäuer-Wanderweg führt. Buchen und Birken, Ahorn und Eschen, Erlen und Espen mischen sich ins Nadelgrün. An der Weggabel auf schwacher Steigung halt man sich noch Richtung Stellbrunnen. Am Rande des **Naturwaldreservates Dürrer Bichl** 03, der zweithöchsten Erhebung des Waldes, wandern wir über eine Windwurffläche und erreichen auf einer Lichtung die **Alte Jägerhütte** **04** (auch „Jägerhaus“) mit Kapelle.

Ein Pfad mündet auf dem Aussichtspunkt **Knollerhag** **05** rechts in einen Forstweg. Dort steht auch ein kleiner Turm mit einer Panoramatafel, der mit einer herrlichen Ausschau über das Fichtenmeer zu den Ammergauer und Tannheimer Gipfeln überrascht. Wir befinden uns hier auf dem höchsten Punkt

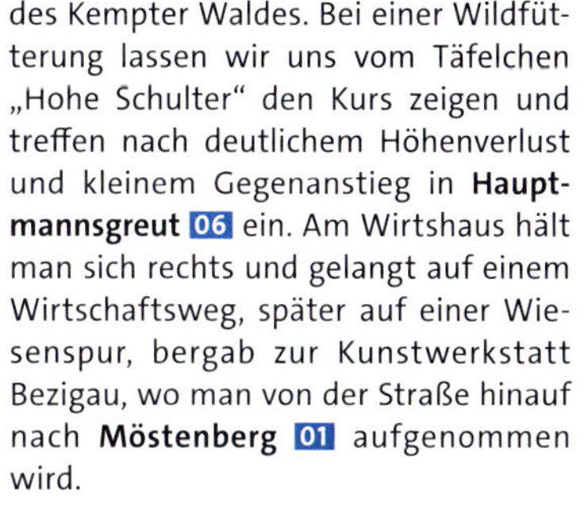

des Kempter Waldes. Bei einer Wildfütterung lassen wir uns vom Täfelchen „Hohe Schulter“ den Kurs zeigen und treffen nach deutlichem Höhenverlust und kleinem Gegenanstieg in **Hauptmannsgreut** **06** ein. Am Wirtshaus hält man sich rechts und gelangt auf einem Wirtschaftsweg, später auf einer Wiesenspur, bergab zur Kunstwerkstatt Bezigau, wo man von der Straße hinauf nach **Möstenberg** **01** aufgenommen wird.

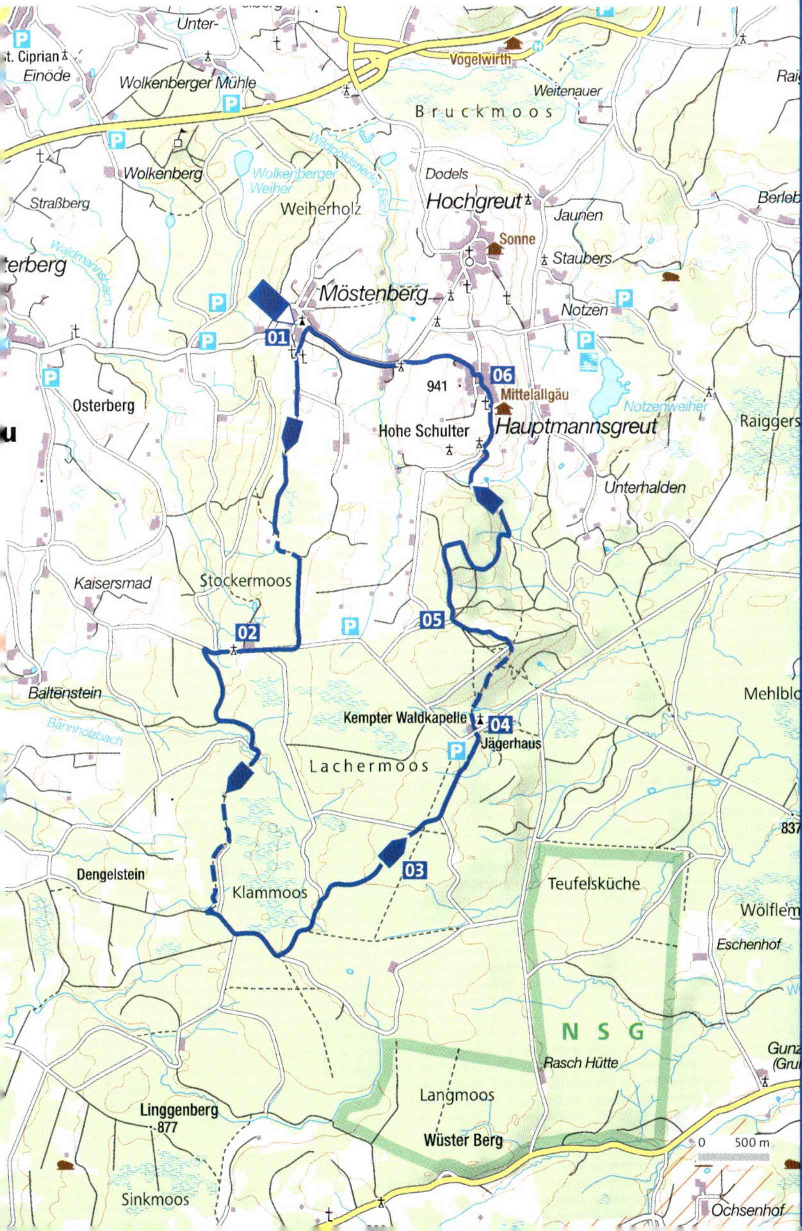

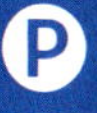

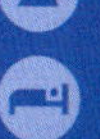

36

SULZBERGER SEE

Entdeckungswanderung ohne Leistungsdruck

  12,5 km 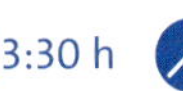 3:30 h 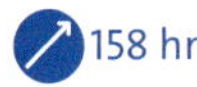 158 hm  158 hm  188

START | Durach, Bahnhof, Parkplatz.
[GPS: UTM Zone 32 x: 600.820 m y: 5.283.460 m]
CHARAKTER | Kleine Anstiege, zum Teil beschilderte Wirtschafts- und Wanderwege, meist ruhige Sträßchen, kurzes Stück weglos.

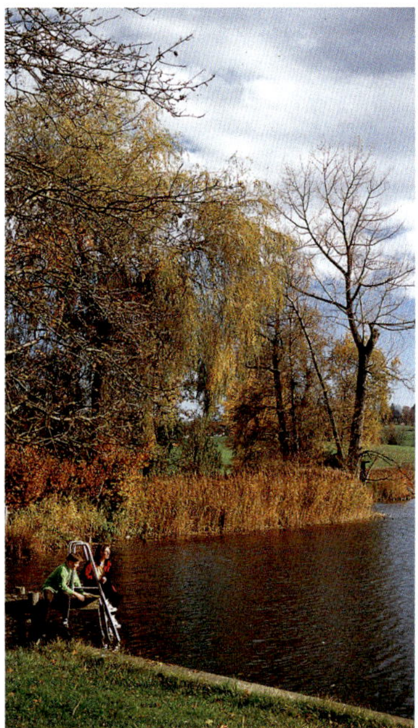

Der stimmungsvolle Sulzberger See im Kempter Süden nennt sich auch Öschlesee

Beginnen wir die gemütliche Runde am **Bahnhof** in **Durach** 01. Vom Rathaus bringt uns die Bürgermeister-Batzer-Straße über die Geleise und am Flugplatz vorbei nach **Feuerschwenden** 02. Am Ortsende wollen wir uns den Abstecher auf einem gelungenen Kreuzweg zur Individuellen Kapelle nicht entgehen lassen.

An der Gabelung nach der A7-Unterführung schlendern wir auf einem Wirtschaftsweg bergab zum Sulzberger See. Der hübsche Wanderweg zur Sandbank führt an einem einsamen Badeufer und später an einer Schilfzone entlang durchs Naturschutzgebiet. Mehrere Stege überbrücken Feuchtstellen.

Auf einem Radweg geht's nach Köhlis und auf verkehrsfreiem Sträßchen bergan zum Weiler **Hofstetten** 03. Am Ortsbeginn wandern wir in Richtung Sulzberg und nach etwas Höhenverlust auf einem Wirtschaftsweg zu den Häusern von Seebach. Nahe der Einmündung in die von Eizisried kommende Straße erinnert in der Weide ein Gedenkstein an die einstige Burg mit Vogtei Seebach. Wenig später treffen wir in **Sulzberg** 04 ein.

Hinter dem schlanken Kirchturm wählt man den Pfarrweg und an einer Straßeneinmündung den bergwärts leitenden Hohlweg. An einer Verzweigung nimmt man den rechten Feldweg und spaziert an der nächsten Gabelung geradeaus über Viehweiden an einem Tobel ent-

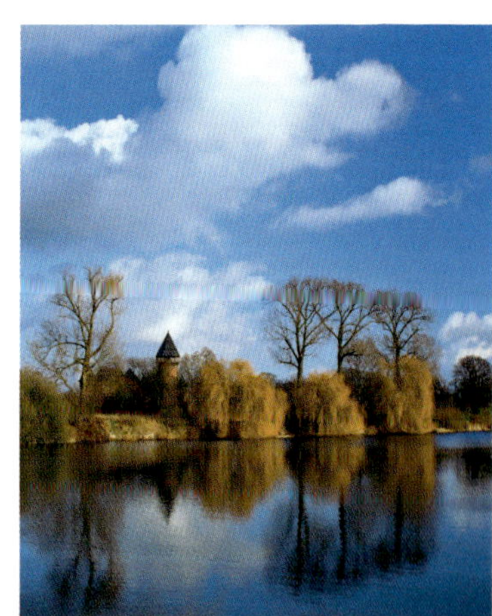

Am romantischen Sulzberger See

lang. Zur Einöde **Schnitzen** **05** muss man sich mit einem weglosen Stück begnügen. Für Fußgänger besteht hier ein altes Gehrecht, zudem sind Weidedurchgänge eingerichtet. Ein Bauernsträßchen fällt nun leicht über den Weiler Pfaffenried nach **Aleuthe** **06** mit dem Fachwerkbau des Sägewerks ab.

Eine Brücke trägt uns über den Sulzberger Bach. Auf der ruhigen, steigenden Straße Richtung Sulzberg-Ried passieren wir den Einödhof Gsellen. Nach Queren der Straße von Sulzberg lassen wir uns beim **Hof Gund** **07** vom Schild „Durach" den Weiterweg zeigen. Ein Feldweg leitet am Kreislehrgarten von Ried vorbei. Nach einer Waldkuppe bummeln wir auf stillem Sträßchen bergab zur Hofstettner Kapelle. Dort gehen wir Richtung Bittris, lassen jedoch auf dem aussichtsreichen Finale diese Häuser sowie jene von Sparenberg rechts liegen.

Bei **Feuerschwenden** **02** mündet das Sträßchen in den bekannten Kurs nach **Durach** **01**.

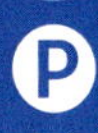

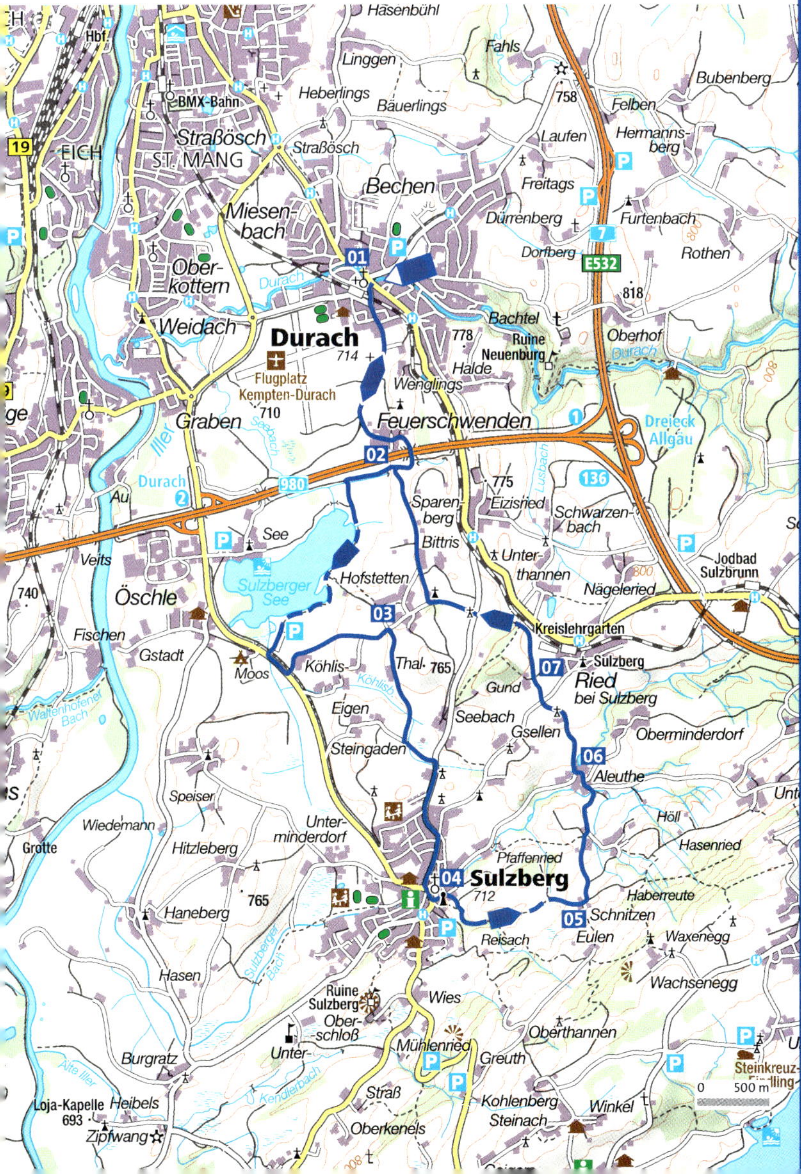

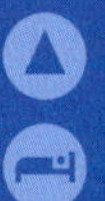

WILDBERG • 931 m

Zum Hängesteg an der Wertach

  13,6 km  3:30 h 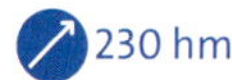 230 hm 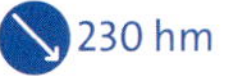 230 hm  190

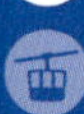
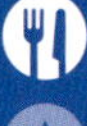
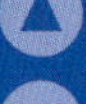

START | Görisried, Parkplatz beim Hockeyplatz, 803 m.
[GPS: UTM Zone 32 x: 613.014 m y: 5.284.539 m]
CHARAKTER | Leichte Wanderung; Ab- und Aufstieg beim Hängesteg an der Wertach sind steil.

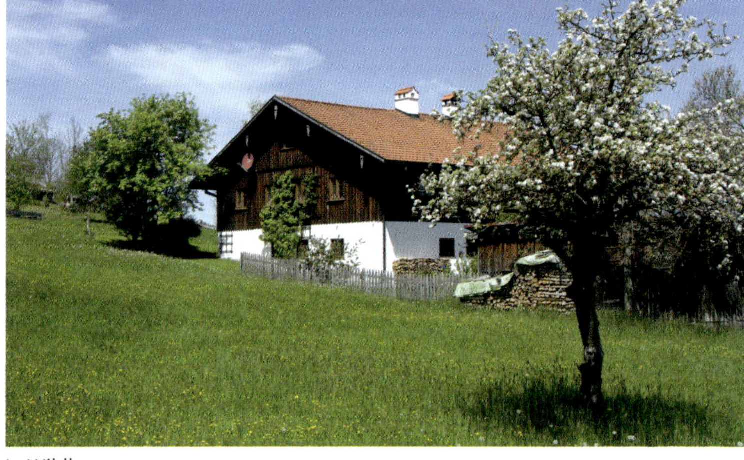

In Wildberg

Landschaftlich sehr eindrucksvolle Rundwanderung mit spannendem Abstecher zu einem schmalen Hängesteg über die Wertach.

▶ Direkt beim **Hockeyplatz** **01** an der Waldbachstraße in Görisried beginnt die Straße mit dem Namen „Am Kalkofen". Auf ihr nach Südwesten zum Sportplatz hinauf. Durch das Sportgelände, geradeaus nach Süden und dahinter rechts abbiegen, um schon nach 20 Metern wieder nach Süden weiterzugehen. Man erreicht den Hof Vorderstaig Nr. 5. Bei ihm geradeaus und einem kurvigen Feldweg folgen.

Auch bei der Verzweigung am Waldrand geradeaus und in den Wald dahin. Bei allen folgenden Verzweigungen und Kreuzungen auf dem Hauptweg weiter, über freie Wiesen, durch Waldabschnitte, über Bäche und immer wieder mit schönen Ausblicken. Man kommt am Vogelerhof vorbei, wo es einen schönen Ausblick nach Hinterschwarzenberg gibt. Schließlich wird die Anhöhe **„Auf der Kohlstatt"** **02** erreicht, wo man nach links der Beschilderung folgt und bei der nächsten Abzweigung wieder links gehen muss, bis man beim **Wirtshaus Wildberger Hof** **03** ankommt.

Vom Wirtshaus nach der Einkehr auf gleichem Weg zurück, aber bei der ersten Abzweigung scharf links abbiegen und auf der Scheitelstrecke des Fahrwegs neben einem Wasserbehälter zu einem großartigen **Aussichts- und Rastplatz** **04**.

Hinter ihm geht es auf einem Asphaltsträßchen nach **Wildberg** **05** hinunter, wo wir neben der Kirche rechts abbiegen. Auf der Wildberger Straße den idyllischen Ort verlassen und am

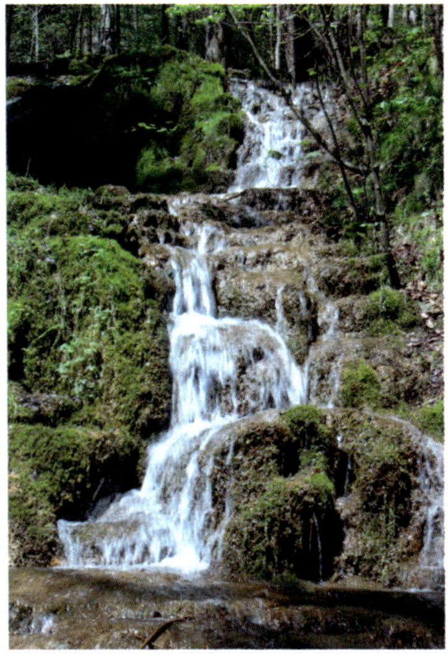

Sinter-Wasserfall beim Hängesteg an der Wertach

Straßenrand auf Stadels zu. Am Ortsrand von Stadels knickt die Autostraße links ab. Dort nach rechts, bei der Verzweigung links abbiegen und bei einem Stromleitungsmast zur Hangkante des Wertachtals. Dort nach links weiter, und gleich hinter einem Bach zweigt nach rechts ein schmaler Steig ab. Er führt neben einem versinterten Bach mit vielen kleinen Kaskaden steil zur Wertach hinunter, die man auf einem schwankenden **Hängesteg** 06 queren kann, um sich am jenseitigen Ufer niederlassen zu können.

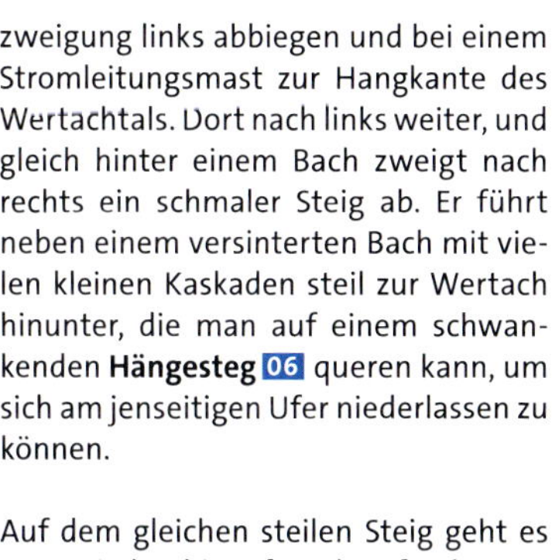

Auf dem gleichen steilen Steig geht es nun wieder hinauf und auf schönem Wanderweg an der Hangkante durch den Wald weiter. Der Weg dreht im weiteren Verlauf links ab und führt über Wiesenhänge zu einem asphaltierten Sträßchen, auf dem man an der **Kapelle St. Ursula** 07 vorbeikommt.

Am Fahrbahnrand zu der nach Vordersteig beschilderten Abzweigung weiter und nach links bis zu einem Kreuzungssystem. Bei ihm rechts halten und zum **Ausgangspunkt** 01 in Görisried zurück.

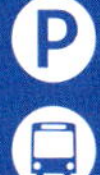

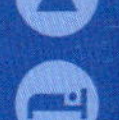
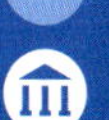

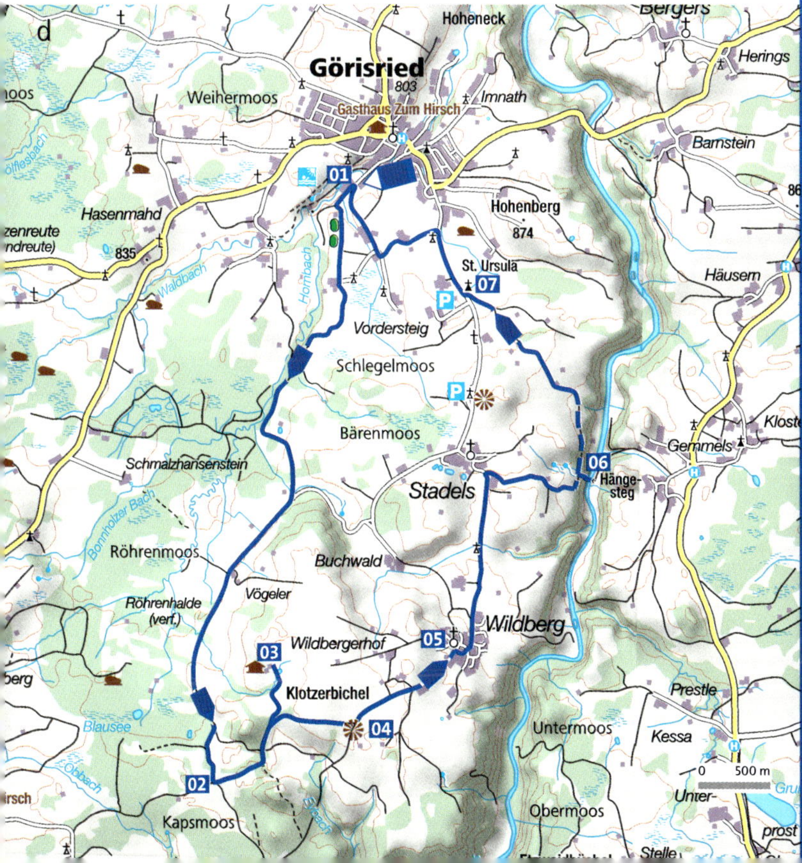

GÖRISRIED – OY-MITTELBERG

Wundervolles Wiesenwandern durch eine Bilderbuchlandschaft

  11,2 km  2:45 h  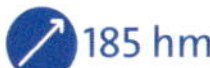 185 hm  36 hm  188

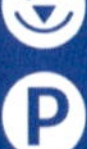

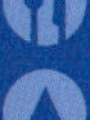

START | Kirchplatz, Rathaus Görisried.
[GPS: UTM Zone 32 x: 613.197 m y: 5.284.811 m]
CHARAKTER | Allgäu pur! Einsamkeit, eine durch und durch beschwingte Wald- und Wiesenlandschaft voller Stille und Erhabenheit – ein echtes Sahnestückchen.

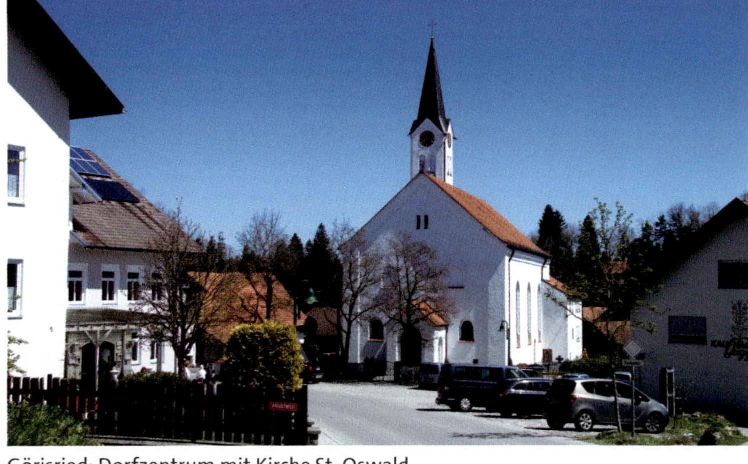

Görisried: Dorfzentrum mit Kirche St. Oswald

Los geht's am Rathaus bzw. der Tourist-Information in **Görisried** 01. Anfangs mit der Markierung der Hauptroute links durch die „Hauptstraße" bergab und wieder bergauf bis zum Ortsausgang, zweigt später rechts die **Trilogieleiter** 02 auf einer Fahrstraße in Richtung mehrerer Gehöfte ab. An der nächsten T-Kreuzung geht es erst rechts und dann gleich wieder links. Am folgenden Bauernhof geht es links auf gekiestem Feldweg weiter. Nun folgt eine schöne, kurvenreiche Wiesenpassage, bis die Leiter in den Wald eintaucht. Über ein sanft gewelltes Gelände, wo sich Wald, Waldrand und Wiesen munter und harmonisch abwechseln, erreicht der Weg eine Kreuzung, an der es rechts zum Weiler Vögeler geht, der jedoch nur aus einem Bauernhof besteht.

Ein stetes Auf und Ab, vorbei an üppigen Bergwiesen, führt zu einer großen **T-Kreuzung** 03 mit einer Standortkarte. Hier geht es rechts weiter und bald zu einer asphaltierten Fahrstraße.

Hier erst links, dann bald rechts Richtung Seemoos. Später zweigt ein Pfad links ab und führt in das **Seemoos** 04, eines der bedeutenden Hochmoore im Allgäu, hinein. Alles Wissenswerte rund um das Seemoos erfährt man später auf der hölzernen Moorplattform mit interessanten Perspektiven. Rundum informiert, geht es dann auf Pfad in Richtung Autobahn A7. Diese unterquert der Weg, führt erst geradeaus auf Pfad, dann rechts ab auf kleinem Pfad. Es geht durch Hochwald, durchsetzt mit Moorpassagen, ehe die Route auf einen Feldweg trifft. Hier links ab und nach einer langen Rechtskurve erreicht der Weg den Waldrand mit Blick auf die Bebauung von Oy. Kurz vor der Bundesstraße erst einmal links ab, dann nach rechts unter der **Bundesstraße 310** **05** hindurch.

Dahinter geht es links weiter, wieder ein kurzes Stück oberhalb der Straße entlang, ehe es scharf nach rechts und bergauf geht. Stetig gewinnt der Weg an Höhe. In der Nähe des Bahnhofs quert die Leiter einen unbeschrankten Bahnübergang. Durch die Straße „Im Schwändle" rechts ab. Im Linksbogen erreicht der Weg den „Schwändlesteig", hier geht es rechts ab und steil bergauf bis zur „Maria-Rainer-Straße". Hier rechts, weiterhin bergauf, und dann links in die „Poststraße" gehen. Weiter geht es bis zur „Wertacher Straße", dieser links weiter bis zum Kurhaus und Kurpark von Oy-Mittelberg folgen, wo die Tour am **Start- und Willkommensplatz** **06** endet.

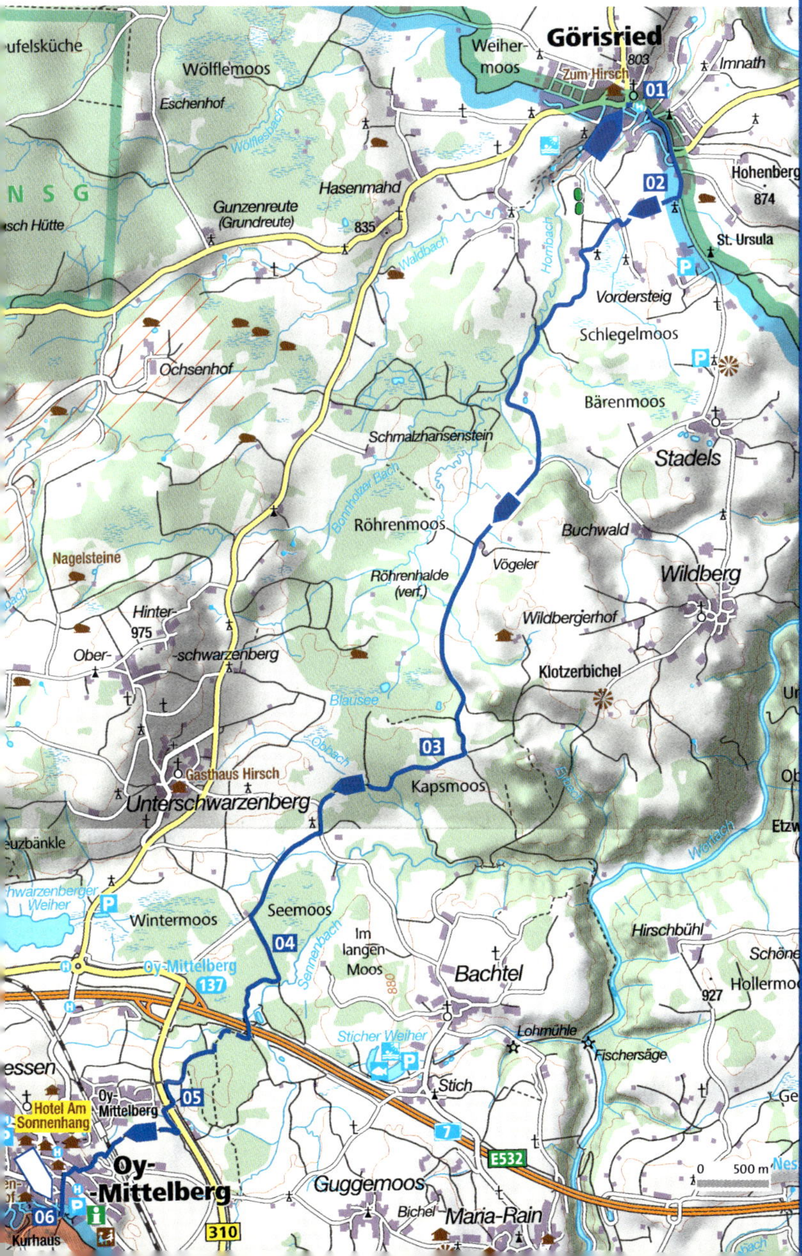

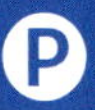

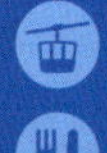

SCHWARZENBERGER WEIHER

Auf Umwegen zu einem Naturidyll

 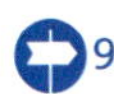 9 km  2:30 h  128 hm  128 hm  188

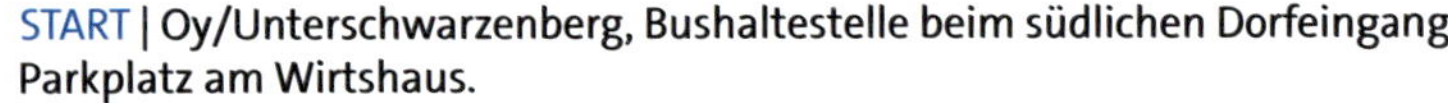

START | Oy/Unterschwarzenberg, Bushaltestelle beim südlichen Dorfeingang, Parkplatz am Wirtshaus.
[GPS: UTM Zone 32 x: 610.080 m y: 5.280.240 m]
CHARAKTER | Kaum Steigungen, teilweise bezeichnete Wirtschafts- und undeutliche Feldwege, kurze Abschnitte auf Pfaden und verkehrsarmen Straßen. Orientierungssinn ratsam.

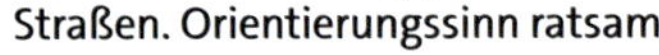

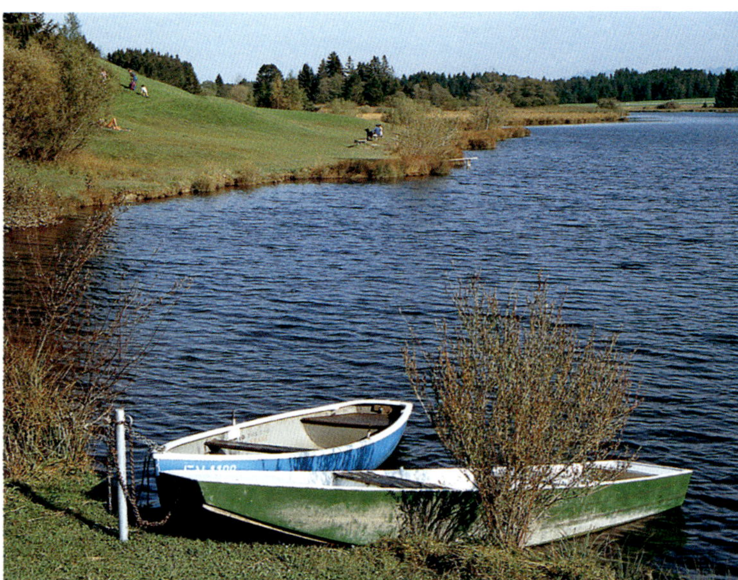

Schwarzenberger Weiher bei Oy

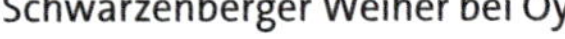

Nach der Devise „Wer sucht, der findet“ starten wir an der **Bushaltestelle** in **Unterschwarzenberg** 01 zur individuellen Umrundung der Schwarzenberger Höhe. Beim Wirtshaus lenkt uns die Beschilderung „Alpe Wildberger Hof, Bachtel“ durch die Kreisstraßen-Unterführung. Der anschließend links abzweigende Wirtschaftsweg wechselt bald in einen undeutlichen Feldweg. Wir überschreiten den Obbach und passieren in einer Schleife einen Moorflecken. An der nächsten Gabelung wandern wir geradeaus und genießen an Gebüschreihen sanft bergan die Schau in die Tannheimer und östlichen Oberallgäuer Berge.

Nun geben wir uns nordwärts ein kleines Stück mit der Kreisstraße zufrieden, biegen Richtung Nagelfluhfindling auf einen Wirtschaftsweg ab und halten uns an einer Verzweigung an den gewohnten Wegweiser. Nach einem Wechsel von Waldflecken und Lichtungen schaltet sich auf undeutlichem Feldweg eine Wiesenquerung ein. An der Gabelung beim Teerbeginn bestätigt der gelb-weiße Pfeil die Richtigkeit des Kurses. Wenig später lenkt man den Schritt auf das Sträßchen von Oberschwarzenberg, das man kurz darauf, bei dem hinter einer Hecke versteckten Findling, auf zwischendurch asphaltiertem Wirtschaftsweg Richtung **Kreuz-**

bänkle 02 wieder verlässt. In leichtem Auf und Ab spaziert man über Viehweiden. Wieder im Wald, gestaltet sich die Fahrbahn zusehends feuchter. Der rot-weiße Pfeil dirigiert uns nun auf einen Pfad, der zum Kreuzbänkle leitet. Von dem ungestörten Plätzchen überrascht ein einprägsamer Tiefblick auf den Schwarzenberger Weiher.

Die rot-weiße Markierung weist uns anschließend auf einen talwärts führenden Zickzackpfad. Am Bergfuß genehmigen wir uns noch – entlang an Feuchtwiesen – einen kurzen Abstecher zum **Schwarzenberger Weiher** 03, wo sich bei Badetemperaturen eine kleine Erfrischung geradezu aufdrängt. Die Zugspitze bestimmt den Hintergrund dieses prachtvollen Landschaftsbildes.

Dann begeben wir uns auf den Rückweg, kreuzen auf einem Fahrweg zwei Bäche und treffen schon recht bald wieder in **Unterschwarzenberg** 01 ein.

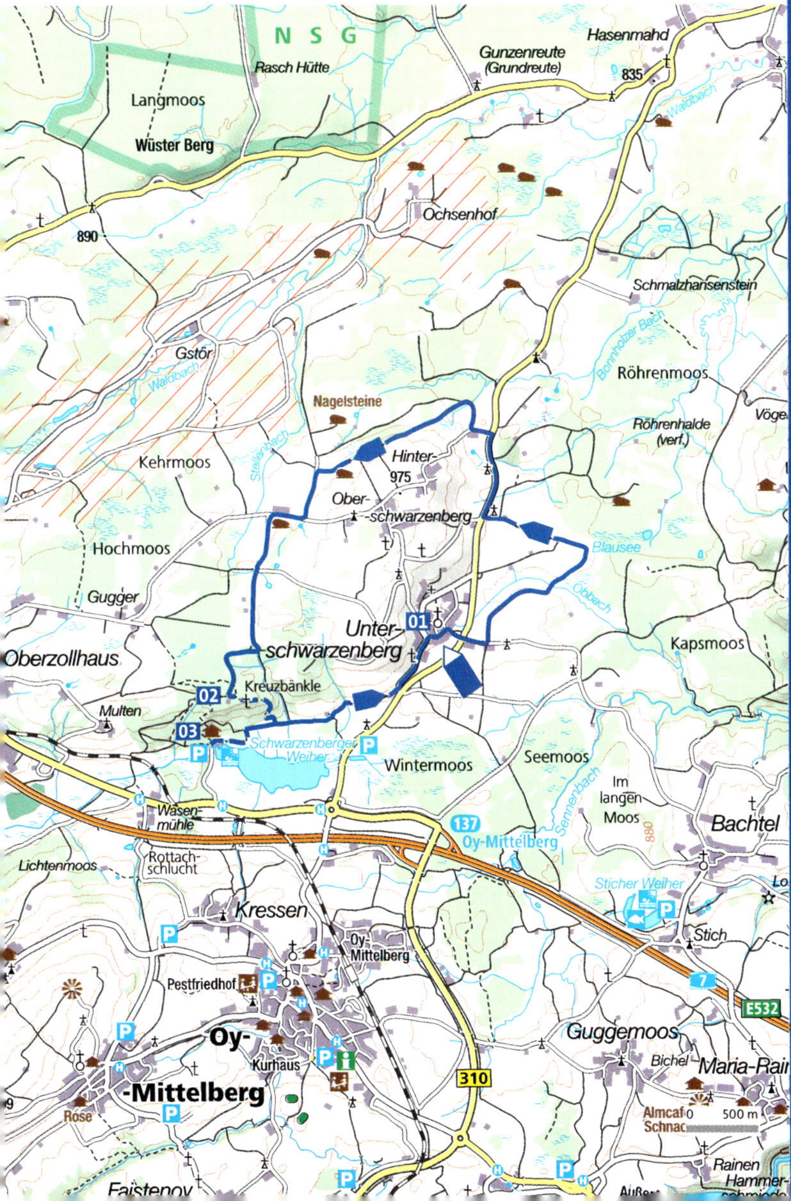

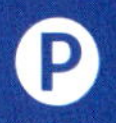

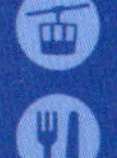
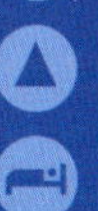

RUNDGANG OY-MITTELBERG

Echte Panoramatour

 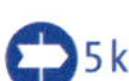 5 km  1:45 h  103 hm 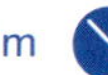 103 hm  3

START | Wertachstraße, Kurhaus Oy-Mittelberg.
[GPS: UTM Zone 32 x: 608.806 m y: 5.276.323 m]
CHARAKTER | Superschöne Natur- und Kulturroute mit Wasser, Wiesen, würziger Luft, herrlichen Aussichten und größtmöglicher naturnaher Wegeführung.

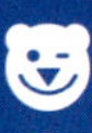
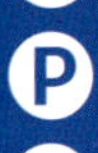

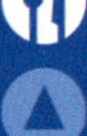
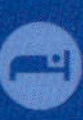

Ein munterer Bergbach, saftige Wiesen, eine der höchstgelegenen Pfarrkirchen und herrliche Rastplätze.

Vom **Start- und Willkommensplatz 01** vor dem Kurhaus von Oy-Mittelberg startet eine echte Frischluftkur durch den denkbar größten Wiesenteppich. Zunächst links an den Parkplätzen vorbei auf asphaltiertem Weg in Richtung der Sportplätze bergab wandern. Weiter dem aussichtsreichen Weg folgend, nun auf Pfad zu einem Wald mit dem munteren Katzenbach und einem **Kneippgarten 02**.

An der folgenden Straße kurz links halten und dann rechts auf schmalem Weg am Faistenoyer Bach entlangwandern. Der Pfad schlängelt sich durch den Talboden. Rechter Hand tun sich immer mal wieder Blicke auf die sanft-hügelige Wiesenlandschaft auf. Nach der zweiten Bachüberquerung weiter flussaufwärts, noch immer begleitet durch den munter mäandernden Faistenoyer Bach. Auf Asphaltweg wird kurz der **Bach nach links überquert 03** und schon geht es rechts wieder auf Naturweg am munteren Gewässer weiter. Langsam gewinnt der Weg an Höhe und das Rauschen nimmt aufgrund des stärkeren Gefälles hörbar zu. Nach einer weiteren Bachquerung verlässt der Rundgang Wegbegleiter und Talwanderweg nach **rechts 04** in Richtung Mittelberg. Munterer Begleiter ist nun bergauf ein namenloses Bächlein, das sich mit der Kraft des Gefälles tief ins Relief eingekerbt hat. Dann, um einen Gehölzstreifen herum, öffnen sich wieder tolle Blicke auf die umliegende Wiesenlandschaft. Es ist, als wandelte man auf einem ausgebreiteten Wiesenteppich. Der folgende Wiesenweg führt zum **Ortsrand 05** und zur „Mühlbachstraße".

Rechts ab geht es bis zur „Dorfbrunnenstraße", dort links bis zur zweiten Kreuzung mit der „Lindenstraße". Dort angekommen, geht es rechts weiter, ehe an einer Wegegabelung mit kleinem Platz, an der ein Bildstock unter zwei schönen Linden steht, die Runde bergab in

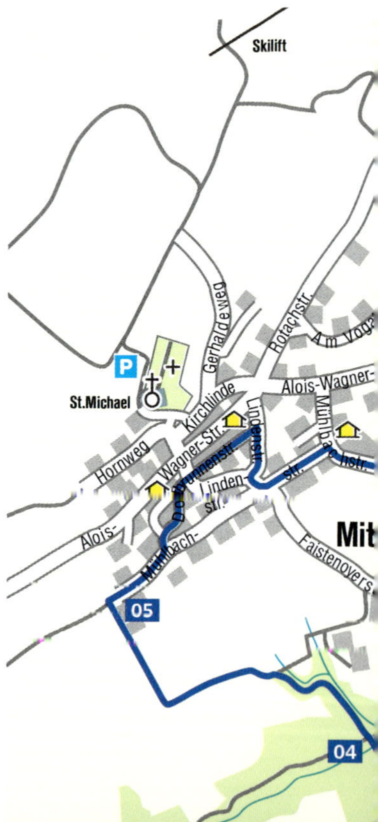

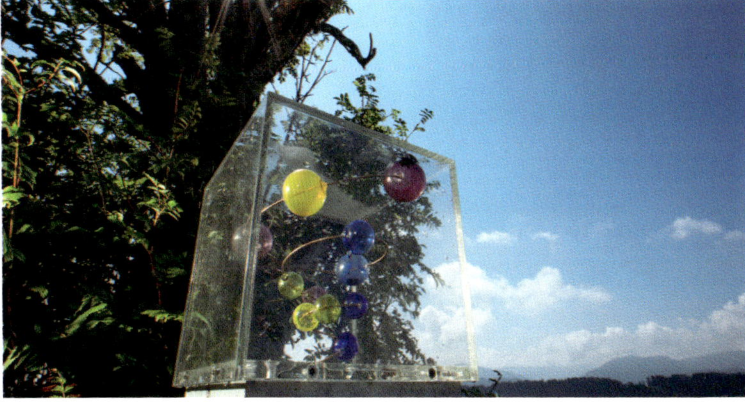

Oy-Mittelberg: Ortswürfel

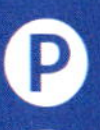
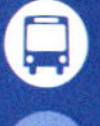

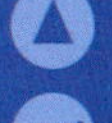
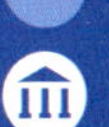

Richtung Faistenoy und Wertach führt. Bei erneutem Erreichen der „Mühlbachstraße" nun wieder links, bis diese sich gabelt und die Tour mit der rechten Variante, vorbei an dem Hotel Mittelburg, aus Mittelberg hinaus- und in offene Wiesen hineinführt. Der Stichweg wenig später zu einem tollen Logenplatz mit Trilogienadeln und perfektem Panorama am folgenden **Abzweig** **06** ist natürlich Pflicht. Zurück zum Abzweig geht es (vom Stichweg aus rechts) links herum leicht absteigend in Richtung Oy durch duftende Bergwiesen. Kurz vor der Straße zwischen Oy und Mittelberg führt die Route rechts über Wiesen weg bis hinunter zur Straße „Sonnenmulde". Die führt zur „Wertacher Straße" und dann geht es links bergauf zum **Ausgangspunkt** **01** am Kurhaus zurück.

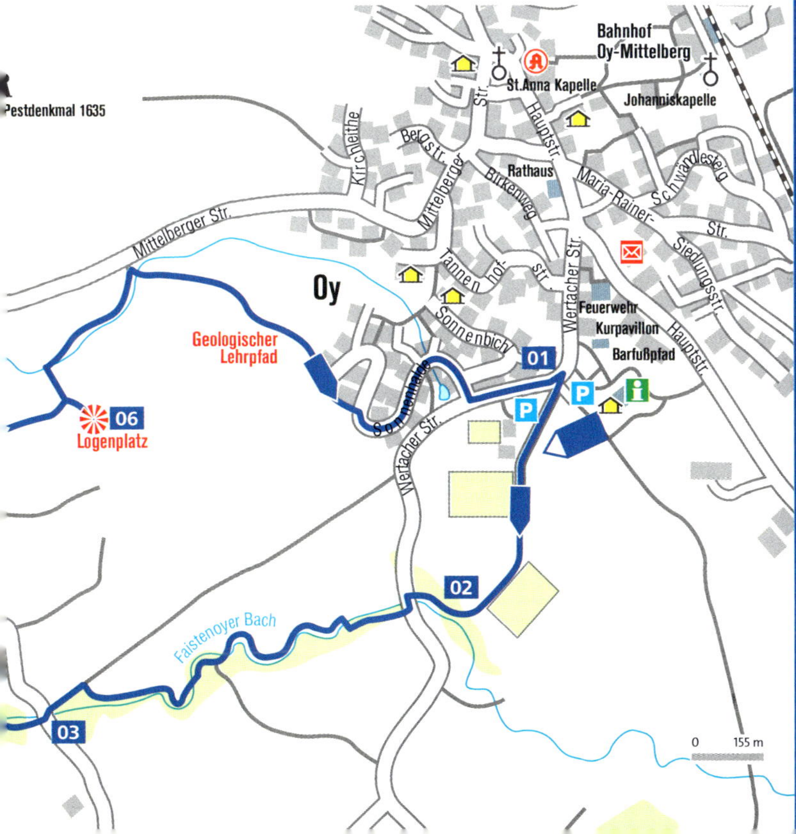

41 FÜNF-SEEN-RUNDE • 900 m

Rundwanderung mit Badegelegenheiten

 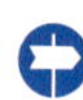 12 km  3:15 h  170 hm  170 hm 1c

START | Seeg, Ortsmitte beim Heimatmuseum, 863 m.
[GPS: UTM Zone 32 x: 620.655 m y: 5.278.809 m]
CHARAKTER | Lange, aber leichte Wanderung ohne besondere Höhendifferenzen.

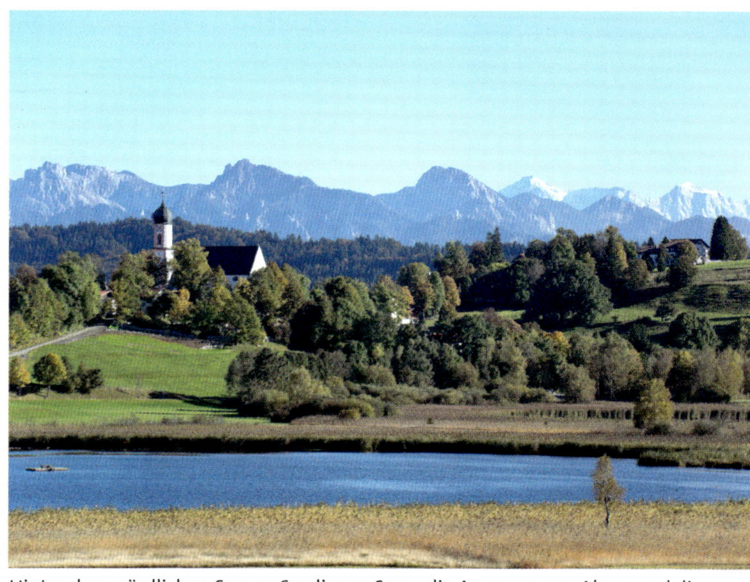

Hinter dem nördlichen Seeger See liegen Seeg, die Ammergauer Alpen und die herbstlich verschneite Zugspitze

Die Wanderung beginnt in **Seeg** 01 am Staudenweg, beim Parkplatz der Erlebnis-Imkerei und des Heimatmuseums. Von ihm auf der Hauptstraße ein wenig hinab, links auf die Nesselwanger Straße einbiegen und gleich hinter dem Heimatmuseum wieder links, um dem Wegweiser nach Seeleuten zu folgen. Auf einem Feldweg geht es schön gemütlich aus Seeg hinaus und anschließend in ein paar Kurven auf einen grünen Hügel mit dem schönen Namen „Aufmberg“. Kurz vor dem höchsten Punkt dreht die Wegspur unter der Stromleitung rechts ab.

Bei einem Wegweiser kann man einen kurzen Abstecher von ein paar Minuten zur Aussichtswarte **Ferdinandshöhe** 02 einlegen, was man sich nicht entgehen lassen sollte, denn die Alpenblicke von dort sind wirklich eindrucksvoll. Anschließend bringt uns der Rundweg aus dem Wald hinaus und über Weidewiesen, dann ohne nennenswerte Höhenunterschiede am Hang entlang.

Kurz vor **Seeleuten** 03 stößt der Rundweg auf eine Asphaltstraße, biegt auf sie rechts ein und führt in den Ort hinein. Hinter dem Hotel Panorama nach links abbiegen und auf einem Asphaltsträßchen gering abfallend nach Südwesten weiter. Unter dem Seehotel Schwalten muss man eine Autostraße schräg nach links queren, dann rechts abbiegen und gleich darauf wieder links, um zum **Schwaltenweiher** 04 hinunterzugehen. Kurz vor dem Weiher nochmal links abbiegen, am Spielplatz vorbei und im Wald nach Süden am Seeufer entlang.

Schließlich dreht der Weg links ab, quert das Schwaltenmoor, und am Waldrand trifft man auf ein Kiessträßchen, dem man nach rechts folgt. Kurz vor Goldhasen an einer Kapelle vorbei und dann nach rechts auf ein Sträßchen. Dieses steigt zum oberen Ortsteil von **Goldhasen** **05** an. Im Ort rechts abbiegen und auf einem Asphaltweg zum Fuß- und Radweg neben der Kreisstraße OAL1 hinaus. Auf ihm nach rechts, am **Allgäuer Hof** **06** mit Parkplatz und Liegewiese vorbei und etwa an der nördlichsten Stelle des Schwaltenweihers nach links auf den nach Luimoos beschilderten Fahrweg einbiegen. Er führt an der Luimoosmühle und der Ortschaft Luimoos vorbei und erreicht die nächste Badegelegenheit am **Luimooser Weiher** **07**. An der Nordseite verlässt man auf einem Feldweg das Ufer und geht bis zur Wegverzweigung kurz vor dem Trollweiher weiter. Bei beiden Abzweigungen rechts halten und über lange freie Wiesen mit schönem Alpenpanorama.

Beim Wegedreieck wieder nach rechts und nach **Seeweiler** **08**. Am Ortseingang rechts abbiegen und am Ortsende zweimal links abbiegen. Neben der Kapelle St. Johannes und Paul gehen wir aus dem Bauerndorf Seeweiler hinaus. Unter dem Kälberbühel bei der Hausnummer 20 verlassen wir den Asphaltweg und gehen auf einem Feldweg in großem Abstand am Nördlichen Seeger See vorbei. Bei einem Heustadel endet der Kiesweg. Anschließend geht es auf einem Wiesenweg über zwei Bachgräben, über eine Wiesenkuppe und zu einem Querweg hinab. Auf diesem nach rechts weiter, auf einer Brücke die Kreisstraße OAL1 queren und zur Kirche von Seeg hinauf, von wo man durch den Ort zum **Ausgangspunkt** **01** zurückgeht.

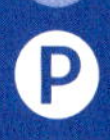

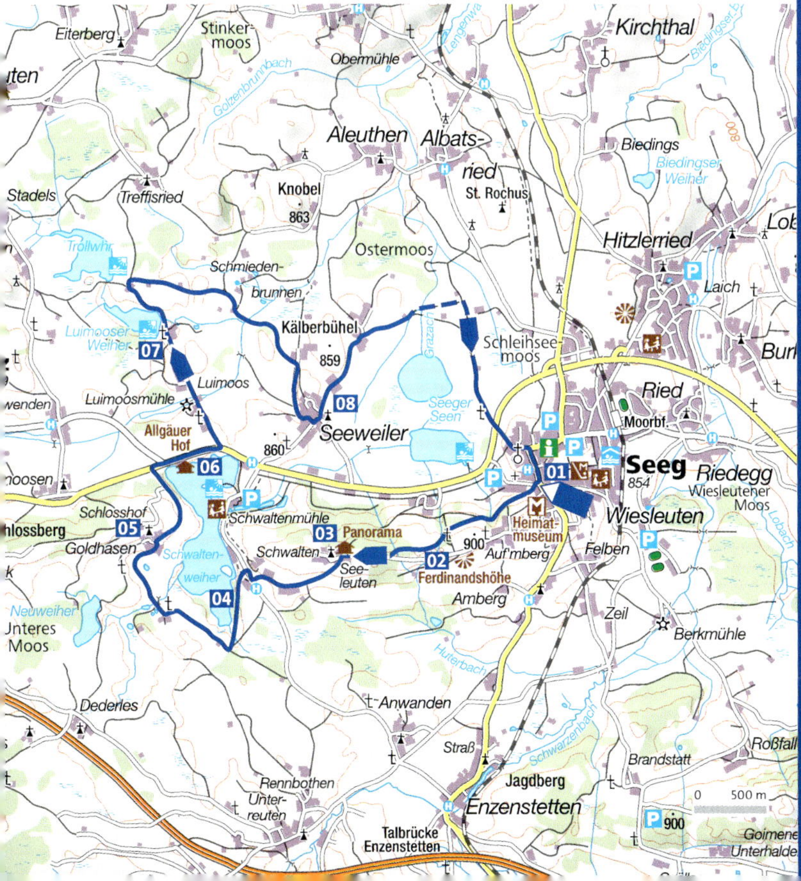

LECHBRUCK – HALBLECH

Zum Fuße des Ammergebirges

 13,6 km 3:30 h 179 hm 75 hm 179

START | Siebenbürgen Straße, Lechufer in Lechbruck.
[GPS: UTM Zone 32 x: 634.925 m y: 5.284.757 m]
CHARAKTER | Unschwere Strecke, bei der Lech und Halblech die Hauptrolle spielen und die Wegedramaturgie vor der spektakulären Kulisse des Ammergebirges auf einladende Weise vorgeben.

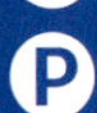

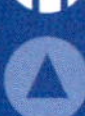

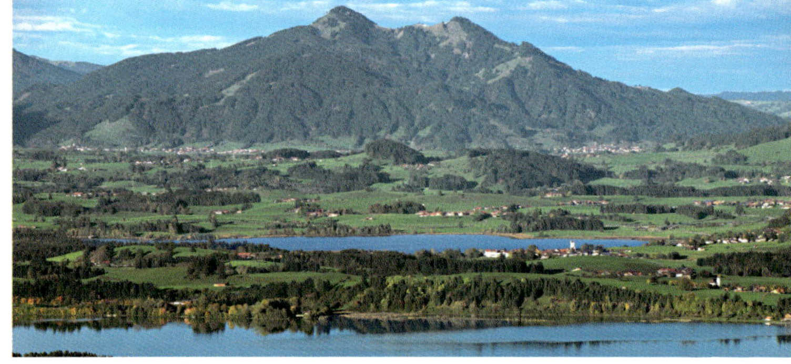

Halblech: Blick auf den Bannwaldsee vom Buchenberg

Vom Lech durch Auwald, vom Lechstausee zum wilden Halblech. An diesem Nebenfluss entlang zum Fuße des Ammergebirges.

▶ Vom **Lechufer 01** der Flößerstadt Lechbruck, das Flößermuseum im Ort ist alleine schon eine Reise wert, geht es rechts ab, flussaufwärts bis zur Brücke über den Lech. Vorbei am hl. Nepomuk, dem Schutzheiligen der Flößer, und dem Flößerdenkmal auf der **Brücke 02**, führt die Route auf der anderen Seite, dem Ortsteil Gründl, an der Haltestelle rechts hinunter ans Lechufer.

Die Passage durch die sehenswerte **Lechaue 03** mit Altwasser, karg bewachsenen Kiesbänken, Schilf- und Moorarealen und orchideenreichem Trockenrasen ist einzigartig. An der Schreblmühle mit der Hochwassersperre geht es kurz über Treppen und eine Brücke, um dann am seeähnlich gestauten Lech bis vor die Staumauer des **Premer Lechsees 04** zu gelangen. Über den alten Flößerort Prem klärt eine Infotafel auf.

Der Weg führt auf die Staumauer und dann am linken Seeufer entlang auf einem Damm, bis von links der Halblech herbeiströmt. Hier ist ein unter Ornithologen und Naturschützern beliebter **Beobachtungspunkt 05**, um die Vielfalt der Wasservögel im Vogelschutzgebiet zu beobachten. Hier gibt es auch das bedeutendste Vorkommen der Deutschen Tamariske. Am Weiler Küchele vorbei quert die Route erst den Premer

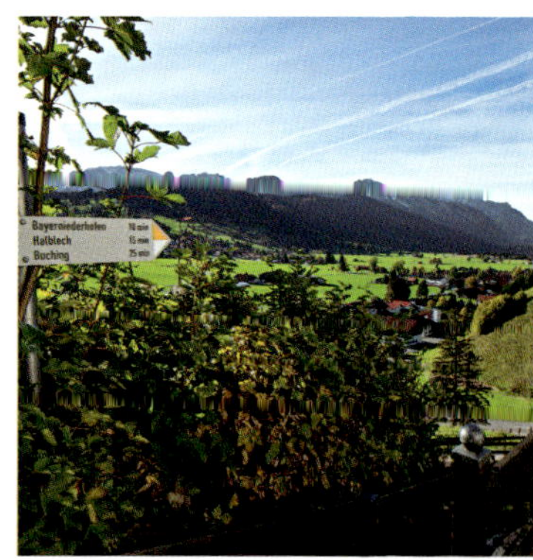

Blick auf Halblech

Mühlbach und dann auf der folgenden Straße, hier rechts ab, den Halblech auf einer rechts abzweigenden Straße über eine Brücke. Kurz später führt ein Sträßchen links ab, vorbei am Weiler Häringen über einen Bergsattel mit sehenswertem Bildstock und atemberaubendem Gebirgspanorama erst in das Dörfchen Ostern und dann durch die Talaue auf einem links abzweigenden Wald- und Feldweg am Waldrand entlang. An der folgenden Kreuzung geht es links ab und dann bis zum Routenende an dem teils ungezähmten, wild über Gesteinsterrassen rauschenden **Halblech 06**. Vorbei an der Eingangsstele, eine Zufahrtsstraße nach Halblech querend und unter der B17 hindurch, erreicht der Weg den **Start- und Willkommensplatz 07** am Kenzenparkplatz.

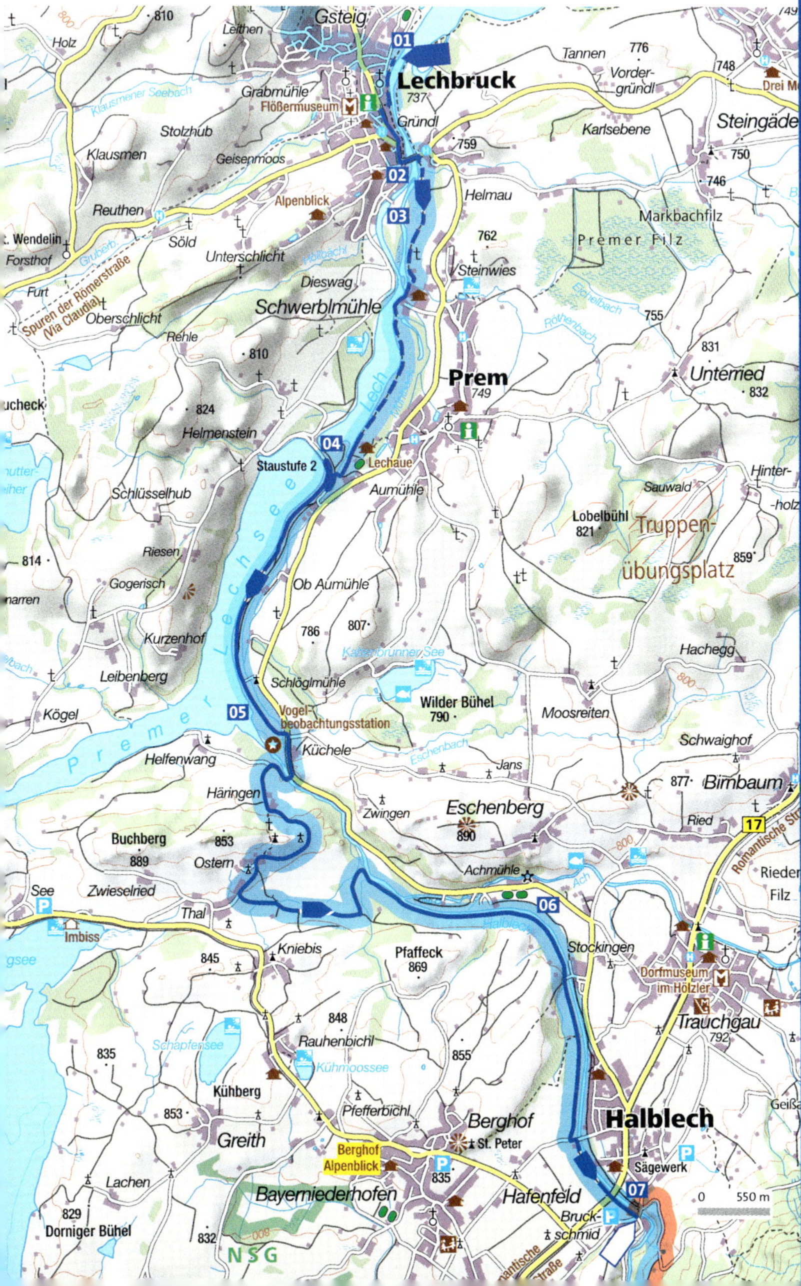

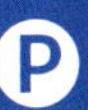

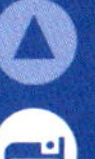
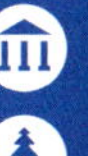

RUNDGANG HALBLECH

Tolle Rundtour mit Alpenpanorama

  6,3 km  1:45 h  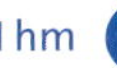 61 hm 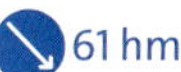 61 hm  4

START | Kenzenparkplatz, Halblech.
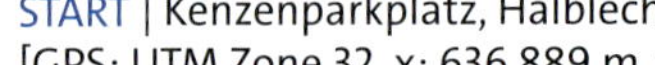
[GPS: UTM Zone 32 x: 636.889 m y: 5.276.296 m]
CHARAKTER | Viel Panorama. Mal auf die blaue Mauer des Ammergebirges, mal auf den Hügelteppich des Alpenvorlandes. Tolle Natur und spannende Geschichte.

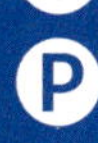
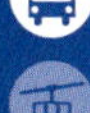

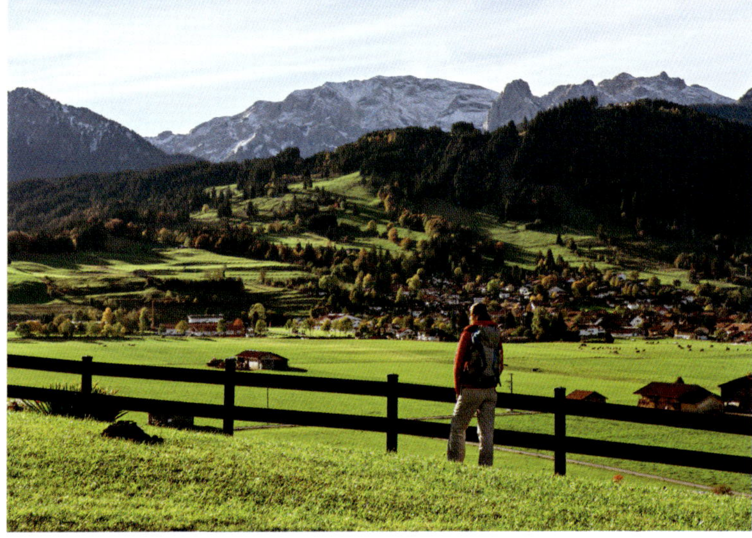
Halblech: Blick auf Halblech von der Kapelle St. Peter

Tolle Rundtour mit Alpenpanorama, geheimnisvollen Quellen, der prächtigen Kapelle St. Peter und dem Gang durch zwei Dörfer.

Los geht's am **Start- und Willkommensplatz** am Ufer des **Halblech** **01**. Flussabwärts auf dem linken Uferdamm führt der Weg bis zu einer Weggabelung, an der die Eingangsstele von **Halblech** **02** mit einer gemütlichen Trilogiebank steht. Der Rundgang zweigt hier links durch die Halblechaue ab und führt über die eindrucksvolle Geländerippe der Petershalden zur Pestkapelle St. Peter. Dabei quert der als Pfarrer-Mayer-Weg ausgewiesene Naturpfad eines der ökologisch wertvollsten Quellgebiete Bayerns. Vorbei an zwei Gedenkstätten, die dem 2003 am Geiselstein tödlich verunglückten Pfarrer Mayer gewidmet sind, sowie einer der von Wollgras umgebenen **Kalktuffquellen** **03** erreicht die Runde vor dem Weiler Berghof die erstmals 1429 erwähnte **Pestkapelle St. Peter** **04**. Es geht um die Kapelle herum zur Panoramatafel mit tollem Blick auf die Ammergauer Alpen.

Über Treppenstufen geht es hinab zur Landstraße, dann erst links und später rechts ab durch den „Hafenfeldweg" in das Dorf Bayerniederhofen, das zu Halblech gehört, hinein. Die Route stößt auf den „Schulweg", es geht rechts und dann links in die „Kirchstraße", die an der schönen **Pfarrkirche St. Michael** **05** vorbeiführt. Rasch verlässt der Rundgang Bayerniederhofen wieder. Die Route folgt dem Straßenverlauf und erreicht über die „Forggenseestraße" den Halblecher Ortsteil Buching. Weiter dem Straßenverlauf folgend geht es vorbei an der 1657 erbauten Dreifaltigkeitskapelle, bis die Hauptstraße („Romantische bzw. Füssener Straße") erreicht und geradeaus in die „Bergstraße" gequert wird. Rechts vor der Tourist-Information stehen die drei **Trilogienadeln** **06**, die interessante Fakten zur Entstehung und Wirtschaftsgeschichte der Gemeinde Halblech sowie den archäologischen Grabungen und keltischen Funden vermitteln. Weiter geht es bergan, bis links der **„Mühlweg"** **07** abzweigt.

Der Weg folgt dem „Mühlweg", lange Zeit am Wald- und Bergrand entlang, aus Buching heraus. Über offenes Wiesengelände geht es zunächst im rechten Winkel nach links und dann kurz vor der Bundesstraße wieder rechts ab auf Asphaltstraße (**Abzweig** **08**) zurück zum **Start- und Willkommensplatz** am **Halblech** **01** und damit dem Ende des Rundgangs.

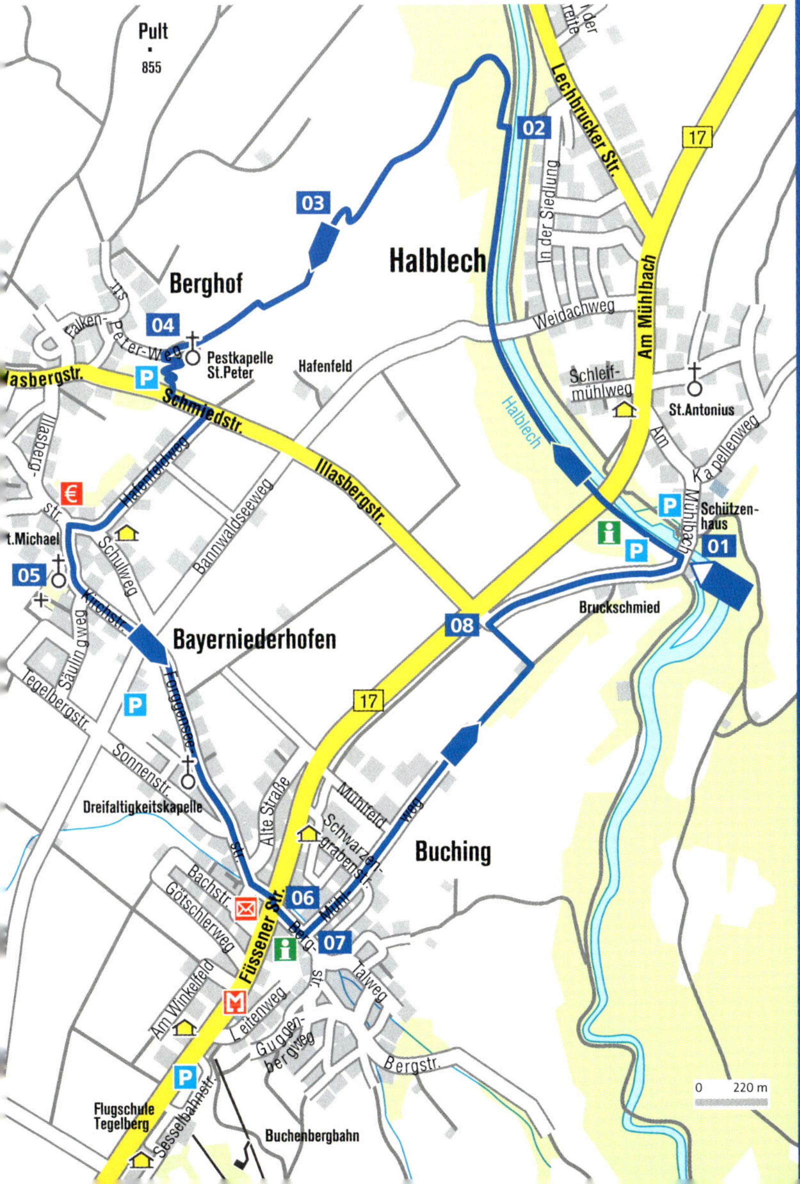

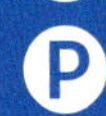

HOCHPLATTENRUNDE

Durch das stille Ammergebirge

 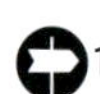 11,3 km  5:45 h 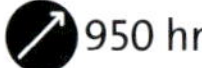 950 hm 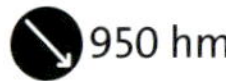 950 hm 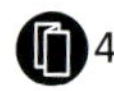 4

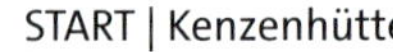

START | Kenzenhütte.
[GPS: UTM Zone 32 x: 639.715 m y: 5.269.805 m]
CHARAKTER | Eine Paradetour über die Höhen des Ammergebirges. Bergeinsamkeit, Begegnungen mit Gämsen, Gipfelglück und alpines Bergwandern.

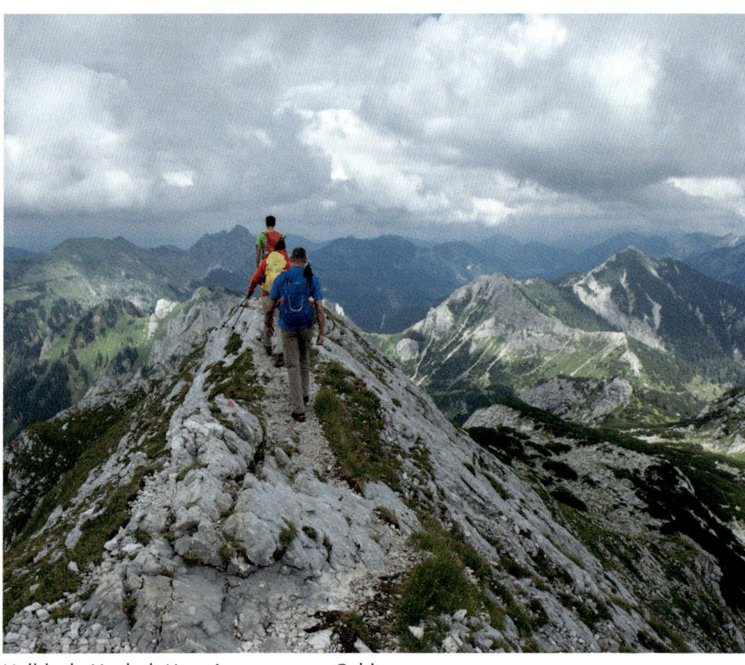

Halblech, Hochplatte – Ammergauer Gebirge

Eine herausfordernde und herausragende Runde durch das stille Ammergebirge. Gipfelsiege und Wahnsinnsblicke inbegriffen.

Diese Hochgebirgsrunde hat alpinen Charakter. An der Eingangsstele von Halblech vor der **Kenzenhütte 01** geht es mit der Wegweisung Hochplatte los. Erst Waldweg, dann Almweg, dann paradiesisches Bergwiesengelände mit Latschenkieferbesatz folgt der Pfad stets der Wegweisung Hochplatte – dann nimmt die Runde alpine Fahrt auf. Dem folgenden Wegeabzweig nach rechts folgen, dann aus einem Kessel mit schönen Bergwiesen stetig bergauf steigen. Kurz folgt der Weg einem Bachlauf. Die folgende **unmarkierte Abzweigung 02** nach rechts (geradeaus kann man den Südhang der Hochplatte umgehen) gehen. Der Aufstieg wird nun steiler und erreicht einen ersten Bergsattel, wo sich der **Weg gabelt 03**. Bitte die Beschilderung nach rechts beachten und den teils verblassten roten Punkten über Stock und Stein vertrauen.

Der Steig führt steil aufwärts durch eine kompakte Latschenkieferpassage und später an einer Gedenktafel für einen verunglückten Adam Eicher vor-

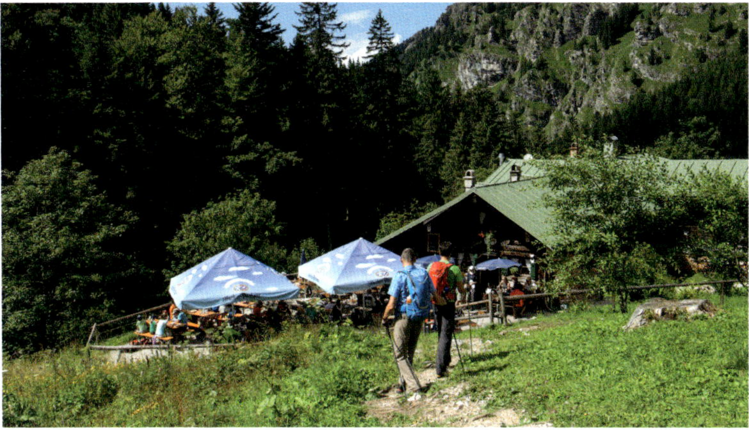

Halblech: Kenzenhütte

bei. Wenn die Latschenkieferregion gemeistert ist, teils über schroffe Felskarren und -schrammen, führt ein Pfad auf schmalem Grat, teils seilgesichert, weiter aufwärts. Über eine ganze Kette von kleineren Nebengipfeln erreicht die Runde schließlich den 2082 m hohen Hochgratgipfel samt **Gipfelkreuz 04** und gesegnetem Panorama. Nun geht es steil bergab über teils längere seilgesicherte Passagen, die auch den Einsatz der Hände erfordern. Hier ist absolute Schwindelfreiheit gefordert!

Am **Abzweig „Fensterl" 05**, nomen est omen, geht es geradeaus weiter Richtung Krähe und Gabelschrofensattel. Bergwiesen und weniger Fels begleiten den Aufstieg zum Gipfelkreuz der **Krähe 06**. Der Blick hinunter ist schon alleine wegen der gut 400 m jählings abfallenden Ostseite des Berges abenteuerlich. Von hier geht es steil hinunter zum **Gabelschrofensattel 07**, Händeeinsatz nicht ausgeschlossen. Nach rechts geht es durch steiles Terrain hinunter zum **Gumpenkar 08** und dann durch ein Felssturzgelände mit anschließendem Aufstieg zum **Kenzensattel 09**.

Von dort folgt ein steiler und sehr gerölliger Abstieg zum Oberlauf des **Kenzenbaches 10**. Nach dem Steg links ab, oberhalb des Wasserfalles bis zu einem breiten Wald- und Almweg und von dort links ab zur **Kenzenhütte 01** zurück.

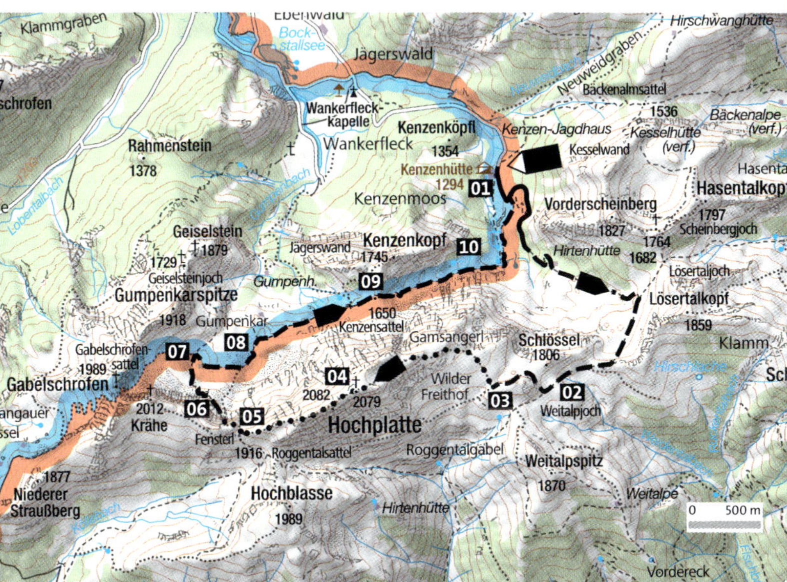

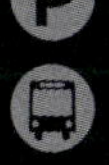
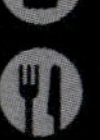
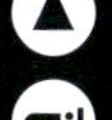
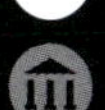
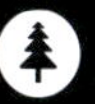
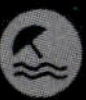

FORGGENSEE – ROSSHAUPTEN • 894 m

Auf dem Drachenweg

 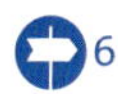 6 km 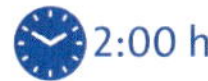 2:00 h 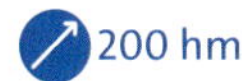 200 hm 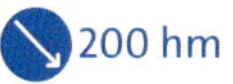 200 hm  4

START | Bushaltestelle Campingplatz bei Roßhaupten, 808 m. [GPS: UTM Zone 32 x: 629.865 m y: 5.278.054 m]
CHARAKTER | Grundsätzlich einfache und kurze Rundwanderung. Der Abstieg in die sogenannte Drachenschlucht ist ziemlich steil und bei Nässe rutschig.

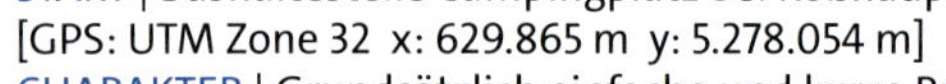

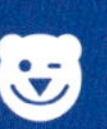

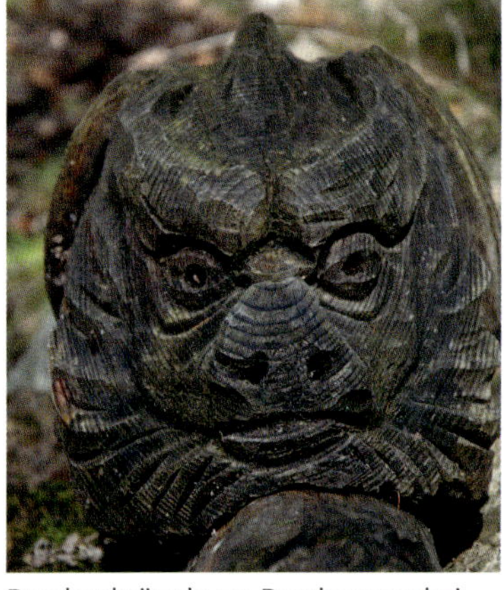

Drachenbrünnle am Drachenweg bei Roßhaupten

Kurzweilige, nicht besonders lange Rundwanderung mit Badegelegenheit im Forggensee.

▶ Bei der **Bushaltestelle Campingplatz Roßhaupten** 01 gibt es einen Parkplatz. Von dort geht es ein wenig kompliziert los. Wir gehen auf einem Fahrweg unter der Straßenbrücke durch, drehen unmittelbar hinter ihr rechts ab, um auf einer Treppe zur Tiefentalbrücke aufzusteigen. Dann rechts herum auf einem Gehweg über die Brücke und anschließend nach rechts auf den Roßhauptener Drachenweg einbiegen. Alles klar?

Dann steigen wir auf einem Treppenweg ab, biegen nach links in den Wald ein und kommen zum Bachgraben hinunter. Schließlich erreichen wir das Ufer des Forggensees, der im Winter fast leer ist. Bald darauf kommen wir zum **Badeplatz** 02, hinter dem wir auf einen breiten Kiesweg stoßen. Auf ihm nach links hinauf, aber schon nach rund 100 Meter beim Wegweiser nach rechts in Richtung Roßhaupten weitergehen. Wir bleiben nun auf dem Uferweg, halten uns beim Zaun links und erreichen **Mangmühle** 03 (Fischzucht). Unmittelbar vor dem Gebäude biegt man links ab und folgt auf dem Mangmühlenweg Fischteichen entlang in Richtung Roßhaupten.

Hinter der Trinkwasserfassung die Bundesstraße 16 unterqueren, an einer kleinen Kapelle vorbei und nach **Roßhaupten** 04 hinein. Im Ort nach rechts auf die Füssener Straße, die Hauptstraße hinter der Andreaskirche schräg nach links verlassen und der Seegerstraße bis zur Hausnummer 15 folgen. Dort schräg links in die Kobusstraße einbiegen.

Am folgenden Waldrand zweigt nach rechts ein Fahrweg ab, und gleich dahinter steigt an beschilderter Stelle ein **Kreuzweg** 05 an. Auf ihm steil zur Kapelle Maria Steinach und auf den **Kalvarienberg** 06 hinauf. Bei der Kreuzigungsgruppe wird der höchste Punkt der Rundwanderung erreicht.

Nach kurzem Abstieg steigt ein Pfad zum freien **Schlossblick** 07 an, wo es einen schönen, sonnigen und aussichtsreichen Rastplatz gibt. Der Weiterweg fällt kurz auf einem Waldrücken nach Osten ab, dann nach rechts und über einen Wiesenhang zu einem Fahrweg. Auf ihm nur ein paar Meter nach links, dann wieder rechts abbiegen und dem Wegweiser folgend in den Wald hinab, wo man wieder auf ein Sträßchen trifft. Man folgt ihm geradeaus zum Drachenbrünnle.

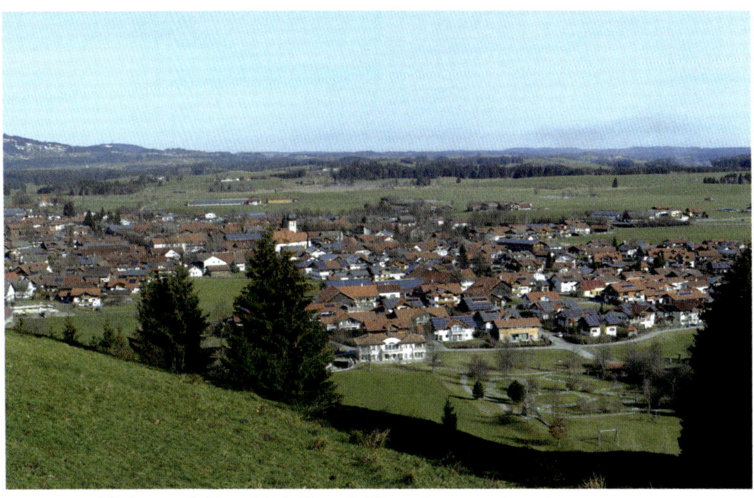

Panoramablick vom Schlossblick über Roßhaupten zum Auerberg

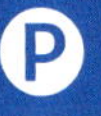

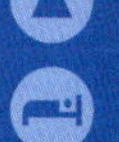

Die anspruchsvolle Variante des Rundwegs zweigt an beschilderter Stelle rechts ab und fällt steil durch den Wald ins Tiefental ab (das jetzt **Drachenschlucht** 08 genannt wird). Wir gehen nun durch den Bachgraben weiter, folgen dem Weg dann steil hinauf und kommen bei der Tiefentalkapelle wieder zur Bundesstraße. Neben ihr queren wir den Graben auf der Tiefentalbrücke und erreichen wieder den **Ausgangspunkt** 01.

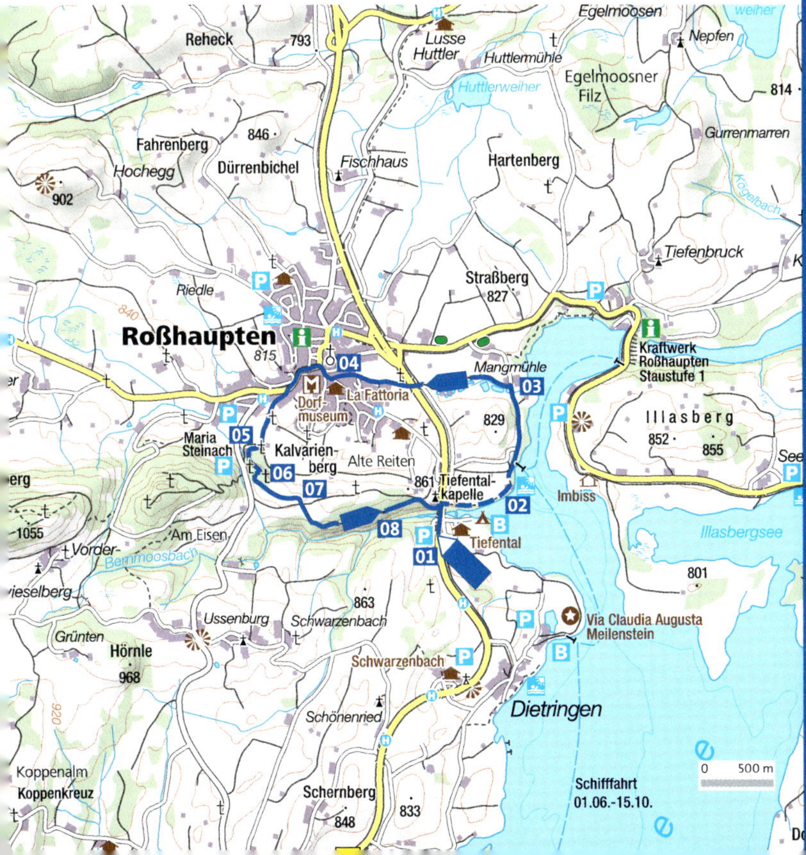

HOPFENSEE • 784 m

Gemütlich unterwegs auf dem Hopfensee-Rundweg

  6,8 km  1:30 h  10 hm  10 hm 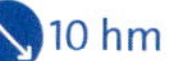  4

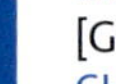
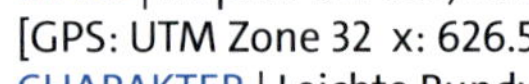
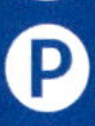

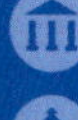

START | Hopfen am See, 784 m.
[GPS: UTM Zone 32 x: 626.557 m y: 5.273.612 m]
CHARAKTER | Leichte Rundwanderung.

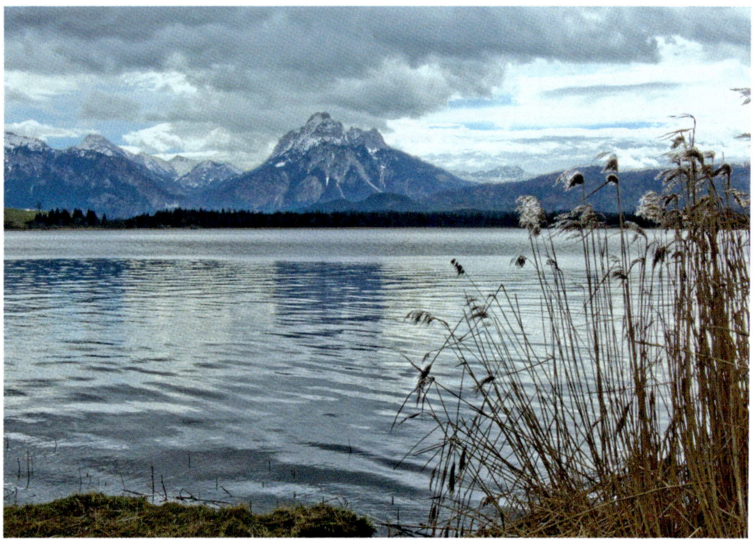

Blick über den Hopfensee zum Säuling

Gerade mal 10 Meter tief ist der Hopfensee, der in der großartigen Voralpenlandschaft des Ostallgäus ein besonderes Kleinod darstellt. Das haben auch Touristen zur Kenntnis genommen und deshalb reihen sich am Nordufer des schmucken Sees – dort wo sich hinter dem frischen Wasser die scharf geschnittene Kette der Tannheimer Berge am schönsten zeigt – Gasthäuser, Hotels und Ferienwohnungen dicht aneinander. Die touristischen Einrichtungen konzentrieren sich jedoch auf diese Seite, und der Rest des Seebereichs ist weitgehend unberührt geblieben. Ein ideales Revier also für Spaziergänger, Wanderer, Nordic-Walker und Jogger. Radfahren ist am Ost- und Südufer des Sees leider nicht erlaubt, auch wenn die schönen Wege geradezu zum Biken einladen.

Burgruine Hopfen

Am Westende der Hügelkette nördlich von Hopfen wurde in den vergangenen Jahren der komplette Grundriss einer Burg aus dem 12. Jahrhundert inklusive Turmhaus, Kapelle, Ringmauer und Wirtschaftstrakt freigelegt. Es könnte sich hierbei um die älteste Steinburg des Allgäus handeln. In einer zwanzigminütigen Wanderung kann man einen kleinen Abstecher dorthin machen, sich über die Geschichte der alten Burg informieren und ein großartiges Alpenpanorama bewundern.

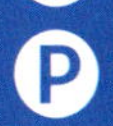

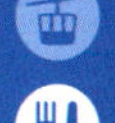

▶ Vom **Parkplatz** 01 auf der Seepromenade nach Süden, am Kinderspielplatz und am Campingplatz vorbei und durch ein prächtiges Ried weiter.

Bei der zweiten Abzweigung nach rechts, auf einem Steg über die Ach und bald in den Wald hinein, der immer wieder schöne Seeblicke freigibt. Kurz bevor der breite Wanderweg aus dem Wald austritt, steht ein kleiner Unterstand und bald darauf kommt man zu einer Verzweigung. Dort geradeaus weiter, am **Parkplatz** bei **Riederwies** 02 nach rechts und neben der Bahnstrecke nach Norden. Im weiteren Verlauf erst nach rechts und kurz vor dem Ufer nach links und in einem Bogen erst nach Norden, dann nach Osten am Seeufer entlang weiter.

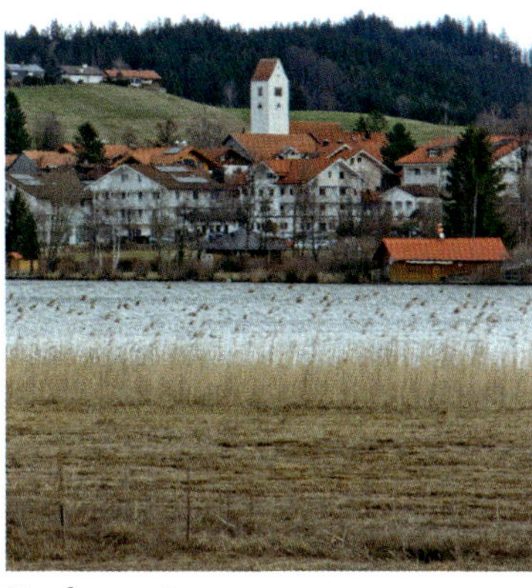

Hopfen am See

Anschließend muss man scharf nach links abdrehen, auf einem Steg die Hopfensee-Achen überqueren und nach einer schwungvollen Wegführung ein zweites Mal über ein Bächlein. Beim **Minigolfplatz** 03 verläuft die Promenade ein wenig im Zickzack zur Autostraße hinaus. Von dort könnte man einen Abstecher zur Burgruine Hopfen (siehe Tipp) hinauf unternehmen. Ansonsten geht man neben der Straße durch den Ort zum **Ausgangspunkt** 01 zurück.

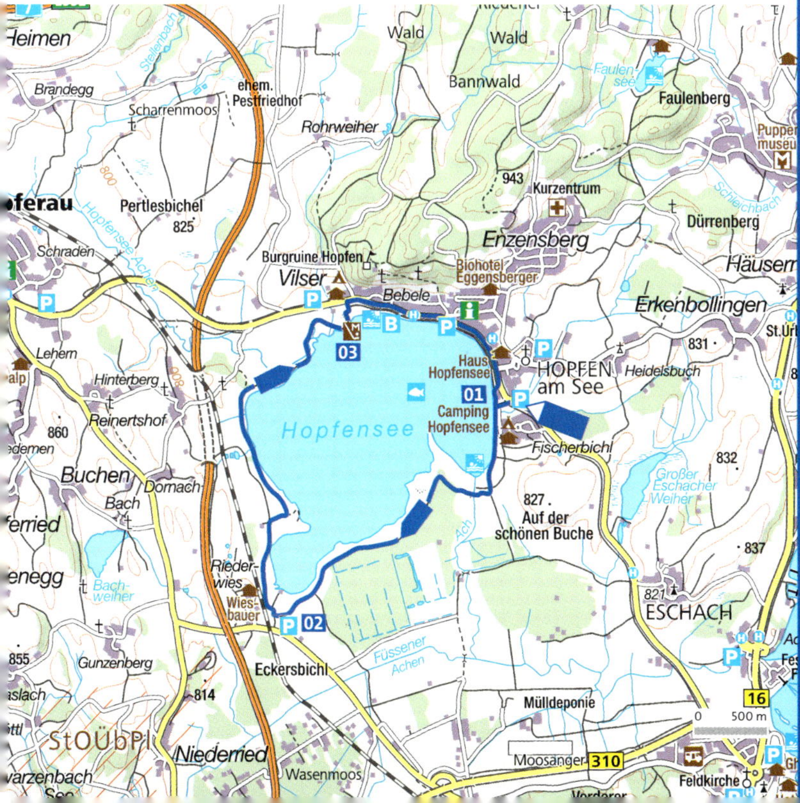

SCHLOSSBERG • 1044 m UND DRACHENKÖPFLE • 1002 m

Zu den Burgruinen Hohen-Freyberg und Eisenberg

 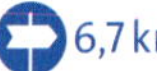 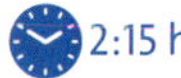 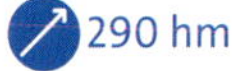  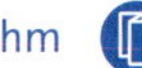

6,7 km | 2:15 h | 290 hm | 290 hm | 4

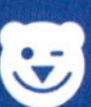
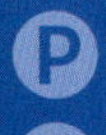

START | Schwarzenbach, 872 m.
[GPS: UTM Zone 32 x: 619.236 m y: 5.275.745 m]
CHARAKTER | Noch leichte Rundwanderung, die allerdings beim Aufstieg etwas Orientierungsgabe verlangt, weil die Route nicht durchgehend beschildert ist.

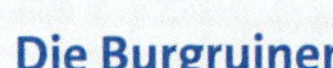

Die Burgruinen

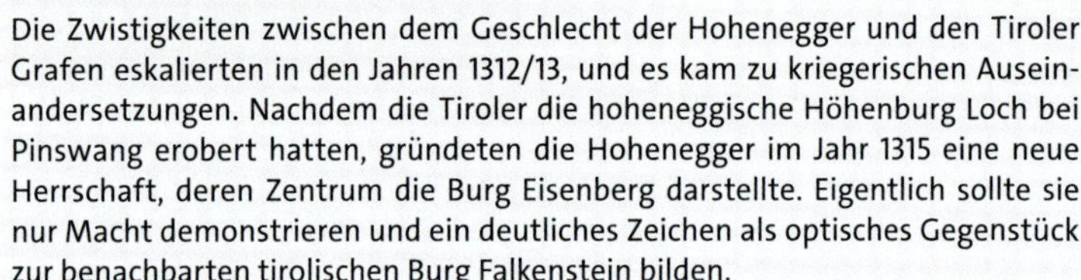

Die Zwistigkeiten zwischen dem Geschlecht der Hohenegger und den Tiroler Grafen eskalierten in den Jahren 1312/13, und es kam zu kriegerischen Auseinandersetzungen. Nachdem die Tiroler die hoheneggische Höhenburg Loch bei Pinswang erobert hatten, gründeten die Hohenegger im Jahr 1315 eine neue Herrschaft, deren Zentrum die Burg Eisenberg darstellte. Eigentlich sollte sie nur Macht demonstrieren und ein deutliches Zeichen als optisches Gegenstück zur benachbarten tirolischen Burg Falkenstein bilden.

Hohen-Freyberg ist eine der letzten Burgbauten des deutschen Mittelalters. Sie wurde von 1418 bis 1432 in der Art einer staufischen Höhenburg gebaut, um trotz des Niedergangs der ritterlichen Zeiten nochmals ein deutliches Machtzeichen zu setzen. Sie gehört zu den größten Burgen Bayerns.

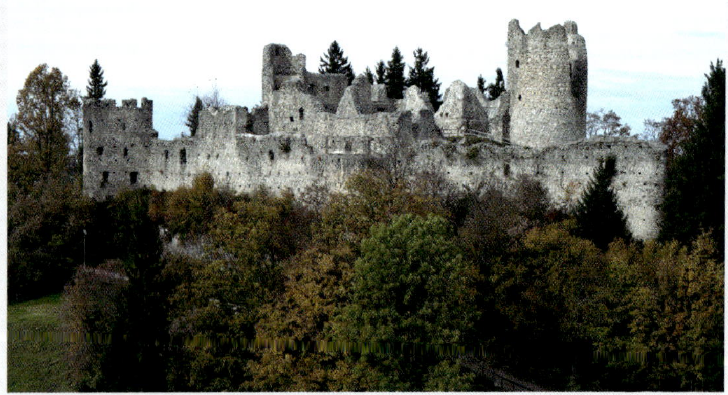

Ausblick von der Burgruine Eisenberg zur Burgruine Hohen-Freyberg

Der Schlossberg wird meistens von Zell aus bestiegen. Diese Route ist relativ kurz und nicht schwierig. Manche fahren sogar mit dem Auto bis zur Schlossbergalm hinauf, dann ist es zu den Burgruinen nur noch ein Katzensprung.

Wir starten in Schwarzenbach, auf der Nordseite des Schlossbergs, und sind auf langen Etappen allein unterwegs.

▶ Direkt bei der **St.-Koloman-Kapelle** in **Schwarzenbach** **01** beginnt die Wanderung. Zuerst geht es auf einem Sträßchen nach Süden hinauf, aus dem Ort hinaus und bei der folgenden Verzweigung auf dem linken Weg weiter. Der Asphaltweg fällt ein wenig ab, bis er sich hinter einer Linkskurve nach einem Bächlein verzweigt. Wir biegen rechts ab, und am Rand einer Wiese endet der gekieste Fahrweg. Auf einer grünen Schlepperspur muss man nun über einen weiten Wiesenhang zum Waldrand hinauf gehen. Im Wald trifft man wieder auf einen deutlichen Weg, der rechts abdreht und gegen Westen ansteigt.

Am oberen Waldrand über die nächste Wiese hinüber und auf einem Feldweg weiter. Auf der Höhe von etwa 920 Meter steht auf der linken Seite der Fahrspur ein großer **Stadel** 02. Dort links abbiegen und über den Wiesenhang zum Waldrand hinauf. Anschließend im Wald auf deutlicher Schlepperspur weiter, bei der Verzweigung rechts und auf ein Kiessträßchen, dem man geradeaus folgt.

Nach ziemlich steilem Aufstieg zu einem nicht minder steilen Asphaltweg, auf dem man im Wesentlichen in der gleichen Richtung weiter aufsteigt, bis sich dieser auf der Scheitelstrecke eines Bergrückens verzweigt. Dort rechts halten und zur **Ruine Hohen-Freyberg** 03 hinauf. Von der Burgruine auf gleichem Weg zurück, dann aber nicht nach links zum Aufstiegsweg abbiegen, sondern geradeaus zur Ruine der **Burg Eisenberg** 04.

Von ihr auf dem gleichen Weg zurück, und schon nach wenigen Minuten beim Wegweiser zur Schlossbergalm rechts abbiegen. Auf breitem Weg zu einer Asphaltstraße hinunter, und auf diese rechts einbiegen, bis man sogleich die Wirtschaft **Schlossbergalm** 05 erreicht. Gleich hinter dem Wirtshaus biegt man links ab, folgt dem Wegweiser zum Drachenköpfle und erreicht ein Kreuzungssystem. Dort schräg rechts hinauf und auf breiten Rückewegen bis zum Gipfelkreuz und dem Rastplatz auf dem **Drachenköpfle** 06.

Vom Drachenköpfle zur ersten Verzweigung zurück, wo man sich rechts hält, um den Wegweisern nach Lieben zu folgen. Auf der Fahrspur durch einen Linksbogen und dann scharf nach rechts auf einen relativ steilen **Wanderweg** 07 einbiegen, der weiter unten auf eine Forststraße trifft. Auf sie rechts einbiegen und auf ihr bis in die Ortschaft **Lieben** 08 hinaus. In Lieben zweimal links abbiegen und auf einer schmalen Asphaltstraße zum Ausgangspunkt in **Schwarzenbach** 01 zurück.

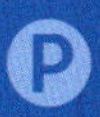

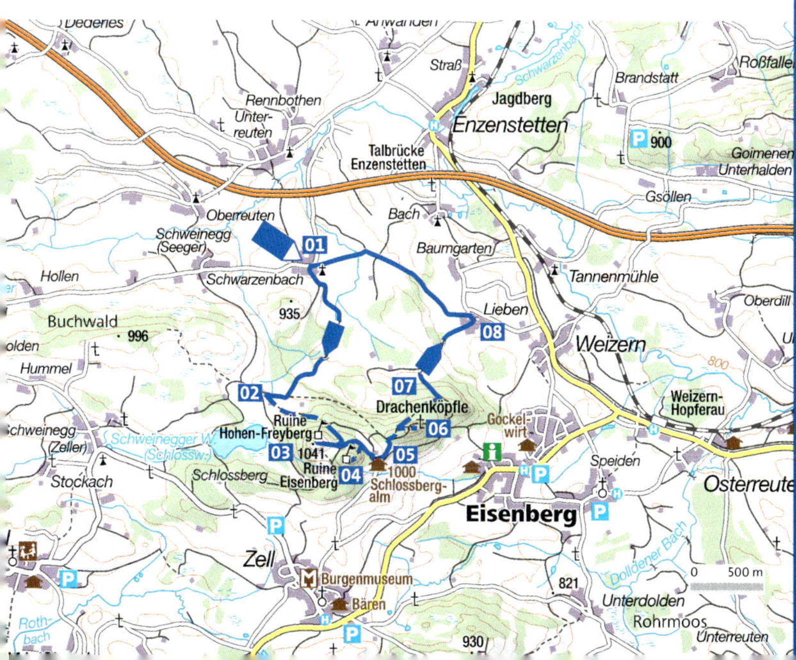

ALPSPITZ • 1575 m UND EDELSBERG • 1630 m

Durch die Höllschlucht

 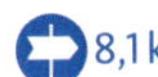 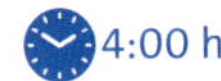 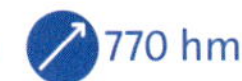 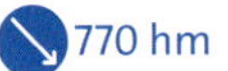 

START | Kappel, Parkplatz beim Waldseilgarten Höllschlucht, 920 m.
[GPS: UTM Zone 32 x: 615.057 m y: 5.273.501 m]
CHARAKTER | Leichte Bergtour auf guten, streckenweise steilen Steigen.

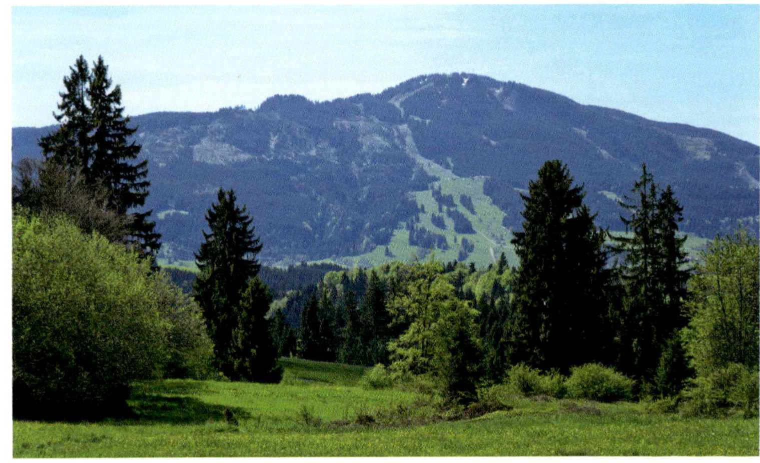

Ausblick zum Edelsberg

Alpspitz und Edelsberg zählen zu den großartigsten Aussichtswarten des Ostallgäus. Und weil sich das längst herumgesprochen hat, geht es auf den beiden kleinen Gipfeln bisweilen zu wie auf dem Rummelplatz. Die Alpspitzbahn, die nahe an die beiden Bergziele heranführt, tut ein Übriges dazu. Wer also alleine sein will, muss früh am Morgen aufbrechen, mindestens um 6 Uhr, dann ist er mit großer Wahrscheinlichkeit allein auf den beiden Gipfeln. Aber nichts ist sicher.

Rund um die beiden Gipfel gibt es übrigens sehr beliebte Mountainbikerouten. Wer stramme Waden hat, kann's ja mal versuchen.

▶ Vom **Ausgangspunkt** 01 geht man zuerst einmal auf breiter Fahrstraße in Richtung Kappeler Alpe hinauf. In der ersten scharfen Linkskehre der Straße geradeaus weiter und neben dem Steinbach auf einem Rückeweg dahin. Auf etwa 1015 Meter Höhe auf einem Holzsteg über den Bach und auf schmalem Steig in die Höllschlucht hinein. Neben dem Bach durch die von senkrechten Felswänden eingesäumte Klamm hinauf. Der Wildbach schäumt um bizarre Sturzblöcke und tost ungezähmt ins Tal. Der krönende Abschluss dieses Naturschauspiels ist ein gewaltiger Wasserfall, der in faszinierenden Kaskaden über eine Felswand hinabstürzt. Dort dreht der Steig nach rechts ab.

Begleitet vom Wasserrauschen, das mit zunehmender Höhe verblasst, geht es steil aus der Schlucht hinaus und auf eine bewaldete Gratrippe. Über sie auf einem Wurzelweg hinauf und am Waldrand auf eine große Wiese. Auf dem bei Nässe rutschigen Lehmweg zur **Kappeler Alpe** 02 weiter. Hinter der Bergwirtschaft auf dem Mountainbikeweg gegen Westen gering ansteigend zu einer breiten Straße. Auf ihr in der gleichen Richtung weiter und in den **Alpspitzsat-**

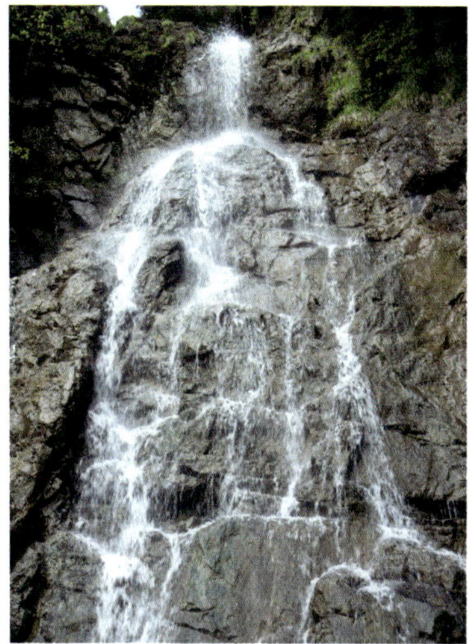

Wanderung auf Alpspitz und Edelsberg – Wasserfall in der Höllschlucht

tel 03 (Seilbahn-Bergstation). Von dort auf breitem Fahrweg nach Südwesten weiter und zu einem Bachgraben, wo die Straße nach links abdreht. Dort nach rechts und der Markierung neben dem meist trockenen Graben nach Nordwesten folgen, bis kurz vor einer kleinen Hütte bei einem Gratsattel die Route nach rechts abdreht und steil und ein wenig felsig, aber leicht begehbar zum Gipfel des **Alpspitz 04** ansteigt.

Vom ersten Gipfel gegen Südosten über den Grat weiter und nach rechts abdrehend auf weite Wiesenhänge, über die ein breiter Weg zur Fahrstraße abfällt. Auf ihr gegen Süden weiter, die Mountainbikeroute an beschilderter Stelle nach rechts verlassen und durch lichten Wald auf einem ausgewaschenen Bergweg zum **Edelsberg 05** hinauf.

Vom Edelsberg entlang der Aufstiegsroute zur Kappeler Alpe hinab. Unter der Wirtschaft, kurz bevor der Weg in den Wald eintaucht, zweigt auf der Höhe von 1290 Meter der Wiesenweg ab. Auf ihm nach links weiter, durch Wald und weite Lichtungen steil gegen Osten hinab, zuletzt auf einem Viehweg zu einem Sträßchen. Auf ihm nach rechts und schon ist der **Ausgangspunkt 01** wieder erreicht.

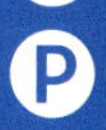

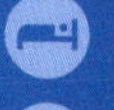

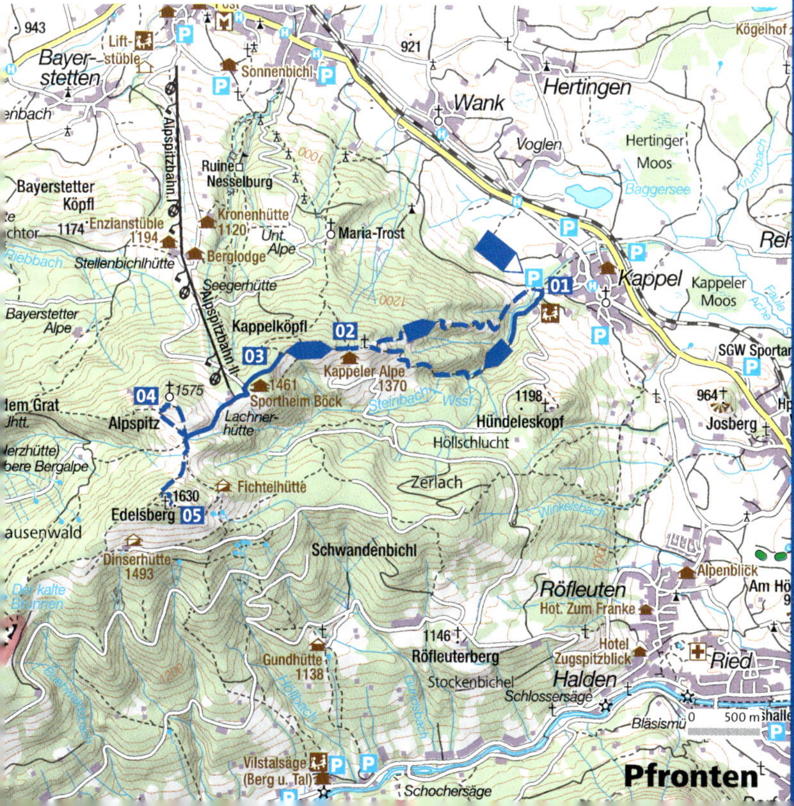

AGGENSTEIN • 1985 m UND BREITENBERG • 1838 m

Naturerlebnis wildes Monbachtal

  11,25 km 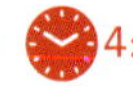 4:45 h  1342 hm  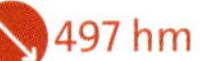 497 hm  4

START | Parkplatz an der Talstation der Breitenbergbahn, Pfronten, Tiroler Straße.
[GPS: UTM Zone 32 x: 618.492 m y: 5.269.151 m]
CHARAKTER | Schmale, steinige und teils steilere Bergpfade in der Reichenbachklamm, die Anstiege zur Kissinger Hütte über den Bösen Tritt und zum Aggensteingipfel sind teils drahtseilversichert und sehr felsig, mit steilen, „dunkelroten" Stellen.

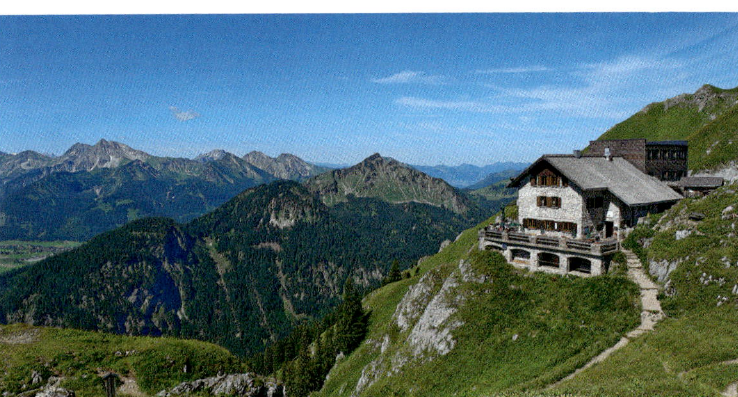

Die schön und aussichtsreich gelegene Bad-Kissinger-Hütte

Eine interessante Klammwanderung, ein aussichtsreicher und spannender Hüttenanstieg, zwei tolle Panoramagipfel und die Gewissheit, sich den Abstieg bequem gestalten zu können – das macht diese lange Tour zu einem großen Erlebnis.

▶ Wir starten an der **Talstation** der **Breitenbergbahn** 01 in Pfronten, gehen über eine Wiese zu einem Forstweg und entlang der Gondel zu einem Asphaltsträßchen. Kurz nach Unterqueren der Seilbahn folgen wir der Markierung „Reichenbachklamm" rechts in den Wald hinein. Der Asphalt endet, wir verlassen den Forstweg nach rechts, wandern erneut über einen Wiesenweg mit toller Panoramaaussicht Richtung Wald. Der Weg verengt sich zu einem Pfad, wird steiniger und steigt an. In der **Reichenbachklamm** 02 traversieren wir teils am abschüssigen Waldrand entlang, steigen über steilere Passagen mit Treppen, Stufen und in engen Kehren hoch und passieren mehrere geländer- und drahtseilgesicherte Stellen. Nach einem größeren Wasserfall gelangen wir zu einer breiten Kiesstraße bei der **Pos. 1199 m** 03.

Weil der Normalweg wegen Baumfällarbeiten gesperrt ist, folgen wir dem Umleitungsschild und dem breiten Fahrweg nach links. Nach 20 Minuten vereinigen sich die Wege wieder, wir passieren kurz darauf eine **Liftstation** 04, es wird steiler und kehrenreicher. Über Wiesenhänge gehen wir auf den Talschluss zu, vor uns bauen sich die Felswände auf, und wir erreichen die **Breitenbergalm** 05.

Nun geht es in engen, steilen Serpentinen, an schwierigeren Stellen mit Drahtseil und Trittstufen versichert, über felsige, teils hohe Absätze zur Pos. Sattel, **Böser Tritt** 06, bergauf.

Auf schönem Pfad nach rechts, am aussichtsreichen Grat entlang, wandern wir in wenigen Minuten zur **Bad-Kissinger-Hütte** 07 hinüber. Mit fantastischer Aussicht traversieren wir am grasigen Hang entlang, anfangs flach, dann in großen Kehren zur Verzweigung unterhalb des sichtbaren Gipfelkreuzes. Entlang eines durchgehenden Drahtseils und über teils glatte Felsen machen wir den kurzen Abstecher links hoch zum **Aggenstein** 08.

Der weitere, im oberen Teil recht felsige, dann immer kiesiger werdende, steile und kehrenreiche Abstiegsweg ist gut einzusehen, ebenso der gegenüberliegende Aufstiegsweg hinauf zum Breitenberg. Nach den Kiesserpentinen durchschreiten wir grasiges Weidegelände, passieren eine eingezäunte Aussichtsbank, und steigen – an der **Bergstation** des **Sessellifts** 09 links vorbei – auf breitem Fahrweg zur ausgeschilderten **Ostlerhütte** 10 hoch.

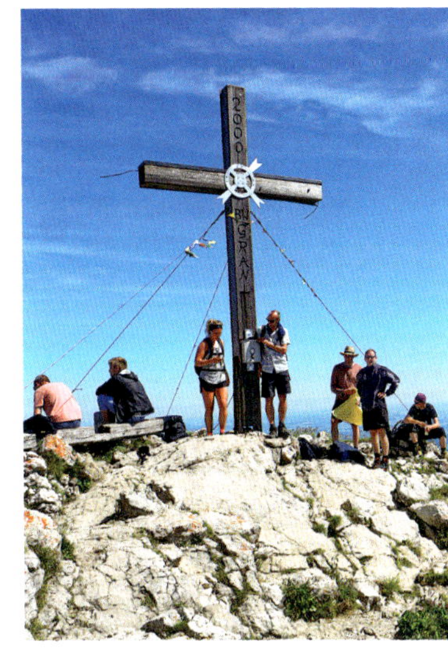

Ein beliebtes Gipfelziel – der Aggenstein, rechts der Forggensee

Zurück zum **Sessellift** 09 und auf breitem Weg in großen Kehren bergab zur **Bergstation** der **Breitenbergbahn** 11, mit der wir dann hinab zum Ausgangspunkt schweben.

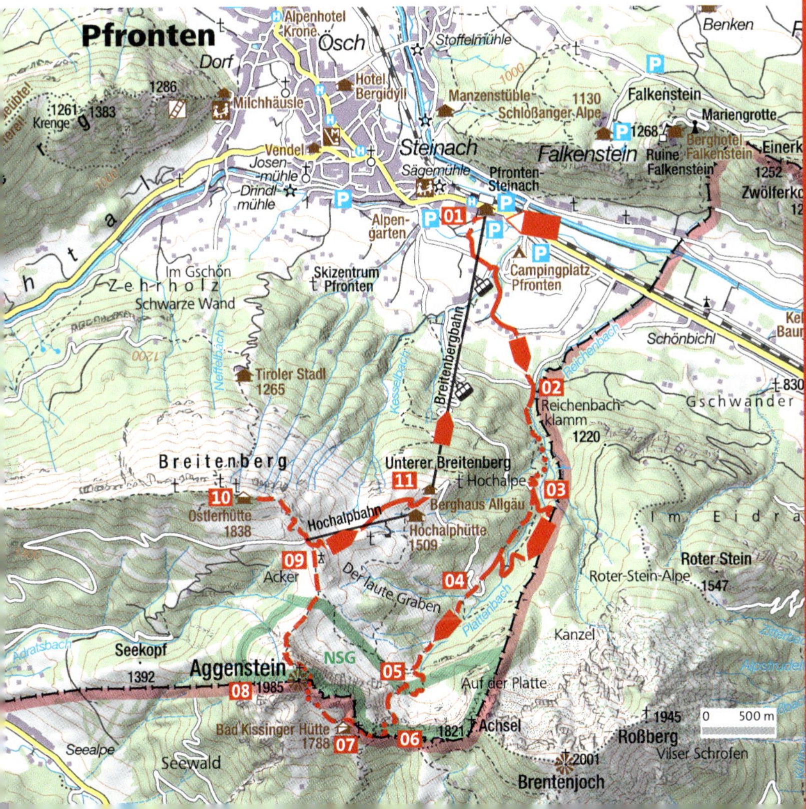

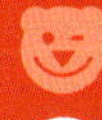
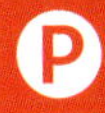

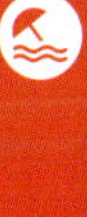

RUNDGANG PFRONTEN

Rundwanderung vor großartiger Bergkulisse

 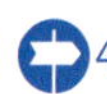 4,8 km 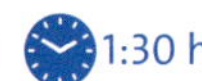 1:30 h  51 hm  51 hm 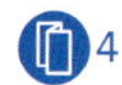 4

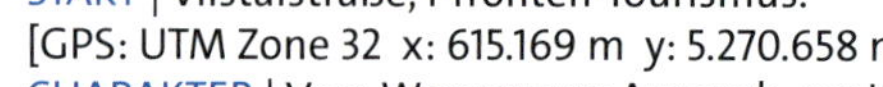

START | Vilstalstraße, Pfronten-Tourismus.
[GPS: UTM Zone 32 x: 615.169 m y: 5.270.658 m]
CHARAKTER | Vom Wasser zum Ausguck, zur Kirche, zum Moor. Eine abwechslungsreiche Runde am Fuße von Falkenstein, Breiten-, Edels- und Kienberg in der 13-Dörfer-Gemeinde.

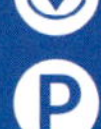

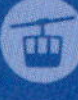

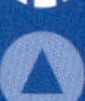

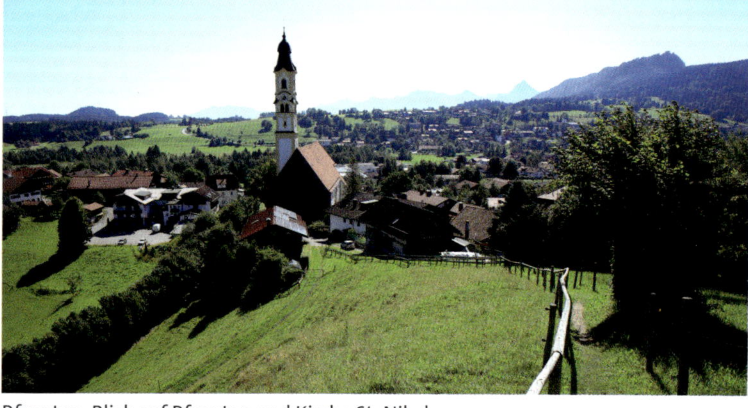

Pfronten: Blick auf Pfronten und Kirche St. Nikolaus

Die Vils, ein herrlicher Ausguck, ein Weiher, das Moor und ein ziemlich hoher Kirchturm.

▶ Vom **Start- und Willkommensplatz** 01 am Haus des Gastes in Pfronten geht es rechts durch die „Vilstalstraße" Richtung Vilstal und wenig später in Höhe des Schildes „Gasthof Vilstalsäge" links ab zum Ufer der Vils. Hier angekommen, geht es links über die „Thoiry-Promenade" ein Stück an der Vils (flussabwärts) entlang, ehe der Gebirgsfluss nach rechts über eine Brücke gequert wird. Hinter der Brücke führt der Rundgang am anderen Vilsufer entlang flussaufwärts in Richtung Kurpark. Vorbei an einem Musikpavillon mit Blick ins Herz des **Kurparks** 02 und der Eissporthalle erreicht der Weg eine weitere Brücke, um die Vils erneut zu überqueren. Dahinter stößt die Route geradeaus auf die „Vilstalstraße", zweigt rechts ab, um dann kurze Zeit später links in die Straße „Im Oberried" zu führen. Hier geht es am dritten Abzweig nach rechts und durch die Sackgasse weiter auf einem Fußweg bis zur Straße „Am Angerbach". Jetzt heißt es erst einmal rechts ab und gleich wieder die Richtung nach links in den „Buchbrunnenweg" zu wechseln. Dieser führt nun leicht bergauf und durch die Wiesen aus Pfronten heraus leicht bergauf. Der Weg führt am Friedhof vorbei und wendet sich etwas oberhalb des Friedhofes an einer T-Kreuzung nach rechts. Am Friedhof vorbei geht es zur sehenswerten **Auferstehungskapelle** 03, während voraus der Blick bereits auf den gewaltigen Turm der Pfrontener St.-Nikolaus-Kirche fällt. Doch noch bevor der Ortsrand erreicht wird, zweigt die Route links ab und führt an der nächsten Wegegabelung links bergauf.

Kurz vor einer Scheune zweigt der Weg rechts ab und führt auf einem Pfad zum 908 m hoch gelegenen **Hörnle** 04, das mit einem sensationellen Panorama aufwartet. Hier stehen auch drei Trilogienadeln mit den Themen Werkzeug- und Maschinenbau, die Freiheit der ersten Pfrontener Rodungssiedler sowie Kunst und Kunsthandwerk in Pfronten. Weiter geht es nun über einen Wiesenpfad hinab und auf die 1361 erstmals erwähnte **St.-Nikolaus-Kirche** 05 im Ortsteil Pfronten-Berg. Das besondere Wahrzeichen der Pfrontener Pfarrkirche ist der 61 Meter hohe Turm, der vom Pfrontener Künstler Peter Heel entworfen und 1749 vollendet wurde.

Der Rundgang führt links um die Kirche herum zur „Kirchsteige", wo es links ab bis zur „Allgäuer Straße" (B 309) geht. Auf dem Gehweg geht es kurz nach links und in Höhe des „Striblweges" wird die **B 309** 06 im rechten Winkel in den „Bitzweg" auf der anderen Straßenseite gequert. Nach kurvenreichem Verlauf überquert dieser den Bahnübergang und führt auf gekiestem Feldweg in Richtung Moorpfad. An dem idyllischen Weiher samt Trilogiebank und **Fokussierstele** 07 vorbei führt die Runde Rich-

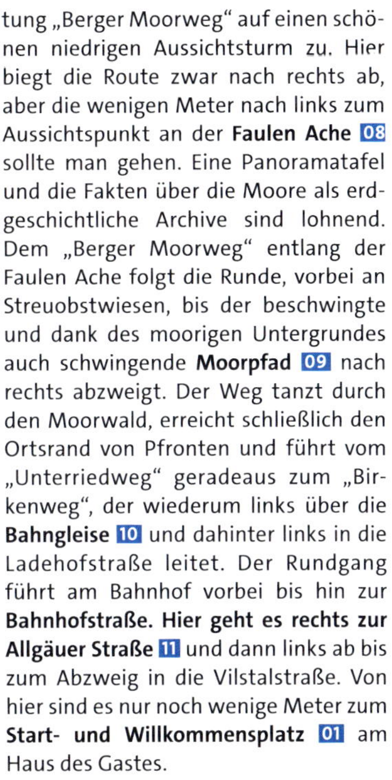
tung „Berger Moorweg" auf einen schönen niedrigen Aussichtsturm zu. Hier biegt die Route zwar nach rechts ab, aber die wenigen Meter nach links zum Aussichtspunkt an der **Faulen Ache** 08 sollte man gehen. Eine Panoramatafel und die Fakten über die Moore als erdgeschichtliche Archive sind lohnend. Dem „Berger Moorweg" entlang der Faulen Ache folgt die Runde, vorbei an Streuobstwiesen, bis der beschwingte und dank des moorigen Untergrundes auch schwingende **Moorpfad** 09 nach rechts abzweigt. Der Weg tanzt durch den Moorwald, erreicht schließlich den Ortsrand von Pfronten und führt vom „Unterriedweg" geradeaus zum „Birkenweg", der wiederum links über die **Bahngleise** 10 und dahinter links in die Ladehofstraße leitet. Der Rundgang führt am Bahnhof vorbei bis hin zur **Bahnhofstraße. Hier geht es rechts zur Allgäuer Straße** 11 und dann links ab bis zum Abzweig in die Vilstalstraße. Von hier sind es nur noch wenige Meter zum **Start- und Willkommensplatz** 01 am Haus des Gastes.

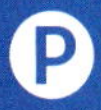

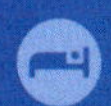

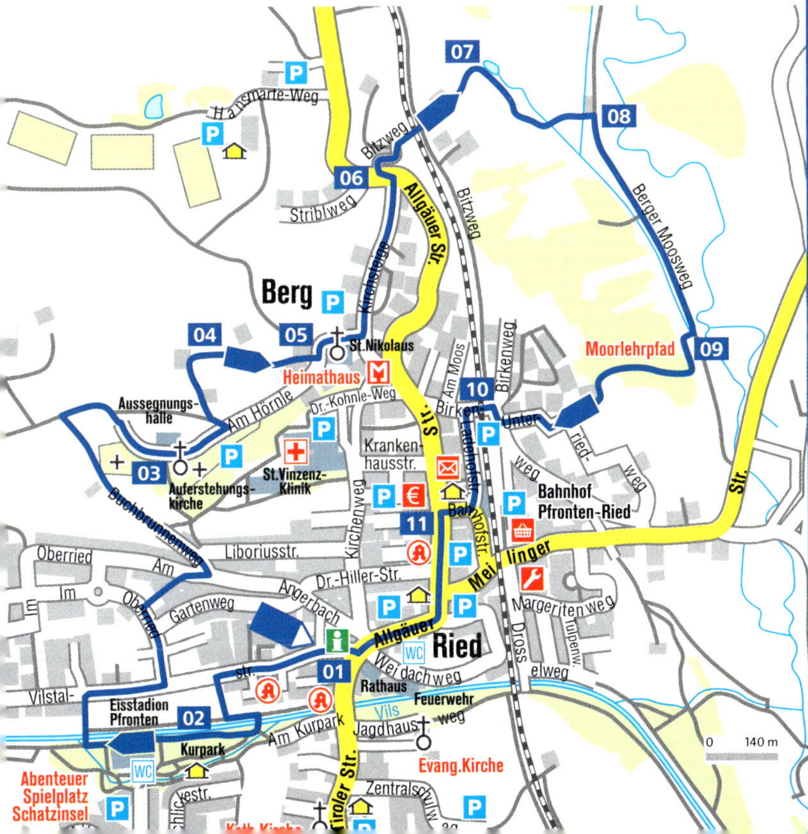

AGGENSTEIN • 1985 m ÜBER BREITENBERG

Auf den meistbesuchten Gipfel der Tannheimer Gruppe

 13,1 km 7:00 h 1420 hm 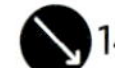1420 hm 4

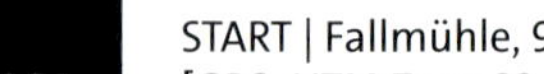

START | Fallmühle, 928 m.
[GPS: UTM Zone 32 x: 614.468 m y: 5.268.313 m]
CHARAKTER | Sehr lang und anstrengend; der klettersteigartig ausgebaute Gipfelanstieg zum Aggenstein verlangt Trittsicherheit und Schwindelfreiheit; Gefährdung durch Steinschlag.

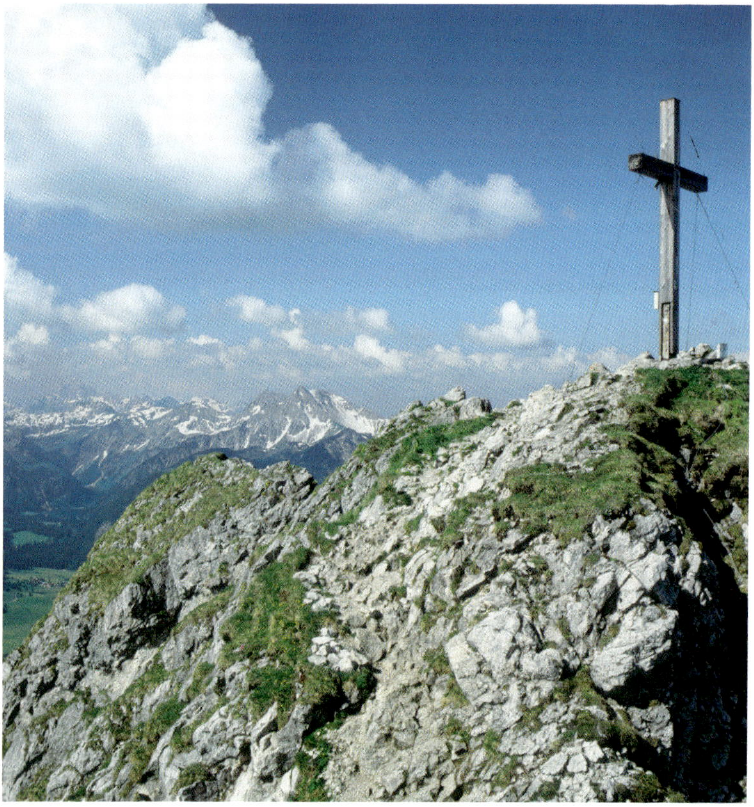

Der Gipfel des Aggensteins

Wie ein wilder Zahn ragt der Aggenstein in den Himmel der Tannheimer Berge. Wer aus dem Engetal zu dieser markanten Berggestalt aufblickt, mag kaum glauben, dass sie für den ambitionierten Bergwanderer relativ problemlos zu erreichen ist. Und wer es einfacher mag, kann von Pfronten mit der Seilbahn hinauffahren und hat dann nur noch eine gute Stunde zum Gipfel.

▶ Von **Fallmühle** **01** auf dem Fahrweg nach Südwesten und gleich hinter der Brücke über die Steinacher Achen nach links auf einen steilen Fahrweg. Auf ihm aus dem Wald hinaus und zur Autostraße. Dort gibt es auch eine kleine Parkmöglichkeit. Dort nach links und am Fahrbahnrand knapp 100 Meter weiter, bis nach rechts ein asphaltiertes Sträßchen in den Wald abzweigt. Auf ihm bis zum markierten Weg in Richtung Breitenberg. Diesem Weg folgen, weiter oben noch einmal ein paar Meter auf dem Sträßchen und dann wieder nach links zum Bergweg.

Im Wald lange stramm nach Süden hinauf, auf etwa 1500 Meter Höhe über einen Waldrücken weiter. Überwiegend rechts der Grathöhe dahin, bis die **Ostlerhütte 02** und das Gipfelkreuz auf dem Breitenberg erreicht sind.

Vom Unterkunftshaus auf dem breiten, steilen Schotterweg zunächst nach Osten, dann gegen Südosten zur Bergstation des Skilifts hinab und gegen Süden in den Sattel zwischen Breitenberg und Aggenstein. Nun zum Gratausläufer nördlich des Aggensteingipfels und über ihn in die Lange Rinne hinein. In unzähligen Kehren steil auf dem stellenweise mit Drahtseil gesicherten Steig stramm zur Scharte östlich des Aggensteingipfels hinauf. Dort nach rechts schwenken und auf den kurzen, aber zackigen

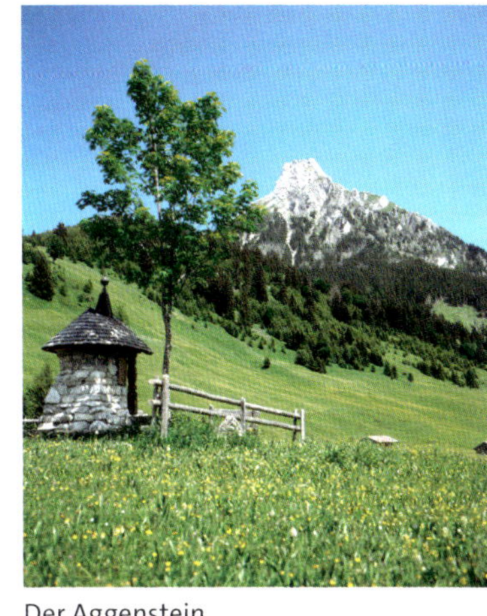

Der Aggenstein

Gipfelsteig zu. Mit Hilfe von Eisenketten über die schräge Felsenflanke luftig von Süden her zum zweigeteilten Gipfel des **Aggensteins 03** hinauf.

Der Rückweg verläuft auf der Anstiegsroute.

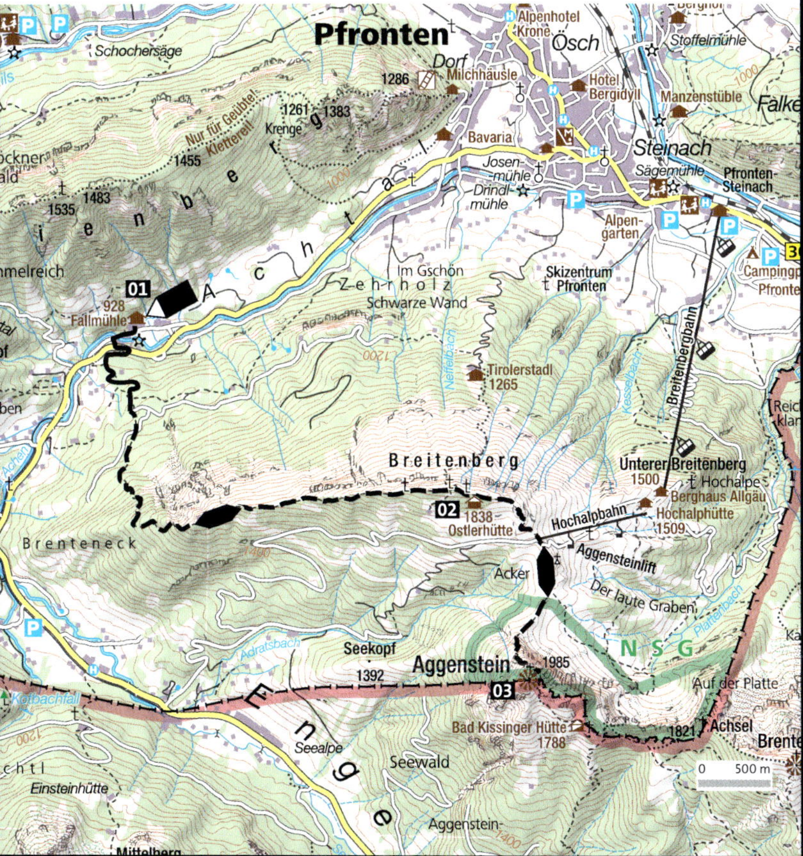

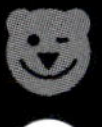
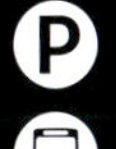

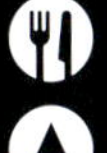
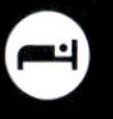
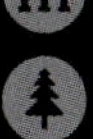
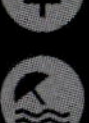

NESSELWANG – OY-MITTELBERG

Luftige Gipfelbesteigung

  14,2 km  5:00 h 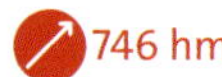 746 hm 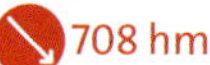 708 hm  4

START | Alpspitzweg, Talstation der Alpspitzbahn, Nesselwang.
[GPS: UTM Zone 32 x: 612.560 m y: 5.275.019 m]
CHARAKTER | Die Schlucht, der Gipfel der Alpspitz, Waldeinsamkeit, der Grüntensee und der Ort auf der Höhe. Die Tour ist Allgäu pur: Gischtende Wasser, Gipfelglück, Wälder, Wiesen und ein Traumziel in der Höhe.

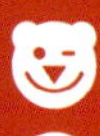
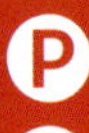

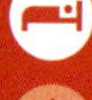
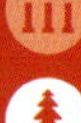
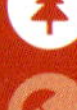

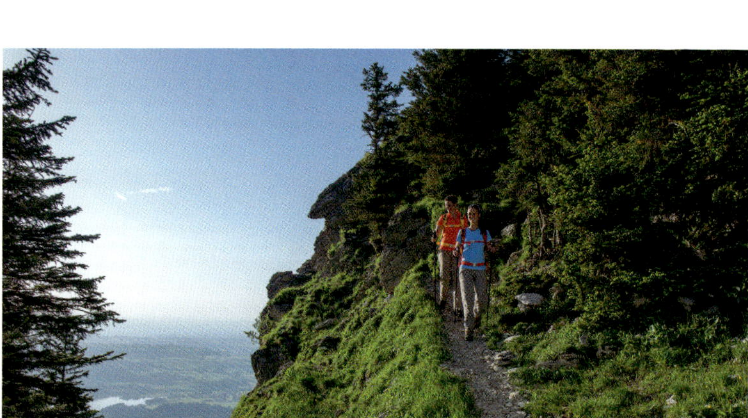

Nesselwang: unterhalb des Gipfels der Alpspitze

Rasanter Aufstieg und sehenswerter Abstieg durch Bergwald. Vom Grüntensee dann hinauf nach Oy.

▶ Vom **Start- und Willkommensplatz** **01** an der Talstation der Alpspitzbahn (bei nasser Witterung empfiehlt sich die Nutzung der Bergbahn; unterwegs, bei der Mittelstation, besteht nochmals die Möglichkeit, die restlichen Höhenmeter mit der Bergbahn zu absolvieren!) zum Explorer Hotel Neuschwanstein und rechts unterhalb des Kronenliftes auf Feldweg bergauf. Vorbei an dem 2012 restaurierten Bildstock des hl. Wendelin. Durch die wildromantische Schlossbachschlucht über Leitern, Stege, Brücken und viele Stufen bergauf. Bald bietet sich der Stichweg zur **Ruine Nesselburg** **02** an, ca. 5 Minuten Gehweg.

Rechts ab weiter mit dem Schlossbach als munteren Wegbegleiter, bis ein **Alpweg** **03** erreicht wird. Hier rechts Richtung Mittelstation. Dann geht es links ab auf steilem Bergpfad, noch einmal wird ein Querweg geradeaus gekreuzt, das Gelände wird allmählich etwas flacher und durch Hochwald erreicht die Route einen Bergsattel. Geradeaus geht es zum Sportheim Böck in der Berglodge, rechts zur Bergstation der Alpspitzbahn und zur **Eingangsstele** **04** und einer Panoramatafel, die beim Enträtseln all der Berggipfel hilft.

Vorbei an der Fokussierstele mit Blick auf Schloss Neuschwanstein in der Ferne geht es auf breitem Weg steil bergauf und später rechts auf Pfad zum 1575 m hohen Alpspitzgipfel. Von der kleinen Hütte links des Gipfels sind es etwa 5 Minuten Fußweg bis zum **Gipfelkreuz** **05**. Der Eintrag ins Gipfelbuch sollte Ehrensache sein.

Nun geht es auf schmalem Pfad steil bergab, oft auf wurzelübersäten Passagen. An der folgenden Kreuzung geht es im scharfen Winkel rechts auf nun breiterem Waldweg sanfter bergab. Tolle Blicke ins Alpenvorland öffnen sich, dann wird in Höhe der **Bayerstetter Alpe** **06** eine Alpstraße erreicht. Hier rechts ab und kurz später links ab Richtung Grüntensee. Die folgende Passage ist geprägt von Waldeinsamkeit, vorbei an einem Wildfütterungsplatz erreicht die Route in einer Spitzkehre den Oberlauf des **Reichenbachtobels** **07** und quert den Bach. Von allen Seiten schießt das Wasser von den Bergen ins Tal.

Später öffnet sich der Wald für eine große Weide. Der Weg schlängelt sich am Waldrand entlang, zweigt an der T-Kreuzung links bergauf ab, wenig später rechts ab auf den Wald zu und durch ihn hindurch mit Kurs auf eine Landstraße. Die Route quert die **Straße OAL 1** **08** geradeaus, links hat man einen schönen Blick auf den Wächter des Allgäus, den Grünten. Durch Wiesen erreicht der Weg den Waldrand, an der Kreuzung rechts ab und an der folgenden Kreuzung links

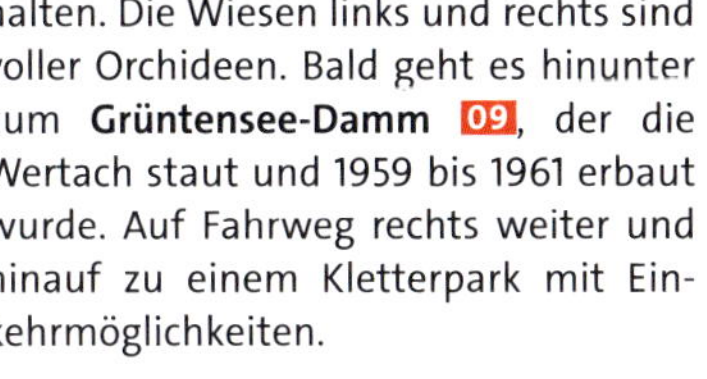

halten. Die Wiesen links und rechts sind voller Orchideen. Bald geht es hinunter zum **Grüntensee-Damm** **09**, der die Wertach staut und 1959 bis 1961 erbaut wurde. Auf Fahrweg rechts weiter und hinauf zu einem Kletterpark mit Einkehrmöglichkeiten.

Bald geht es links ab, wieder Richtung See, und dann auf einen Campingplatz im Dorf Haslach zu. An der **„Grüntenseestraße“** **10** links abbiegen, dann den Faistenoyer Bach queren und kurz vor der Bundesstraße auf dem rechts abzweigenden Radweg die belebte Straße unterqueren. Danach geht es rechts hinauf durch herrliches Wiesenareal nach Oy-Mittelberg. Vorbei an einer **Fokussierstele** **11** mit dem Motto „Ruhe der Naturlandschaft“ erreicht die Route den Kurpark und die Tourist-Information. Hier weiter geradeaus zur „Wertacher Straße“, wo sich gleich rechts der **Start- und Willkommensplatz** **12** befindet.

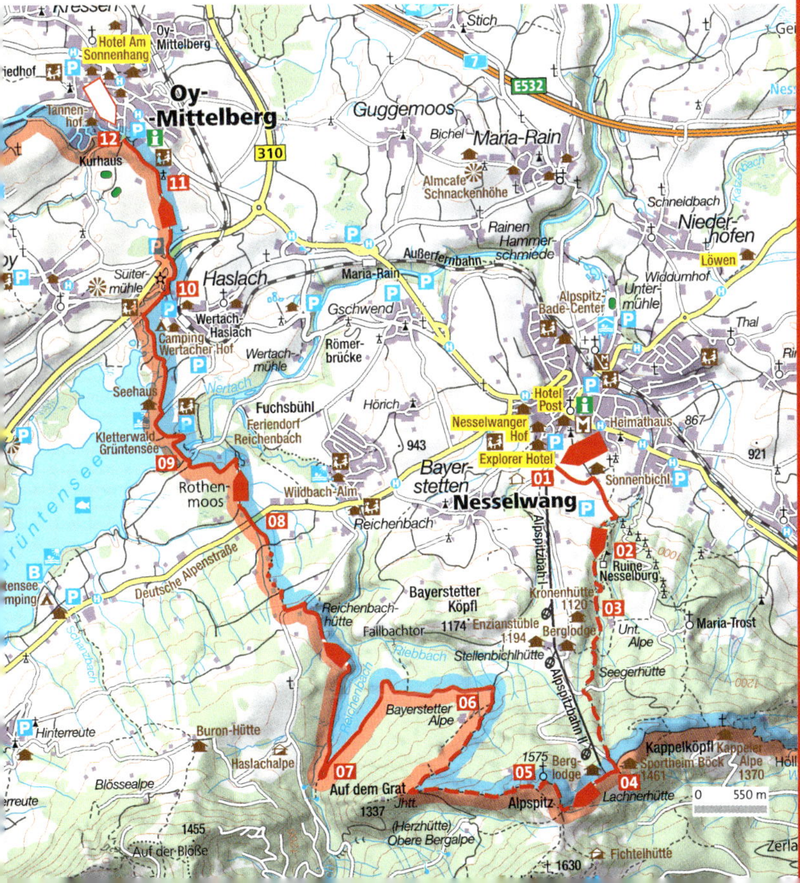

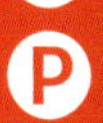

ELLEGGHÖHE • 1136 m

Malerisches Seenland und ein „Grüner Pfad“

  15 km 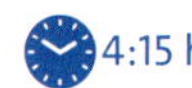 4:15 h 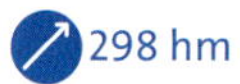 298 hm 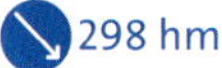 298 hm  3

START | Wertach, Bushaltestelle beim Verkehrsamt, Parkplatz.
[GPS: UTM Zone 32 x: 606.240 m y: 5.273.050 m]
CHARAKTER | Einfache Steigungen, meist gut beschilderte Wirtschafts- und Forstwege, Pfade und Pfadspuren, stille Sträßchen.

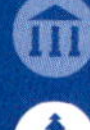

Die Genießertour beginnt beim Verkehrsamt in **Wertach** 01. Ein Schild weist uns an einem skurrilen Erosionsgebilde vorbei zur Sennerei im Kramerweg.

Nach Queren der Marktstraße steigt bei der Bäckerei eine Sackgasse an zur Kirche. Auf dem Panoramaweg geht's an der Hauptschule vorbei. Den Wanderwegweiser „Wolfsgrube“ beachtend, schlendern wir auf einem Feldweg am Hang entlang und halten uns an einer Gabelung geradeaus. Die blaue Markierung lenkt zum Campingplatz. Beim Spielplatz queren wir den Peterlesbach. Richtung Grüntensee passiert man im weiteren Verlauf auf einer Wiesenspur einen Feldstadel und überschreitet dann einen weiteren Bachlauf. Ein Pfad schwingt sich am Waldrand kurz bergan.

Nach einem kleinen Waldstück stoßen wir vor dem Kolpingheim auf einen Wirtschaftsweg. Dieser bringt uns zum Weiler **Hinterschneid** 02. Der über dem Grüntensee entlang der Ellegghöhe verlaufende, aussichtsreiche Kurs nach **Faistenoy** 03 verschmälert sich für eine Weile zum Pfad.

Wir wandern oberhalb der Kirche vorbei und folgen links der Brunnenstraße. Das Täfelchen „Oberelleg“ weist am Ortsende auf den Schwäbisch-Allgäuer-Wanderweg, einen Wirtschaftsweg. An der Gabelung, im Anschluss an einen Aufschwung, wechselt der Kurs in einen Forstweg, der zwischendurch deutlich ansteigend zur **Ellegghöhe** 04 mit den Höfen von Schray leitet. Auf dem verkehrsfreien Höhensträßchen über Wiesenhänge nach **Oberellegg** 05 und auf den Grünten zu nach Gereute mit betagter Kapelle kommt man an einer Panoramatafel vorbei. Bei den Höfen von **Binzeler** 06 begeben wir uns – nach einem Ausblick zum Rottachsee und übers Illertal – links auf einen talwärts führenden Feldweg, vor uns die Tannheimer Felszinnen. Kurz nach einer Gabelung geht's auf höchst einsamer Pfadspur über eine Reihe von Viehweiden. Auf einem als „Grüner Pfad“ eingerichteten, zuletzt geteerten Wirtschaftsweg kehrt man zurück nach **Wertach** 01 und erfährt dabei noch so manches über Land- und Forstwirtschaft.

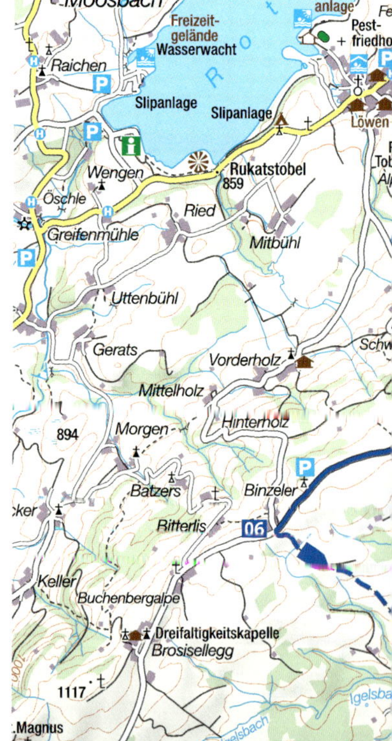

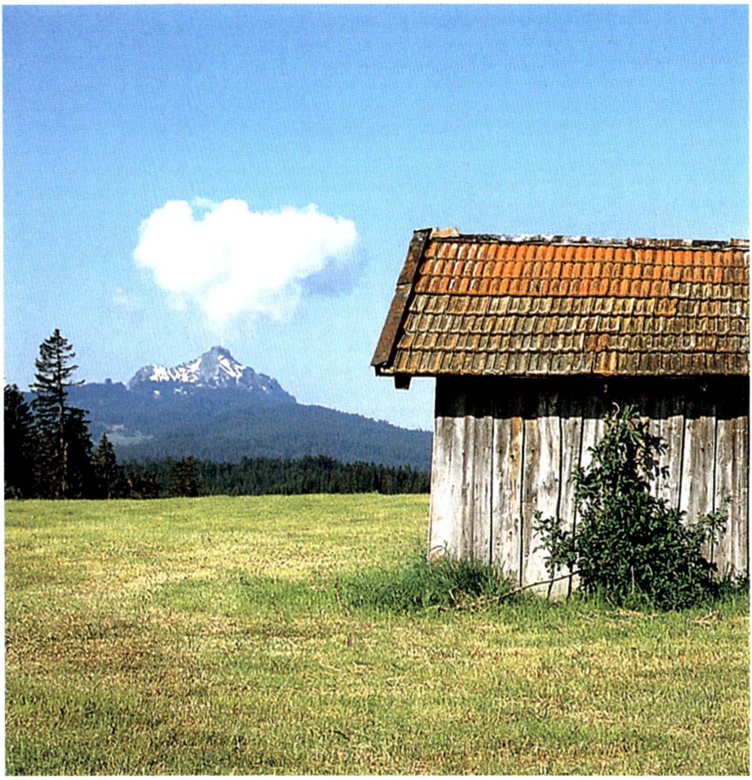

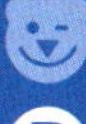
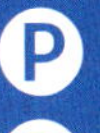

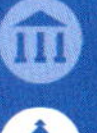
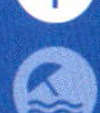

Während des Abstiegs nach Wertach zeigt sich der Grünten

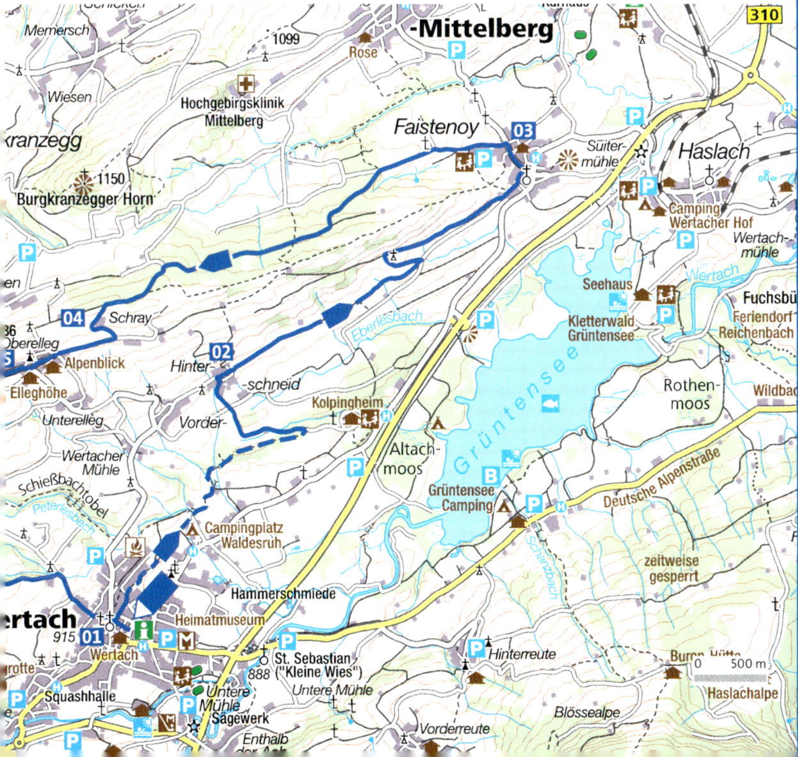

REUTER WANNE • 1542 m

Einer der leichtesten Voralpengipfel

 8,75 km 3:30 h 608 hm 608 hm 3

START | Wertach, Wertach-Parkplatz an der B 310, Abzweigung Jungholz; Bushaltestelle, 934 m.
[GPS: UTM Zone 32 x: 606.692 m y: 5.270.745 m]
CHARAKTER | Kurze steilere Aufstiege. Meist beschilderte Forst- und Ziehwege, Pfade, anfangs Alpsträßchen. Orientierungssinn vorteilhaft.

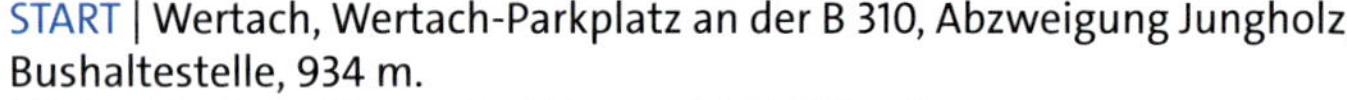

Am Ostrand des Oberallgäus lockt über dem Grüntensee der ohne jeglichen Stress leicht erschwingliche Wandergipfel der Reuter Wanne. Sein überzeugendes Ausblickspektrum reicht von den Ammergauer Alpen über die Zugspitze und die Tannheimer Berge bis ins Walsertaler Gipfelreich. Aus dem Angebot an Aufstiegen aller Himmelsrichtungen, von denen jeder seinen Reiz hat, wollen wir die Westroute mit ihren zwei Einkehrmöglichkeiten wählen.

▶ Wo beim **Wertach-Parkplatz** 01 an der B 310 die Straße nach Jungholz abzweigt, beginnt auch ein Mautsträßchen. Dieses bringt uns durch Mischwald und über ein paar Lichtungen, von denen sich Reuter Wanne und Sorgschrofen, Iseler und Daumen zeigen, zum **Alpenhof Reuterwanne** 02.

Auf geteertem Alpweg gelangen wir zur naheliegenden **Untere Reuterwannealpe** 03. Nach einer Weidefläche geht es dann auf einem Forstweg weiter. An der Verzweigung bei einem Bachtobel richten wir uns nach dem Wegweiser „Reuterwanne" und wenig später nach der Beschilderung „Jungholz". Am Rand eines Tobels wandert man auf einem steilen Ziehweg über einen Windwurfhang und bald durch Fichtenwald. Jenseits des Großen Waldes lenkt der Grünten den Blick auf sich. Zuletzt zieht sich ein Pfad zu einem Sattel, in dem die **Obere Reuterwannealpe** 04 steht. Man quert nun eher gemächlich die südgerichteten Weidehänge und strebt schlussendlich ohne große Anstrengung über den Südwestrücken der **Reuter Wanne** 05 entgegen.

Nach einer ausgiebigen Gipfelrast steigen wir auf dem Anstiegsrücken wieder ab und halten uns am scharfen Routenknick in wenigen Minuten geradeaus zu einem querlaufenden Forstweg. Rechts einschwenkend kommen wir zu einer Gabelung, wo uns das Täfelchen „Reuterwannen Alpe" den weiteren Talkurs zeigt. An einem Felsabbruch vorbei und in ein paar Kehren spazieren wir durch den leider arg geschädigten Bergwald

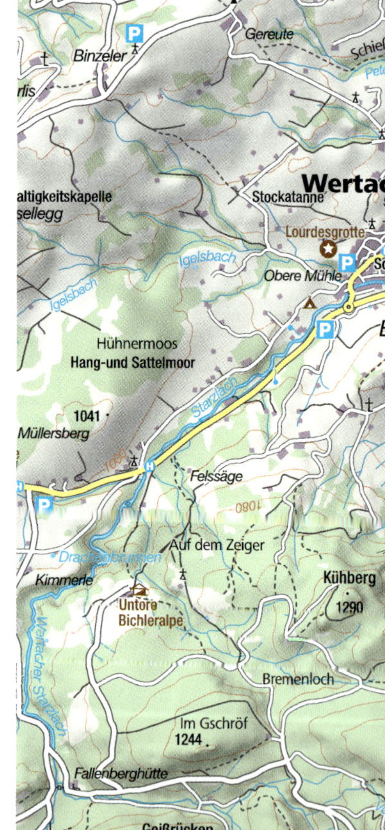

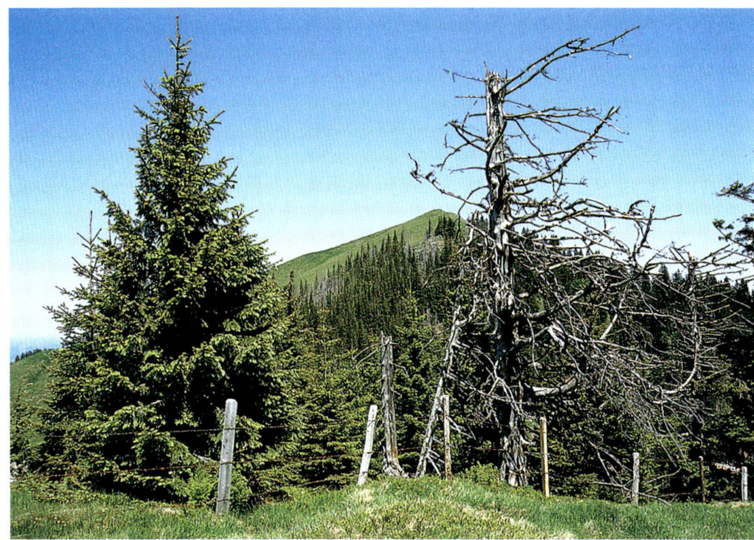

Das bei Jung und Alt gleichermaßen beliebte Bergwanderziel Reuter Wanne vom einsamen Nachbar Pfeifferberg

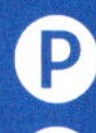

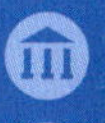

zurück zu den bekannten Alpweiden. Die **Untere Reuterwannealpe** **03** und der **Alpenhof Reuterwanne** **02** laden noch wahlweise zu einer Brotzeit ein. Zum Schluss geht es wie gehabt zum **Wertach-Parkplatz** **01**.

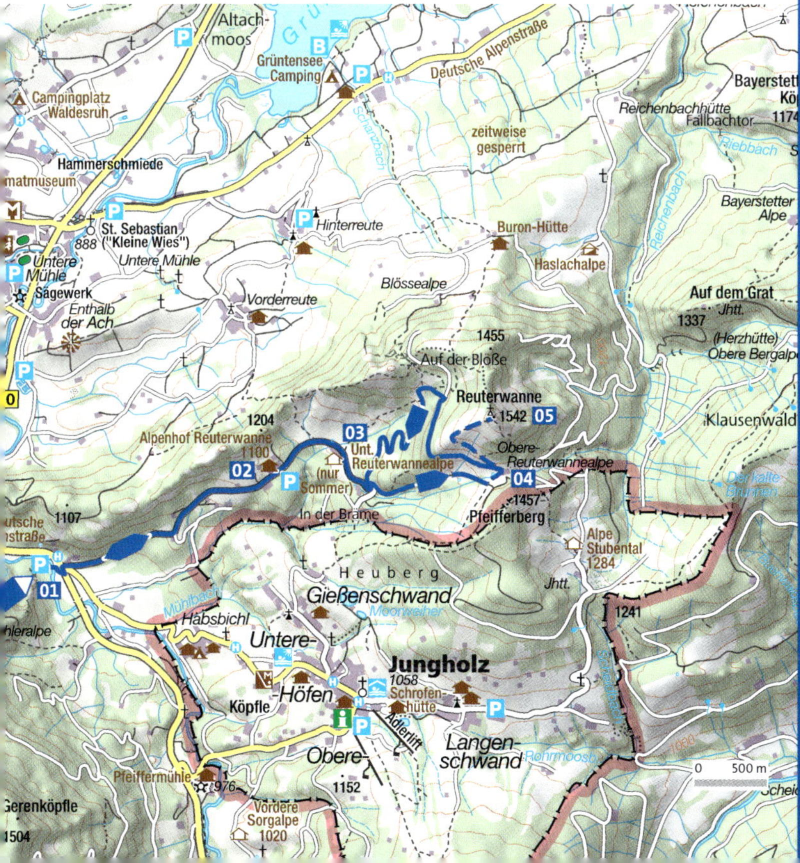

FALKENSTEIN • 1115 m

Über den Rottachberg

  15,3 km  4:45 h 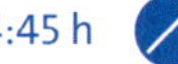 480 hm 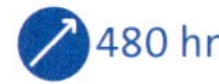 480 hm 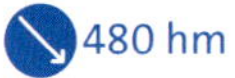  3

START | Greifenmühle, 813 m.
[GPS: UTM Zone 32 x: 601.844 m y: 5.275.604 m]
CHARAKTER | Grundsätzlich leichte Wanderung mit ein paar Steiletappen, vor allem beim Abstieg.

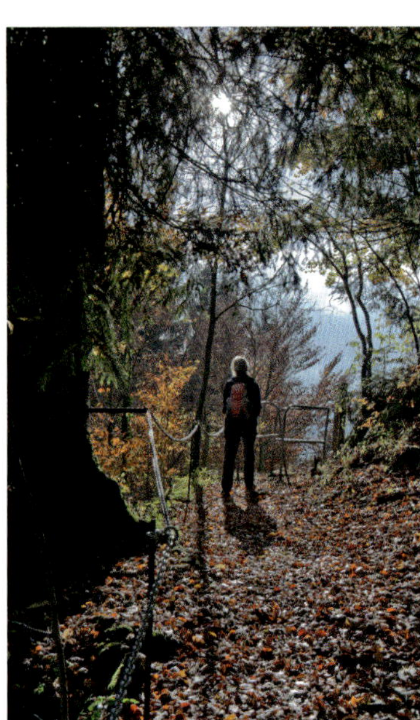

Im Anstieg zur Burgruine Rettenberg

Der lang gezogene Rottachberg am Rande der Allgäuer Alpen ist ein großartiges Wanderrevier mit einer Reihe von Wegen und einer alten Burgruine, die allerdings im Wald ein wenig versteckt ist.

Die Tour beginnt beim kleinen **Wanderparkplatz Greifenmühle** 01. Von ihm gehen wir auf einem Sträßchen Richtung Vorderburg. Nach einem knappen Kilometer zweigt nach links der Fahrweg zur **Ruine Vorderburg** 02 ab. Auf ihm gegen Süden hinauf und kurz vor der Gefällstrecke nach rechts auf einen Wanderweg abzweigen. Anschließend über einen Wiesenhang hinauf und hinter dem Zaun im Wald auf einem Weg in der gleichen Richtung weiter.

Im weiteren Verlauf bringt uns der Weg ein wenig rechts der Grathöhe gegen Westen bis nach **Rettenberg** 03 weiter. Dort einen Fahrweg queren, durch ein Weidegatter und nach Süden zum Waldrand hinauf. Im Wald auf einem steilen Treppenweg über einen felsigen Aufschwung, und bei der folgenden Verzweigung rechts halten. Bald darauf erreicht man einen **Aussichtspavillon** 04, neben dem die Friedenslinde von 1870/71 steht.

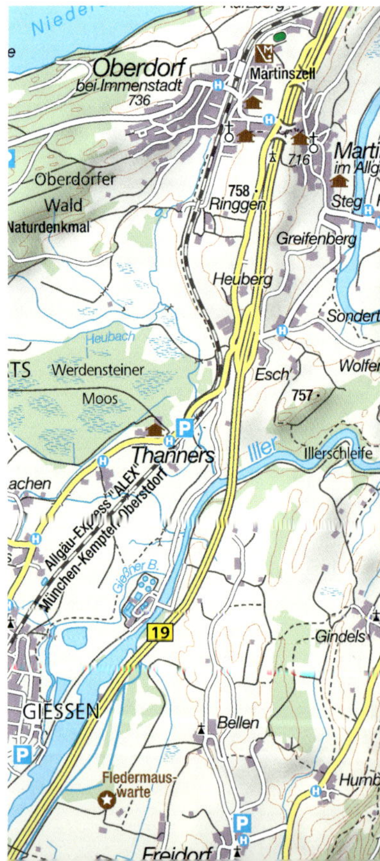

Die Burg Rettenberg (Burg Vorderburg)

Die Burg Rettenberg, der Stammsitz der reichbegüterten und vollfreien Allgäuer Edlen und Freiherren von Rettenberg wurde um das Jahr 1100 erbaut. Nachdem das Geschlecht ausgestorben war, wurde das gesamte Lehen vom Fürstbischöflichen Hochstift Augsburg erworben und im Jahr 1562 durch einen Brand zerstört.

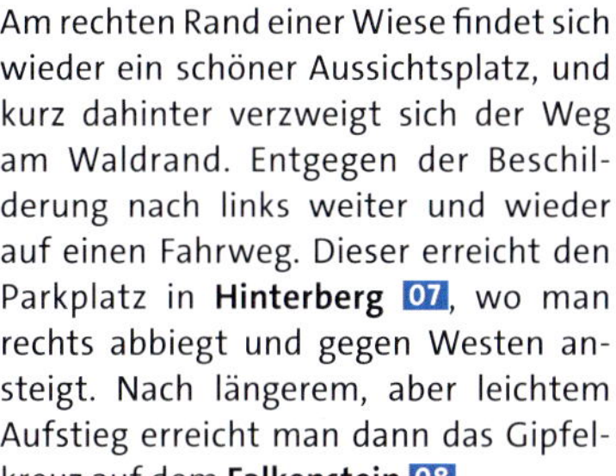

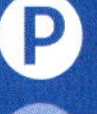

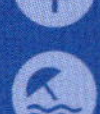

Vom Rastplatz entweder am Grat (stellenweise ausgesetzt) oder rechts daneben in ein paar Minuten zur **Burgruine Rettenberg** 05. Dann wieder zum markierten Wanderweg zurück.

In mehrmaligem Auf und Ab gegen Südwesten weiter, immer den Wegweisern in Richtung Falkenstein entlang. Schließlich erreicht man einen **Asphaltweg** 06, auf dem man schräg links weitergeht. Etwa 200 Meter weiter vorne den Asphaltweg nach rechts auf einen Wiesenweg verlassen und am Waldrand gleich nach rechts in Richtung Falkenstein abbiegen.

Am rechten Rand einer Wiese findet sich wieder ein schöner Aussichtsplatz, und kurz dahinter verzweigt sich der Weg am Waldrand. Entgegen der Beschilderung nach links weiter und wieder auf einen Fahrweg. Dieser erreicht den Parkplatz in **Hinterberg** 07, wo man rechts abbiegt und gegen Westen ansteigt. Nach längerem, aber leichtem Aufstieg erreicht man dann das Gipfelkreuz auf dem **Falkenstein** 08.

Der Abstieg verläuft nur ein paar Minuten der Aufstiegsroute entlang und führt zur Verzweigung „Auf dem Falken". Dort hält man sich links und er-

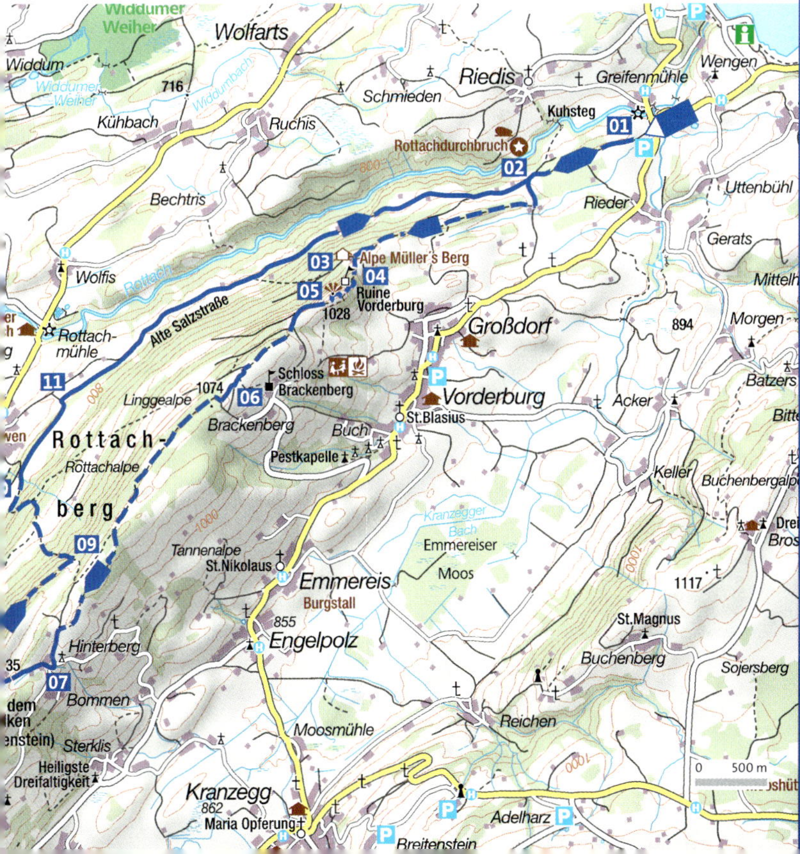

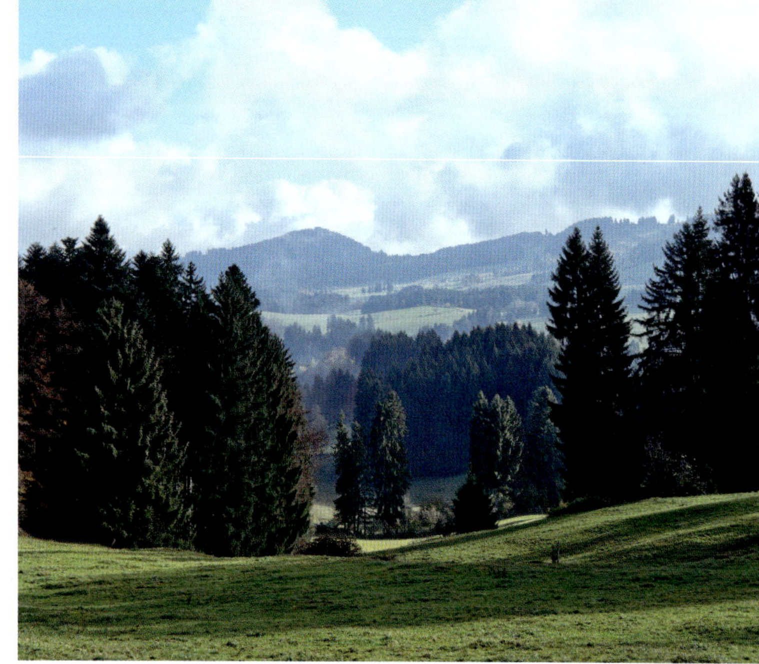

In der Nähe von Rettenberg

reicht im weiteren Verlauf eine Wegtafel, wo man scharf nach links abzweigt, um der Beschilderung nach Rottach zu folgen. Bald darauf schwenkt er nach rechts und verläuft lange unterhalb von markanten Nagelfluhfelsen durch den Wald nahezu eben. Nach weiter Strecke trifft man schließlich zu einer

Ausblicke vom Falkenstein-Gipfel über Rottach ins Allgäu

Verzweigung 09. Auch dort wieder links abknicken und im Wald steil absteigen. Zweigt man unmittelbar nach den ersten Kehren nach rechts ab, erreicht man nach weniger als 50 Metern einen steilen Felsen mit einem kleinen Wasserfall. Nach diesem kurzen Abstecher geht man auf gleicher Route zum Abstiegsweg zurück, muss unter der steilen Abstiegsstrecke ein paar Fahrwege queren, kommt dann wieder über eine Wiese und anschließend in den Wald hinein.

Man trifft wieder auf einen Fahrweg, folgt ihm etwa 30 Meter weit nach rechts, und gleich darauf erreicht man links abbiegend den Forstweg Rottachalpe. Bevor dieser wieder ansteigt, muss man rechts abzweigen, weiter in Richtung Rottach absteigen und bei der nächsten Wegtafel **rechts abzweigen** 10, um am Waldrand gering ansteigend in Richtung Rottachmühle weiterzugehen. Bei der nächsten Verzweigung schräg links und durch einen Waldgürtel zur alten **Salzstraße** 11 hinab. Auf ihr nach rechts einbiegen und sehr lange in der gleichen Richtung weiter, bis nach etlichen Gegenanstiegen der **Ausgangspunkt** 01 wieder erreicht wird.

ROTTACHSEEUMRUNDUNG • 868 m

Beliebter Seerundweg

 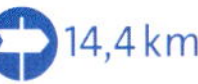 14,4 km 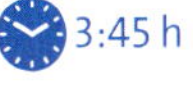 3:45 h 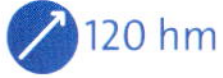 120 hm 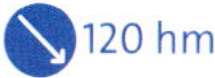 120 hm  4

START | Sulzberg-Moosbach, Freizeitgelände, 853 m.
[GPS: UTM Zone 32 x: 602.492 m y: 5.276.729 m]
CHARAKTER | Beliebter, leichter Seerundweg.

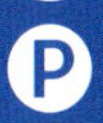

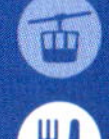
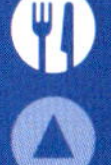
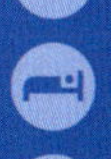

Der Rottachsee erfüllt mehrere Aufgaben: Wasserabgabe bei Trockenheit ca. 5.000 l pro Sekunde an Iller und Donau, ökologischer Lebensraum für Wasservögel, Amphibien und andere Kleintiere, Freizeit und Erholung (Baden, Tauchen, Fischen, Wassersport), Energieversorgung (Strom für 400 Haushalte), Hochwasserschutz mit einem Rückhalteraum von 3,1 Mio. Kubikmeter.

▶ Vom **Parkplatz** 01 führt die Uferpromenade an der Badebucht vorbei, ein wenig vom See weg und hinter dem Kinderspielplatz zum Betriebsgebäude. Von dort auf schmalem Fahrweg weiter

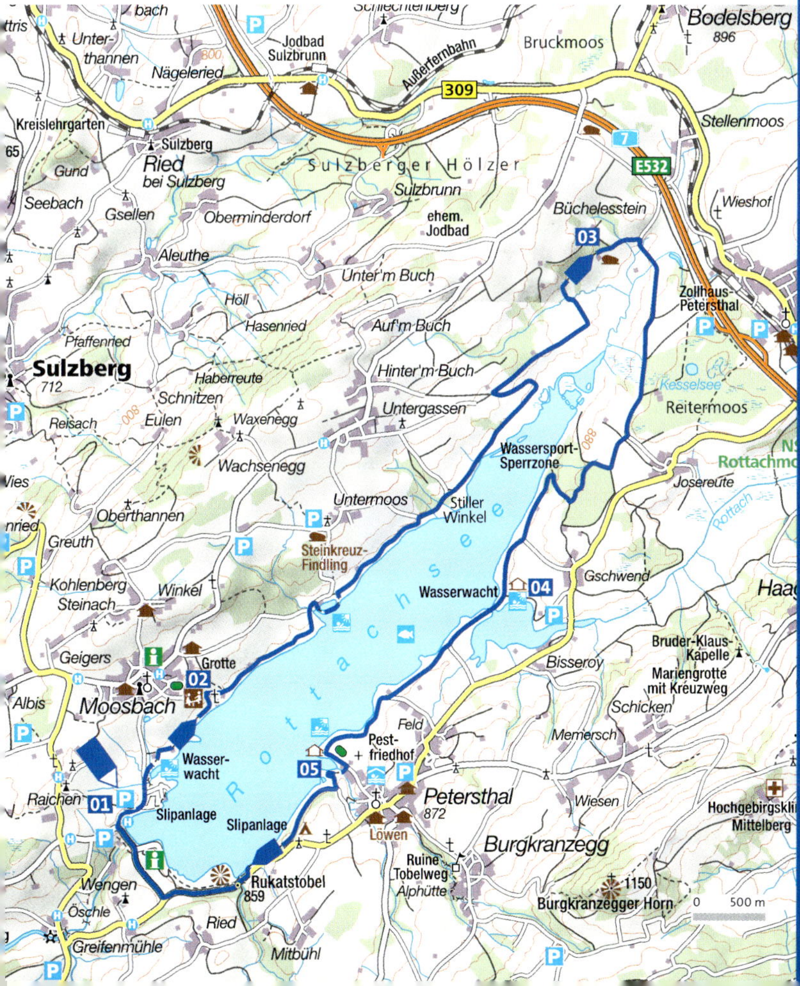

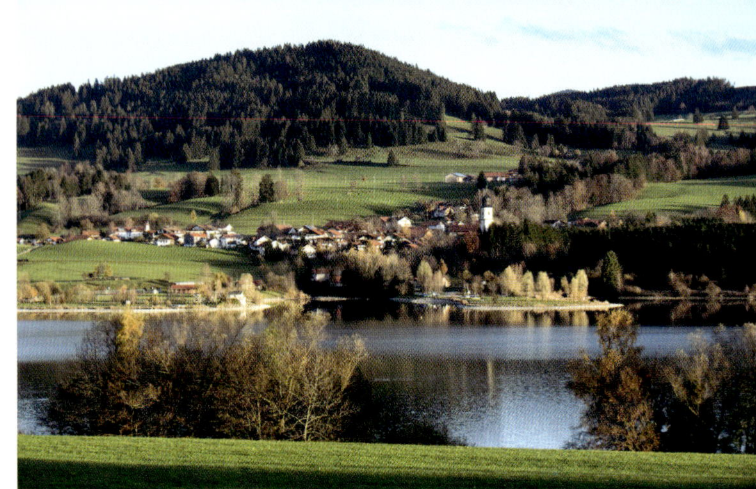

Blick von Moosbach über den Rottachstausee nach Petersthal

und nach rechts wieder zum See hinüber. Der Weg führt nach links zu einem Fahrweg hinauf, biegt rechts ab und führt an ein paar Häusern vorbei zum See hinunter.

Nach links steigt neben einem Bach ein kurzer Stich zur **Mariengrotte** **02** hinauf und hinter einer Kuppe fällt der asphaltierte Fahrweg zu einer Badebucht ab. Mehrmals geht es am Ufer entlang geringfügig auf und ab und in den Stillen Winkel. Der See schnürt sich immer mehr zusammen und beim Brut- und Laichgebiet (Betretungsverbot) schwenkt er links ab und steigt über einen Wiesenhang auf. Dort nach rechts auf einen Querweg und flach weiter.

Am Waldrand gabelt sich der Weg, schlängelt sich in mehrmaligem Auf und Ab durch schönes Weideland und dreht nach rechts. Nach einer Waldetappe geht es zur Wildbanngrenze (Hinweistafel). Nun zeigen sich etliche interessante Nagelfluh-Findlinge, doch der schönste, der **Büchelesstein** **03**, steht rechts des Weges bei einer Hütte. An der nördlichsten Stelle der Rundwanderung knickt der Weg rechts ab. Die Route führt an einer Infotafel vorbei, quert das Rottwässerle und steigt deutlich an. Kurz vor der Hochspannungsleitung wird der höchste Punkt der Rundwanderung erreicht.

Bei der Stromleitung rechts abbiegen und gering abfallend zum Waldrand hinüber. Dort abermals rechts halten und gleich darauf nach links auf einem Weg in den Wald hinein. Das Forststräßchen schlängelt sich geringfügig auf und ab durch den Wald dahin, bis man kurz vor dem Waldrand scharf rechts abzweigen muss. Nun fällt die Route bis kurz vor das Seeufer ab und verläuft anschließend dem Ufer entlang nach Süden weiter. Im weiteren Verlauf kommt man hinter den Betriebsgebäuden der **Wasserwachtstation** **04** und einem Kiosk auf einem Damm mit kurzer Brücke am Vorsee vorbei.

Anschließend lange dem Ufer entlang und durch das ausgedehnte **Bade- und Erholungsgelände Petersthal** **05**. Am Ortsrand von Petersthal knickt der Weg rechts ab, um in mehrmaligem Auf und Ab dahinzuführen, bis er schließlich eine Autostraße erreicht. Bald verlässt er den Straßenverlauf wieder, und stößt zu einer Aussichtsplattform.

Anschließend geht es wieder bergauf, ehe die Route in engen Kehren zum Staudamm abfällt. Auf ihm neben der Straße weiter und unmittelbar hinter dem Damm rechts abdrehen. Neben der Straße führt ein Wanderweg das letzte Stück zum **Ausgangspunkt** **01** zurück.

NIEDERSONTHOFENER WASSERFALL • 914 m

Im Falltobel

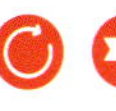 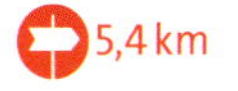 5,4 km 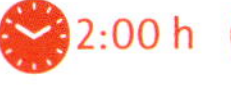 2:00 h 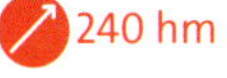 240 hm 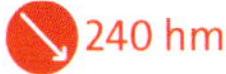 240 hm  1c

START | Niedersonthofen, Mühlenbergstraße, 739 m.
[GPS: UTM Zone 32 x: 592.509 m y: 5.275.510 m]
CHARAKTER | Die teils sehr steilen und unbequemen Steige verlangen Trittsicherheit.

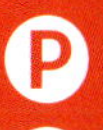

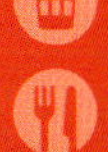
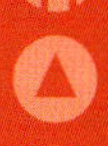

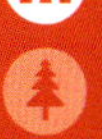
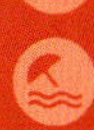

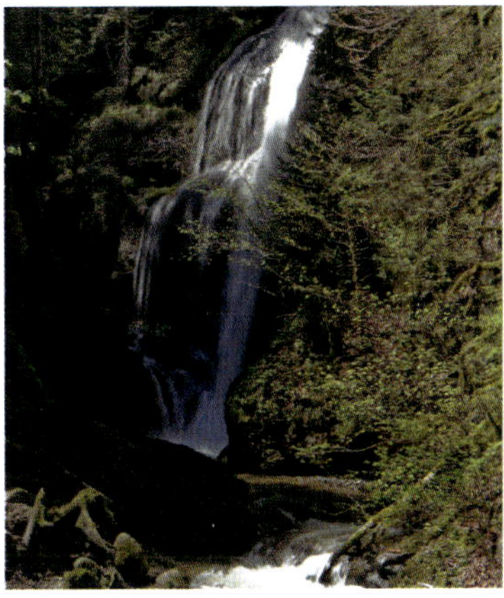
Niedersonthofener Wasserfall

Die spannende Rundwanderung hat beim Niedersonthofener Wasserfall einen landschaftlichen Höhepunkt zu bieten.

Die Wanderung beginnt in der **Niedersonthofener Mühlenbergstraße** 01. Auf ihr geht man gegen Südwesten aus dem Ort hinaus und kommt zur Weggabelung am Schrattenbach. Dort geradeaus weiter und am Schrattenbach entlang zum **Falltobelweg** 02. Bei der folgenden Verzweigung halten wir uns rechts, um ziemlich steil aufzusteigen. Sogleich gabelt sich der Weg abermals. Diesesmal hält man sich links, und der Anstieg wird noch steiler.

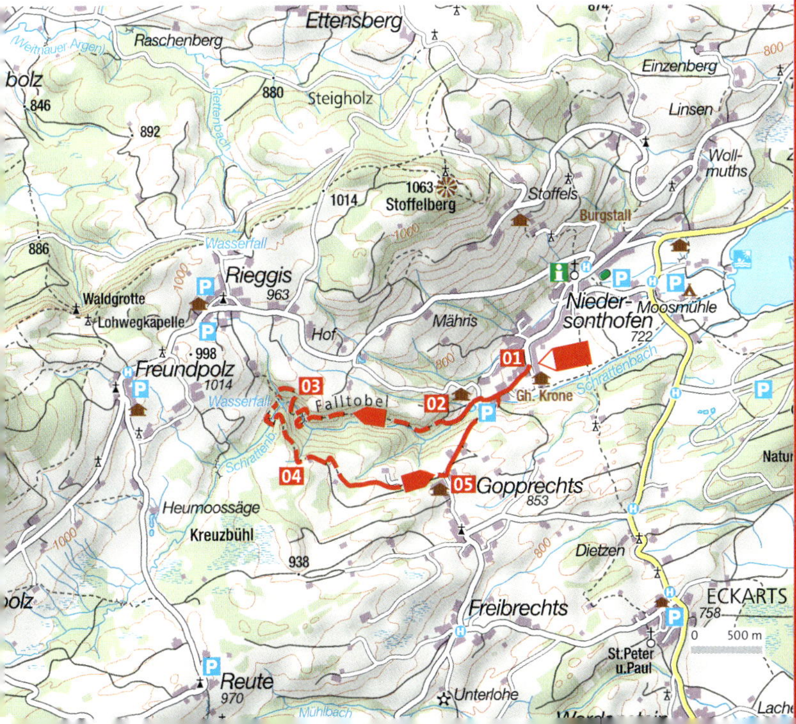

Neben einer Waldhütte nach links abbiegen, ziemlich steil bergab und wieder an den Schrattenbach heran. Kurz vor dem Bach nach rechts und durch den engen Falltobel weiter. Anschließend erreicht man einen steilen Treppensteig, über den man sich mühsam hinaufplagt, und dann verläuft der Pfad in wechselnder Steigung am steilen Hang entlang.

Nach mehrmaligem, teils unbequemem Auf und Ab kommt man wieder zum Wildbach hinunter, quert ihn auf Stegen dreimal und erreicht schließlich den eindrucksvollen **Niedersonthofener Wasserfall 03**.

Zurück geht man zum hintersten Steg, über ihn hinüber und nach einem mühsamen, durchaus anspruchsvollen Steilanstieg flacht der Hang ab. Schließlich nach links zu einem Metallsteg hinunter, den Bach queren und auf eine Wegverzweigung. Dort nach links weiter, dem Wegweiser nach Gopprechts folgen. Es geht anschließend noch kurz bergauf, dann am Rande von Wiesenhängen und im Wald nach Süden weiter. Wieder quert man einen Bach, und wieder geht es bergauf.

Nach einem Rechtsknick zu einem Waldrücken hinauf, wo der Weg bald wieder deutlich abflacht und zu einem **Weidegatter 04** stößt. Unmittelbar hinter ihm erreicht man eine Fahrspur, folgt ihr nach links und erreicht nach einem langen, aussichtsreichen und gemütlichen Abstieg ein Asphaltsträßchen, das an den Ortstrand von **Gopprechts 05** führt. Dort links abbiegen und relativ steil bergab, bis man wieder den Schrattenbach und gleich dahinter den Hinweg erreicht. Auf ihm geht man zum **Ausgangspunkt 01** zurück.

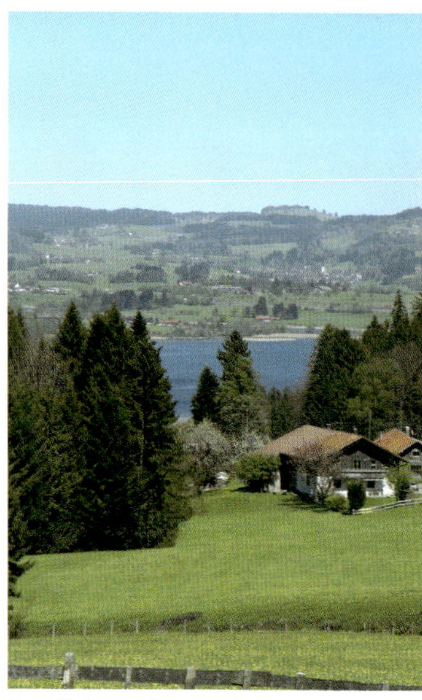

Ausblick von Gopprechts zum Niedersonthofener See

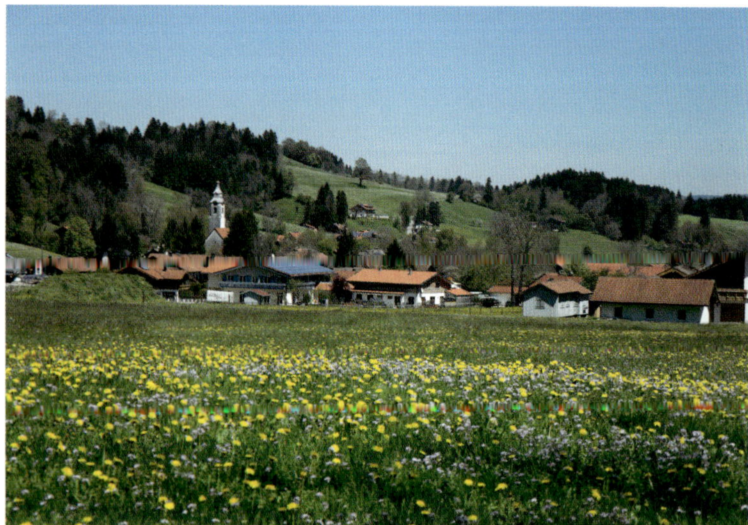

Niedersonthofen

IMMENSTÄDTER BURGENRUNDE • 870 m

Drei Ruinen auf einen Streich

 7,8 km 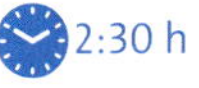 2:30 h 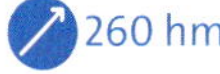 260 hm 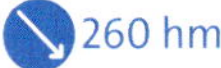 260 hm  3

START | Parkplatz am Kleinen Alpsee, 733 m.
[GPS: UTM Zone 32 x: 590.529 m y: 5.268.867 m]
CHARAKTER | Leichte Rundwanderung mit einer optionalen, kurzen Steilstelle.

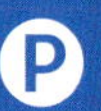

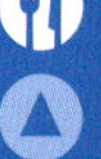
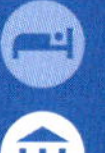

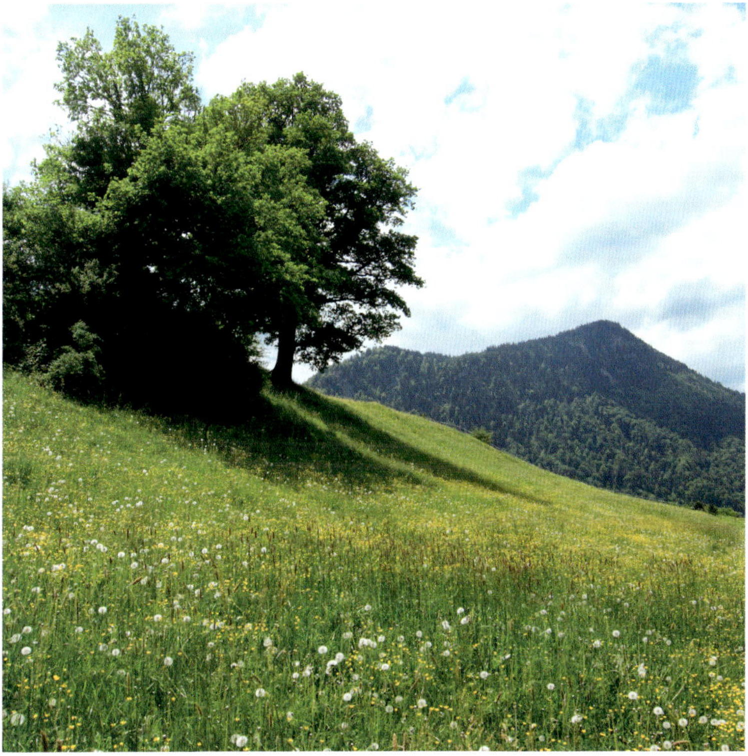

Blick auf Kanzel und Immenstädter Horn

Schöne Landschaften, tolle Ausblicke und drei interessante Burgruinen kennzeichnen diese kleine Rundtour am Rande von Immenstadt.

▶ Man geht vom **Parkplatz** bzw. der **Bushaltestelle** 01 erst einmal ein Stück auf einem Geh- und Radweg nach Südosten und zweigt unmittelbar vor dem Königsgut Moosgut (Haus Nr. 40) bei den Wegweisern links ab. Ein schmaler Fahrweg steigt nun relativ steil über einen Waldhang gegen Norden an. Bei der Verzweigung links halten und am Rande einer Wiese aufwärts, bis der Weg nach links abdreht, ein Bächlein quert und in eine Kiesstraße mündet. Beim Gutshof Rothenfels links abbiegen und die letzten Meter zur **Burgruine Rothenfels** 02 hinauf.

Auf gleichem Weg steigt man wieder zum Gutshof ab und folgt von dort einem schmalen Pfad in ein paar Minuten zur benachbarten **Burgruine Hugofels** 03, wo es neben einem riesigen überdachten Loch und alten Burgmauern auch zwei Aussichtspunkte gibt.

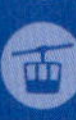
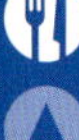
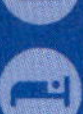

Burgruine Laubenbergerstein

Im 12. Jahrhundert erbaut
Verbreitert und verstärkt um 1450
1525: Von aufständischen Bauern geplündert
nicht mehr bewohnt seit 1559
1977 erworben durch den Heimatverein Immenstadt
Bestandssicherung seit 1978

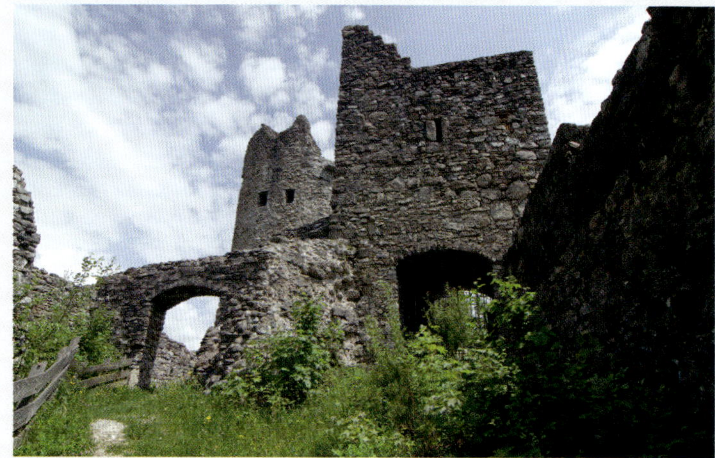

Burgruine Laubenbergerstein

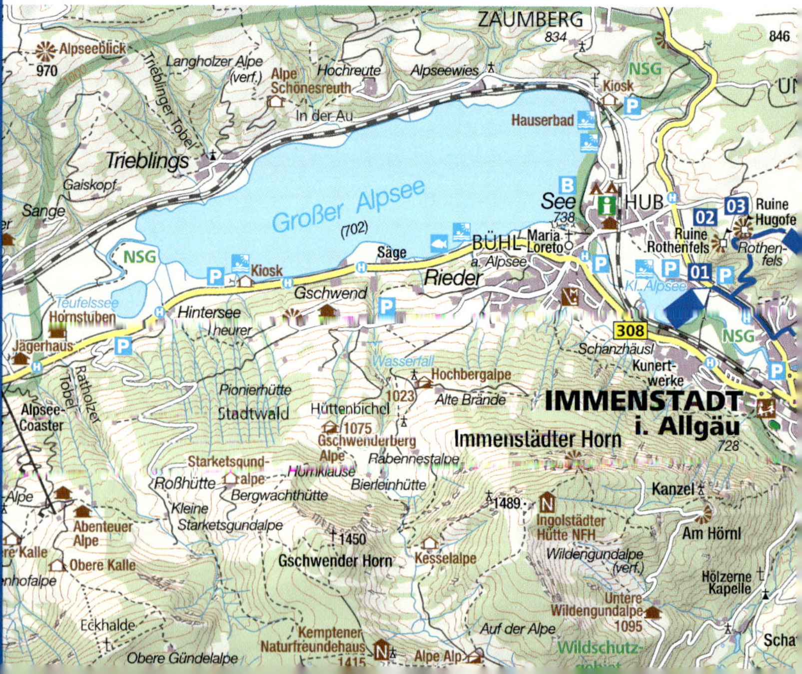

Man kann von der Burgruine auf einem anfangs steil abfallenden, schmalen Pfad direkt nach Osten weitergehen, dann über einen Höhenrücken, zuletzt wieder etwas steiler, bis im Wiesengrund eine Fahrspur erreicht wird. Auf ihr durch eine parkartige Hügellandschaft und nochmals kurz durch den Wald. Am Waldrand schlüpft man durch zwei Weidesperren und geht links über eine Wiese zu einem Sträßchen, das direkt an der **Wirtschaft Alpe Rothenfels** **04** vorbeiführt.

Folgt man dem Fahrweg, trifft man zu einer beschilderten **Wegkreuzung (Dachseck)** **05**, wo man geradeaus weitergeht. Bei der nächsten Einmündung nach etwa 100 Metern ebenfalls geradeaus weiter und auf eine Autostraße. An ihrem rechten Rand auf dem Fußweg nach rechts weitergehen, und zur Bundesstraße 308. Diese am Übergang vorsichtig queren und dann nach Nordosten zur Abzweigung in Richtung Laubenberg-Stein. Bei ihr nach rechts auf einem Fahrweg steil hinauf, durch eine Rechtskehre und zu den Burgruinen auf dem **Laubenbergerstein** **06**.

Der Rückweg verläuft bis zum Dachseck auf der gleichen Route. Beim **Dachseck** **05** schräg links weiter und gleich darauf rechts weiter, dem Wegweiser „Rundweg Dachseck – Immenstadt“ folgen.

Nun auf Fuß- und Fahrwegen im Wesentlichen nach Südwesten weiter und

Burgruine Rothenfels

Erbauungszeit: unbekannt
1332: Einhof Rothenfels genannt
1354: Burg Rothenfels im Besitz der Grafen zu Montfort
1462: abgebrannt, danach wieder aufgebaut
1525: Von den Bauern erfolglos belagert
1567: an die Freiherren verkauft (seit 1629 Grafen zu Königsegg)
nach 1780: Abtragung der noch vorhandenen Dachziegel
1804: an Österreich verkauft
1806: Bayerisch
1817/18: werden die Schlossmauern abgebrochen und teilweise zum Bau des Fohlenhofes Moosgut verwendet

dabei mehrmals geringfügig auf und ab. Beim Weidegatter neben dem Naturfreundehaus rechts abbiegend auf den Rundweg „Unter den Eichen“. Im weiteren Verlauf schlängelt sich dieser Weg über einen steilen Waldhang hinunter und erreicht am **Eicheneck** **07** den Siedlungsbereich. Dort links abbiegen, zur Missener Straße hinab und an ihrem Rand zum **Ausgangspunkt** **01** zurück.

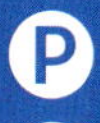

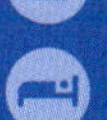

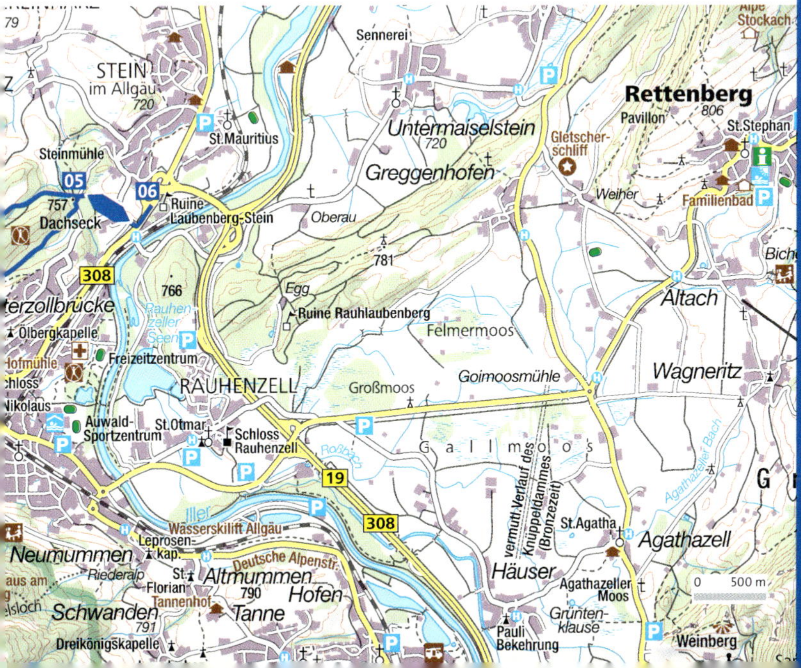

59

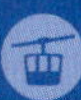

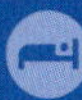

BERGGASTHOF KRANZEGG

Lachsalven auf dem Witz-Wanderweg

  5,25 km  1:45 h 278 hm  278 hm  2

START | Rettenberg/Kranzegg, Bushaltestelle am westlichen Ortsrand, 855 m; Parkplatz am Grüntenlift, außerhalb des Dorfes.
[GPS: UTM Zone 32 x: 599.399 m y: 5.270.800 m]
CHARAKTER | Kurzer, mäßig steiler Aufstieg. Gut bezeichnete Steige und Pfade, kurz Feldweg und Pfadspuren, zuletzt Alpweg.

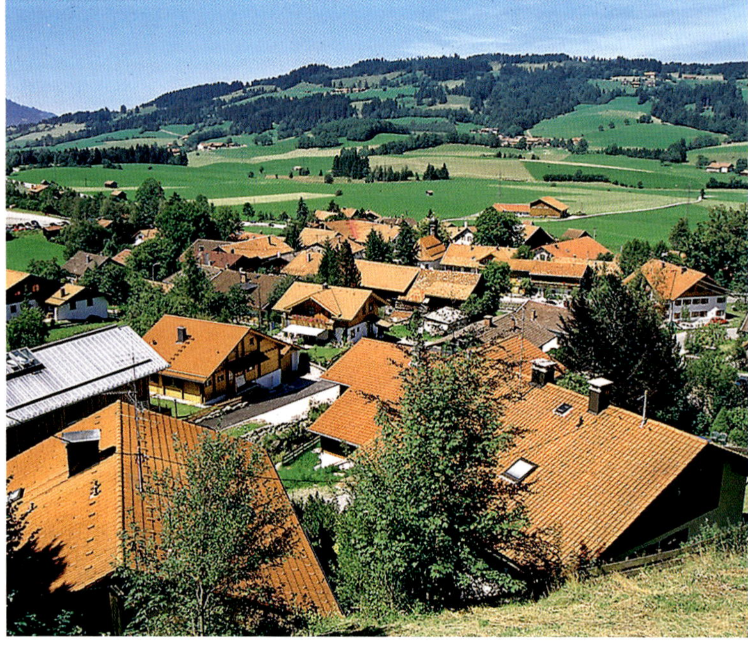

Im Rettenberger Filialort Kranzegg startet der Witz-Wanderweg

Auf den meisten Wanderwegen werden bekanntlich nur wenige Muskelpartien trainiert. Ganz anders auf vorliegendem kleinen Ausflug. Nein, nicht die Oberarme sind gemeint. Die Skistöcke kann man angesichts der recht einfachen Routenführung getrost zu Hause lassen.

Heute geht es ausnahmsweise mal um Muskelstränge, die im arbeitsreichen Alltagsleben ohnehin von der Kümmernis bedroht sind: die Lachmuskeln. Unzählige Bild- und Texttafeln erheitern den lesefreudigen Geher auf „Oberallgäus lustigem Wanderweg“ am laufenden Band.

▶ Wir benützen in **Kranzegg** **01** vom westlichen Dorfrand aus den Gehsteig zum Alpengasthof Kreuz. Dort nehmen wir dann den Fußgängerweg an einem Bach bergauf und lassen uns vom Täfelchen „Oberallgäus lustiger Wanderweg“ den Kurs zeigen. Die unterhaltsame Runde folgt in der ersten Kurve dem mit „Haus Kranzegg“ beschilderten, mäßig steilen Tobelweg, einem spannenden Waldsteig.

An der nächsten Gabelung quert der Witzkurs den Wildbach und passiert einen kleinen Wasserfall. Auf einem Forstweg kreuzen wir einen Quellarm dieses Bachlaufs und gelangen auf einem Pfad unter dem Hochbehälter vorbei zum **Berggasthof Kranzegg** **02**, der zu einer gemütlichen Einkehr verlockt.

Bei der anschließenden Privathütte weist das Schild „Alpe Kammeregg" auf eine kurze Weidespur, die unter zwei Skiliften hindurch zur Schwarzalp leitet. Dort kreuzt die Witzroute ein Alpsträßchen. An der darauffolgenden Ruhebank genießt man einen hübschen Ausblick vom Hauchenberg über den langen Rottachberg – dahinter grüßt der Blenderturm – zum Rottachsee.

Ein kaum mehr steigender Feldweg hält nun auf den Grünten zu und bringt uns zur betagten **Geißalp** **03**, dem höchsten Punkt der Tour.

Nun zeigen sich auch Mittag, Steineberg und Immenstädter Horn. Ein kleines Stück später verläuft ein Pfad über Weidehänge bergab Richtung Kranzegg. Bald nimmt uns ein geteerter Alpweg auf, der talwärts nochmals unter den beiden Skiliften hindurch führt.

Zuletzt geht's an der hölzernen Asante-Christus-Kapelle und dem **Berghof Riesen** **04** vorbei nach **Kranzegg** **01**.

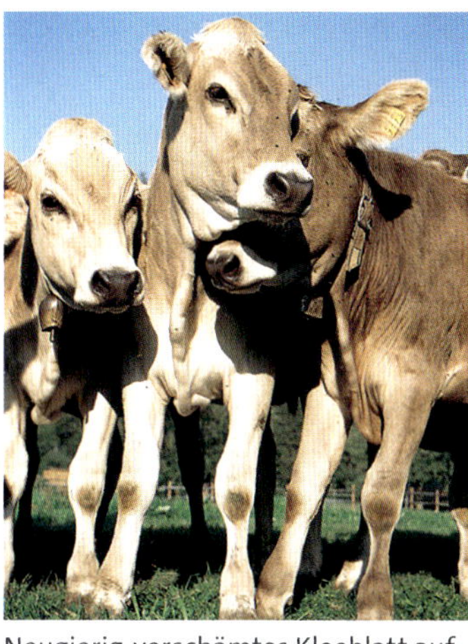
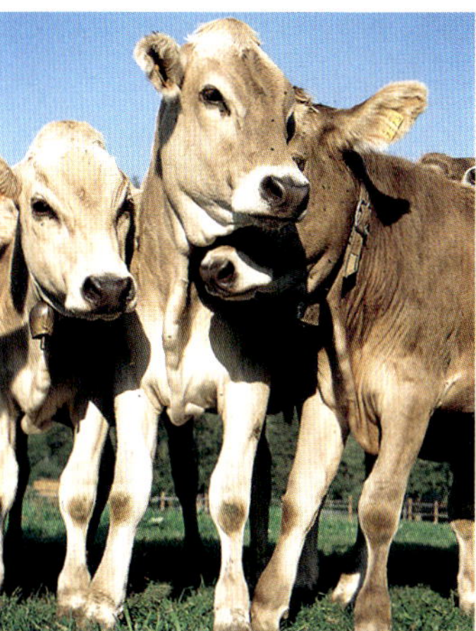

Neugierig-verschämtes Kleeblatt auf der Bergweide

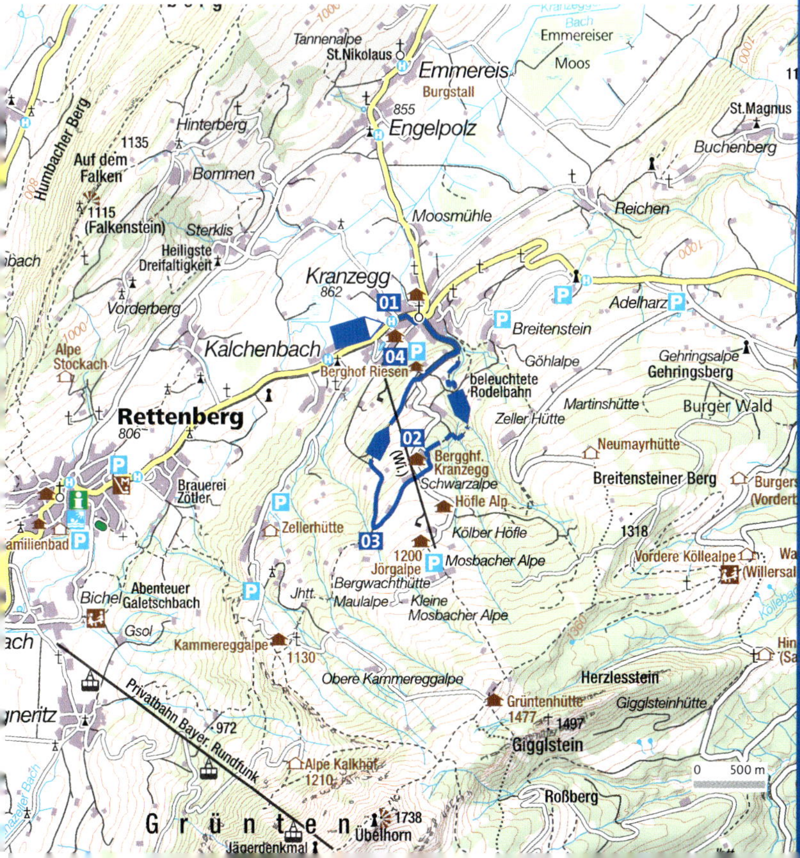

BÄRENKOPF • 1463 m

Wandern bergab

 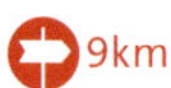9km 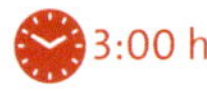3:00 h 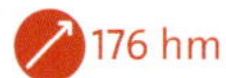176 hm 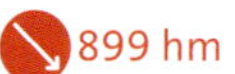899 hm 2

START | Immenstadt, Parkplatz an der Talstation der Mittagbahn, ebenso am Bahnhof.
[GPS: UTM Zone 32 x: 599.400 m y: 5.270.800 m]
CHARAKTER | Kaum nennenswerte Anstiege, längerer Steilabstieg, meist gut bezeichnete Pfade und Steige, kurz auf Alpweg, Sträßchen, Pfadspur und weglosem Abschnitt.

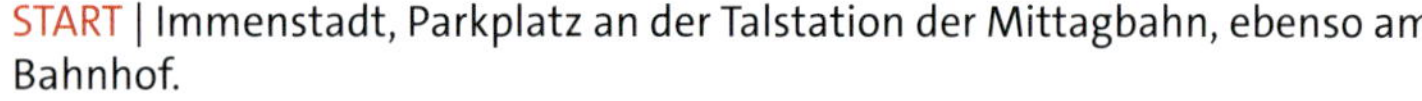

Bevor die leichtfüßige Bergwanderung beginnt, spazieren wir kurz vom Bahnhof in Immenstadt in Richtung Stadtmitte, nach der Bierstube über die Fußgänger-Bahnüberführung in die Adolph-Probst-Straße, geradeaus zur Gottesackerkapelle, passieren die Schranke der Anliegerstraße, queren mittels der holzgedeckten Sepp-Gammel-Brücke den Steigbach und gelangen so auf dem Wanderweg zur Mittagbahn-Talstation. Die Gondel bringt uns in zwei Sektionen zur Bergstation-Gaststätte.

Im Nu geht's von der **Bergstation** 01 auf dem mit „Bärenköpfle" beschilderten Pfad zum Mittag (auch Mittagberg) hinauf. Die Ausschau nach Norden wird leider durch Fichten behindert. Dafür grüßen über dem Illertal die Allgäuer Hochalpen. Auf dem locker bewaldeten Kamm bummeln wir zu einem Nagelfluhfelsen mit dem Gedenkkreuz des Gebirgstrachten- und des Heimatvereins Blaichach.

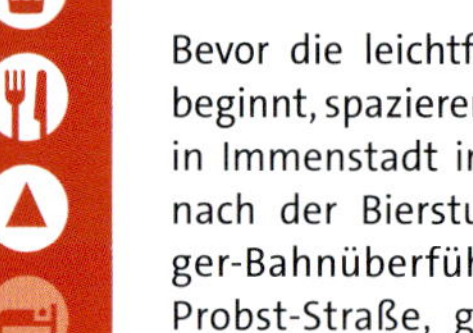

Gedenkkreuz am Fuß des Bärenkopfs

Im Westen reckt sich die Felsnase des Steinebergs empor. Von der kleinen Schulter am Bärenkopf weitet sich der Blickwinkel ins Bregenzerwaldgebirge. Die letzten Meter zum **Bärenkopf** 02 mit leider wieder eingeschränkter Aussicht gewinnt man weglos über einen kleinen Weidehang. Zurück am Gedenkkreuz nehmen wir den Pfad durch eine Mulde und einen Waldstreifen hinunter zur **Sennalpe Oberberg** 03, wo die Möglichkeit einer Sennerei-Besichtigung mit Käseprobe besteht.

Nun folgen wir dem flachen Alpweg auf den Grünten zu und zweigen gleich in der ersten Kurve auf den Steig Richtung Ettensberg ab. Über Lichtungen steigen wir zunehmend steiler an einer kleinen Hütte vorbei. Beim Unterstand mit dem leicht übertriebenen Namen Hotel Poldi benützt unser Kurs talwärts kurz ein stilles Sträßchen.

Nach der Bild-Kapelle (auch Sühnekapelle) passiert der Pfad Richtung Altmummen am Ortsbeginn von **Ettensberg** 04 Schmidelers Kapelle. Wir schlendern über Pferdeweiden und auf flacher Wiesenspur nach **Altmummen** 05. Zu den nahen Häusern von Neumummen führt uns wieder ein Pfad.

Mit einem kleinen Treppen-Gegenanstieg geht es zum Ortsteil Riederalp, bevor uns ein Anliegersträßchen zur **Mittagbahn-Talstation** 06 und nach **Immenstadt** 07 bringt.

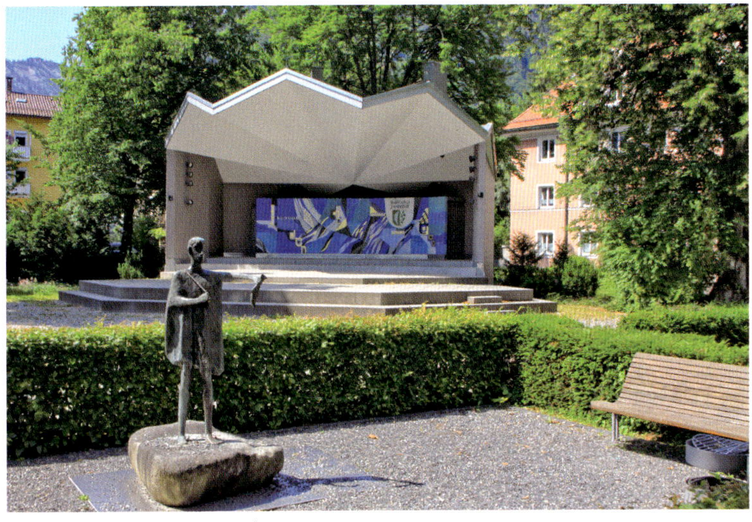

Musikpavillon in Immenstadt

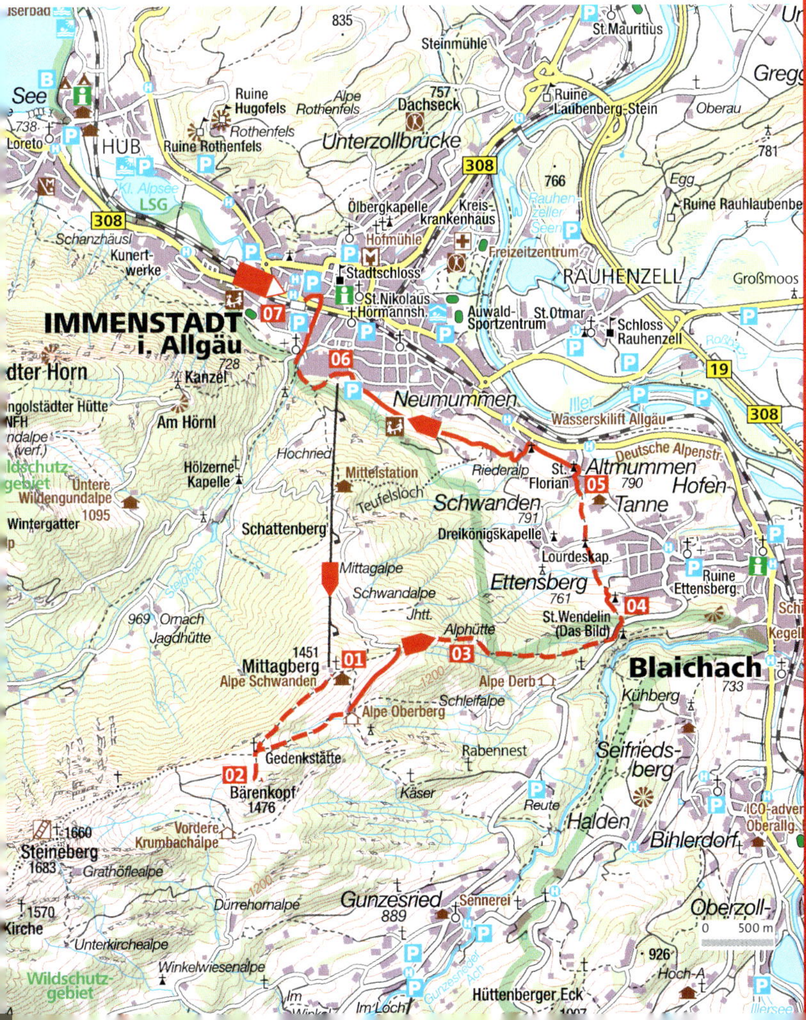

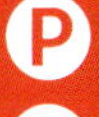

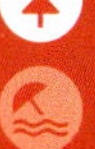

ÜBER HALDEN ZUM SONTHOFER SEE

Vergnügungsbummelei im oberen Illertal

  10,5 km 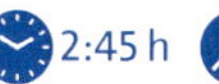 2:45 h  142 hm 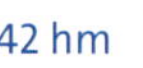 142 hm 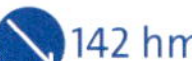  3

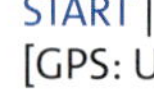

START | Blaichach, Bahnhof (Parkplatz), 733 m.
[GPS: UTM Zone 32 x: 594.718 m y: 5.266.402 m]

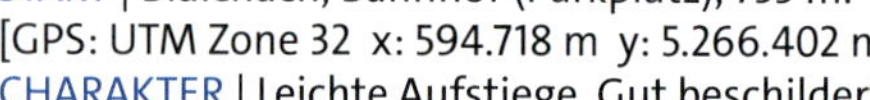

CHARAKTER | Leichte Aufstiege. Gut beschilderte Pfade, Wander- und Wirtschaftswege, kurze Abschnitte auf Straßen und Pfadspuren.

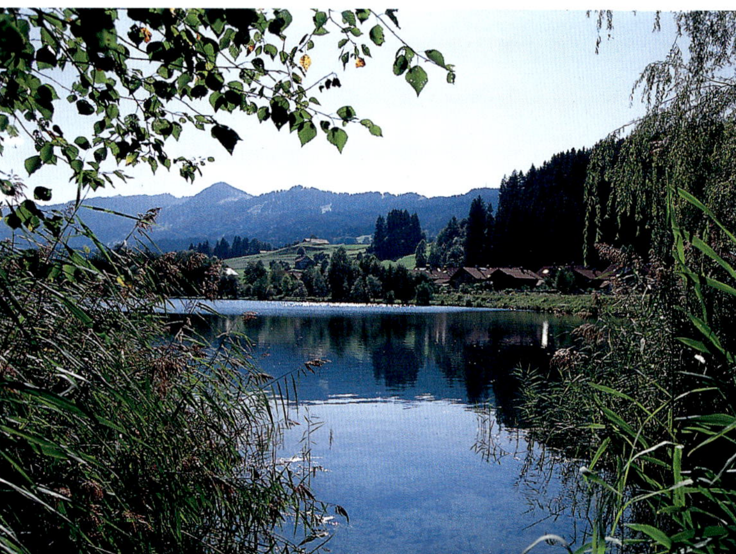

Der romantische Sonthofer See begeistert

Diese kleine Vorgebirgstour beweist wieder einmal anschaulich, dass es gar nicht immer erforderlich ist, dem Berg Stunde um Stunde Höhenmeter abzuringen, um glücklich und zufrieden sein zu können. Eine geschickte Routenwahl auf amüsanten Schleichwegen verbindet im vorliegenden Fall dorfnahe Aussichtspunkte mit einer romantischen Badeseeumrundung und einem erfrischenden Flussspaziergang.

▶ Wir nehmen in **Blaichach** 01 beim Bahnhof den Gehsteig Richtung Sonthofen und wählen nach der Schwarzenbachbrücke den nach Kühberg ansteigenden Feldweg, der bald in einen Pfad wechselt. Bei einem Stadel leitet eine Wiesenspur zu einer bereits sichtbaren Ruhebank. Über dem Dorffleck baut sich der Grünten auf und hinter Sonthofen beeindruckt der lange Felskamm der Daumengruppe.

Am Ortsanfang von **Kühberg** 02 dirigiert uns der Wegweiser „Halden" auf ein schmales Kurvensträßchen. An der Routenteilung nach einem Viehunterstand folgen wir einem Waldweg, im weiteren Verlauf einem Feldweg über den bewaldeten Höhenrücken zu der Häuseransammlung **Halden** 03. Dort setzt auch schon wieder der Talkurs an. Man hält sich ein ganz kurzes Stück an den Gehsteig Richtung Seifriedsberg und bummelt auf dem Pfad Richtung Bihlerdorf – E4 über aussichtsreiche Wiesenhänge. Bei Seifriedsberg quert man ein Sträßchen und gelangt auf einem Waldwanderweg an einem Bächlein entlang nach **Bihlerdorf** **04**.

Dort geht's auf der Hofackerstraße und rechts auf der Oberzollbrückestraße zum Beginn des Blaichacher Ortsteils Oberzollbrücke. Nach der Ettensbach-Fußgängerbrücke spazieren wir auf teilweise geteertem Wirtschaftsweg um den **Sonthofer See** **05**, der Aussicht wegen vorzugsweise gegen den Uhrzeigersinn. Das beliebte, stadtnahe Badegewässer nennt sich auch Illersee. Zurück an der Ettensbachbrücke gehen wir auf einem Wirtschaftsweg zur Illerbrücke. Eine beschauliche Route führt am Flussufer vorbei an **Bihlerdorf** **04** und unter der Eisenbahnbrücke hindurch zurück nach **Blaichach** **01**.

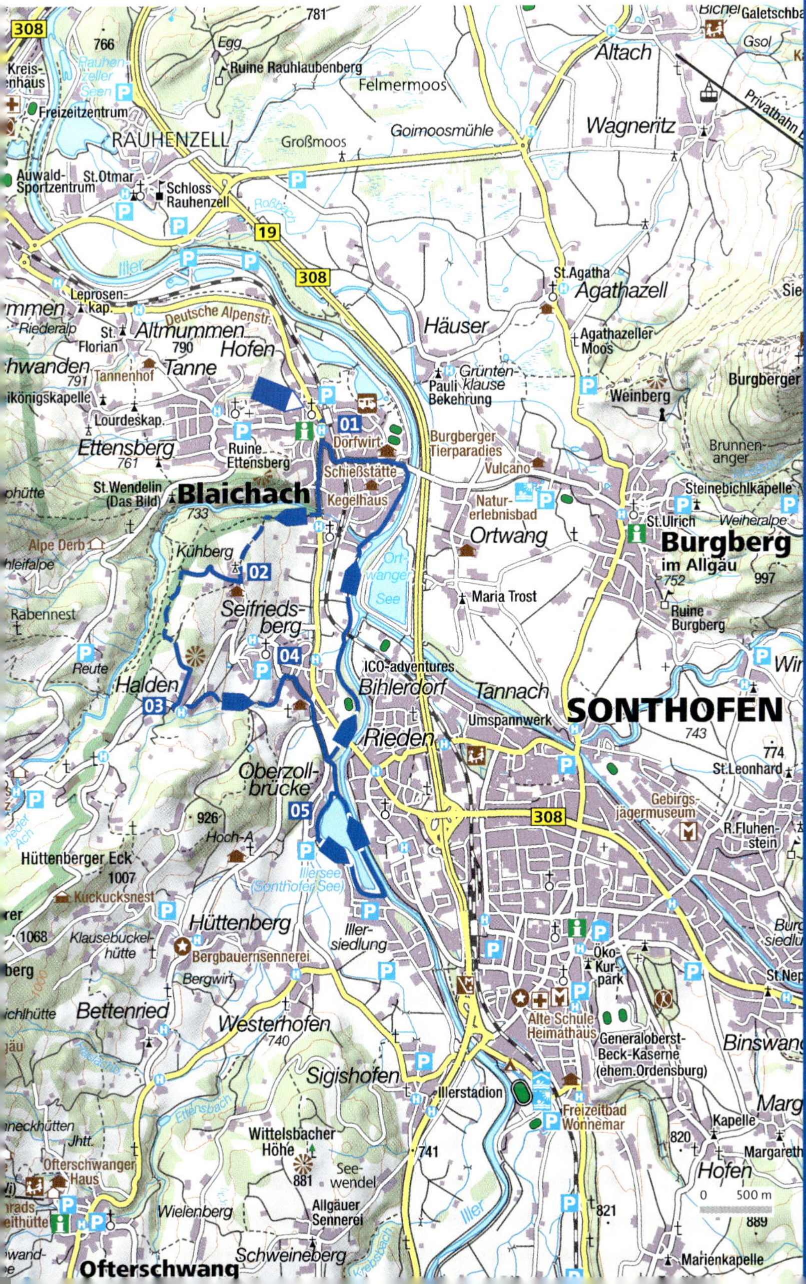

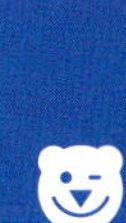

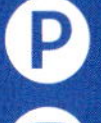

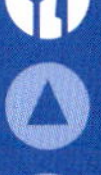
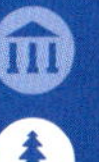

IMMENSTADT-BÜHL – OBERSTAUFEN

Aussichtsreiches Wandern über einen langen Wiesenkamm

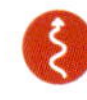  19,7 km  6:30 h  667 hm 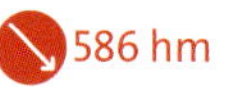 586 hm 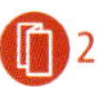 2

START | Seestraße, AlpSeeHaus Immenstadt-Bühl.
[GPS: UTM Zone 32 x: 589.708 m y: 5.269.132 m]
CHARAKTER | Wo Wiesenträume und Panoramalogen den Weg garnieren! Traumetappe mit Traumblicken und dem steten Gefühl, über den Dingen zu wandern. Ausdauer und einige „Körner" sind aber nötig.

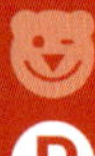
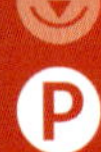
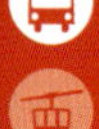

Lohnend: Abstecher nach Missen-Wilhams.

Zum Seeufer des **Großen Alpsees** 01 ist es nicht weit. Rechts über die Konstanzer Ach, links in die Seestraße und dann im Rechtsschwung am **Ostufer** des **Großen Alpsees** 02 entlang bis zum Strandbad. Die Bahnlinie unterquert die Route durch eine Unterführung, begleitet die Gleise ein Stück nach links und zieht dann, erst durch Wiesen, dann durch Wald, steil hinauf Richtung **Zaumberg** 03. In der Ortsmitte links auf Fahrweg (rechts ab zur schönen St.-Leonhard-Kapelle von 1790 und dem Landgasthof) zum Ortsausgang durch Wiesen und Wald zu einem Scheitelpunkt. An der Kreuzung rechts halten und im Wechsel mit schönen Wald- und Wiesenpassagen zu einer Alpstraße, die linker Hand zur **Siedel-Alpe** 04 führt (Einkehr). Es könnte der Vorhof zum Paradies sein. Auf Wiesenpfad geht es zur Eingangsstele von Immenstadt und dann durch Wald, bis von rechts eine Fahrstraße aus dem Tal kommt und kurz später rechts auf einem Geländebuckel die Pfarr-Alpe auftaucht. Wenig weiter zweigt ein Zuweg über die **Pfarr-Alpe** 05 hinunter in den Themenort Missen-Wilhams ab.

Zuweg Missen-Wilhams: Ein paar Meter weiter ist die Pfarr-Alpe erreicht, links herum geht es durch zwei Weidedurchlässe und durch ein traumhaft schönes Alpweidegebiet sanft bergab, während im Tal bereits Missen zu sehen ist. Wenig später erreicht der Weg eine asphaltierte Fahrstraße, hier geht es links ab und leicht bergab. Die Fahrstraße macht einen Rechtsknick, vorbei an der Städele-Alpe. Dann zweigt der Weg nach rechts ab und steigt nun etwas steiler hinab, vorbei am Tuffenmoos linker Hand und dann bis zu einem Weidegatter, hinter dem es rechts ab über die Wiese bis hin zum sichtbaren Waldrand geht. Im Wald geht es dann über einen Pfad und etliche Serpentinen in Schwüngen hinunter nach Missen, ehe der Waldrand erreicht wird und die Route über einen Wiesenpfad auf eine Fahrstraße und den Stixnerbach stößt. Hier geht es links weiter, zunächst über den Stixnerbach und bis zur Verkehrsstraße. Hier wendet sich der Zuweg auf Gehweg links ab nach Missen-Wilhams hinein. Auf der Hauptstraße geht es durch den Ortskern hindurch, an der bekannten Brauerei Schäffler mit Hotel vorbei und

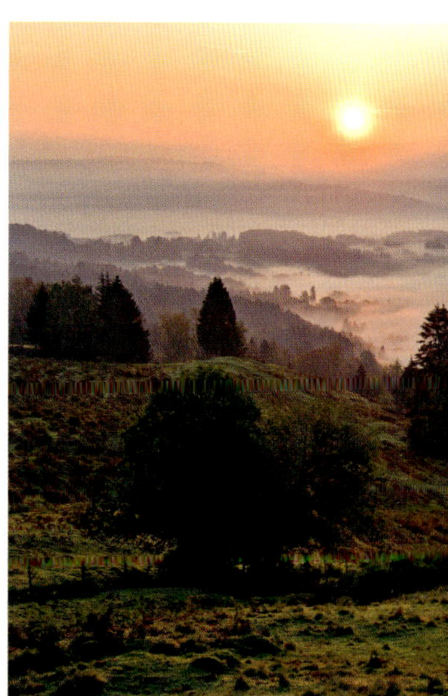

Immenstadt: oberhalb vom Alpsee „Obheit

erreicht wenig später die Tourist-Information, das Rathaus sowie davor den Start- und Willkommensplatz von Missen-Wilhams. Zurück geht es auf gleichem Wege.

Links turnt die Hauptroute auf einen grasbestandenen Bergkamm, wendet sich nach rechts und steigt mit tollen Aussichten zur **Thaler Höhe** 06 (1195 m) an. Das Panorama in alle Richtungen ist grandios. Wieder wechseln Alpgelände und Wald einander ab, dann steigt die Etappe steil hinauf zum Gipfelkreuz der **Ochsenschache** 07 (1195 m) oberhalb der Schneiders-Alpe. Wiesen und Waldpassagen folgen, ehe die 1254 m hohe **Salmaser Höhe** 08 mit sagenhaftem Ausblick und Gipfelkreuz erreicht wird. Was für ein Bergpanorama inmitten üppiger Wiesen- und Blumenpracht!

Bald nach dem anfangs steilen Abstieg, vorbei an einem weiteren Aussichtspunkt Richtung Norden, wendet sich der Weg nach links und zweigt in Höhe einer Holzhütte rechts ab hinunter in ein Bachtal. Auf und ab, links und rechts kurvt der Weg nun, durchmisst jedes Seitental und erreicht schließlich durch Weidegebiet einen Bergpass oberhalb der Hompesser-Alpe samt asphaltierter **Passstraße** 09. Halblinks führt die Route wieder ins Gelände und über Wiesen zunächst steil ansteigend zu einem weiteren Kreuz und in der Folge an endlosen Weidezäunen immer auf der Scheitellinie des Bergkammes entlang zur 1118 m hohen **Kalzhofener Höhe** 10 mit tollem Blick auf Oberstaufen und den Hochgrat.

Es geht weiter auf dem Kamm, dann kaum sichtbar markiert hinunter zur **Oberen Gsäng-Alpe** 11. Dabei hält man Kurs auf einen Punkt etwas rechts des Alpgebäudes und findet dort den Weidedurchlass und folgt dann der Alpstraße nach rechts in das ausgedehnte Golfplatzgelände. Vor dem Hotel geht es links in die Straße „Meerau" bis zu einer großen **Straßenkreuzung** 12 (Hochsträß/Klosterstraße). Hier quert die Route die Verkehrsstraße geradeaus und folgt der „Kalzhofer Straße" geradeaus bis kurz vor die Bahnlinie. Dann biegt der Weg links in den „Jugetweg", stößt auf die „Immenstädter Straße" und wendet sich hier rechts über die Bahnschienen, um geradeaus durch die „Bahnhofstraße" in die Fußgängerzone von Obestaufen zu führen. Vor der **Kirche** 13 wendet sich die Route nach rechts in die Straße „Kirchplatz" und erreicht vor dem Haus des Gastes (rechts), die Straße heißt jetzt „Hugo-von-Königsegg-Straße," den **Start- und Willkommenspunkt** 14 und das Etappenende.

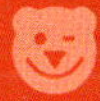
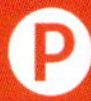

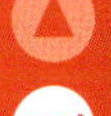
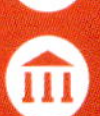

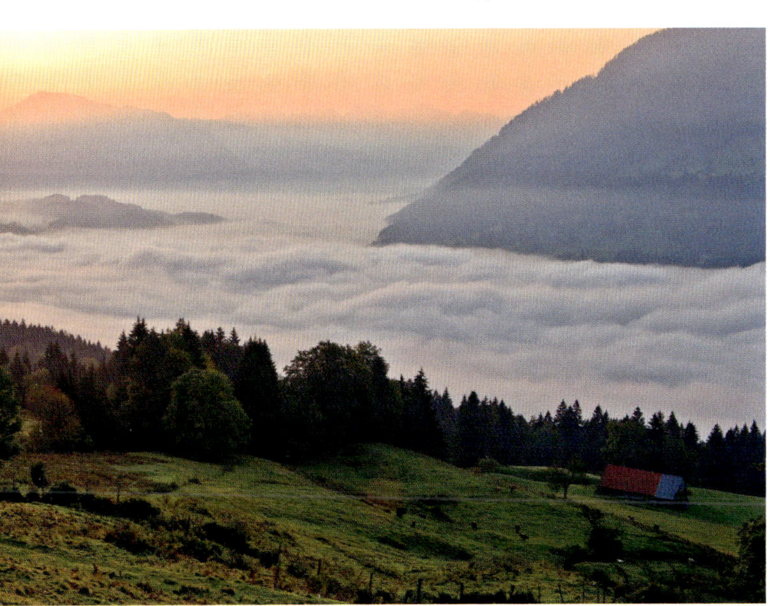

über dem See

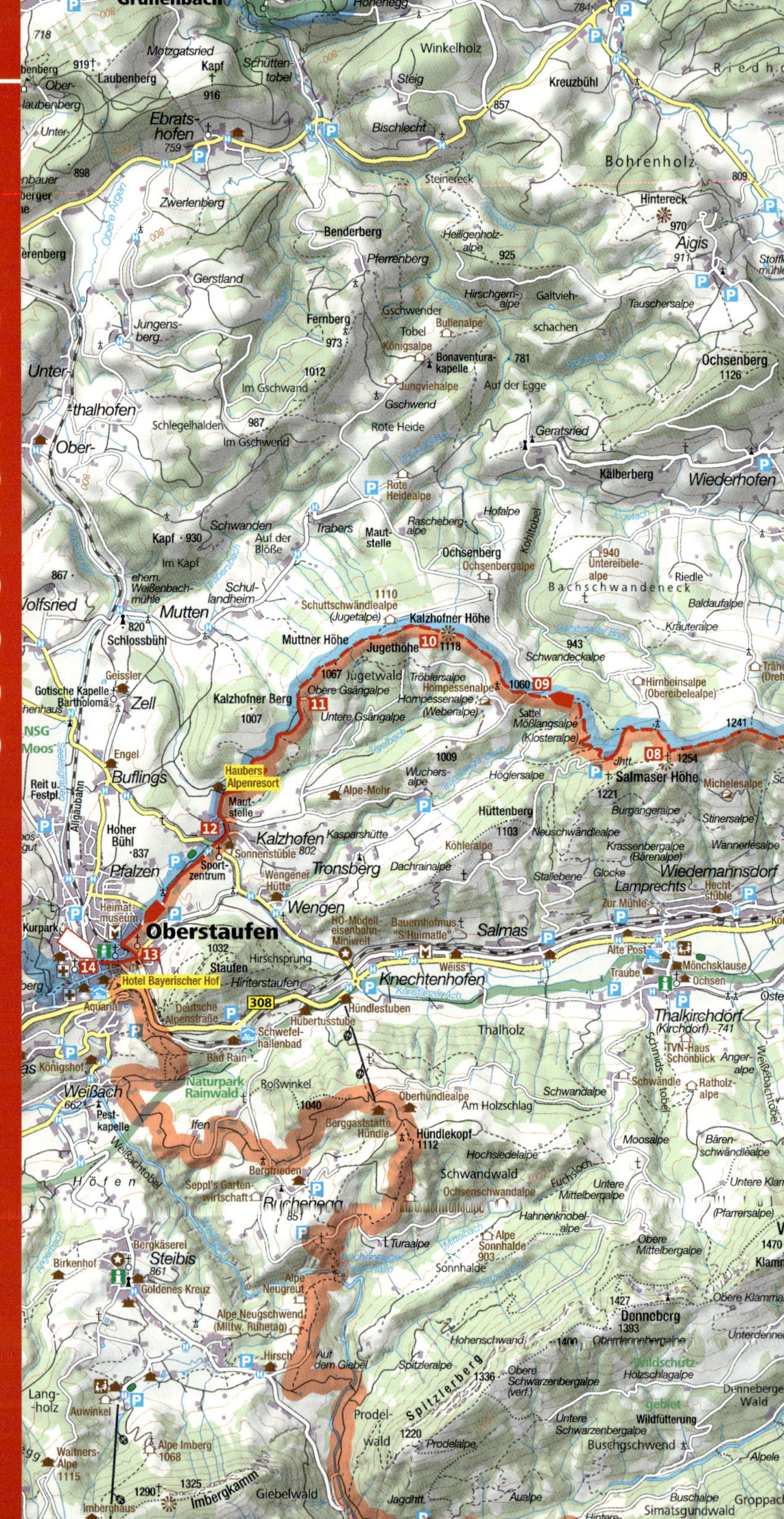
Grünenbach
Eistobelsteg
Ruine Hohenegg
Hohenegg
Sibratshofen
784
Motzgatsried
Kapf
916
Laubenberg
Schüttentobel
Winkelholz
Steig
Kreuzbühl
Ebratshofen
759
Bischlecht
857
Zwerlenberg
Bohrenholz
809
Steinereck
Hintereck
970
Aigis
911
Benderberg
Pferrenberg
Heiligenholzalpe
925
Gerstland
Hirschgernalpe
Galtviehschachen
Tauschersalpe
Jungensberg
Fernberg
973
Gschwender Tobel
Bullenalpe
Königsalpe
Bonaventurakapelle
781
Ochsenberg
1126
Unterthalhofen
Im Gschwand
1012
Jungviehalpe
Auf der Egge
Gschwend
Schlegelhalden
987
Im Gschwend
Rote Heide
Geratsried
Ober-
Kälberberg
Wiederhofen
Rote Heidealpe
Hofalpe
Schwanden
Auf der Blöße
Trabers
Mautstelle
Rascheberg-alpe
Kapf · 930
Im Kapf
Ochsenberg
Ochsenbergalpe
940
Untereibelealpe
Bachschwandeneck
Riedle
867
ehem. Weißenbachmühle
Schullandheim
Baldaufalpe
Wolfsried
Mutten
1110
Schuttschwändlealpe (Jugetalpe)
Kalzhofner Höhe
820
Schlossbühl
Muttner Höhe
Jugethöhe
10
1118
Kräuterälpe
943
Schwandeckalpe
Geissler
1067
Jugetwald
Tröblersalpe
Hompessenalpe
1060
09
Gotische Kapelle Bartholomä
Zell
Obere Gsängalpe
Hompessenalpe (Weberalpe)
Hirnbeinsalpe (Obereibelealpe)
Kalzhofner Berg
11
Untere Gsängalpe
Sattel
Mößlangsalpe (Klosteralpe)
1241
NSG Moos
1007
Jhtt.
08
1254
Engel
1009
Salmaser Höhe
Buflings
Haubers Alpenresort
Wuchersalpe
Höglersalpe
Michelesalpe
Reit u. Festpl.
Mautstelle
Alpe-Mohr
1221
Hüttenberg
Burgangeralpe
Stinersalpe
Hoher Bühl
837
12
Kalzhofen
Kasparshütte
1103
Neuschwändlealpe
Sonnenstüble
802
Köhlerälpe
Krassenbergalpe (Bärenalpe)
Wannerlesalpe
Pfalzen
Sportzentrum
Tronsberg
Dachrainalpe
Stallebene
Glocke
Wiedemannsdorf
Lamprechts
Wengener Hütte
Wengen
Heimatmuseum
Zur Mühle
Kurpark
Oberstaufen
HO-Modelleisenbahn-Miniwelt
Bauernhofmus. "S'Huimatle"
Salmas
13
1032
14
Hirschsprung
Alte Post
Staufen
Weiss
Knechtenhofen
Mönchsklause
Hotel Bayerischer Hof
Hinterstaufen
Traube
Ochsen
Konstanzer Ach
Aquaria
Deutsche Alpenstraße
308
Hündlestuben
Hubertusstube
Thalkirchdorf (Kirchdorf)
741
Schwefelhallenbad
Thalholz
TVN-Haus Schönblick
Bad Rain
Königshof
Naturpark Rainwald
Roßwinkel
Schwändle
Ratholzalpe
Weißach
662
1040
Oberhündlealpe
Am Holzschlag
Schwandalpe
Pestkapelle
Ifen
Berggaststätte Hündle
Hündlekopf
1112
Moosalpe
Hochsiedelalpe
Bärenschwändlealpe
Höfen
Bergfrieden
Schwandwald
Fuchsloch
Seppl's Gartenwirtschaft
Ochsenschwandalpe
Untere Mittelbergalpe
Buchenegg
851
Hahnenknobelalpe
(Pfarrersalpe)
Bergkäserei
Turaalpe
Alpe Sonnhalde
903
Obere Mittelbergalpe
1470
Birkenhof
Steibis
861
Sonnhalde
Alpe Neugreut
Goldenes Kreuz
1427
Donneberg
1393
Alpe Neugschwend (Mittw. Ruhetag)
Hohenschwand
1400
Hirsch
Auf dem Giebel
Spitzlerälpe
1336
Obere Schwarzenbergalpe (verf.)
Wildschutzgebiet
Langholz
Auwinkel
Spitzlerberg
Prodelwald
1220
Prodelalpe
Untere Schwarzenbergalpe
Wildfütterung
Buschgschwend
Waltnersalpe
1115
Alpe Imberg
1068
1290
1325
Imbergkamm
Giebelwald
Jagdhtt.
Aualpe
Buschalpe
Simatsgundwald
Imberghaus
Obere
Lanzenbacher Säge
826
St. Rochus
Hintere-

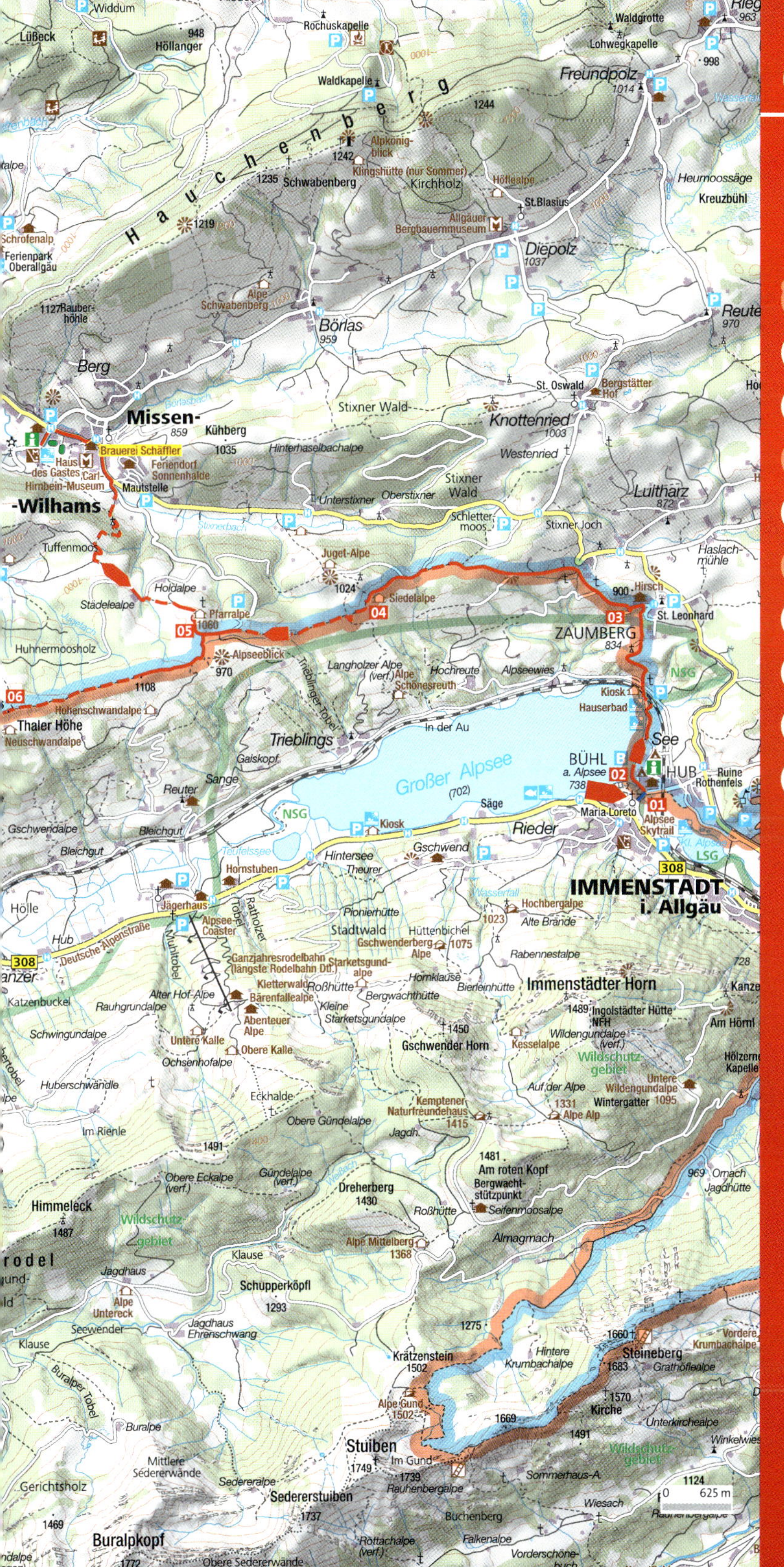
Hauchenberg
Missen-
-Wilhams
Brauerei Schäffler
Haus des Gastes
Carl-Hirnbein-Museum
Feriendorf Sonnenhalde
Mautstelle
Börlas
Diepolz
Freundpolz
Knottenried
Luitharz
Stixner Wald
Kühberg
Berg
Schwabenberg
Kirchholz
Allgäuer Bergbauernmuseum
St. Blasius
St. Oswald
Bergstätter Hof
Stixner Joch
Juget-Alpe
Siedelalpe
Pfarralpe
Alpseeblick
Tuffenmoos
Holdalpe
Stadelealpe
Huhnermoosholz
Thaler Höhe
Neuschwandalpe
Hohenschwandalpe
ZAUMBERG
Hirsch
St. Leonhard
Hochreute
Alpseewies
Alpe Schönesreuth
Langholzer Alpe (verf.)
Trieblings
Trieblinger Tobel
Kiosk
Hauserbad
In der Au
Großer Alpsee
(702)
BÜHL a. Alpsee
See
HUB
Ruine Rothenfels
Maria-Loreto
Alpsee Skytrail
Rieder
Säge
Gschwend
Hintersee
Theurer
IMMENSTADT i. Allgäu
308
Deutsche Alpenstraße
Jägerhaus
Alpsee Coaster
Hornstuben
Ganzjahresrodelbahn (längste Rodelbahn Dtl.)
Kletterwald
Bärenfallealpe
Abenteuer Alpe
Untere Kalle
Obere Kalle
Starketsgund-alpe
Stadtwald
Gschwenderberg Alpe
Hochbergalpe
Immenstädter Horn
Ingolstädter Hütte NFH
Gschwender Horn
Kesselalpe
Kemptener Naturfreundehaus
Alpe Alp
Wildschutzgebiet
Am roten Kopf Bergwacht-stützpunkt
Seifenmoosalpe
Dreherberg
Alpe Mittelberg
Himmeleck
Schupperköpfl
Alpe Untereck
Krätzenstein
Alpe Gund
Stuiben
Steineberg
Hintere Krumbachalpe
Vordere Krumbachalpe
Sedererstuiben
Buralpkopf
Buchenberg
Immenstädter Horn
01
02
03
04
05
06
0 625 m

HAUCHENBERG-RUNDE

Mit Räuberhöhle, Aussichtsturm, Hütteneinkehr und Museumsbesuch

 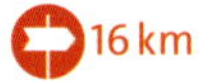 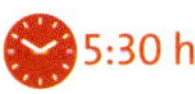 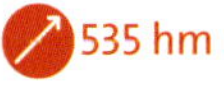 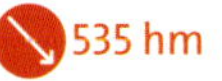 

16 km | 5:30 h | 535 hm | 535 hm | 187

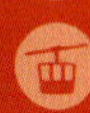

START | Missen, Parkplatz an der Hauptstraße, vor der Tennisanlage; alternativ: Parkplatz am Dorfplatz, Brauerei Schäffler.
[GPS: UTM Zone 32 x: 584.440 m y: 5.272.230 m]
CHARAKTER | Teils steile und anstrengende Graspfade im Aufstieg zum Hauchenberg, ansonsten bequeme Wiesen- und Waldwege, kurze asphaltierte Nebensträßchen und breite Kieswege.

„Räuberhöhle", Aussichtsturm „Alpkönigblick", Bergbauernmuseum, Wendelinkapelle – die große Wanderrunde um den Hauchenberg ist weit mehr als nur eine großartige Aussichtstour.

Wir starten in **Missen** 01 vom Parkplatz bei den Tennisplätzen, gehen Richtung Dorfmitte und biegen an der Straßenkehre bei der Brauerei Schäffler links in die Dorfstraße ab. Direkt vor der Kirche geht es scharf links über einen Bach in den Schulweg und zu einer Verzweigung hoch. Wir folgen hier links dem unbefestigten Weg Richtung Alpkönigblick/Kapf, wandern am Waldrand und an Häusern entlang aufwärts, überqueren eine Fahrstraße und steigen deutlich steiler weiter auf Asphalt an. Nach einer kurzen Flachpassage folgen wir dem Carl-Hirnbein-Weg, überqueren einen Bachlauf und marschieren durch

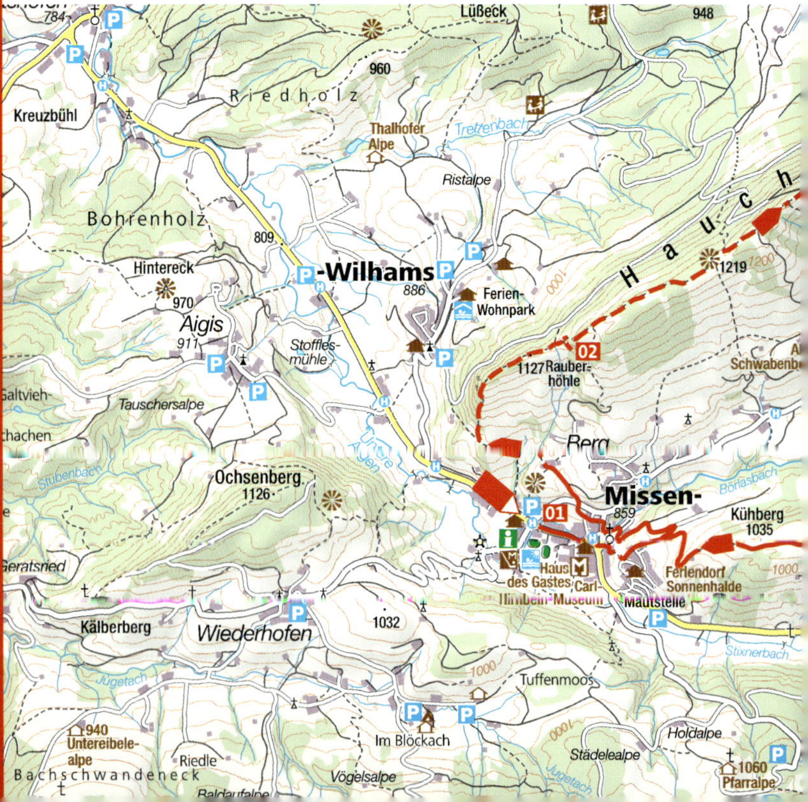

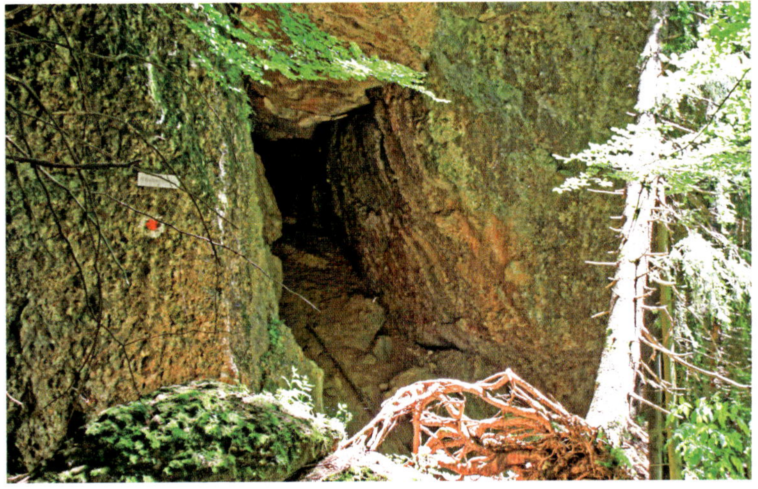

Bei der Räuberhöhle

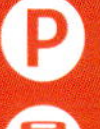

Wiesengelände zu einer Kuppe hinauf. Bei der nächsten Markierungsstange verzweigt sich der Weg, rechts als Gratweg, links als Forstweg, beide in Richtung Hauchenberg ausgeschildert.

Wir steigen ordentlich steil und schweißtreibend rechts über den Wiesenhang hoch zum Wald; es wird sehr wurzelig, bis wir den Grat erreichen und der Weg flacher wird.

Teils schattig, teils sonnig, mit herrlicher Aussicht nach beiden Seiten, geht es fast eben weiter, bis wir rechts die Abzweigung zur **Räuberhöhle** 02 errei-

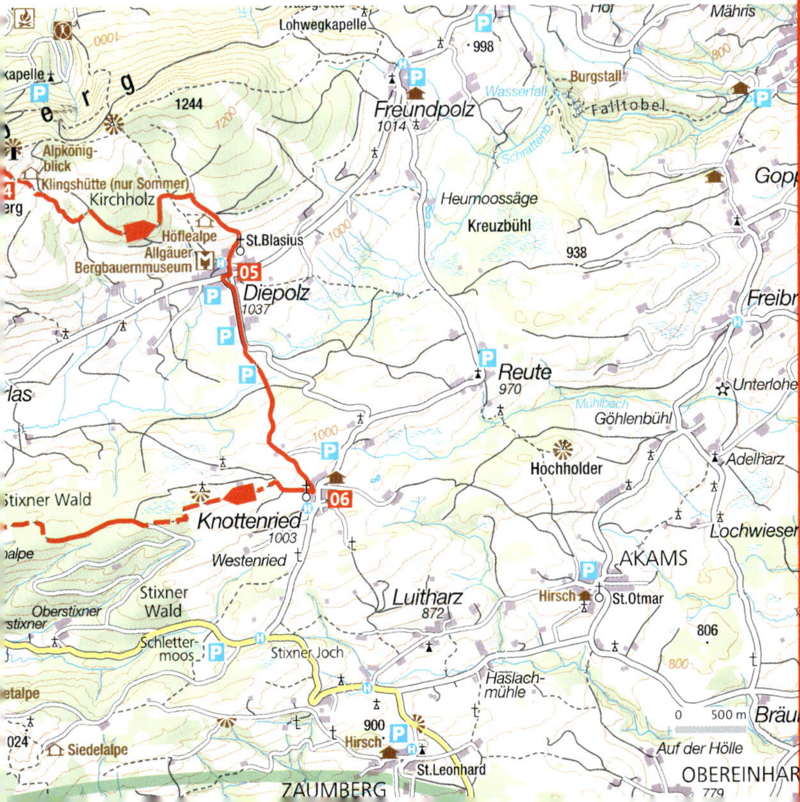

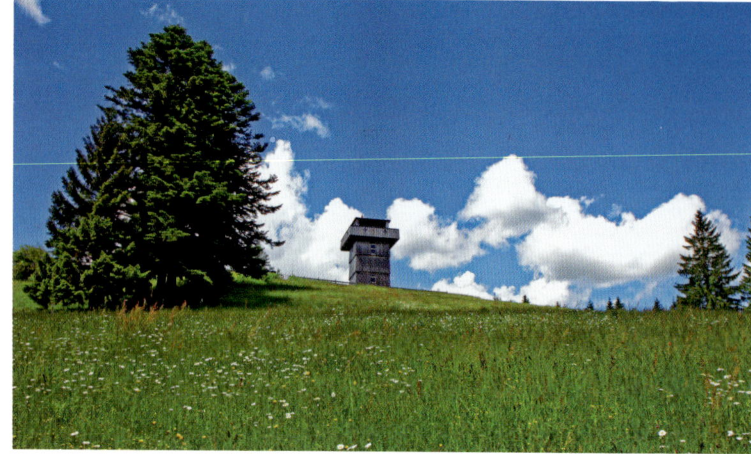

Der Alpkönigblick-Turm auf dem Hauchenberg

chen. Leicht abwärts gelangen wir nach wenigen Metern zu der eindrucksvollen Höhle – ein kurzer, lohnender Abstecher.

Ein paar Meter nach der Verzweigung biegen wir scharf rechts ab, steigen ein paar Meter steil in den Wald hoch und stoßen auf den von rechts hoch kommenden alternativen Wanderweg von Missen. Auf dem nun teils stärker bewaldeten Grat geht es mit wunderbarer Aussicht stets leicht ansteigend weiter. Eine sumpfige Stelle wird über Holzbohlen überquert, mehrere Male passieren wir Weidegatter und weitere Verzweigungen. Zunächst ist nach links Weitnau über den Jägersteig ausgeschildert, dann nach rechts der Abstieg nach Börlas. Wir bleiben geradeaus und der nun fast ebene Waldpfad, teils wieder wurzeliger, führt uns zu einem kreuzbestandenen Grasbuckel, von wo der Aussichtsturm schon zu sehen ist. Durch eine Senke hindurch wandern wir wieder leicht ansteigend zum Aussichtspunkt auf dem Hauchenberg, dem **Alpkönigblick-Turm** 03, hoch.

Kurz vor Erreichen des Turms zweigt der Weg rechts ab und führt auf steilerem Pfad über eine Wiese bergab zur sichtbaren **Klingshütte** 04. Weiter hinab (Markierung Diepolz) über Weidegelände stoßen wir auf einen schlecht betonierten Weg, der uns hinunter an den Waldrand bringt. Bei einer Kurve halten wir uns links Richtung Höflealpe, steigen über Wiesen wieder kurz an und biegen dann scharf rechts ab, der Markierung Diepolz folgend. Am Waldrand wieder rechts haltend, wandern wir auf einem schlecht asphaltierten Fahrweg, vorbei an der Höflealpe, weiter bergab nach **Diepolz** 05. Wir passieren die Kirche, machen einen Schwenk nach rechts und statten dem Allgäuer Bergbauernmuseum einen Besuch ab. Wir folgen der Beschilderung Knottenried und marschieren auf dem Kunigundenweg (Infotafeln) rechts neben der Straße aus dem Ort.

Am Loipenparkplatz Diepolz vorbei, geht es über Wiesengelände wieder leicht hoch und dann hinab nach **Knottenried** 06. Unterhalb der Kirche bei der Kapelle des Hl. Wendelin steigen wir auf einem nicht asphaltierten Fußweg rechts hoch und folgen dem Graspfad abwechselnd am Waldrand entlang und über freie Wiesen. Bald kreuzt ein breiter Forstweg, dem wir nach rechts weiter folgen und der leicht ansteigt (Pos. Stixner Wald). Vorbei an der Abzweigung rechts nach Börlas erreichen wir die **Hinterhaselbachalpe** 07 und passieren eine schöne Aussichtsbank. Anschließend geht es wieder leicht bergab, zum Schluss in Kehren an einem Pferdegestüt vorbei. Wir treffen auf Häuser und steigen über Stufen zur Straße ab. Ein geteerter Fußweg bringt uns dann steiler bergab nach Missen und zum Hinweg, den wir beim Brauereigasthof Schäfflerhof erreichen. Wenig später sind wir zurück am **Ausgangspunkt** 01.

KLAMMEN • 1470 m

Wenig begangene Tour über dem Konstanzer Tal

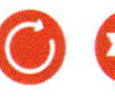 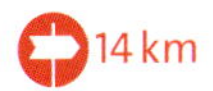 14 km 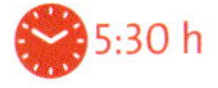 5:30 h 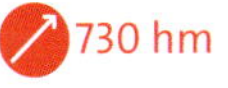 730 hm 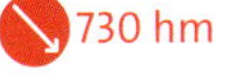 730 hm  3

START | Oberstaufen/Wiedemannsdorf, Bushaltestelle an der Abzweigung nach Thalkirchdorf, Parkplatz beim Freibad.
[GPS: UTM Zone 32 x: 581.840 m y: 5.267.460 m]
CHARAKTER | Längere steile Aufstiege, mitunter spärlich bezeichnete Pfade und Steige, Wander- und Ziehwege, zuletzt Alpsträßchen, kurz weglos. Trittsicherheit erforderlich.

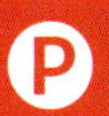

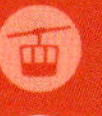
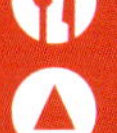

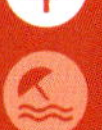

Man sollte den Klammen im Prodelkamm wegen seiner geringen Gipfelhöhe nicht unterschätzen. Der Nordaufstieg verlangt eine gewisse Kondition ab. Heute ist es kaum mehr vorstellbar, dass diese Hanglagen noch vor ungefähr 100 Jahren reines Weidegebiet waren und erst später aufgeforstet wurden.

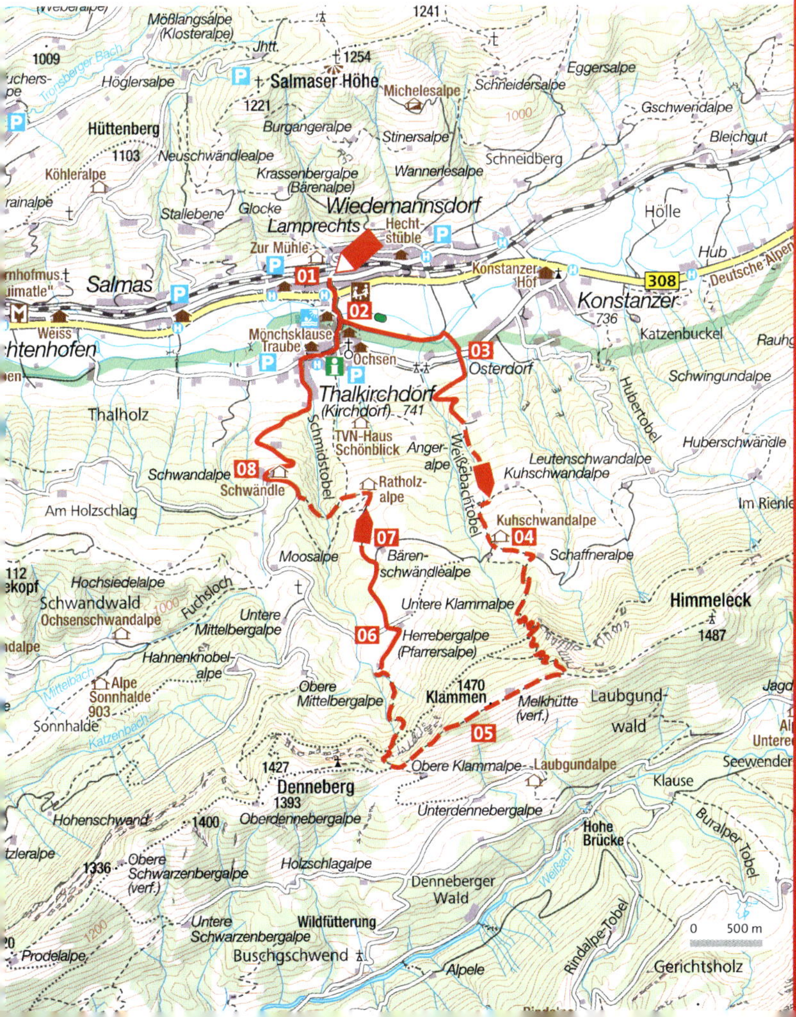

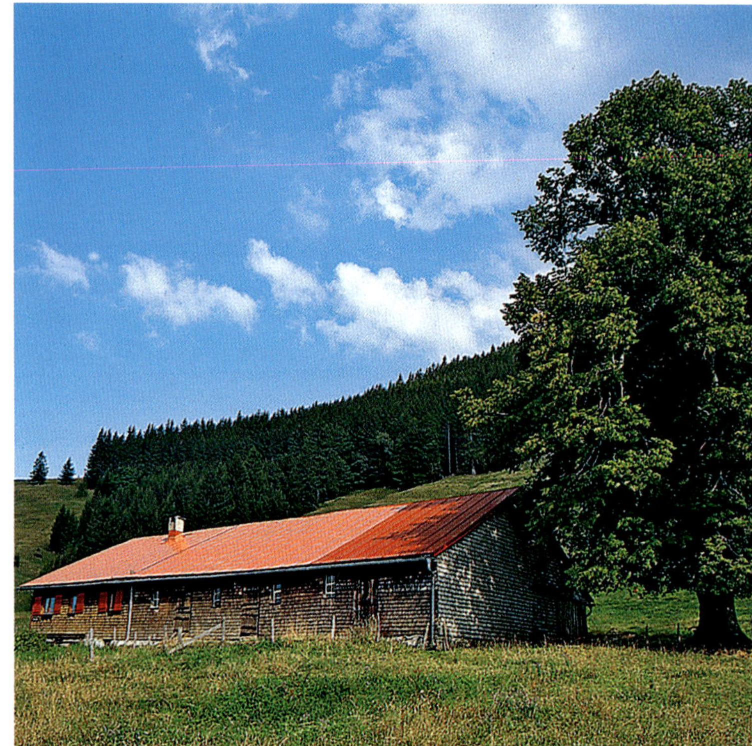

Die Untere Klammalpe am Nordfuß des Klammen

Wir begeben uns in **Wiedemannsdorf** 01 von der Abzweigung nach Thalkirchdorf durch die B 308-Unterführung und auf einem Gehsteig zum Ortsanfang von **Thalkirchdorf** 02. Ein Wirtschaftsweg und später ein Fußweg begleiten die Konstanzer Ach nach **Osterdorf** 03.

Dort queren wir die Straße und folgen dem mit „Kuhschwand" beschilderten Ziehweg in Kehren über steile Weidelichtungen. Ab einer kleinen, abseits stehenden Alphütte zieht der Weg durch Wald kräftiger an und bei den unteren Kuhschwandalpen legt die nur noch als Fahrspur ausgeprägte Wanderroute zur Einkehr **Kuhschwandalpe** 04 nochmals an Steigung zu.

Das Schild „Schaffner Alpe" zeigt nun auf einen Pfad, der über Weidehänge zu einem Viehstall führt. Dort geht's Richtung Klammen erst flach durch Brombeergestrüpp, dann auf zunehmend steilerem Waldpfad in anhaltendem Zickzack auf die beweidete Kammhöhe. Über die verfallene Melkhütte zum unscheinbaren höchsten Punkt namens **Klammen** 05 erwartet uns nur noch ein Höhenspaziergang.

Jenseits der Weißachfurche zeigen sich, wie auf einer Perlenkette aufgereiht: die Rindalpen. Der nun schmälere, licht bewaldete Höhenzug erfordert kurz Trittsicherheit. Nach einem kleinen Rücken setzen wir von einem Sattel den Abstieg Richtung Thalkirchdorf auf einem Mischwaldsteig fort. Zuletzt erreicht man über eine weglose Alpweide die **Herrebergalpe** 06. Ein Fahrweg führt zur nahen Untere Klammalpe und weiter zur **Bärenschwändlealpe** 07. Dort richtet man auf das Täfelchen „Schwendle" und trifft kurz darauf bei der Rotholzalpe ein. Jetzt leitet ein Wanderweg über eine Viehweide und im Schmidstobel über zwei Bachstege. Anschließend folgt ein Treppenaufstieg. Zum Schluss bummeln wir dann auf einem Alpsträßchen über die Schwandalpe und das **Brotzeitstüble Schwändle** 08 nach **Thalkirchdorf** 02 und zurück nach **Wiedemannsdorf** 01.

ALPSEERUNDWEG • 907 m

Seewanderung mit peppigem Rückweg

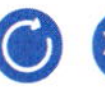  11,3 km 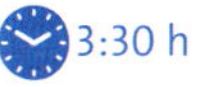 3:30 h 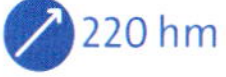 220 hm 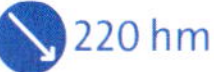 220 hm 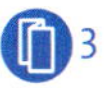 3

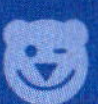
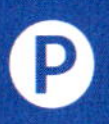

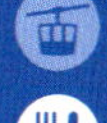
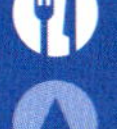
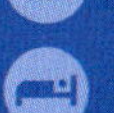
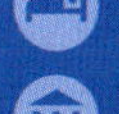
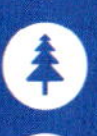

START | Ratholz, Parkplatz bei der Liftstation „Alpsee Bergwelt“, 744 m. [GPS: UTM Zone 32 x: 585.694 m y: 5.268.152 m]
CHARAKTER | Leichte Rundwanderung mit etwas anstrengendem Rückweg.

Anfangs auf schöner, beliebter Seepromenade und zurück auf den steilen Hängen am Südufer des Alpsees.

▶ Beginnen wir die Rundwanderung beim **Seilbahnparkplatz** 01 in Ratholz, wo es heißt „Alpsee Bergwelt“. Von dort auf einer Unterführung unter der Autostraße durch und auf einem Sträßchen bis kurz vor das Bahngleis. Dort nach rechts abbiegen und zum Alpsee weiter. Nun lange am See entlang, bis man die Badeanlagen, den Campingplatz, die Cafés und Gaststätten in **Bühl** 02 am Ostufer des Alpsees erreicht. Dort verlassen wir die Seepromenade, biegen rechts ab und gehen zur Lorettokapelle hinauf.

Wieder unterqueren wir die Autostraße, folgen einer steilen Anliegerstraße nach **Rieder** 03 hinauf und weiter nach **Gschwend** 04, wo es auf der linken Straßenseite hinter dem Grillplatz einen kleinen Wasserfall zu bestaunen gibt.

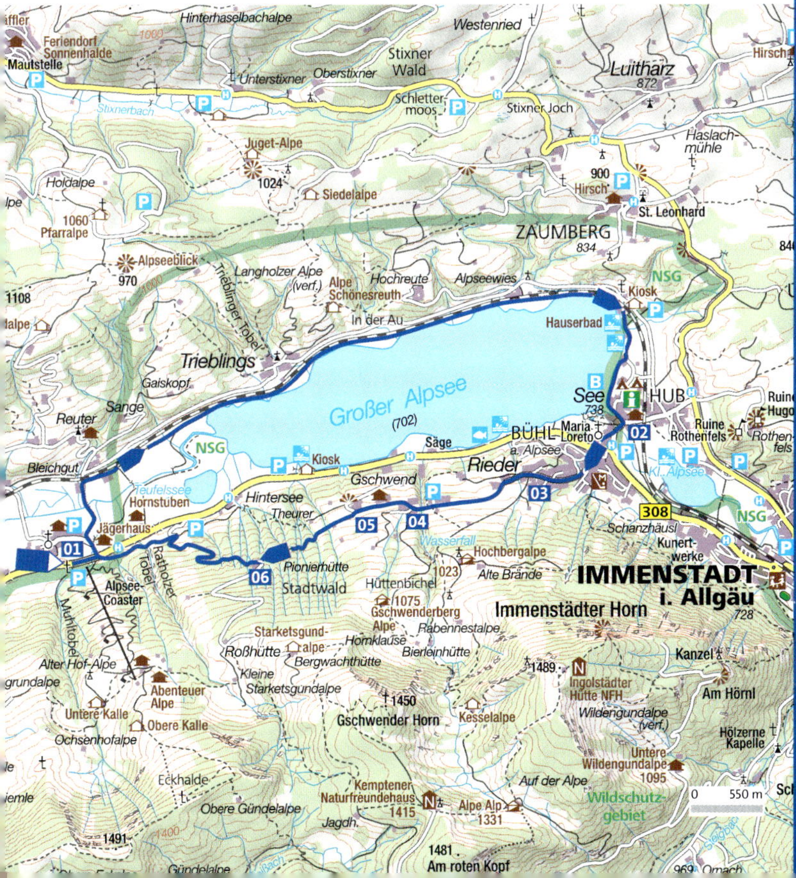

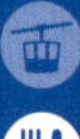
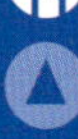

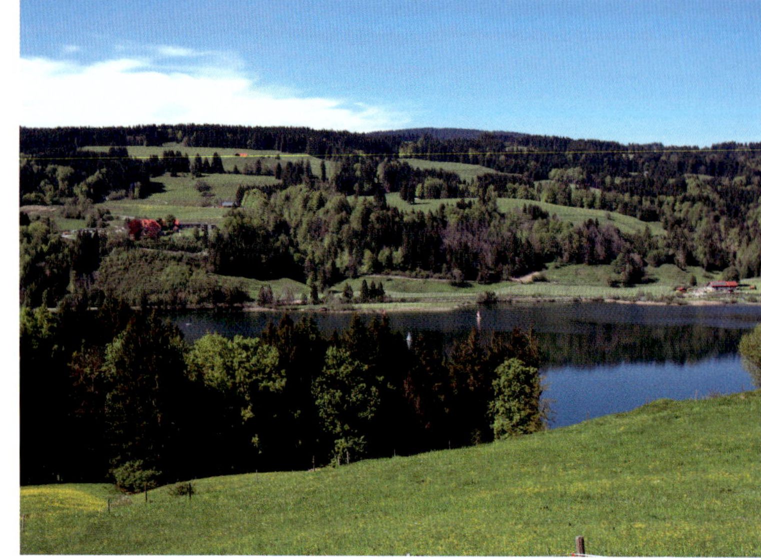

Der Alpsee

Neben der **Kapelle St. Cyprian und Cornelius** 05 findet sich ein Rastplatz mit herrlichem Blick auf fast den gesamten Alpsee.

Etwa 250 Meter hinter der Holzkapelle zweigt nach links ein Feldweg ab, steigt ein wenig zu einer Hütte an und verjüngt sich zu einem teils groben Pfad. Auf ihm nun in wechselnder Steigung weiter, bis man neben der **Pionierhütte** 06 ein Asphaltsträßchen erreicht, das in etlichen Kehren abfällt.

Kurz vor der Autostraße kann man beim Ratholzer Tobel nach links auf einen schmalen Pfad abbiegen, der zum **Ausgangspunkt** 01 zurückführt.

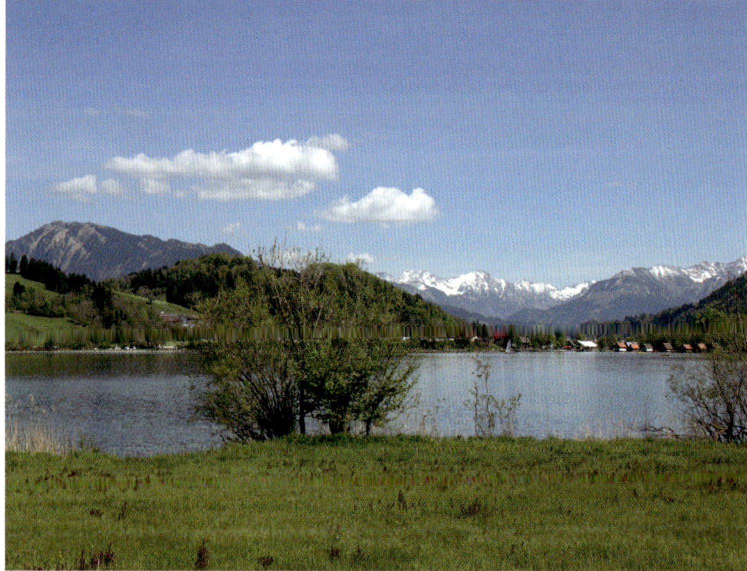

Hinter dem Alpsee erheben sich die Allgäuer Alpen

OCHSENSCHACHE • 1195 m UND SALMASER HÖHE • 1221 m

Kleine Bergtour bei Thalkirchdorf

 7,4 km 2:45 h  490 hm 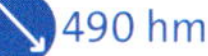 490 hm 2

START | Wiedemannsdorf, 753 m.
[GPS: UTM Zone 32 x: 582.518 m y: 5.267.860 m]
CHARAKTER | Leichte, aber zum Großteil sehr steile Bergtour.

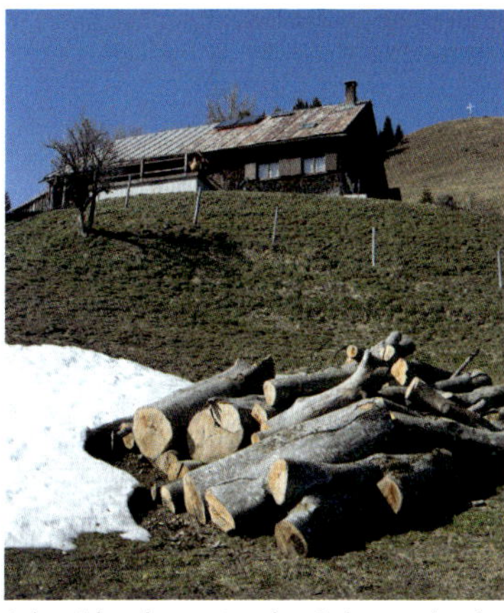
Schneideralpe unter der Ochsenschache

Hat man den steilen Aufstieg geschafft, wird man von einer Höhenwanderung empfangen, wie sie schöner kaum sein kann.

In **Wiedemannsdorf** 01 geht man kurz auf dem Burgangerweg hinauf und biegt hinter der Hausnummer 1 rechts ab. Die Betonpiste verlässt man schon nach ein paar Metern nach rechts, um einem schönen Hangweg zu folgen, bis dieser nach kurzer Gefällstrecke auf einen Fahrweg stößt, dem man in der gleichen Richtung folgt.

Bei der **Verzweigung** 02 auf einer Höhe von etwa 830 Metern links abbiegen

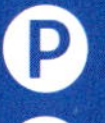

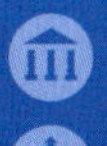

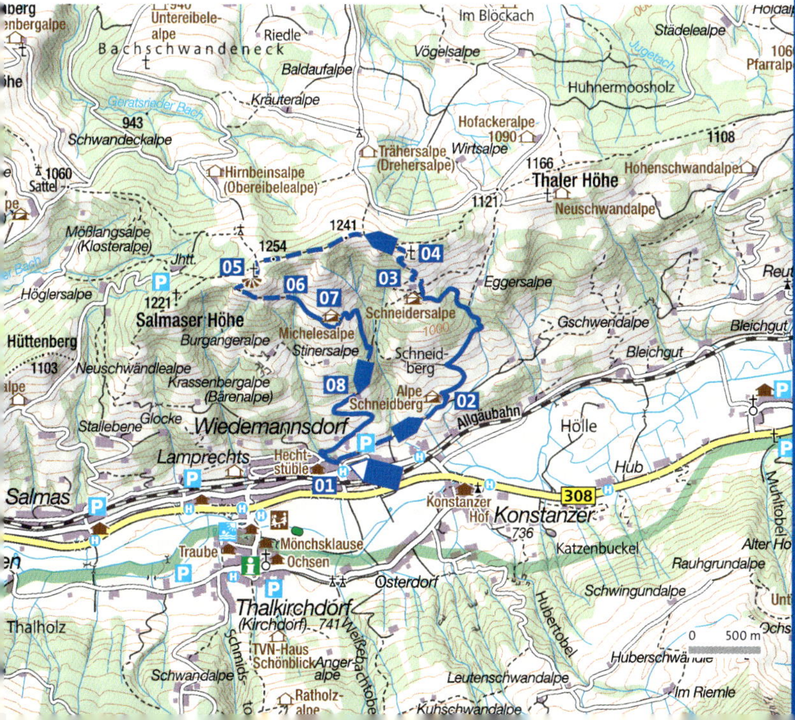

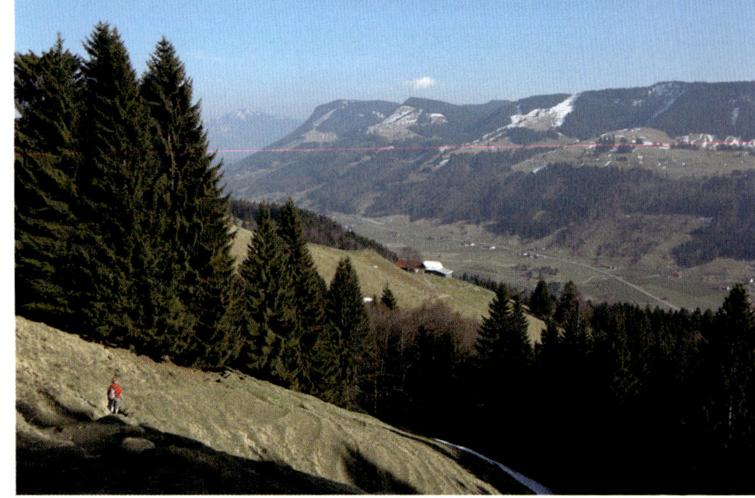
Abstieg von der Salmaser Höhe

und sogleich zur Schneidbergalpe (Einkehr). Anschließend auf einer Schleppspur steiler werdend über Wiesenhänge nach Nordosten hinauf. Bei der folgenden Abzweigung links weiter und zur nächsten bewirtschafteten Alpe, der **Schneidersalpe** 03, hinauf.

Auf breitem, aber steilem Weg nun in Kehren zum Kreuz auf der **Ochsenschache** 04 (oder Gemskopf) hinauf. Dort links abzweigen und auf der Grathöhe nach Westen. Auf dem langen Bergrücken geht es mehrmals auf und ab, durch Wald und über freie Wiesen, bis schließlich die Rastplätze und das Kreuz auf dem Panoramagipfel der **Salmaser Höhe** 05 erreicht werden.

Der Abstieg verläuft über einen Wiesenweg nach Westen. Bei den Wegtafeln scharf nach links und auf schmalem Bergpfad nach Westen zum **Hennenbach** 06 hinab. Von dort auf einem Fahrweg weiter, dem man an der **Michelesalpe** 07 und der **Wannerlesalpe** 08 vorbei bis zum **Ausgangspunkt** 01 folgt.

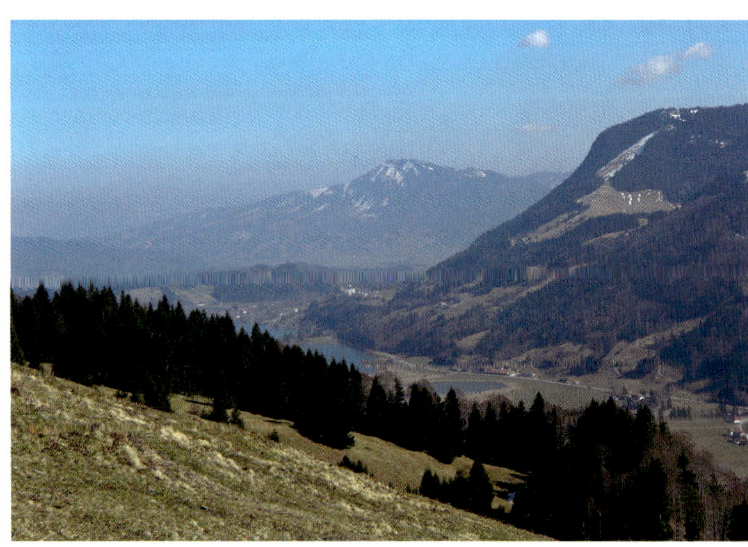
Ausblick von der Ochsenschache zum Alpsee

OBERSTAUFEN – OBERREUTE

Schönes Auf und Ab mit vielen kleinen Weilern

 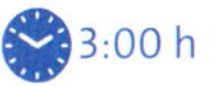 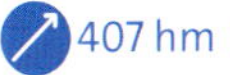  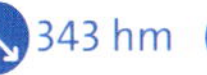 

10,8 km | 3:00 h | 407 hm | 343 hm | 3

START | Hugo-von-Königsegg-Straße, Haus des Gastes, Oberstaufen. [GPS: UTM Zone 32 x: 576.795 m y: 5.267.279 m]
CHARAKTER | Eine Tour wie ein Segelflug. Hoch über allen Dingen schweben, weit blicken und dann im „Gleitflug" nach Oberreute, dass man schon eine geraume Zeit im Visier hatte. Superleicht und entspannend.

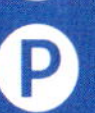

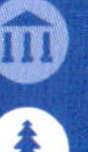

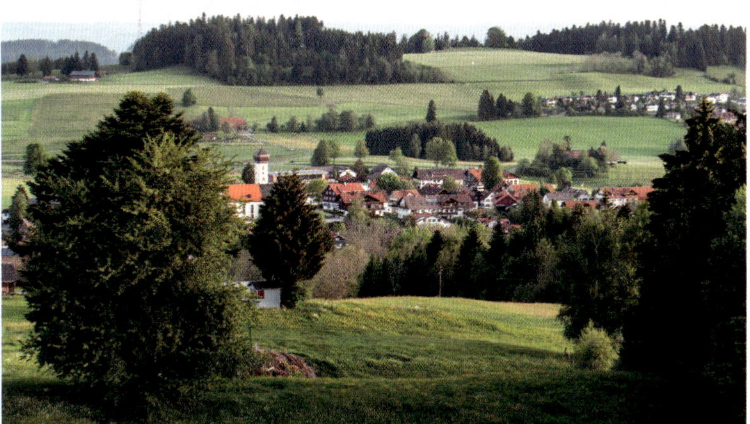

Oberreute: Blick auf Oberreute von Martinshöhe

Tolle Aussichten, Kapellen, große Waldeinsamkeit und ein Aufstieg nach Oberreute.

Vom **Start- und Willkommensplatz 01** durch den kleinen Park rechts davor in die „Johann-Schroth-Straße" und rechts ab durch die „Schlossstraße" bis in Höhe des Hotels Diana (liegt links, rechts ist ein Parkplatz) und dann über etliche Stufen auf dem Kreuzweg hinauf zur Kapelle auf dem **Kalvarienberg 02**.

Weiter, an der folgenden Kreuzung links halten, bis ein asphaltierter Fahrweg erreicht ist. Hier rechts ab, zunächst an der **Fokussierstele 03** mit Blick auf St. Peter und Paul vorbei, dann den ersten Abzweig ignorierend kurz später links steil auf Pfad bergauf und diesem später am Waldrand entlang folgen. An der folgenden T-Kreuzung links und gleich wieder rechts ab durch Wald, bis der Waldrand nach mäßigem Anstieg erreicht wird. Linker Hand geht es wenige Meter zum 998 m hoch gelegenen Aussichtspunkt Kapf. Rechts ab, über Wiesen auf steil abfallendem Weg mit phänomenaler Sicht auf Hochgrat und seine Nagelfluhgrazien geht es zum Weiler Berg mit dem **Hotel und Café Berghof am Paradies 04**.

Weiter auf Fahrweg zu einer T-Kreuzung, hier rechts und am folgenden Abzweig rechts bergab bis zur Bundesstraße 308. Sie wird geradeaus gequert und am folgenden Bauernhof geht es rechts durch herrliche Wiesen bergab und anschließend wieder in Windungen bergauf zur zweiten Querung der B 308. Geradeaus erreicht die Etappe einen Fahrweg. Hier geht es rechts ab, vorbei an einer hübsch verschindelten

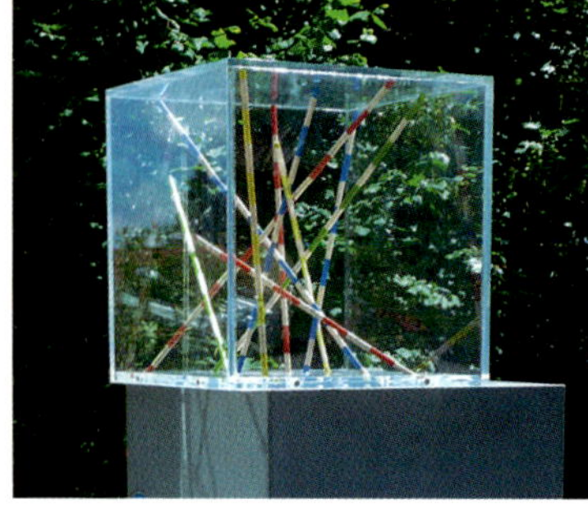

Oberreute: Ortswürfel

Kapelle 05 und dem Weiler Hinterreute, bevor nach einer Linkskurve, scharf links, ein Fahrweg zu zwei Gehöften mit schönem Lindenbaum abzweigt. Der Weg führt daran vorbei und geht in einen Wiesenweg über und beschreibt einen Bogen mit schöner Aussicht auf den Waldrand zu. An der folgenden Kreuzung geht es links mäßig steil bergab, vorbei an zwei Fischteichen und Skiliftanlagen, bis die **Landstraße** zwischen den Weilern **Hopfen** und **Zu Hopfen** 06 erreicht wird.

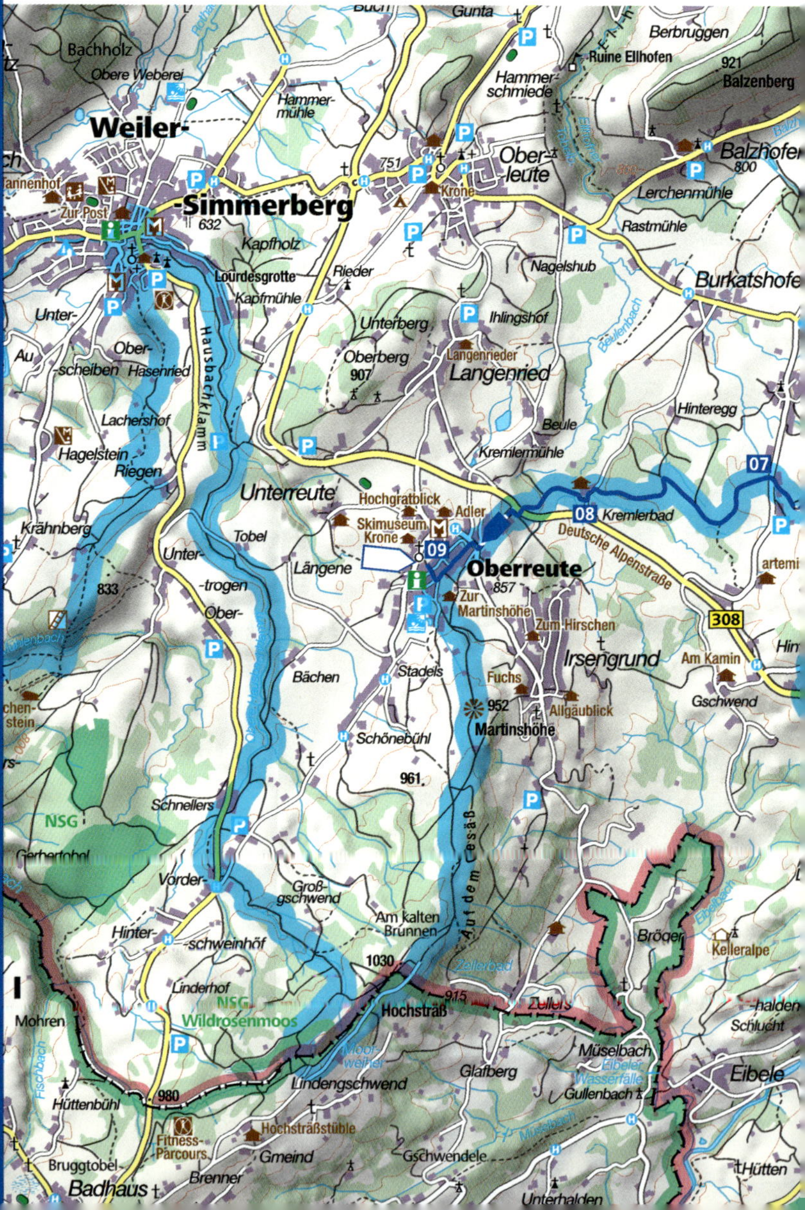

Hier kurz rechts und an einer Rastanlage mit Infotafeln links ab über Wiesen zum Waldrand. Bald folgt links ein Zuweg zum **Kräutergarten Artemisia** 07 mit Hofladen, Gärtnerei und Gaststube. Die Hauptroute führt geradeaus weiter, an der nächsten Kreuzung rechts und darauf im spitzen Winkel links erst durch Wald, dann durch eine herrliche Waldwiese mit folgender Waldpassage.

An der nächsten Wegegabelung links bis zu einer Fahrstraße. Hier wieder links und dann am **Kremlerbad** 08 rechts wieder durch Wald bis zur Eingangsstele von Oberreute. Nun unterquert die Route die B 308, erreicht die „Staufner Straße", der die Etappe links bis zur „Irsengrunder Straße" bergauf folgt. Hier quert der Weg die Straße und folgt dem ausgewiesenen Fußweg bis zur „Hirschbergstraße". Diese leitet zur „Sonnenhalde", wo es rechts ab durch den Kurpark zum Start- und Willkommensplatz vor der **Kirche St. Martin** 09 geht.

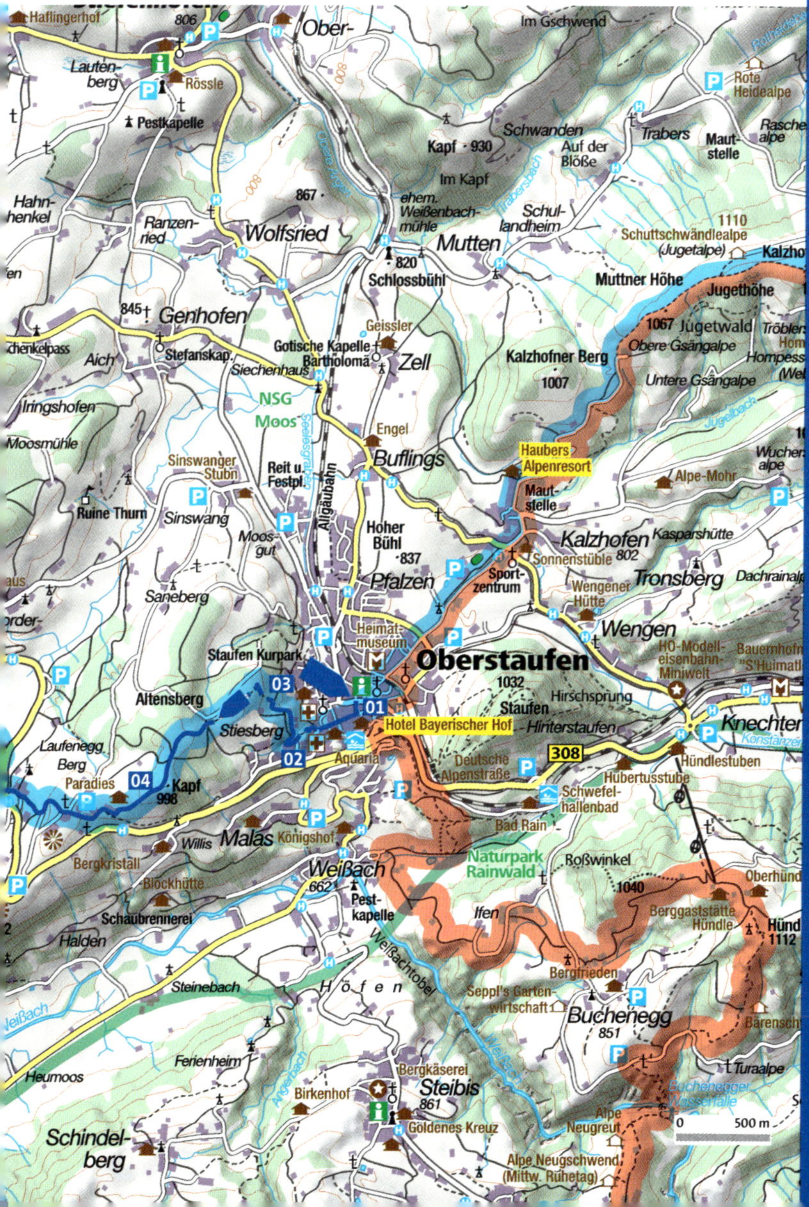

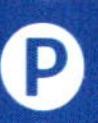

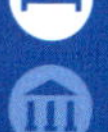

ENSCHENSTEIN • 829 m

Kleine Bergtour im Westallgäu

  7,6 km 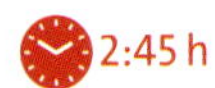 2:45 h  290 hm 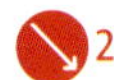 290 hm  2

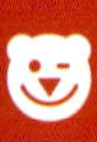
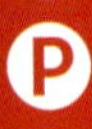
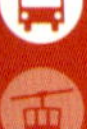

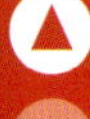
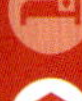
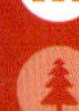

START | Weiler, Parkplatz beim Friedhof, 623 m.
[GPS: UTM Zone 32 x: 568.837 m y: 5.270.120 m]
CHARAKTER | Bis auf eine grimmig steile, mit Drahtseil gesicherte Steigetappe ist die Wanderung leicht.

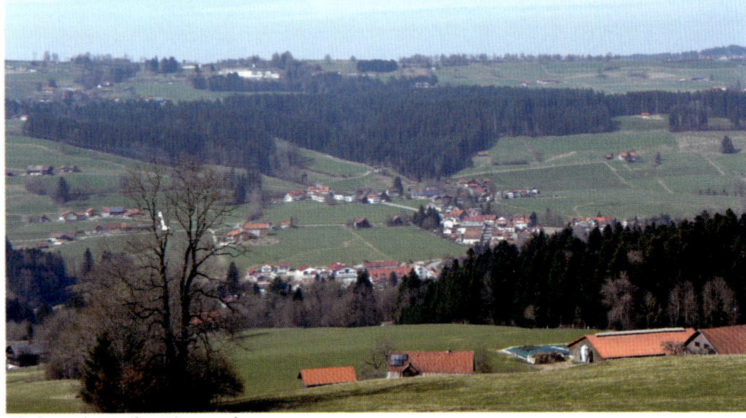
Blick nach Weiler-Simmerberg

Wanderung auf einen Waldgipfel mit historischem Hintergrund.

Vom **Friedhofsparkplatz** in **Weiler** 01 auf der Bgm.-Nägele-Straße nach Südosten hinauf und gleich hinter dem Friedhof links abbiegen, um einem schmalen Asphaltweg aufwärts durch den Ort zu folgen. Dann nach rechts auf einen Fahrweg, neben den Wohnhäusern über einen Wiesenhang und zum Wald hinauf. Anschließend auf einem Waldweg in der gleichen Richtung weiter. Weiter oben trifft man auf ein Forststräßchen und folgt ihm ein Stück. Hinter einem Holzplatz schnürt sich die Route wieder zu einem Waldweg zusammen, der auf zwei Stegen Bachgräben quert. Dann aus dem Wald hinaus und zum Anwesen Oberscheiben Nr. 4 hinüber. Dort stößt man auf ein Sträßchen, auf dem man nach Süden weitergeht.

Beim Holzplatz den gepflasterten Fahrweg nach links verlassen und über eine Wiese zum Waldrand hinauf. An ihm ein wenig nach rechts entlang und an beschilderter Stelle nach links auf einen Fahrweg einbiegen. Von ihm zum Wanderweg (schwer zu finden), am Waldrand, rechts vom Graben weiter und zum Weidezaun. Ihm entlang, nach rechts und nach links durch ein Weidegatter und nach **Riegen** 02 hinauf.

Im Ort nach rechts auf einen Asphaltweg und nach Südwesten weiter. Kurz vor Krähnberg dreht der Fahrweg rechts ab. Dort folgen wir schräg links einem Forststräßchen. Auf der Höhe von etwa 820 Metern erreicht man die Scheitelstrecke eines Höhenrückens. Auf ihm, dem Wegweiser folgend, nach links und auf der Südseite des Rückens gegen Südwesten weiter.

Der Beschilderung folgend am Waldrand ein wenig links haltend hinunter und in einer ausholenden Linkskehre der Fahrspur nach rechts, durch ein Weidegatter

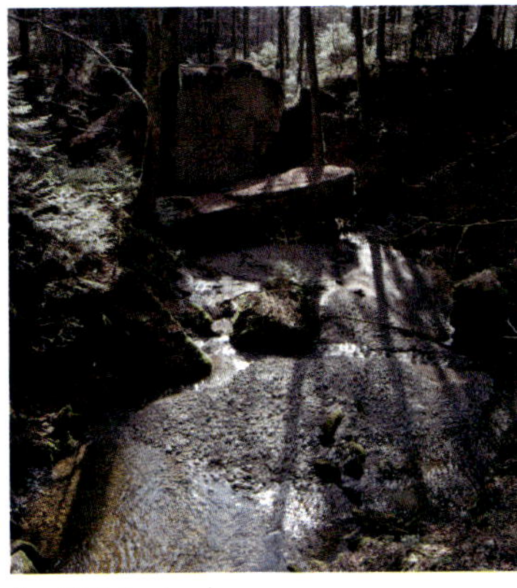

Am Mühlenbach

und wieder in den Wald hinein. Dann wird es richtig spannend. Ein extrem steiler, mit Drahtseil gesicherter Steig fällt einen wilden Hang hinunter ab. Nach insgesamt rund 70 Höhenmeter Gefällstrecke erreicht man den **Mühlenbach** 03, den man auf einem Steg quert. Anschließend geht es wieder steil zu einer Verzweigung hinauf. Bei ihr links abbiegen und auf einem Treppenweg mühsam hinauf. Dann erreicht man wieder einen Forstweg, dem man nur ein paar Meter nach rechts folgt, um nach links auf steilem Pfad anzusteigen.

Kurz unter dem Gipfel gibt es wieder eine Drahtseilsicherung und die letzten fünf Minuten zum Gipfel verlaufen über einen gemächlichen Höhenrücken, bis man schließlich den **Gedenkstein** 04 und die Rastbank auf dem höchsten Punkt erreicht. Vorsicht, hinter dem Gipfel öffnet sich ein gewaltiger, überhängender Abgrund.

Der Abstieg verläuft bis zur zweiten Wegverzweigung über dem **Mühlenbach** 05. Bei dieser Verzweigung halten wir uns links und folgen einem Fahrweg in Richtung **Weißen** 06. Zwischen wuchtigen Felsblöcken steigt man neben dem wilden Lauf des Mühlenbachs durch den Wald ab und trifft auf eine asphaltierte Straße. Auf diese nach rechts abbiegen, auf einer Brücke über den Mühlenbach und am Straßenrand durch **Weißen** 06, **Hagelstein** 07 und **Au** 08 zum Ausgangspunkt in **Weiler** 01 zurück.

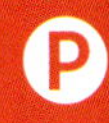

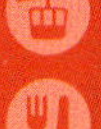

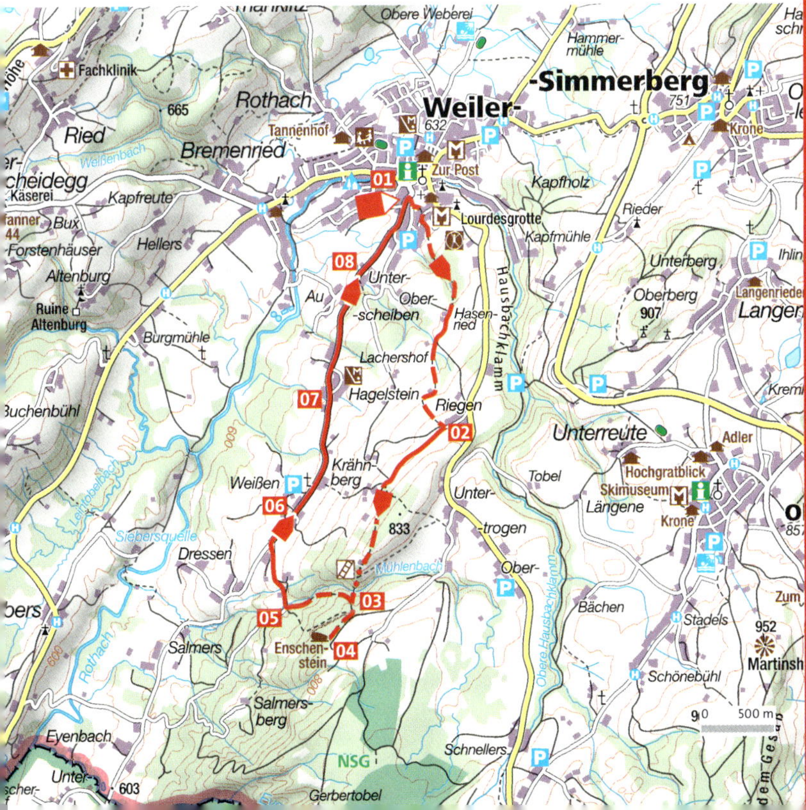

69

RUNDGANG WEILER-SIMMERBERG

Eine Zeitreise durch die Jahrhunderte

     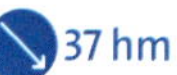 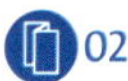

2,5 km | 1:15 h | 37 hm | 37 hm | 02

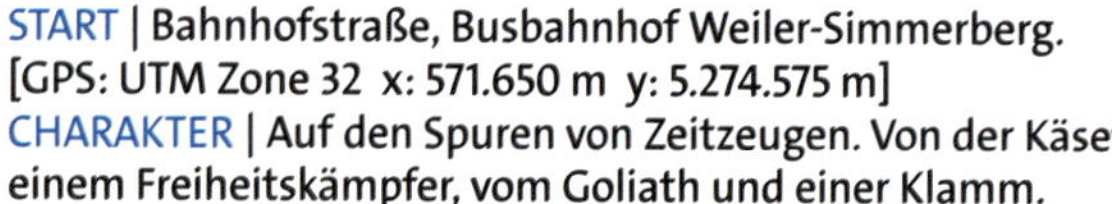

START | Bahnhofstraße, Busbahnhof Weiler-Simmerberg. [GPS: UTM Zone 32 x: 571.650 m y: 5.274.575 m]
CHARAKTER | Auf den Spuren von Zeitzeugen. Von der Käsewerkstatt und einem Freiheitskämpfer, vom Goliath und einer Klamm.

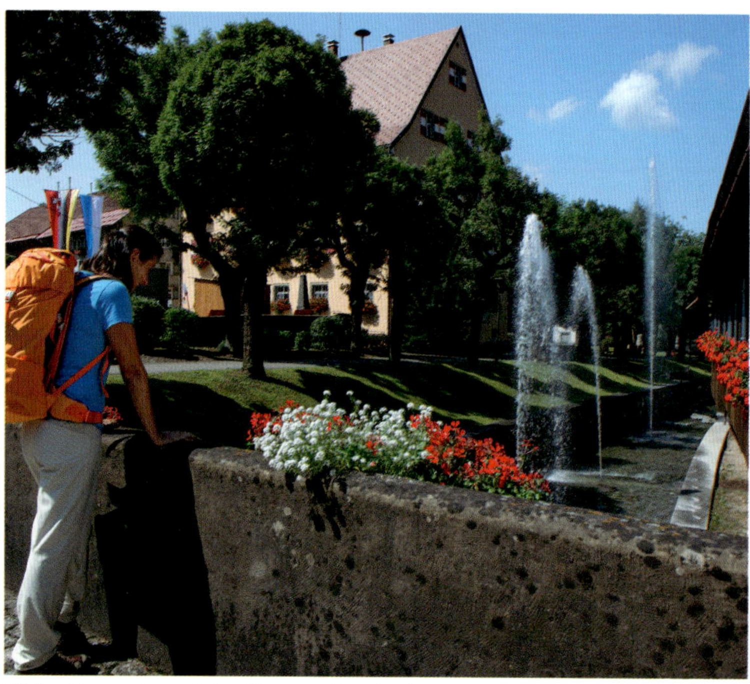

Weiler-Simmerberg: Ortsmitte – am Hausbach

Historische Gebäude, sagenhafte Stätten und ein Ausflug in das Hausbachtal.

Los geht es am alten Bahnhofsgelände, dem heutigen **Busbahnhof** 01. Zunächst, mit dem Start- und Willkommensplatz im Rücken, geht es rechts bis zur „Kristinusstraße“. Hier links ab bis zur Kreuzung „Fridolin-Holzer-Straße“. Dort rechts ab, vorbei am **Geburtshaus von Dr. Anton Schneider** 02, österreichischer Rechtsanwalt, Freiheitskämpfer und 1809 Oberbefehlshaber des Vorarlberger Volksaufstandes, der alten **Lehrsennerei** 03 und dem **Sennhof** 04 mit der neuen Lehrsennerei bis zur Einmündung der „Lindenberger Straße“ in die „Hauptstraße“.

Die „Hauptstraße“ queren und links ab ein kurzes Stück auf Gehweg bergauf wandern, ehe die Route über eine Holzbrücke erst den Hausbach nach rechts quert und dann parallel zur Hauptstraße leicht bergan am quirligen Hausbach entlangführt, an dessen Geländer prächtiger Blumenschmuck beeindruckt. Es geht vorbei am 1684 als Amtshaus des Vorarlberger Gerichts Altenburg erbauten **Rathauses** 06, zuvor am **Riesen Goliath** 05 auf der Rückseite sowie, geradeaus, der 1795/96 erbauten

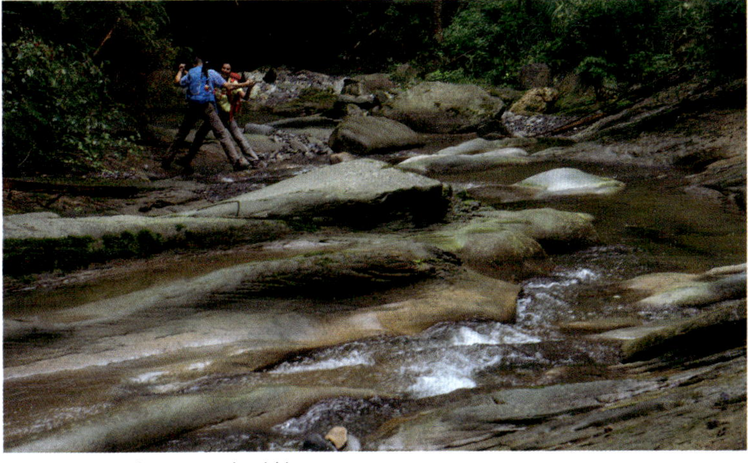

Weiler-Simmerberg: Hausbachklamm

St.-Blasius-Kirche 07 und führt schließlich zur „Schulstraße“.

Hier zweigt der Rundgang nach rechts ab und folgt der Straße, vorbei an Friedhof und Schule. Hinter der Schule geht es links in Richtung Sportplatz und wenig später vorbei an der schlichten **St.-Sebastian-Kapelle** 08. Vor der kleinen Pestkapelle aus dem Jahre 1628 geht es links weiter bis hinunter zur **Hausbachklamm** 09, an der es rechts ab ortsauswärts Richtung Kapfmühle geht.

Dann quert die Strecke den Hausbach nach links und stößt auf die „Hausbachstraße“.

Nun links ab, an der Kreuzung „Kapfholzer Weg“ rechts ab bis zur Kreuzung „Alois-von-Brinz-Straße“. Der Rundgang quert die Straße, wendet sich nach links bis zum **Westallgäuer Heimatmuseum** 10 und führt dann rechts ab durch die „Bahnhofstraße“ zurück zum Start- und Willkommensplatz am **Busbahnhof** 01.

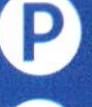
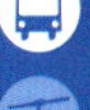
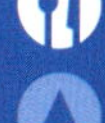
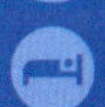

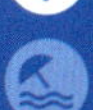

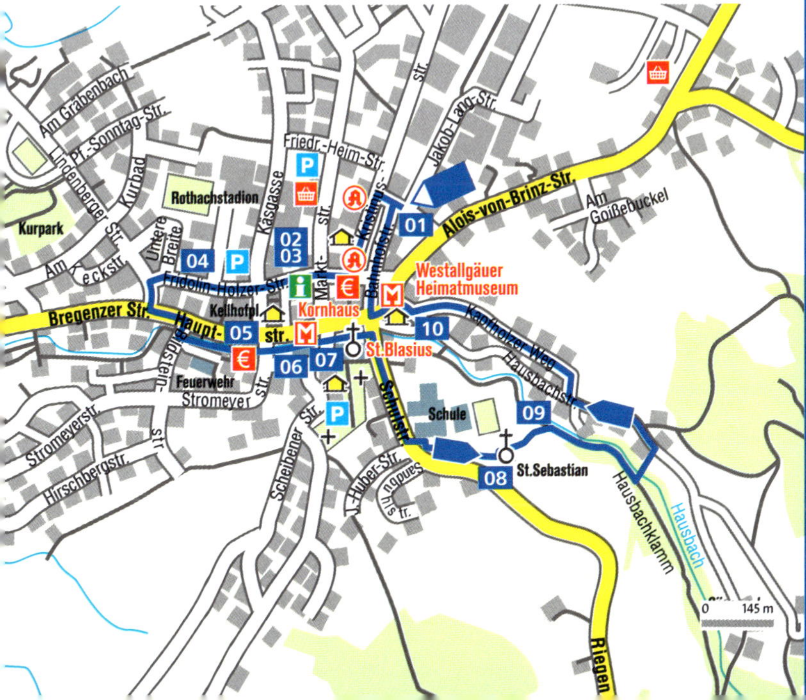

LINDENBERG-WALDSEE – SCHEIDEGGER WASSERFÄLLE

Spektakuläre Wasserfalltour

 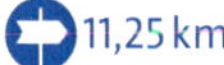  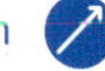 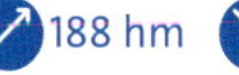 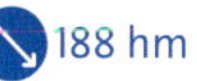 

11,25 km 4:00 h 188 hm 188 hm 187

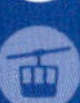

START | Lindenberg, Parkplatz am Waldsee.
[GPS: UTM Zone 32 x: 565.530 m y: 5.272.430 m]
CHARAKTER | Herrliche Ufer- und Waldpfade, Landwirtschafts- und Forstwege; die Treppenstufen zu den Wasserfällen sind steil, aber gut gesichert!

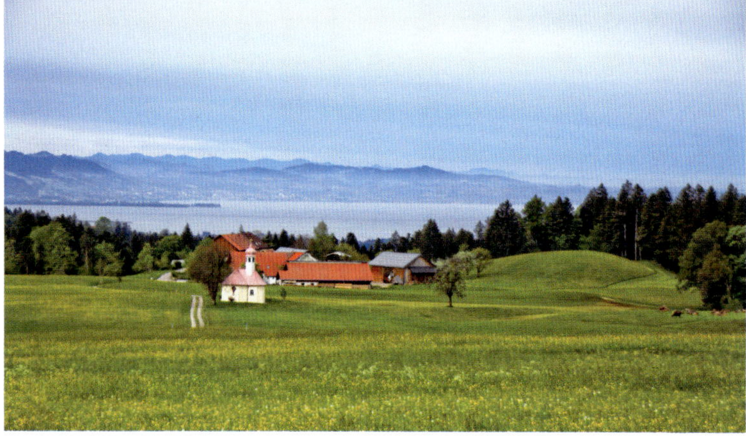

Blick zur St.-Wendelins-Kapelle, im Hintergrund der Bodensee

Eine erlebnisreiche Rundtour zwischen dem Lindenberger Waldsee und den Scheidegger Wasserfällen, zwischen Moor und Wald, mit einer aussichtsreichen Kapelle, einem klassischen Tiergehege und einem ungewöhnlichen Reptilienzoo.

▶ Vom **Parkplatz 01** direkt am Waldsee wandern wir die geplättelte Uferpromenade hinüber zum Hotel, schwenken nach links zum Schwimmbad und gehen geradeaus, nun auf Naturweg. Kurz darauf wieder links, der Beschilderung Allmannsried folgend, vorbei am eingezäunten Badegelände. Wir passieren rechts eine alte Maschine, die für den Torfabbau verwendet wurde, sowie eine Gerätehütte mit allerlei altem Werkzeug und eine **Aussichtsstelle 02** mit einer Infotafel zum Hochmoor. Wir bleiben bei einer Kreuzung geradeaus, durchqueren auf schmalem Pfad eine urtümliche Wald- und Moorlandschaft und orientieren uns **Richtung Allmannsried 03**. Wir erreichen den Ort, zuletzt über freies Gelände und leicht ansteigend auf breiter gewordenem Forstweg. Fantastischer Ausblick nach links in die Allgäuer und Schweizer Berge. Wir folgen dem flachen Asphaltsträßchen geradeaus, bis beim Schild Rappenfluh der (neue) Wanderweg nach links ausgeschildert ist.

Wenig später bieten sich zwei Möglichkeiten an, wir folgen der beschilderten Variante nach Lölz, einem breiten, gekiesten Weg durch eine Waldschonung. Über einen Bachlauf führt der Weg als wurzeliger Pfad weiter und in den Wald hinein, dann scharf links und leicht ansteigend hoch zu einer Wiesenlichtung mit Bank. Nach dem Waldende eröffnet sich ein herrlicher Blick rechts bis zum Bodensee. Wir erreichen **Lötz** 04, sind wieder auf Asphalt, und machen einen kurzen Abstecher nach rechts zur schön gelegenen **Wendelinskapelle** 05.

Zurück in Lötz folgen wir dem Asphaltsträßchen Richtung Scheidegg, zunächst leicht absteigend in den Wald, dann wieder ansteigend zu einem kreuzenden Sträßchen. Wir überqueren es und wandern auf einem Forstweg aus dem Wald heraus. Mit herrlicher Aussicht queren wir auf schönem Wiesenpfad den Hang und schwenken dann rechts hinab, auf ein Asphaltsträßchen zu. Auf ihm geht es nun ordentlich bergab, vorbei am **Wanderstüble** 06, dessen Biergarten uns zur Rast lockt.

Wir überqueren die Vorfahrtsstraße und wandern rechts hinab zum Eingang der Wasserfälle. Über steile Eisentreppen und Holzstufen und viele enge Kehren steigen wir abwärts bis zum Ausguck beim **Großen Wasserfall** 07 (der Rickenbach stürzt über 18 m ab) – ein beeindruckendes Szenario.

Zurück am Eingang machen wir zunächst über den Spielplatz einen lohnenden Abstecher nach links zu ausgeschilderten Aussichtspunkten und schließen dann noch den markierten Rundweg zum Kleinen Wasserfall an. Über eine Eisenbrücke wird der Bach überquert, anschließend quert man den Wasserfall unter den Felsen hindurch. Die letzten Meter führen durch ein nettes kleines Tiergehege und bringen uns wieder zum Eingang der Wasserfälle.

Am Parkplatz rechts vorbei, folgen wir dem Sträßchen Richtung Reptilienzoo, verlassen es in einer Rechtskurve und gehen links auf einem Forstweg leicht ansteigend durch ein kurzes Waldstück nach **Bieslings** 08. Wieder auf Asphalt, vorbei an einer kleinen Kapelle führt der Weg dann hinab zur Vorfahrtsstraße. Rechter Hand liegt der **Reptilienzoo** 09, der mit fürs Allgäu eher ungewöhnlichen Zeitgenossen aufwartet. Highlight ist eine seit Juli 2016 zu besichtigende zweiköpfige Klapperschlange!

Über die Vorfahrtsstraße hinweg steigt der Kiesweg zum Wald hin an, bei einer Pfarrer-Kneipp-Tafel verlassen wir den breiten Weg und schwenken rechts in einen schmalen wurzeligen Waldpfad ein. Wir treffen auf eine Asphaltstraße, folgen ihr nach rechts und biegen kurz vor **Haus** 10 scharf links ab, Richtung Waldsee.

Am Waldrand links und dann rechts dem Trimmdichpfad-Schild folgen. Bei der Parcoursstelle 14 auf dem kreuzenden Kiesweg nach links, und wir stoßen nach einer Kuppe auf den Seerundweg. Nach rechts gelangen wir ans Seeufer und sind kurz darauf zurück am **Ausgangspunkt** 01.

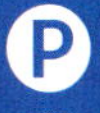

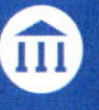

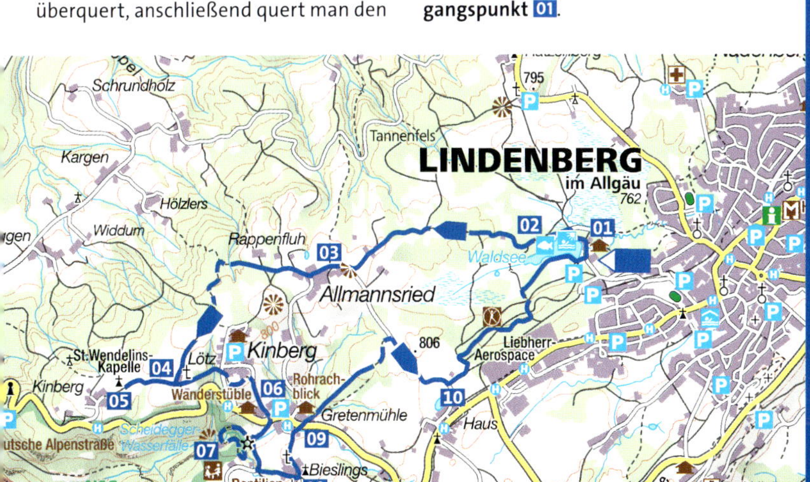

RUNDGANG SCHEIDEGG

Sonnig, grün und mit spektakulären Ausblicken

 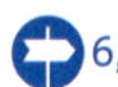 6,1 km 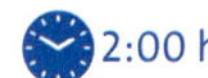 2:00 h  119 hm  119 hm 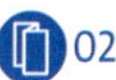 02

START | Am Hammerweiher am Kurhaus, Scheidegg.
[GPS: UTM Zone 32 x: 562.657 m y: 5.268.355 m]
CHARAKTER | Sonnenverwöhnt, mit Panoramablicken gesegnet – Scheideggs Trilogierundgang bildet mit einer Parade hochstämmiger Apfelbäume und begeistert mit Geschichten.

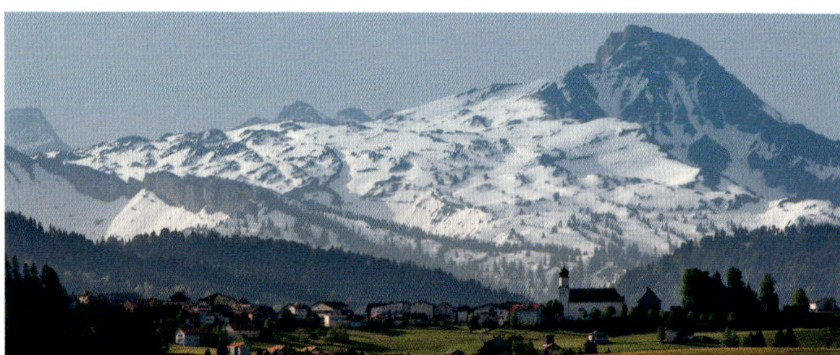

Scheidegg: Blick vom Kreuzberg

Die Tour unterstreicht Scheideggs Nimbus als Sonnenbalkon des Allgäus.

Der Startschuss fällt am Start- und Willkommensplatz am **Kurhaus** von **Scheidegg** **01**, das am südlichen Ortsrand an der „Prinzregent-Luitpold-Straße" Richtung Scheffau liegt. Am Kurhaus vorbei, zweigt die Runde an großer Verkehrsstraße rechts ab in Richtung Ponyhof und dann wenig später links ab in Richtung **Trimm-Dich-Pfad** **02**. Der Weg nimmt Kurs auf das Feriendorf im Ortsteil Brand und zweigt dann unmittelbar davor rechts ab und führt am Parkplatz vorbei um die Anlage herum. An der folgenden Wegegabelung führt die Runde links in Richtung „Landschaftlicher Kurpark" weiter und führt an der sehr informativen Infotafel zum **Obstsortengarten** **03** vorbei. Entlang des Wanderweges stehen linker Hand ca. 60 verschiedene Apfel- und Birnenarten und erzählen dabei viel über einstige Vielfalt der Apfel- und Birnensorten. Vorbei am Kneipp-Tretbecken umgeben den Weg bald darauf saftige Wiesen. Wegeabzweige nach rechts werden ignoriert, bis in der Nähe eines Klettergartens (rechts) die **„Kurstraße"** **04** erreicht wird. Ihr folgt die Route erst nach rechts und dann gleich wieder nach links und sofort rechts in Richtung Klinik Maximilian. Die Straße beschreibt einen weiten Linksbogen um die Bebauung herum, ehe ein Fußweg geradeaus zur **„Hochgratstraße"** **05** führt. Hier wendet sich der Rundgang erst nach rechts und gleich darauf links in Richtung Buflingsried und ins Gelände des Golfplatzes von Scheidegg. Der kleine Ortsteil Buflingsried ist schnell erreicht und im spitzen Winkel geht es links bergan und dann auf dem Pfad, der rechts abzweigt, steil hinauf auf den **Roderbühl** **06**. Hier oben, auf dem 849 m hohen Gipfel, sind die Reste einer ehemaligen Flugwache aus dem Zweiten Weltkrieg zu sehen. Außerdem hilft die große Panoramatafel dabei, das sagenhafte Gebirgspanorama in die verschiedenen Gipfel zu gliedern.

Weiter geht es über den Rücken der eiszeitlichen Moräne zu den drei Trilogienadeln mit den Themen „Spuren der

Gletscher", der Flugbeobachtungs-Station sowie zu den Scheidegger Wasserfällen. Rundum informiert, folgt der Weg weiter über den kecken Geländerücken bis zu einem **Querweg** **07** am Fuße der Moräne. Nun geht es im spitzen Winkel nach links und auf einem nunmehr breiten Feldweg durch das weiträumige Golfgelände, zwischen einigen der insgesamt neun Löcher hindurch, ein einsames Gehöft umkurvend, in den Ortsteil Scheidegg-Hochberg. Die Straße Am Brunnenbühl stößt auf die „Hochbergstraße", dort führt die Runde links weiter und an der Kreuzung mit der **„Hochgratstraße"** **08** wiederum rechts ab bergauf. Der Straße folgt der Rundgang bis zur **Galluskapelle** **09** Ecke „Höhenweg/Blasenbergstraße/St.-Gallus-Weg" auf der linken Seite. Die Runde steigt links über die Treppenstufen zur Kapelle hinauf. Weiter geht es geradeaus über den „Höhenweg", der nun über den vielgerühmten, von der Sonne verwöhnten und aussichtsreichen Kamm führt. Rechter Hand ergeben sich immer wieder tolle Blicke auf Scheidegg, ehe am **Kreuzberg** **10** der 5-Länder-Blick wartet, von dem aus bei gutem Wetter Österreich, die Schweiz, Liechtenstein sowie Bayern und Baden-Württemberg zu erspähen sind. Vom kurzen Stichweg zurück, zieht der Kammweg nun in Richtung Kurhaus weiter, vorbei an einem schönen Schaupunkt mit interessanten Installationen, wo der Abstieg beginnt. Nach einer Rechts-Links-Kurve wird ein asphaltierter Weg erreicht, es geht kurz nach rechts und durch die „Hammerbühlstraße" links ab zur großen „Prinzregent-Luitpold-Straße" in Höhe des **Hammerweihers** **11**. Die Route quert die Straße und führt nach links am Weiher entlang zum Kurhaus und dem Start- und Willkommensplatz. Hier endet der **Rundgang** **01**.

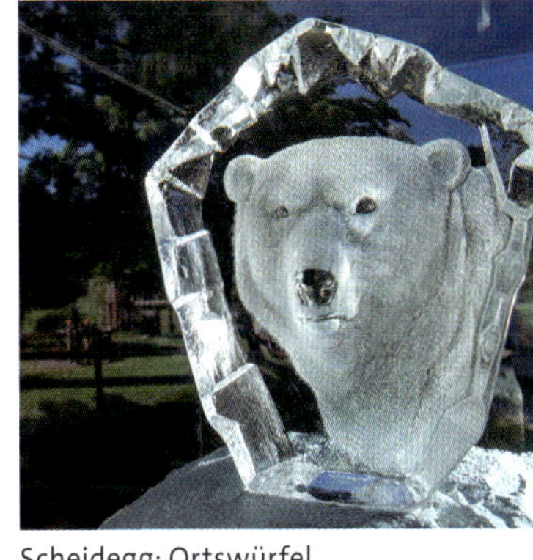

Scheidegg: Ortswürfel

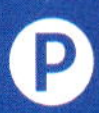
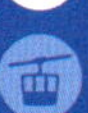

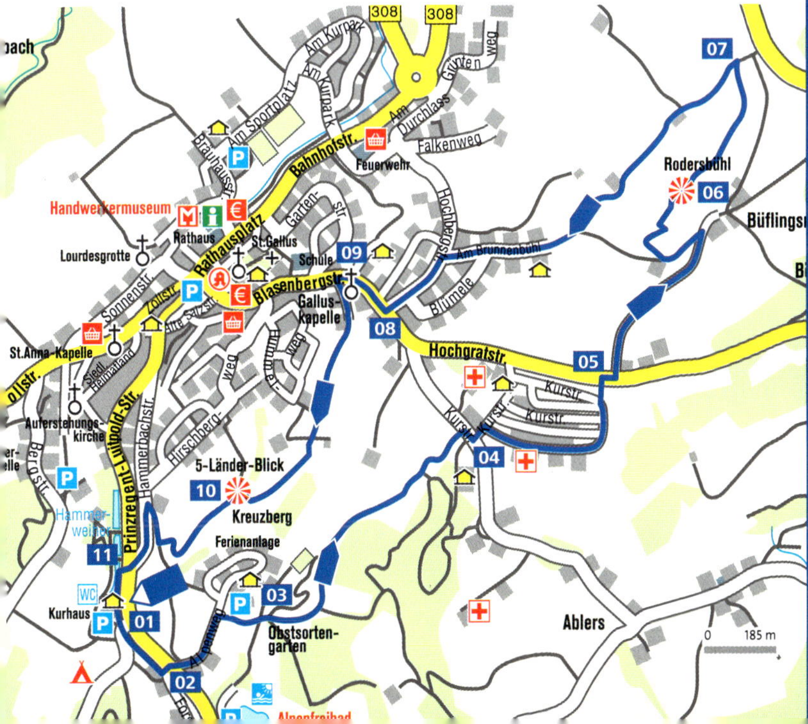

HIRSCHBERG • 1095 m

Leichter Aussichtsgipfel für die Allgäuer und die Schweizer Berge

  14 km 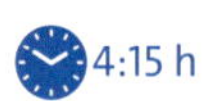 4:15 h 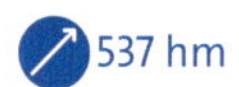 537 hm 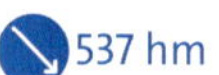 537 hm 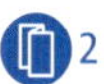 2

START | Parkplatz in Scheffau vor dem Rathaus, gegenüber Gasthaus Postwirt. [GPS: UTM Zone 32 x: 565.080 m y: 5.265.680 m]
CHARAKTER | Kaum befahrene Asphaltsträßchen, Landwirtschafts-, Wald- und Wiesenwege; moderate Steigungen, nur der Ab- und Aufstieg im Kesselbachtobel, die letzten Meter vor dem Gipfel sowie eine kurze Stelle auf dem Rückweg bei Hegisberg sind spürbar steiler und teilweise wurzelig.

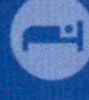

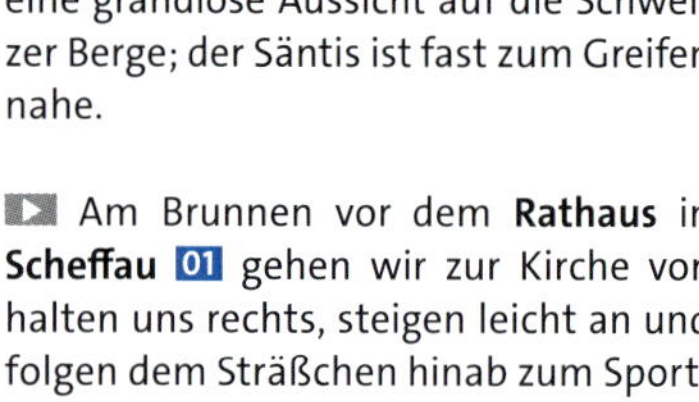

Der kleine, leicht erreichbare Aussichtsgipfel im äußersten Westallgäu bietet eine grandiose Aussicht auf die Schweizer Berge; der Säntis ist fast zum Greifen nahe.

▶ Am Brunnen vor dem **Rathaus** in **Scheffau** **01** gehen wir zur Kirche vor, halten uns rechts, steigen leicht an und folgen dem Sträßchen hinab zum Sportgelände. Vor dem Sportplatz links bis an das Dorfende, dann scharf rechts über die Wiesen zum Wald. Auf teils schottrigem und verwurzeltem Pfad geht es steil abwärts, über zwei Holzstege und eine Bohlenbrücke, bis wir eine **Gitterdrahtbrücke** **02** erreichen, die über den Tobelbach hinüber führt.

Auf der anderen Seite steigen wir in Kehren wieder hoch, mehrfach über Stufen, bis wir das Waldende erreichen. Oben angelangt durchqueren wir

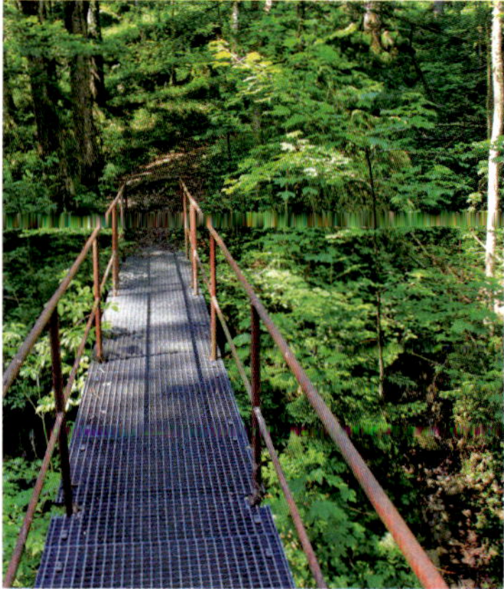

Brücke über den Tobelbach

einen Hof und wandern auf einem Asphaltsträßchen nach **Hirschbergsau** **03**. An einer kleinen Kapelle vorbei folgen wir der Markierung Hirschberg und marschieren auf dem leicht ansteigenden Asphaltsträßchen durch teils schattigen Wald. Links unten begleitet uns ein Bach. Das Sträßchen steigt stärker an und macht eine deutliche Linkskehre. Bei einem Gebäude biegen wir rechts ab, kurz darauf geht der Asphalt in Kies über. Leicht ansteigend und links haltend weiter am Waldrand entlang. Der Weg zieht sich dann über freie Wiesenhänge hoch, mit schöner Aussicht nach links.

Wir passieren ein kleines Kapellenhäuschen und erreichen wieder schattigen Wald. Bei einer Kreuzung verlassen wir den Fahrweg zum Hirschberg und gehen geradeaus weiter. Kurz darauf den schmalen Pfad nach rechts nicht verpassen, der am Waldrand entlang hoch führt. Wir überqueren eine kreuzende Forststraße und folgen weiter einem nun steiler und wurzeliger werdenden Pfad bis zu einem Weidezaun. Durch das Gatter hindurch und auf schmalem Wiesenpfad steigen wir weiter an. Rechts taucht kurz darauf die **Abzweigung** **04** zur sichtbaren Hirschbergalpe auf, geradeaus erreichen wir 5 Minuten später den breiten, grasigen Gipfel des **Hirschbergs** **05**. Wenig entfernt liegt rechts etwas unterhalb vom Gipfel eine kleine Kapelle und nicht weit entfernt die Hirschbergalpe.

Der Abstieg führt durch ein Weidegatter über Wiesen – zunächst steil – berg-

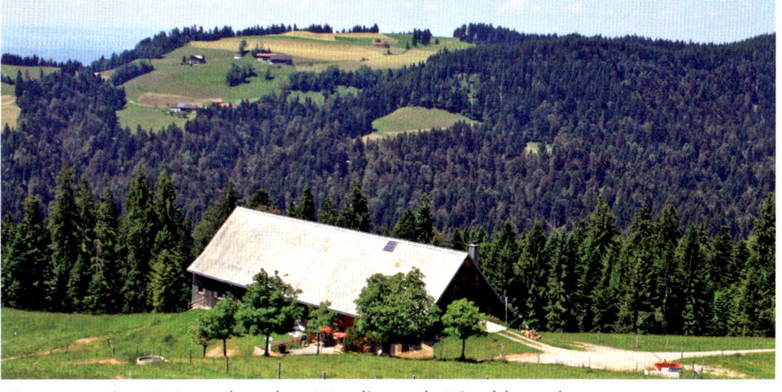

Die nur wenige Meter neben dem Weg liegende Hirschbergalpe.

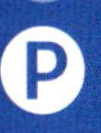

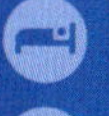

ab Richtung Ahornach. Wir betreten wieder Wald, stoßen auf eine Kreuzung und folgen der Forststraße nach links zur Pos. Winkeleck und dann weiter der Ausschilderung Feßlerberg. Wieder im Freien gelangen wir zu den Häusern von **Ahornach** **06**.

Hier beginnt wieder Asphalt und in einer scharfen Linkskehre geht es abwärts, mit schöner Aussicht auf die Berge. Wenn es flacher wird, bei einer Straßenkreuzung, sind wir an der Pos. **Gretaloch** **07** und folgen dem Anrainersträßchen nach links Richtung Hirschbergsau.

Wir passieren **Birkenberg** **08**, das Asphaltsträßchen geht in einen Forstweg über und wir wandern – immer leicht abwärts – wieder in Wald hinein. Bei einer scharfen Rechtskurve bleiben wir geradeaus, auf einem grasigen Pfad, vorbei an einem kleinen Wasserfall, überqueren den Bach und steigen nun ziemlich steil den Hang hinab. Über Wiesen gelangen wir zu einer Asphaltstraße und folgen ihr rechts, zuletzt etwas ansteigend, nach **Hirschbergsau** **03**.

Auf dem bekannten Anstiegsweg geht es zurück nach **Scheffau** **01**.

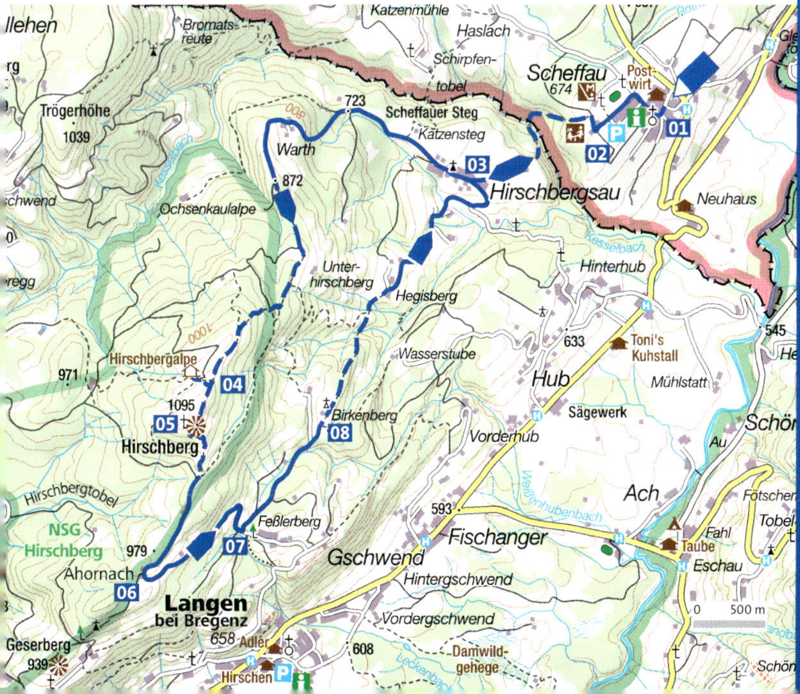

HAUSBACHKLAMM – OBERREUTE – WILDROSENMOOS

Klamm- und Naturschutzgebietswanderung im Grenzbereich

 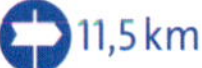 11,5 km 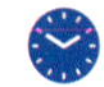 3:45 h 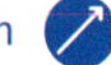 258 hm 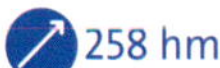  258 hm 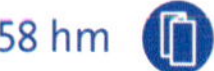 2

START | Parkplatz Hinterschweinhöf, an der Straße Weiler-Simmerberg – Sulzberg.
[GPS: UTM Zone 32 x: 569.240 m y: 5.265.020 m]
CHARAKTER | Forst-, Wiesen- und Waldwege, mit kurzen Asphaltpassagen. Fußpfad in der Hausbachklamm und wurzeliger Grenzerpfad in Richtung Wildrosenmoos.

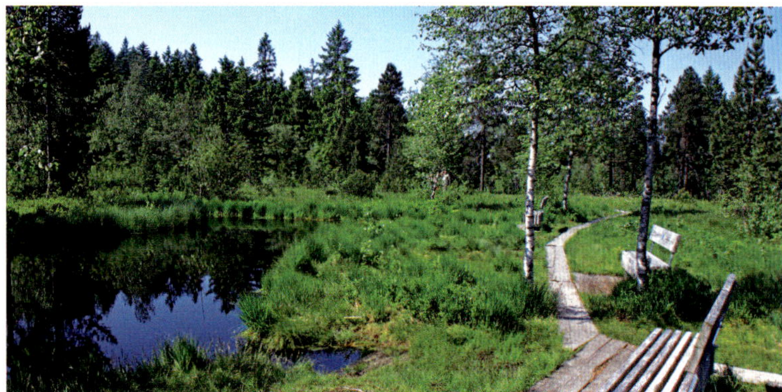

Am kleinen See im Wildrosenmoos

Eine sehr abwechslungsreiche Wanderrundtour, die mit einem wilden Bachlauf, einem aussichtsreichen Naturlehrpfad im deutsch-österreichischen Grenzgebiet und vor allem dem romantischen Wildrosenmoos einiges aufbietet, was naturnahes Wandern zu einem schönen Erlebnis werden lässt.

Wir beginnen unsere Rundtour auf dem kleinen **Parkplatz Hinterschweinhöf** 01 und folgen der Beschilderung zur Hausbachklamm. Der asphaltierte Landwirtschaftsweg mit schöner Aussicht geht bald in einen gekiesten Fahrweg über, führt am Waldrand entlang und an Häusern vorbei, zum Schluss leicht abwärts nach **Vorderschweinhöf** 02.

Wir überqueren die Straße, gehen einen schmalen Kiespfad über Holzstufen abwärts, überqueren einen Bach und folgen der Straße ein paar Meter nach rechts. Vor einer Bachbrücke links auf schmalem Fußpfad am Bach entlang und über kleine Brückchen zur Fahrstraße bei Schnellers. Vorbei am **Gasthaus Traube** 03 halten wir uns rechts Richtung Hausbachklamm.

Der schöne Fußpfad am Bach entlang gewinnt zunehmend schluchtartigen Charakter, am Waldende erreichen wir eine kleine Brücke, die über einen Zufluss führt und nach rechts wieder Ausblicke über Wiesengelände eröffnet. Wir bleiben am Bachufer und sind kurz darauf an der Pos. Obere Hausbachklamm; hier weist ein Schild darauf hin, dass der Weg nur für Fußgänger gestattet ist.

Wir kommen an einem Spiel- und Erlebnisplatz vorbei, der u.a. mit einem Baumsteg und einer Seilrolle ausgerüstet ist. Der Weg ist sehr schattig und daher oft feucht, so ist es sehr löblich, dass die vielen Holzstege, die immer wieder über den Bach führen, mit einem

Drahtgitter bespannt sind, so dass sich die Rutschgefahr in Grenzen hält.

Der wurzelige Wanderpfad, teils mit Treppenstufen durchsetzt, bringt uns in leichtem Auf und Ab zu einer Kreuzung, wo wir einem breiteren Kiesweg nach rechts folgen, zum Schluss etwas ansteigend. Wir treffen auf ein Asphaltsträßchen, verlassen den Wald und steigen nochmals leicht an, bis wir auf der **Hochfläche Längene** **04** erreichen. Der Asphalt endet und ein breiter Kiesweg verläuft in einer Rechtskehre abwärts Richtung Wald, wir überqueren einen Bach und steigen wieder leicht an nach **Unterreute** **05**.

Scharf rechts geht es über Wiesengelände weiter nach **Oberreute** **06**, um einen Reiterhof herum und auf die gut sichtbare Kirche zu. Es setzt wieder Asphalt ein, beim Gasthaus Krone erreichen wir die Hauptstraße und folgen der Beschilderung Richtung Kalter Brunnen. Vorbei an Friedhof (hier ist eine große Wandertafel) und Schwimmbad folgen wir geradeaus einem schmalen, nicht markierten Fußpfad, der parallel zum asphaltierten Sträßchen durch den Wald hoch führt. Oben treffen wir auf das Asphaltsträßchen, es wird flacher und der Asphalt hört bald auf.

Mit guter Aussicht wandern wir über die Pos. Auf dem **Gesäß** **07** auf dem Kiesweg immer in Richtung Kalter Brunnen. Es beginnt ein wurzeliger Waldweg, der mit mehreren Infotafeln als Naturlehrpfad angelegt ist. Vorbei an einer großen, sumpfigen Streuwiesen-Lichtung gelangen wir zu einer freien Fläche: die Pos. **Kalter Brunnen** **08**, mit Infotafeln, diversen Hütten, Spielgeräten – ein herrlicher Rastplatz.

Wir halten uns rechts und folgen der Beschilderung Grenzerpfad, vorbei an einer tollen Aussichtsveranda, bleiben rechts auf dem wurzeligen Waldpfad und gelangen ins **Naturschutzgebiet Wildrosenmoos** **09**, das als „Schutzgebiet Hochmoor“ ausgeschildert ist. Auf einem Holzplankensteg durchqueren wir das Moor, passieren den schönen kleinen Moorsee und verlassen den Wald. Links abbiegend kommen wir an einer neu errichteten Aussichtsstelle vorbei, halten uns rechts und erreichen auf breiteren Forstwegen nach kurzer Zeit wieder unseren Ausgangspunkt, den **Parkplatz Hinterschweinhöf** **01**.

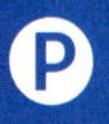

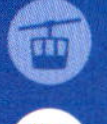

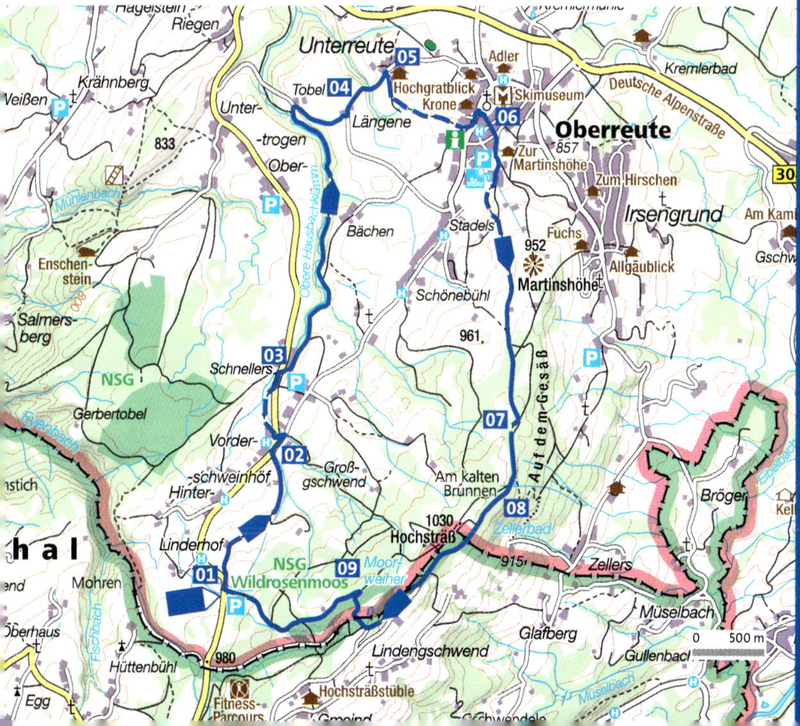

RUNDGANG OBERREUTE

Schöne Landpartie im deutsch-österreichischen Grenzraum

  4,8 km 1:30 h  82 hm  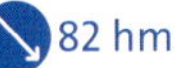 82 hm 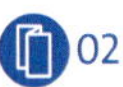 02

START | Hauptstraße, Gemeinde Oberreute.
[GPS: UTM Zone 32 x: 570.962 m y: 5.268.421 m]
CHARAKTER | Das ist eine echte Landtour. Man erfährt viel über die Geschichte des Grenzraumes und hat exklusive Panoramablicke über das Landschaftsmosaik um Oberreute.

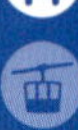

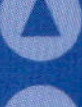
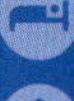
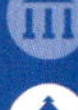

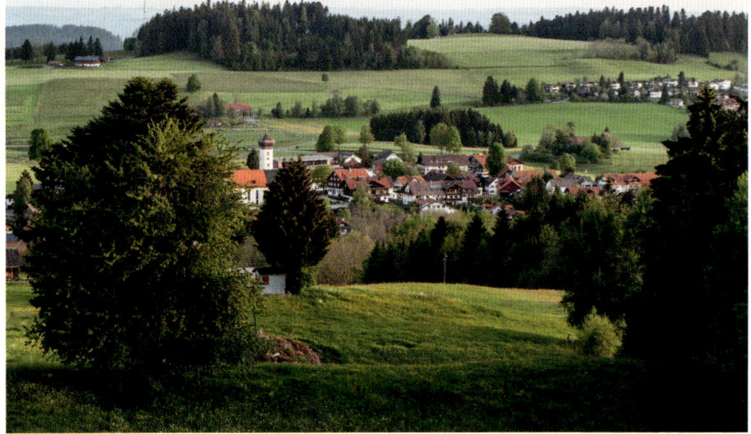

Oberreute: Blick auf Oberreute von Martinshöhe

Eine Tour von Dorf zu Dorf mit vielen schönen Blickhorizonten.

▶ Vom **Start- und Willkommensplatz** 01 hinter der Kirche St. Martin, vorbei am Eingang zur Kirche, geht es ein kurzes Stück links in die „Hauptstraße“. Nach dem Gästeamt, Hauptstraße 34, zweigt der Rundgang rechts über den Hof des Gasthaus Krone ab, erst auf einem Seitenweg der „Hauptstraße“, dann auf schmalem Pfad. Durch offenes Wiesengelände im sanft gewellten Relief entführt die Tour durch eine schwingende und beschwingte Landschaft. Zunächst geht es hinab in den Talgrund und im Linksschwung zu einer T-Kreuzung. Rechts ab schlängelt sich der Weg durch Wiesen und Weiden sowie durch ein kurzes Waldstück bis zum Weiler **Unterreute** 02. Auf der Fahrstraße durch den kleinen Weiler bis zu einem Sportplatz. Hier im spitzen Winkel links ab in Richtung B 308, die per **Unterführung** 03 passiert wird. Dahinter führt der Weg erst nach rechts, dann zweigt er zweimal hintereinander links ansteigend ab, führt in Höhe einer Scheune nach rechts und steuert, stetig bergan, auf den Waldrand sowie die Trilogienadeln am **Dreiländerblick** 04 zu. Die Trilogienadeln widmen sich den Themen „Grenzgeschichten“, „Nachbarn“ und dem Einfluss der Kulturen. Zwei Länder grenzen unmittelbar aneinander und im Hintergrund erhebt sich bei guter Sicht der 2.502 m hohe Säntis in der Ostschweiz. Am Waldrand entlang geht es weiter in Richtung Langenried und auf einen Fahrweg, der rechts ab geradewegs auf Langenried in die „Frühlingsstraße“ führt, in den Ort

Langenried 05 hinein. An der Kreuzung mit der „Hauptstraße“ geht es rechts ab und nach Ortsausgang wiederum rechts bis zur **Fußgänger- und Radbrücke** 06 über die B 308. Über Geh- und Radweg gelangt die Runde rasch auf die Hauptstraße und im weiteren Verlauf zur Kreuzung mit der **„Staufnerstraße“** 07. Der Rundgang folgt dem Rechtsknick der „Hauptstraße“ und führt dann geradeaus, leicht ansteigend, bis zur Pfarrkirche St. Martin. Links ab geht es Richtung **Kurgarten** 01, wo dieser Rundgang endet.

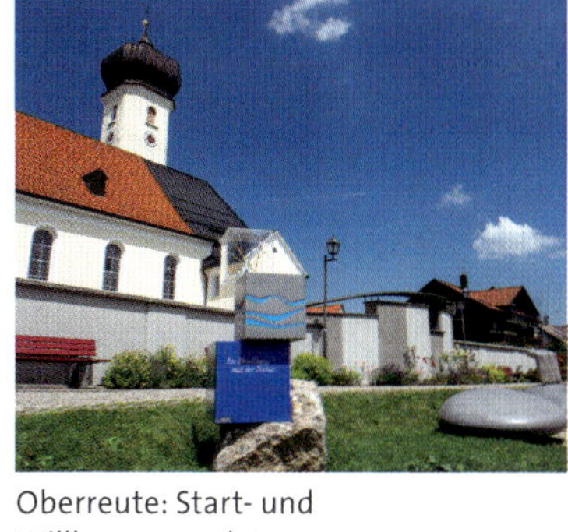
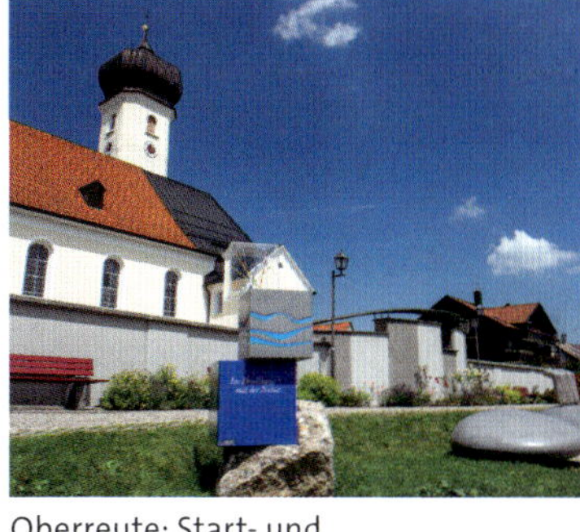

Oberreute: Start- und Willkommensplatz

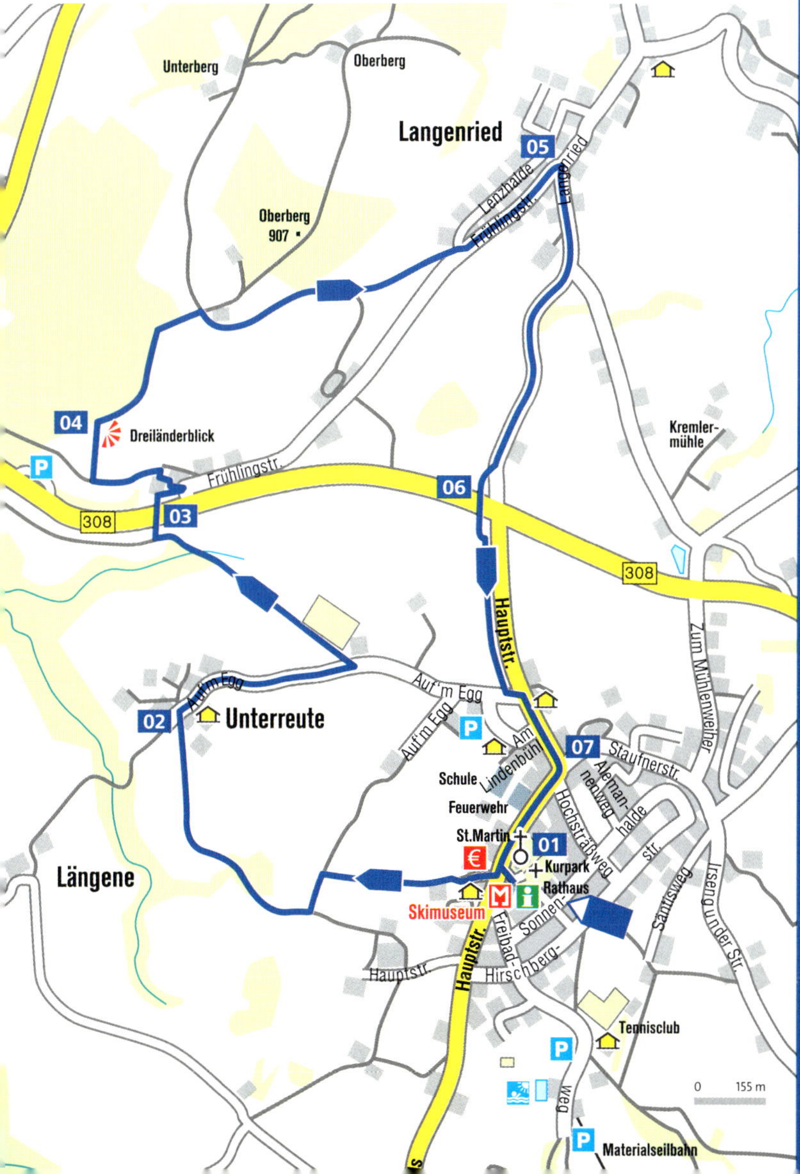

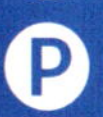

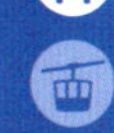

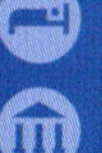
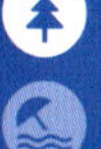

75

KAPF • 998 m

Schauwarte über dem Weißachtal

  8 km 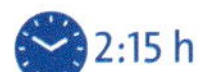 2:15 h  223 hm  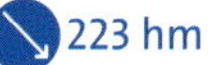 223 hm  2

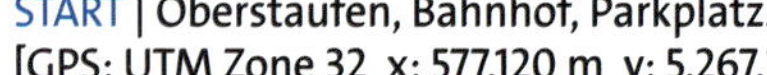

START | Oberstaufen, Bahnhof, Parkplatz.
[GPS: UTM Zone 32 x: 577.120 m y: 5.267.200 m]
CHARAKTER | Kurzzeitig steilere Aufstiege, meist beschilderte Forst-, Feld- und Spazierwege, Pfade und verkehrsfreie Sträßchen.

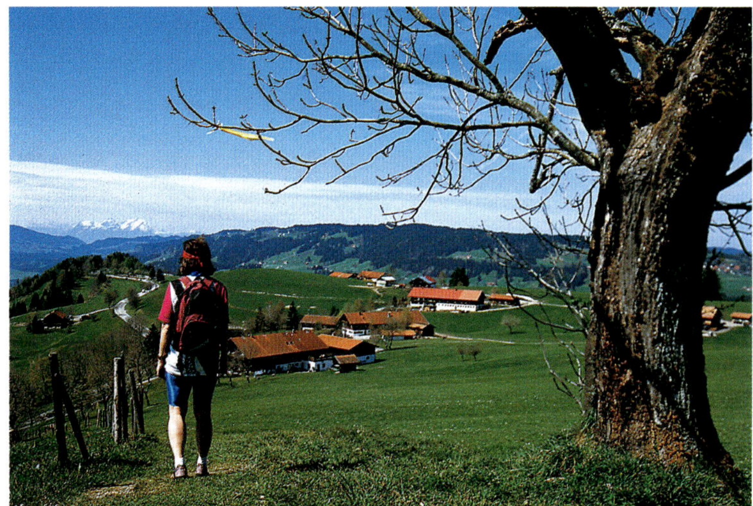

Während des bequemen Abstiegs vom Kapf zum Café Paradies hat man über dem Weißachtal stets den wuchtigen Säntis vor der Nase

Obwohl der Oberstaufer Kapf nicht mal eine vierstellige Gipfelhöhe vorzuweisen vermag, darf er sich dennoch als vortreffliche Schauwarte rühmen. Am einprägsamsten erweist sich allerdings nicht der schnelle „Diretissima-Aufstieg" nach dem Motto „Wie gewonnen, so zerronnen", sondern beispielsweise die hier vorgeschlagene Rundwegschleife über den Quellwassern der Oberen Argen mit Abstieg zum Café Paradies.

▶ Wir spazieren vom **Bahnhof** in **Oberstaufen** 01 auf dem Gehsteig zur Kirche, wo der Wegweiser zur Sparkasse lenkt. Ein Stück dem Gehweg der Schlossstraße folgend, beachten wir die Tafel „Sinswang". Der vorbildlich angelegte, mit „Kalvarienberg" beschilderte Wanderweg führt uns durch einen erfrischenden Bachtobel.

Ab einem Aussichtspunkt geht's auf einem schmalen, verkehrsfreien Sträßchen erholsam an Weidehängen entlang wieder stets Richtung Sinswang. Nach einem kleinen Höhenverlust mühen wir uns vor einer Doppelkurve mit prächtigem Hochgratblick links den anfangs kräftig steigenden Forstweg bergauf. An der Gabelung über einem weiteren Mischwaldtobel nehmen wir den nach Sinswang ausgeschilderten Feldweg und finden ab dem folgenden Einzelanwesen über dem Talbecken der Oberen Argen eine wieder geteerte Fahrbahn vor.

Bei einem Bauernhof verlässt man die Sinswanger Route und begibt sich auf ein aussichtsreiches Alpsträßchen, das bald von einem Waldweg abgelöst wird. Zuletzt leitet ein teilweise wurzeliger

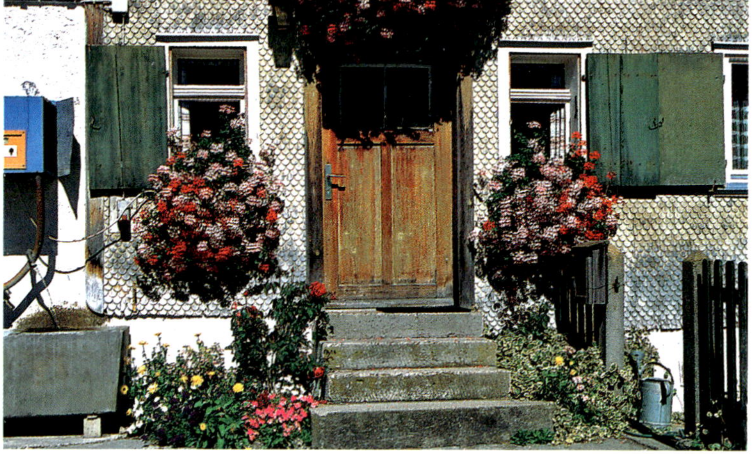

Im Oberstaufener Weiler Ifen

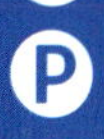

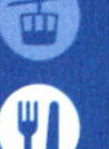

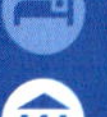

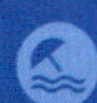

Pfad ohne große Anstrengung auf die bewaldete Bergkuppe namens **Kapf** 02. Von hier oben haben wir direkt die Kette der auffallend horizontal strukturierten Rindalpen vor der Nase. Unter uns öffnet sich die tiefe Kerbe des Weißachtals und in der Ferne setzen sich die Bregenzerwaldberge und der stolze Säntisstock in Szene. Das richtige Plätzchen zum Träumen und Schwärmen.

Ebenfalls auf einem Pfad genießen wir nun am Waldrand die Talbummelei Richtung Laufenegg. Beim **Café Paradies** 03 im Ortsteil Berg beginnt ein Spazierweg, der uns zurück nach **Oberstaufen** 01 führt. Dort nehmen wir zum Schluss das Sträßchen an der Schlossbergklinik bergab und den uns schon bekannten Weg zum Bahnhof.

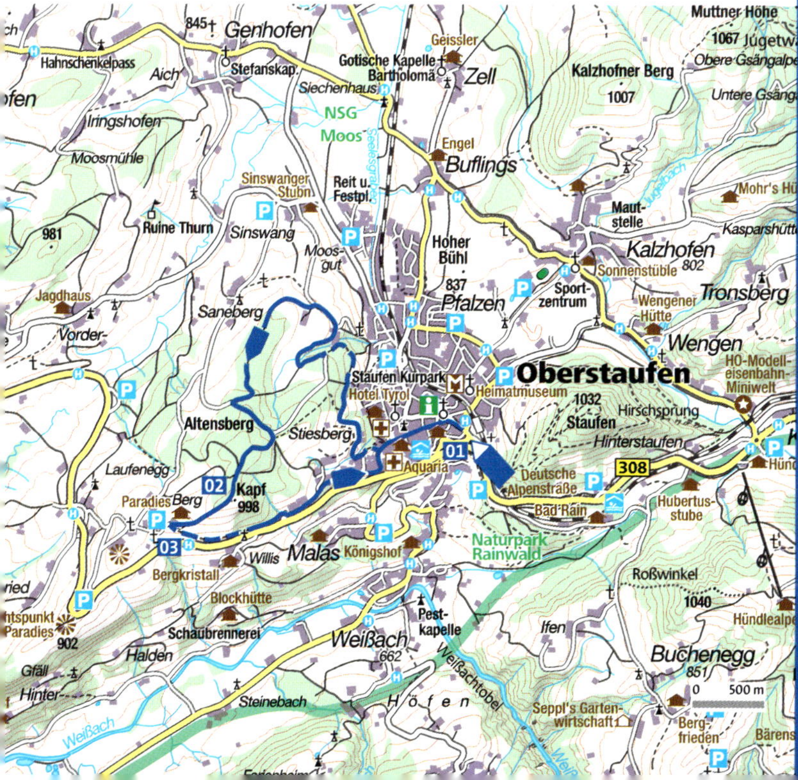

ERLEBNIS FERNWANDERWEG E4

Quer durch die Voralpen – in drei Tagen über acht Gipfel

  55 km  12:45 h 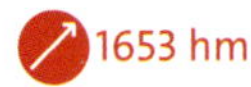 1653 hm 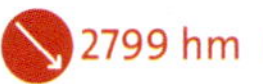 2799 hm  3

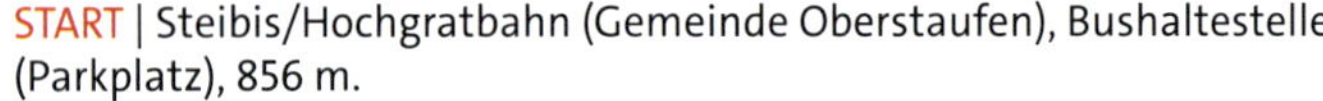

START | Steibis/Hochgratbahn (Gemeinde Oberstaufen), Bushaltestelle (Parkplatz), 856 m.
[GPS: UTM Zone 32 x: 580.792 m y: 5.260.421 m]
CHARAKTER | Viele, mitunter auch steile Auf- und Abstiege. Lückenhaft bezeichnete Pfade und Steige, Alp- und Wirtschaftswege, kurze stille Sträßchen. Diese 3-Tage-Wanderung ist etwas für konditionsstarke Bergwanderer. Einige ausgesetzte, drahtseilgesicherte Wegabschnitte erfordern Trittsicherheit, Vorsicht ist bei Nässe geboten! Grenzübertritt.

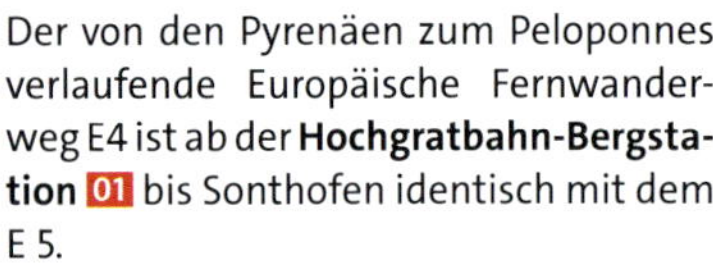

Der von den Pyrenäen zum Peloponnes verlaufende Europäische Fernwanderweg E4 ist ab der **Hochgratbahn-Bergstation** 01 bis Sonthofen identisch mit dem E 5.

1. Tag:
Auf breit ausgetretener Wanderstraße steigt man gleich mal dem **Hochgrat** 02 aufs Dach. Vom Regent der Nagelfluhkette folgt der gemütliche Steig mit der schönsten Fernsicht über Molassehöcker dem blumenreichen Grat. Ab der Brunnenauscharte bummeln wir auf einem Graspfad etwas unterhalb des Bergrückens über Weidehänge zum Westgipfel des Rindalphorns. Nach unwesentlichem Abstieg in einen Sattel überwindet ein Steig leichte Felsstufen zum **Rindalphorn** 03.

Zurück am felsigen Gipfelansatz wandern wir auf dem Pfad Richtung Immenstadt durch eine Hochmulde und über einen licht bewaldeten Rücken zur Gündlesscharte. Nach einem deutlichen, begrünten Kammaufschwung ist der **Gündleskopf** 04 erreicht, den nur eine kleine Einsattelung vom **Buralpkopf** 05 trennt.

Von diesem setzt eine anregende, überwiegend flache Etappe an, über den Oberen Sedererwänden mit einem schmalen und steilen, felsdurchsetzten Gratsteig zu einem Sattel. Weidehänge schwingen sich dann empor zum rundlichen **Sedererstuiben** 06. Wenig später gesellt sich der benachbarte **Stuiben** 07

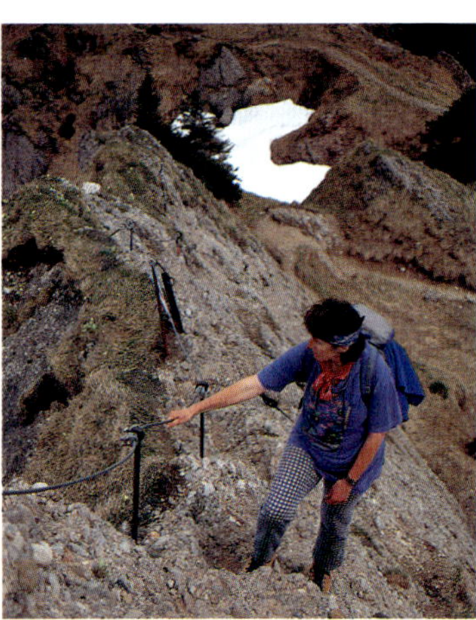

Nagelfluh-Felspartien würzen den Abstieg vom Stuiben

zu unserer stetig anwachsenden Gipfelsammlung.

Nach steilem Steig über einen ausgesetzten Felsgrat mit langem Drahtseil beachte man nördlich des Grates die Markierung. Die nächste schmale Gratrippe ist wieder mit einem Drahtseil entschärft. Eine Holztreppe bringt uns zu einem weiteren Sattel. Auf dem flachen und teilweise mit Fichten bestockten, wiederholt felsigen Kamm zum **Steineberg** 08 schaltet sich noch eine Zwischenerhebung ein.

Man steigt vom kreuzlosen, höchsten Punkt hinunter zum nordseitigen Gipfelwandfuß. Nach einer letzten gesicherten Passage führt ein Alpweg wieder, meist

in Gesellschaft des Weideviehs, über die **Vordere Krumbachalpe** 09 zur Dürrehornalpe und ein Pfad hinunter nach **Gunzesried** 10. Dort enden der erste Tag und vorläufig auch die E 4-Markierung.

2. Tag:
Die zweite Tagesetappe beginnt mit einem Spaziergang auf der Zufahrtsstraße über die Gunzesrieder Ach und eine Kuppe nach Halden. Dort leitet der E4 als Pfad über Wiesenhänge bergab und mit einer Straßenquerung nach **Bihlerdorf** 11. Von der Hofackerstraße geht's rechts in die Oberzollbrückestraße. In Oberzollbrücke queren wir Richtung Illerdamm den Ettensbach und wandern auf einem Wirtschaftsweg zwischen der Iller und dem Sonthofner See nach **Sonthofen** 12.

Die zügigste Stadtdurchquerung lautet: Nach der Straßen- und Bahnunterführung links in die Moltkestraße, beim Bahnhof rechts die Bahnhofstraße wählen, an einer Ampelkreuzung geradeaus, in der Fußgängerzone Richtung Binswangen, am Gasthof zur Traube rechts dem Altstadtring und an der Sparkasse dem E4 folgen, an der Berghoferkreuzung zum Stadtteil **Berghofen** 13, dabei hinter der Ostrachbrücke Richtung Walten abzweigen. Nun nehmen wir den Wanderweg bergauf durch ein Waldstück mit der Ruine Fluhenstein. In **Walten** 14 steigt ein Mautsträßchen über Wiesenhänge. Man passiert die Weiler Unterried und Breiten sowie die Wickkapelle. Vom **Bildstöckle** 15 leitet ein Pfad über einen meist bewaldeten Höhenrücken zum unscheinbaren **Tiefenbacher Eck** 16. Auf der Kammhöhe über eine Moorwiese zum deutlich höheren Kreuzgipfel beeindrucken die Hintersteiner Berge.

Vom Absatz bei der wieder im Wald stehenden Karl-Hüller-Hütte erreicht man in Kürze durch eine Mulde den Sattel vor dem Spieser und flach über Viehweiden die **Hirschalpe** 17. Weiter geht's über den Steinpasssattel und nach einer locker bewaldeten, teils feuchten Hochwanne über eine Skiabfahrt nach **Obergschwend** 18. Beim Haus Finkeler quert man die B 310, folgt einem Wirtschaftsweg über den Weißenbach und bummelt später auf einem Wanderweg am Wertachufer nach **Unterjoch** 19.

3. Tag:
Am dritten Tag folgt der E 4 bei der Kirche dem Anliegersträßchen über Steineberg zur Tiroler Grenze und einem Pfad zum **Gasthof Rehbach** 20. Nach steilen Waldwegkehren tragen uns die Vilsstege über den hier zweiarmigen Fluss. Danach wandern wir auf einem Wirtschaftsweg bei der **Kalbelehof Alpe** 21 Richtung Pfronten, abermals das Ufer wechselnd, durch eine Talenge hinüber ins Ostallgäu. Die Vils begleitet das beschauliche Finale unter Buckelwiesen zum **Gasthaus Vilstalsäge** 22 und, danach das Ufer wechselnd, zum **Bahnhof** in **Pfronten-Ried** 23.

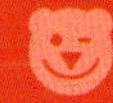
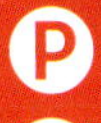

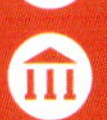

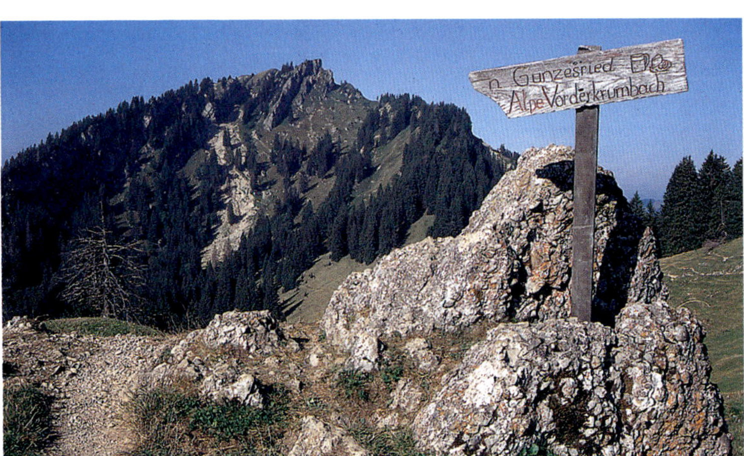

Mit dem Steineberg liegt der siebte Gipfel hinter uns

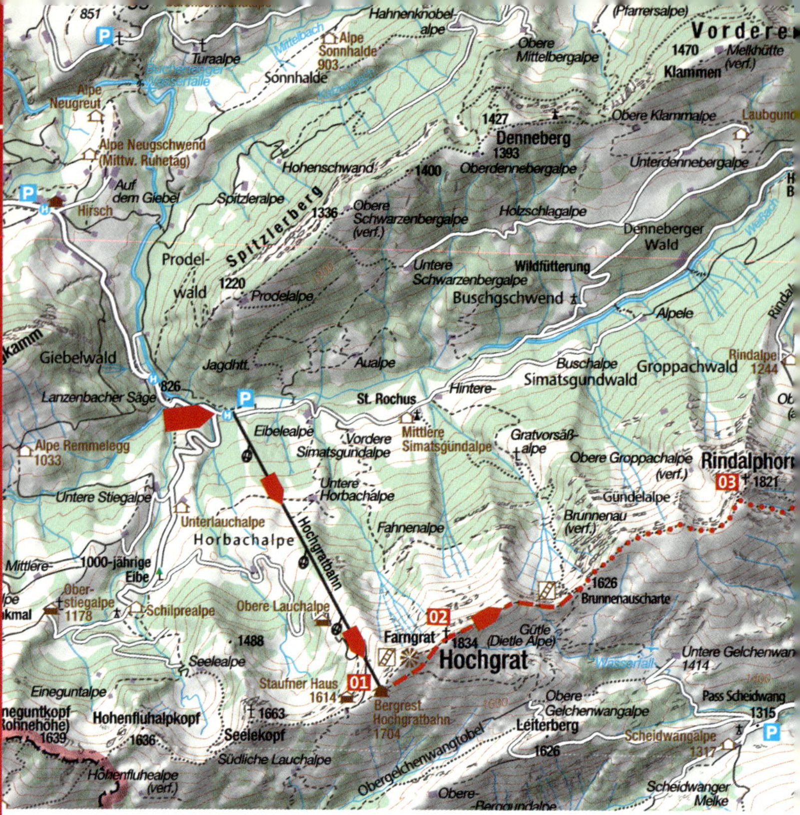

851
Turaalpe
Hahnenknobelalpe
Alpe Sonnhalde 903
Sonnhalde
(Pfarrersalpe)
Vorderer
1470
Melkhütte (verf.)
Klammen
Obere Mittelbergalpe
Alpe Neugreut
Alpe Neugschwend (Mittw. Ruhetag)
1427
Denneberg
1393
Obere Klammalpe
Laubgund
Unterdennebergalpe
Hohenschwand
1400
Oberdennebergalpe
Auf dem Giebel
Hirsch
Spitzleralpe
Spitzlerberg
1336
Obere Schwarzenbergalpe (verf.)
Holzschlagalpe
Denneberger Wald
Prodelwald
1220
Prodelalpe
Untere Schwarzenbergalpe
Wildfütterung
Buschgschwend
Alpele
Giebelwald
Jagdhtt.
Aualpe
Buschalpe
Simatsgundwald
Groppachwald
Rindalpe 1244
826
Lanzenbacher Säge
St. Rochus
Hintere-
Eibelealpe
Vordere Simatsgundalpe
Mittlere Simatsgundalpe
Gratvorsäßalpe
Obere Groppachalpe (verf.)
Rindalphorn
03
1821
Alpe Remmelegg 1033
Untere Horbachalpe
Gündelalpe
Untere Stiegalpe
Unterlauchalpe
Horbachalpe
Hochgratbahn
Fahnenalpe
Brunnenau (verf.)
Mittlere-
1000-jährige Eibe
Oberstiegalpe 1178
Schilpealpe
Obere Lauchalpe
1626
Brunnenauscharte
02
Farngrat
1834
Gütle (Dietle Alpe)
Hochgrat
1488
Seelealpe
Untere Gelchenwang
1414
Eineguntalpe
Staufner Haus 1614
01
Bergrest. Hochgratbahn 1704
Obere Gelchenwangalpe
Pass Scheidwang 1315
Hohenfluhalpkopf
1663
Seelekopf
Leiterberg
Scheidwangalpe 1317
1639
1636
Südliche Lauchalpe
1626
Obergelchenwangtobel
Hohenfluhealpe (verf.)
Scheidwanger Melke
Obere-Bergundalpe

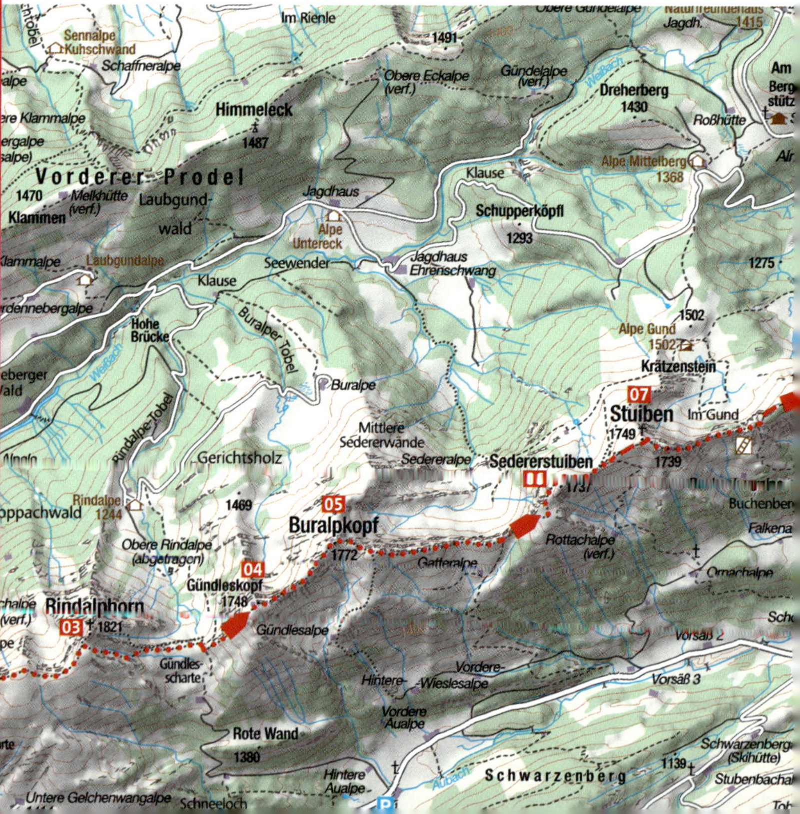

Im Rienle
1491
Obere Gundelalpe
Naturfreundehaus Jagdh. 1415
Sennalpe Kuhschwand
Schaffneralpe
Obere Eckalpe (verf.)
Gündelalpe (verf.)
Dreherberg
1430
Am Bergstütz
Himmeleck
1487
Roßhütte
Vorderer Prodel
Alpe Mittelberg 1368
1470
Melkhütte (verf.)
Laubgundwald
Jagdhaus
Klause
Klammen
Alpe Untereck
Schupperköpfl
1293
Laubgundalpe
Seewender
Jagdhaus Ehrenschwang
1275
Klause
Hohe Brücke
Buralper Tobel
1502
Alpe Gund 1502
Buralpe
Krätzenstein
07
Stuiben
Im Gund
1749
Mittlere Sedererwände
Sedereralpe
Sedererstuiben
1739
Gerichtsholz
1737
Buchenberg
Rindalpe 1244
1469
05
Buralpkopf
Rottachalpe (verf.)
Falkenalpe
Obere Rindalpe (abgetragen)
1772
Gatteralpe
Ornachalpe
04
Gündleskopf
1748
Rindalphorn
03
1821
Gündlesalpe
Vorsäß 2
Gündlesscharte
Hintere-
Vordere-Wieslesalpe
Vorsäß 3
Vordere Aualpe
Rote Wand
1380
Schwarzenberg (Skihütte)
1139
Hintere Aualpe
Schwarzenberg
Stubenbachalpe
Untere Gelchenwangalpe
Schneeloch

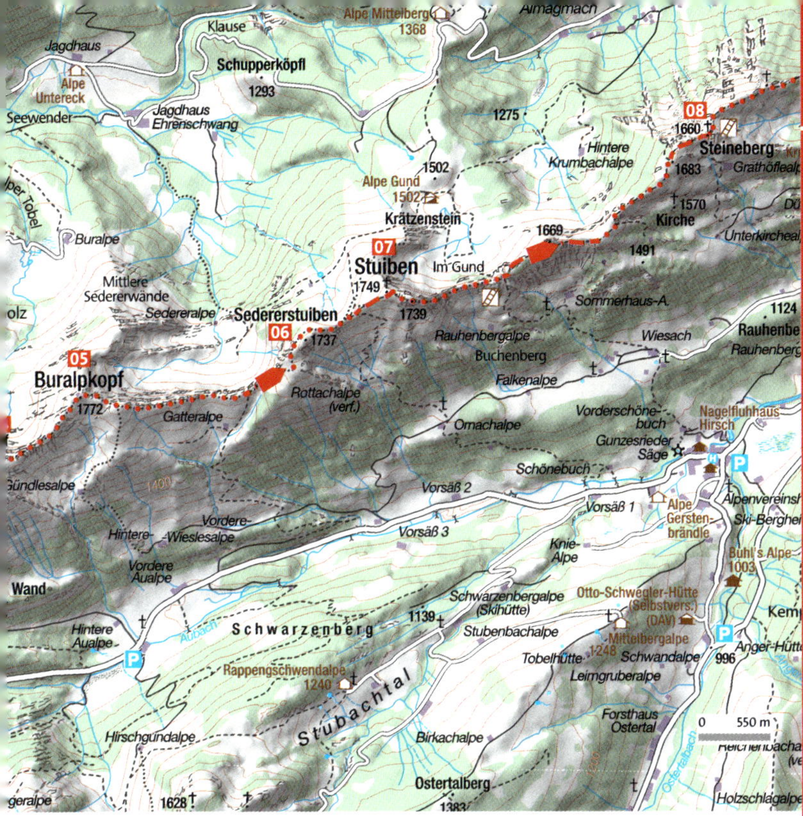

Alpe Mittelberg 1368
Almagmach
Klause
Jagdhaus
Alpe Untereck
Schupperköpfl 1293
Jagdhaus Ehrenschwang
Seewender
1275
08
1660
Steineberg
1683
Grathöflealpe
Hintere Krumbachalpe
1502
Alpe Gund 1502
Krätzenstein
1570
Kirche
Unterkircheal
Buralpe
07
Stuiben
1749
Im Gund
1669
1491
Mittlere Sedererwände
Sedereralpe
Sedererstuiben
06
1737
1739
Rauhenbergalpe
Buchenberg
Sommerhaus-A.
1124
Wiesach
Rauhenbe
Rauhenberg
05
Buralpkopf
1772
Gatteralpe
Rottachalpe (verf.)
Falkenalpe
Ornachalpe
Vorderschönebuch
Gunzesrieder Säge
Nagelfluhhaus Hirsch
Schönebuch
Sündlesalpe
Vorsäß 2
Vorsäß 1
Alpe Gerstenbrändle
Alpenvereinsh
Ski-Berghei
Hintere-
Vordere-
Wieslesalpe
Vorsäß 3
Knie-Alpe
Buhl's Alpe 1003
Vordere Aualpe
Wand
Schwarzenbergalpe (Skihütte)
Otto-Schwegler-Hütte (Selbstvers.) (DAV)
Hintere Aualpe
Aubach
Schwarzenberg
1139
Stubenbachalpe
Mittelbergalpe
Kem
Tobelhütte
1248
Schwandalpe
996
Anger-Hütt
Rappengschwendalpe 1240
Leimgruberalpe
Stubachtal
Forsthaus Ostertal
0 550 m
Hirschgundalpe
Birkachalpe
Reichenbach
Ostertalberg
1628
1383
Holzschlagalpe
geralpe

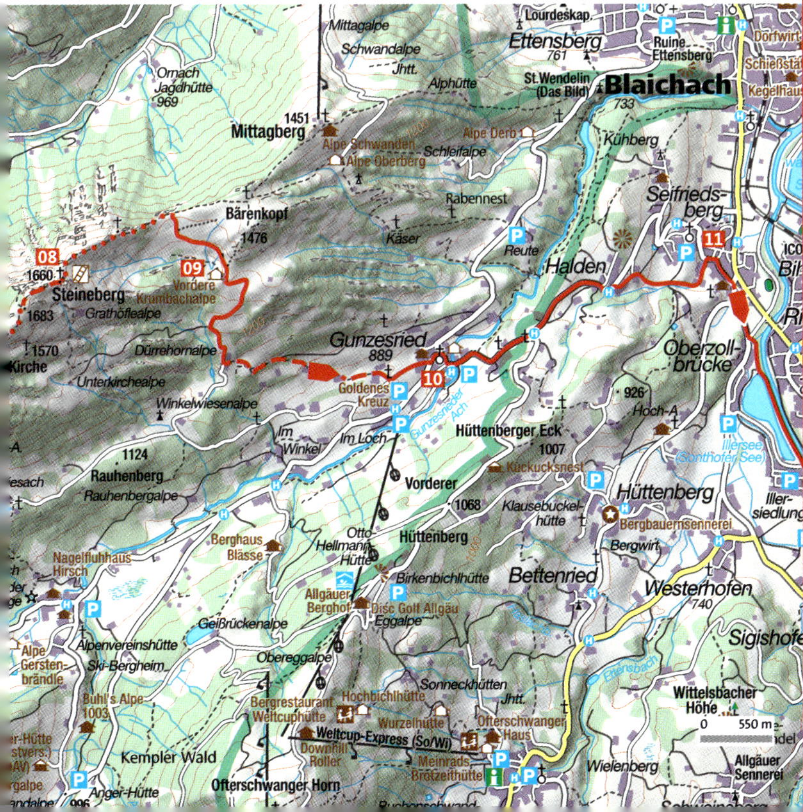

Lourdeskap.
Mittagalpe
Schwandalpe
Jhtt.
Ettensberg 761
Ruine Ettensberg
Dorfwirt
Schießstä
Kegelhaus
Ornach Jagdhütte 969
Alphütte
St. Wendelin (Das Bild)
Blaichach 733
Mittagberg
1451
Alpe Schwanden
Alpe Oberberg
Schleifalpe
Alpe Derb
Kühberg
Seifriedsberg
Bärenkopf
1476
Rabennest
Käser
Reute
11
08
1660
09
Vordere Krumbachalpe
Halden
Steineberg
1683
Grathöflealpe
1570
Kirche
Dürrehornalpe
Gunzesried 889
Oberzollbrücke
Unterkirchealpe
Goldenes Kreuz
10
Gunzesrieder Ach
926
Hoch-A.
Winkelwiesenalpe
Im Winkel
Im Loch
Hüttenberger Eck 1007
Illersee (Sonthofer See)
1124
Rauhenberg
Rauhenbergalpe
Vorderer
Kuckucksnest
Hüttenberg
Iller-siedlung
1068
Klausebuckelhütte
Bergbauernsennerei
Berghaus Blässe
Otto-Hellmann-Hütte
Hüttenberg
Bergwirt
Nagelfluhhaus Hirsch
Birkenbichlhütte
Bettenried
Westerhofen 740
Allgäuer Berghof
Disc Golf Allgäu
Eggalpe
Geißbrückenalpe
Sigishofe
Alpe Gerstenbrändle
Alpenvereinshütte
Ski-Bergheim
Obereggalpe
Sonneckhütten
Jhtt.
Wittelsbacher Höhe
Buhl's Alpe 1003
Bergrestaurant Weltcuphütte
Hochbichlhütte
Wurzelhütte
Ofterschwanger Haus
0 550 m
Weltcup-Express (So/Wi)
Downhill Roller
Kempler Wald
Meinrads Brotzeithütte
Wielenberg
Allgäuer Sennerei
Ofterschwanger Horn
Anger-Hütte
996

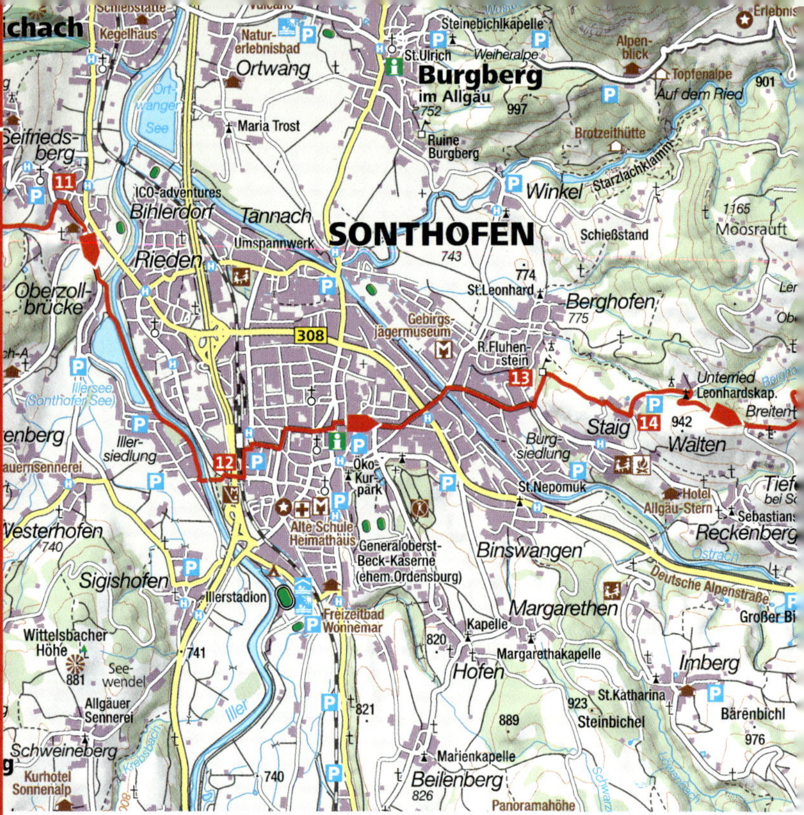

Burgberg im Allgäu
752
St. Ulrich
Steinebichlkapelle
Weiheralpe
Ruine Burgberg
997
Alpenblick
Topfenalpe
Auf dem Ried
901
Erlebnis
Brotzeithütte
Starzlachklamm
Winkel
Schießstand
1165
Moosrauft
Natur-erlebnisbad
Ortwang
Kegelhaus
Ortwanger See
Maria Trost
Seifriedsberg
11
ICO-adventures
Bihlerdorf
Tannach
Umspannwerk
SONTHOFEN
743
Rieden
Oberzollbrücke
774
St. Leonhard
Berghofen
775
308
Gebirgsjägermuseum
R. Fluhenstein
13
Unterried
Leonhardskap.
Breiten
Illersee (Sonthofer See)
Staig
14
942
Walten
Iller-siedlung
12
Öko-Kur-park
Burg-siedlung
St. Nepomuk
Hotel Allgäu-Stern
Sebastians
Reckenberg
Westerhofen
740
Alte Schule Heimathaus
Generaloberst-Beck-Kaserne (ehem. Ordensburg)
Binswangen
Ostrach
Deutsche Alpenstraße
Sigishofen
Illerstadion
Freizeitbad Wonnemar
Margarethen
Großer Bi
Wittelsbacher Höhe
881
Seewendel
741
820
Kapelle
Margarethakapelle
Imberg
Allgäuer Sennerei
Hofen
923
St. Katharina
Steinbichel
Bärenbichl
976
Iller
821
889
Schweineberg
Kurhotel Sonnenalp
740
Marienkapelle
Beilenberg
826
Panoramahöhe

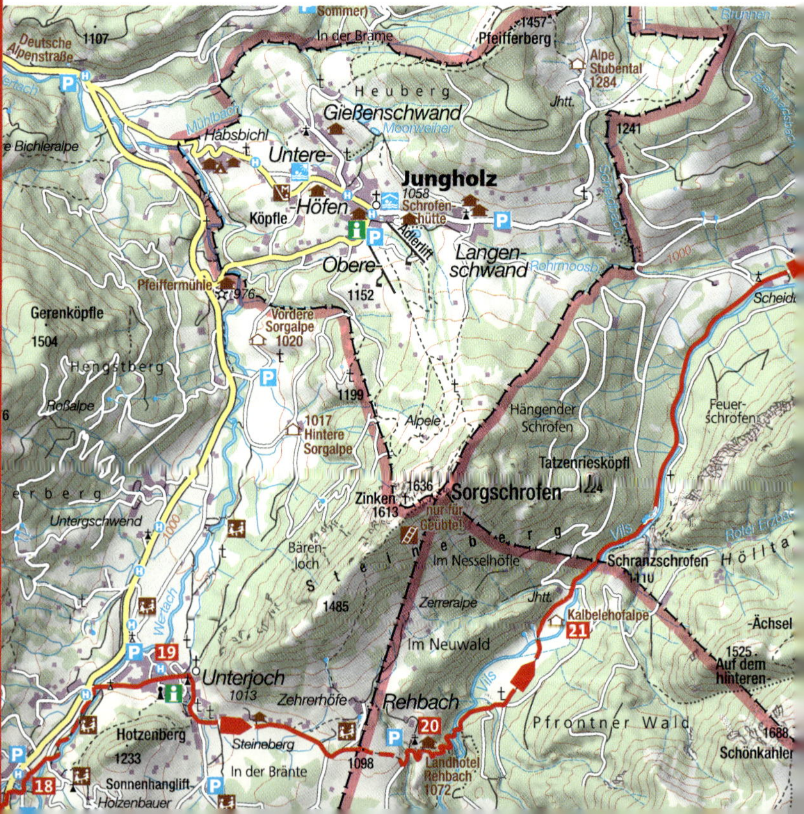

(Sommer)
In der Bräme
1457
Pfeifferberg
Deutsche Alpenstraße
1107
Alpe Stubental 1284
Heuberg
Gießenschwand
Moorweiher
Jhtt.
1241
Bichleralpe
Mühlbach
Habsbichl
Untere-Höfen
Jungholz
1058
Schrofenhütte
Adlerlift
Köpfle
Obere-
Langenschwand
Rohrmoos
1152
Pfeiffermühle
976
Vordere Sorgalpe 1020
Gerenköpfle
1504
Hengstberg
Roßalpe
1199
Hängender Schrofen
Feuerschrofen
1017 Hintere Sorgalpe
Alpele
Tatzenriesköpfl
1224
Zinken 1613
1636
Sorgschrofen
nur für Geübte!
Untergschwend
Bärenloch
Steineberg
Im Nesselhöfe
Schranzschrofen
Vils
Höllta
1485
Zerreralpe
Jhtt.
Kalbelehofalpe
21
Achsel
Wertach
Im Neuwald
1525
Auf dem hinteren-
19
Unterjoch
1013
Zehrerhöfe
Rehbach
20
Pfrontner Wald
1688
Schönkahler
Hotzenberg
1233
Steineberg
1098
Landhotel Rehbach 1072
18
Sonnenhanglift
In der Bränte
Holzenbauer

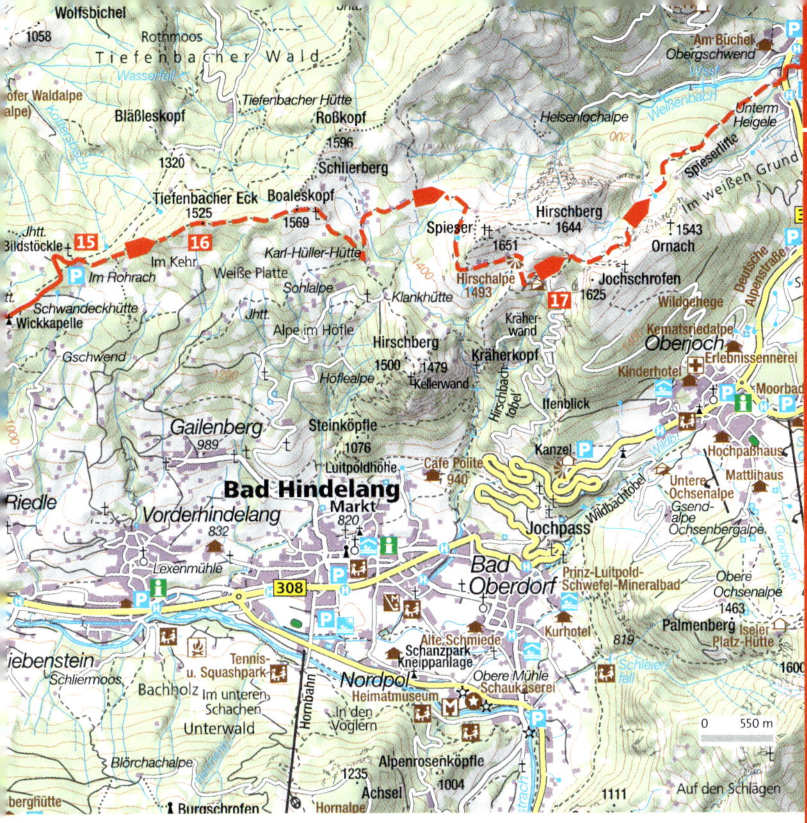

Wolfsbichel
1058
Rothmoos
Tiefenbacher Wald
Wasserfall
ofer Waldalpe
alpe)
Bläßleskopf
Tiefenbacher Hütte
Roßkopf
1596
1320
Schlierberg
Tiefenbacher Eck
1525
Boaleskopf
1569
Jhtt.
Bildstöckle
15
16
Im Kehr
Im Rohrach
Weiße Platte
Karl-Hüller-Hütte
Sohlalpe
Schwandeckhütte
Wickkapelle
Jhtt.
Alpe im Höfle
Gschwend
Klankhütte
Hirschberg
1500
1479
Kellerwand
Höflealpe
Spieser
1651
Hirschalpe
1493
Hirschberg
1644
17
1625
Jochschrofen
Kräherwand
Kräherkopf
Hirschbachtobel
Ifenblick
Am Büchel
Obergschwend
Helsenlochalpe
Weißenbach
Unterm Heigele
Spieserlifte
Im weißen Grund
1543
Ornach
Deutsche Alpenstraße
Wildgehege
Kematsriedalpe
Oberjoch
Erlebnissennerei
Kinderhotel
Moorbad
Gailenberg
989
Steinköpfle
1076
Luitpoldhöhe
Café Polite
940
Kanzel
Wildbach
Hochpaßhaus
Mattlihaus
Untere Ochsenalpe
Gsendalpe
Ochsenbergalpe
Riedle
Vorderhindelang
832
Bad Hindelang
Markt
820
Jochpass
Wildbachtobel
Lexenmühle
308
Bad Oberdorf
Prinz-Luitpold-Schwefel-Mineralbad
Obere Ochsenalpe
1463
Palmenberg
Iseler Platz-Hütte
Kurhotel
819
iebenstein
Schliermoos
Tennis- u. Squashpark
Alte Schmiede
Schanzpark
Kneippanlage
Obere Mühle
Schaukäserei
Schleierfall
1600
Bachholz
Im unteren Schachen
Nordpol
Heimatmuseum
Hornbahn
Unterwald
In den Voglern
0 550 m
Blörchachalpe
Alpenrosenköpfle
1235
Achsel
1004
1111
Auf den Schlägen
bergiütte
Burgschrofen
Hornalpe

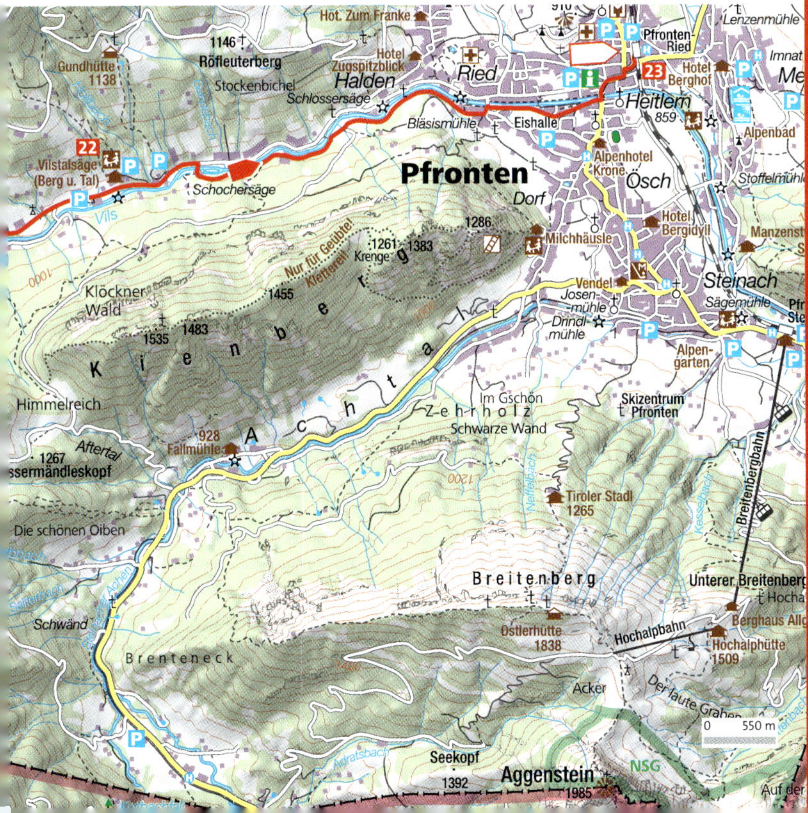

Hot. Zum Franke
910
Lenzenmühle
1146
Röfleuterberg
Pfronten-Ried
Gundhütte
1138
Hotel Zugspitzblick
Halden
Ried
23
Hotel Berghof
Imnat
Stockenbichel
Schlossersäge
Heitlern
859
Bläsismühle
Eishalle
Alpenbad
22
Vilstalsäge (Berg u. Tal)
Alpenhotel Krone
Ösch
Stoffelmühle
Schochersäge
Pfronten
Dorf
Vils
1286
Hotel Bergidyll
Nur für Geübte! Klettersteig
1261
Krenge
1383
Milchhäusle
Klöckner Wald
1455
Steinach
Vendel
Josenmühle
Sägemühle
Drindlmühle
1535
1483
Kienberg
Achtal
Alpengarten
Himmelreich
Im Gschön
Zehrholz
Schwarze Wand
Skizentrum Pfronten
928
Fallmühle
1267
Aftertal
ssermändleskopf
Tiroler Stadl
1265
Breitenbergbahn
Die schönen Oiben
Breitenberg
Unterer Breitenberg
Hochalpe
Schwänd
Berghaus Allg
Ostlerhütte
1838
Hochalpbahn
Hochalphütte
1509
Brenteneck
Acker
Der laute Graben
0 550 m
Seekopf
1392
Aggenstein
1985
NSG
Auf der

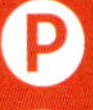
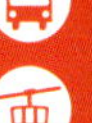

HOCHGRAT • 1834 m

Zum höchsten Punkt des Allgäuer Voralpenlandes

 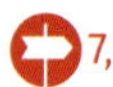 7,25 km  3:00 h 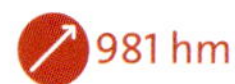 981 hm 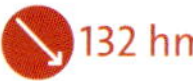 132 hm  2

START | Parkplatz an der Talstation der Hochgratbahn.
[GPS: UTM Zone 32 x: 579.720 m y: 5.262.360 m]
CHARAKTER | Meist breite, aber teils steile Wanderwege zur Bergstation, schmaler, felsiger Pfad mit Treppenstufen zum Gipfel.

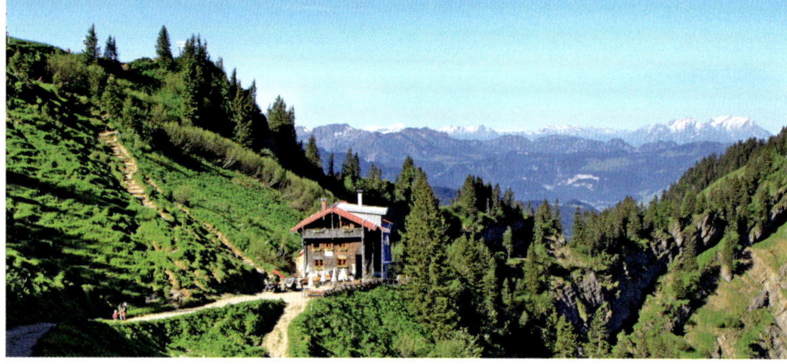

Das Staufnerhaus liegt nur wenige Meter neben dem Anstiegsweg

Der Hochgratgipfel gehört als höchster Punkt des Allgäuer Voralpenlandes natürlich zum Repertoire dieses Auswahlführers, genießt er doch dank seiner leichten Erreichbarkeit – durch die Hochgratbahn – und seiner grandiosen Gipfelaussicht eine herausragende touristische Bedeutung.

▶ Wir starten an der **Talstation** 01 der Hochgratbahn in Steibis, gehen auf der Zufahrtsstraße ein paar Meter rechts, bis links ein asphaltiertes Sträßchen abzweigt (Mark. Hochgrat). Wenig später verlassen wir das Sträßchen und kürzen über einen ziemlich direkt ansteigenden, ebenfalls asphaltierten Fußweg die großen Straßenkehren ab. Kurz bevor wir auf die Abzweigung treffen, die rechts Richtung Obere Stiegalpe und Falkenhütte weist, wandern wir wieder auf dem Fahrsträßchen stetig berghoch. Wir passieren die **Unterlauchalpe** 02 und gelangen bei einem Viehgatter zu einer scharfen Linkskurve und zu einer **Verzweigung** 03. Rechts von uns rauscht ein Bach und nach rechts ist auch der Weg zur Schilpréalpe markiert. Wir blei-

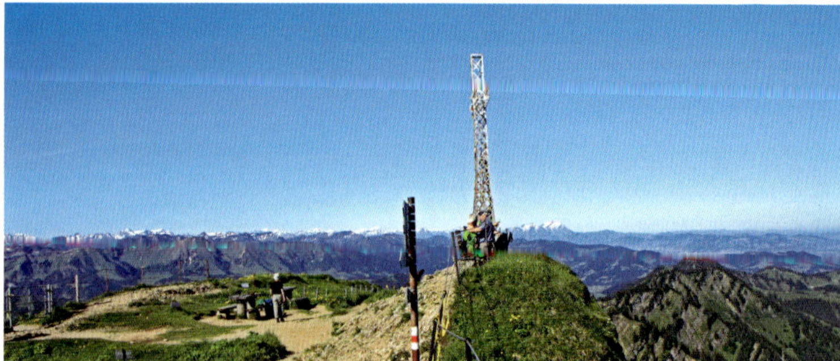

Gipfelschau vom Hochgrat

ben aber auf dem Normalweg, der nach links Richtung Hochgrat über das Stauferhaus ausgeschildert ist.

Der kontinuierlich ansteigende Weg wird jetzt etwas schmäler, ist nicht mehr asphaltiert, und führt, mit schöner Aussicht ins Tal hinab, am Hang entlang hoch. Wir umrunden ein Almgebäude – hier geht es kurzzeitig sogar etwas bergab –, dann passieren wir rechts die Materialseilbahn, die zum Stauferhaus hoch führt. Es folgen nun immer wieder steilere, direktere Anstiegspassagen, bis wir wieder auf ein Viehgatter treffen und der kurvenreiche Weg deutlich flacher wird, rechts fließt ein Bach. Wir verlassen den Wald und wandern auf die etwas oberhalb von uns liegende **Obere Lauchalpe** **04** zu. Von hier ist auch die Hochgratbahn zu sehen. Am Wochenende ist die Alpe von 11 bis 16:30 Uhr geöffnet.

Es geht weiter in Serpentinen bergan, gottseidank teils im Schatten, bis wir kurz vor dem Unterqueren der Hochgratbahn und vor einer Rechtskurve eine **Abzweigung** **05** rechts hoch zum Staufnerhaus passieren, einen schmalen, steilen Hangpfad (den wir als alternativen Anstiegsweg nehmen können). Wir bleiben jedoch auf dem Hauptweg, unterqueren erneut die Hochgratbahn und stoßen auf eine weitere **Abzweigung** **06** zum Staufnerhaus – hier sind es nur wenig Meter auf breitem Weg leicht abwärts. Geradeaus führt der Weg zu einer scharfen Linkskehre, hier ist nach rechts der gut sichtbare Seelekopfgipfel mit 20 min angeschrieben. Wir schwenken nach links und sind ein paar Minuten später an der **Bergstation** **07** der Hochgratbahn; die letzten Meter des Anstiegs kann man sich durch die Benutzung von Treppenstufen auf der linken Seite erleichtern. Fantastischer Ausblick, rechts ist der Schweizer Säntis gut zu sehen. Hinter der Bergstation geht es über Treppenstufen hoch und dann weiter am felsigen Grat entlang, der durch ein Geländer markiert ist. Über angelegte Stufen und Felsabsätze bringt uns der nach beiden Seiten sehr aussichtsreiche Gratweg hoch zum Gipfel des **Hochgrat** **08**.

Zurück zur Bergstation und mit der Hochgratbahn hinab zur Talstation.

Tipp:

Nehmen Sie den Abschnitt des Parkscheins mit, dann erhalten Sie Rabatt auf die Talfahrt!

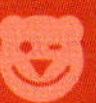
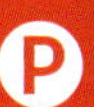

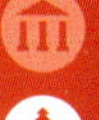

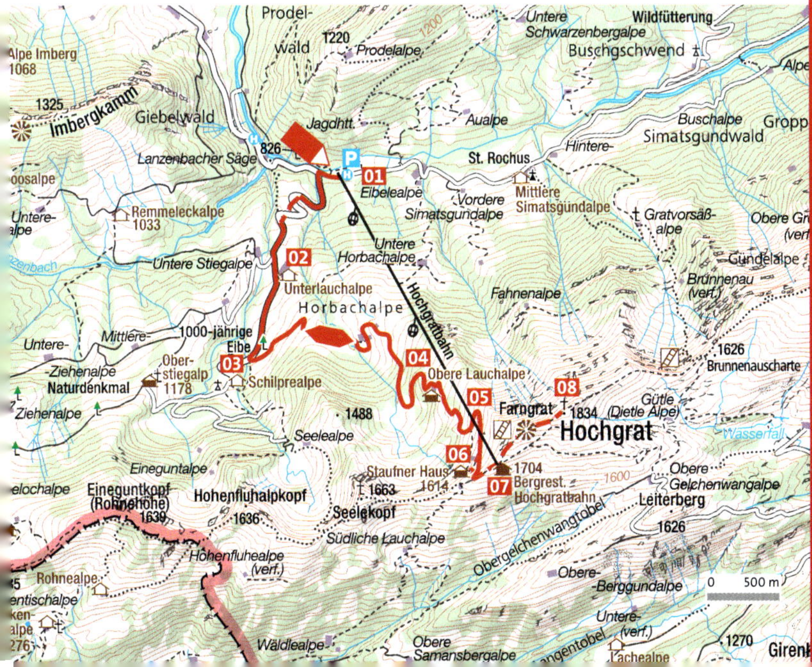

SAMSTENBERG • 1513 m

Individualismus am Westrand des Allgäus

  8,5 km 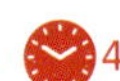 4:00 h 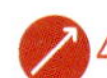 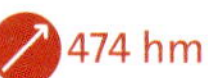 474 hm  474 hm  3

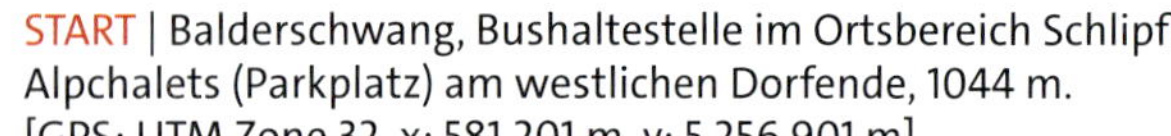

START | Balderschwang, Bushaltestelle im Ortsbereich Schlipfhalden, bei den Alpchalets (Parkplatz) am westlichen Dorfende, 1044 m.
[GPS: UTM Zone 32 x: 581.201 m y: 5.256.901 m]
CHARAKTER | Mitunter steiler Aufstieg zur Stillbergalpe. Zum Teil bezeichnete Pfade und Pfadspuren, kurze Abschnitte auf Steig, Alp- und Ziehwegen, längerer Abschnitt weglos. Orientierungssinn erforderlich, Grenzübertritt.

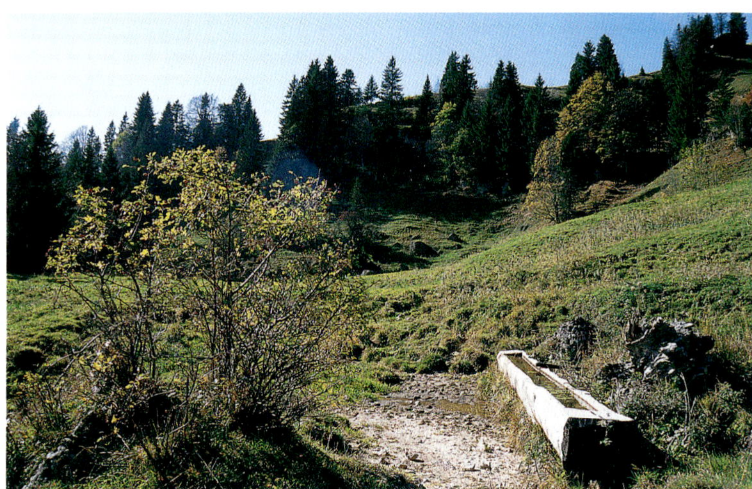

Die Weideböden der Samstenbergalpe

Als Startpunkt für die höchst einsame Unternehmung bieten sich die Alpchalets am Dorfende von **Balderschwang** 01 an. Wir nehmen das Zufahrtssträßchen zum nahen Hotel Bergblick und orientieren uns am Schild „Girenkopf".

Der zwischen Waldflecken ansteigende Ziehweg heizt ordentlich ein. An der Gabelung unterhalb der Klosteralpe achten wir auf den Richtungsweiser und schlendern auf einer Fahrspur ein Stück am Waldhang entlang. Ab der folgenden Verzweigung windet sich ein Steig rechts empor zur **Stillbergalpe** 02. Die Blickspanne vom Riedberger Horn über die Hochalpen und Gottesackerwände zum Bregenzerwaldgebirge verlangt nach einer Pause. Der Alpweg Richtung Spicherhaldealp leitet zur Kammhöhe unter dem zugewachsenen Stillberg. Dessen nur wenige Meter hoher Zwillings-Gipfelfelsen südlich der Wegkuppe ist – man will es kaum glauben – nur in anspruchsvoller Kletterei des gehobenen II. Grades zu überlisten. Wir verzichten auf diese Eskapade und folgen gleich ab der Rechtskehre in westlicher Richtung, erst auf einer unbeschilderten Fahrspur, wenig später durch wegloses Jungviehgelände dem Kamm. Mit kleinem Gegenanstieg erreicht man den **Samstenberg** 03, eine unscheinbare Weidekuppe.

Nach kaum nennenswertem Abstieg behindern auf einer Pfadspur ein paar Bäume das Vorwärtskommen. Hier sind die nördlichen Steilabbrüche im Auge zu behalten. Anschließend steigt man leicht rechts des Kammes über einen

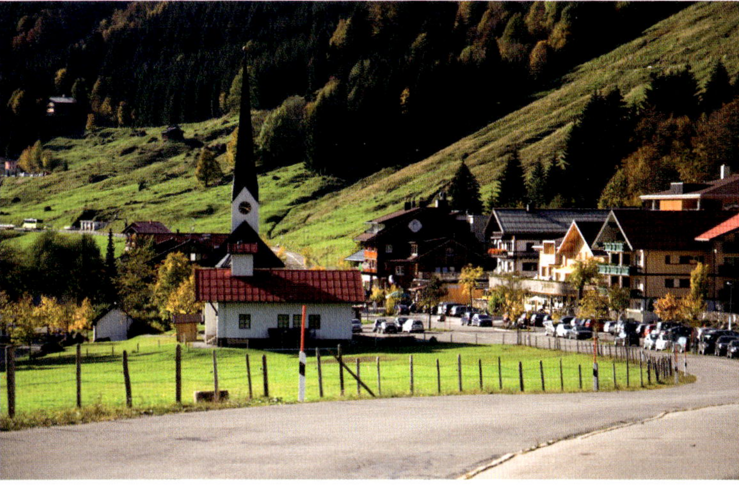

Balderschwang

Weidezaun und bleibt nach einem Aufschwung erneut der Höhe treu. Der folgenden Felspartie weicht man südseitig aus und übersteigt danach einen weiteren Zaun. Nun geht's wieder bequem durch eine kleine Grasmulde bergab über die Grenze nach Vorarlberg. Rotweiße Markierungspflöcke leiten über Weidehänge zur **Hochleckachalpe** 04.

Ein Ziehweg und ein mitunter undeutlicher Pfad (Linksabzweigung beachten) durch einen Waldstreifen am Hang entlang bringen uns zur **Samstenbergalpe** 05. Wieder auf bayerischer Seite stoßen wir nach unwesentlichem Gegenanstieg hinter der **Doserlochalpe** 06 auf den bekannten Kurs nach **Balderschwang** 01.

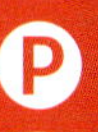
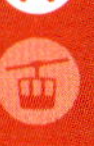

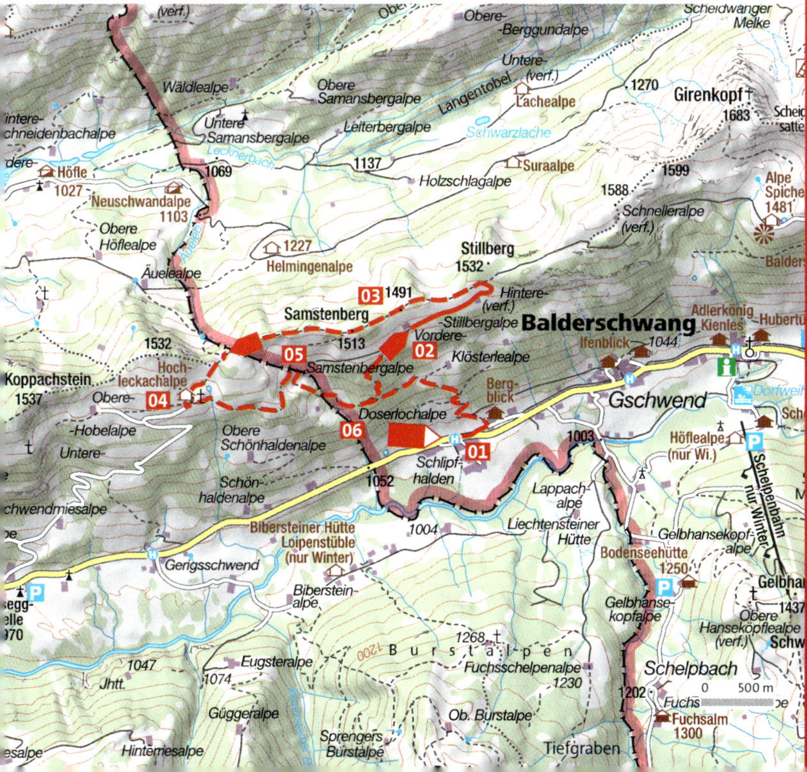

HEIDENKOPF • 1685 m UND GRATKOPF • 1670 m

Schlüsselstellen des Oberallgäuer Rundwanderwegs

 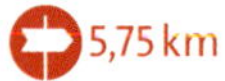 5,75 km 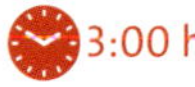 3:00 h 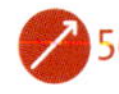 563 hm 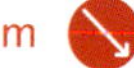 563 hm 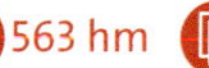  3

START | Gunzesried/Scheidwangalpe (Gemeinde Blaichach), Parkplatz, 1317 m; zu erreichen auf dem Mautsträßchen von Gunzesried/Säge.
[GPS: UTM Zone 32 x: 583.613 m y: 5.260.188 m]
CHARAKTER | Mehrere kleine Steilaufstiege. Ausgesetzte Passagen am Heidenkopf mit kurzer gesicherter Kletterei in teilweise schmierigem Fels am Gratkopfabstieg und zurück erfordern Trittsicherheit. Überwiegend bezeichnete Steige. Vorsicht bei Nässe!

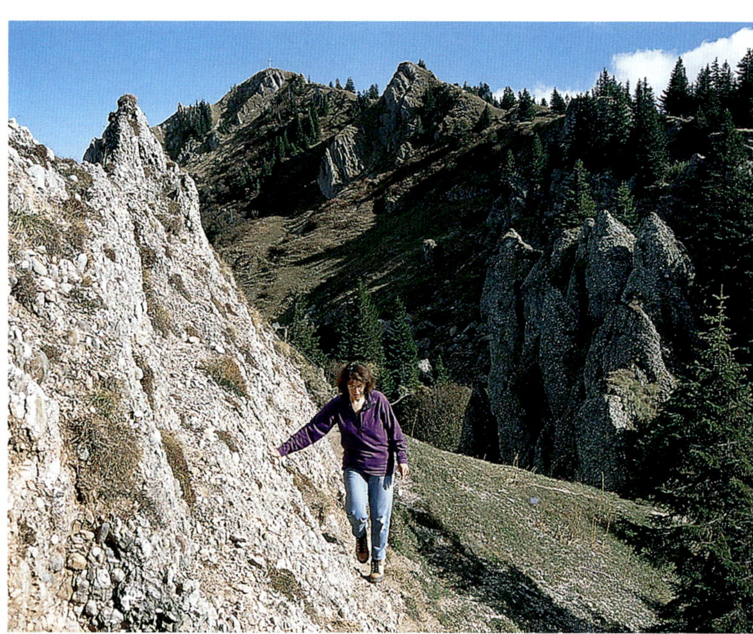

Auf dem pfiffigen Gratkopfabstieg

▶ Unsere einprägsame Tour ins wilde Reich der Nagelfluh startet an der **Scheidwangalpe** 01, an der Wasserscheide Rhein–Donau.

Der Oberallgäuer Rundwanderweg schwingt sich südlich bergan durch auf gelockerten Bergwald. In einem Rechtsbogen leitet der Steig zu einem verfallenen Viehunterstand. Rückblickend zeigt sich die Rindalpenkette. Über eine links ausholende Schleife und einen schmäler werdenden Rücken gelangen wir auf den **Heidenkopf** 02. Die überwältigende weite Blickspanne wird im Osten von den Tannheimer, im Westen von den Schweizer Bergen begrenzt.

Ein unterhaltsamer Höhenkurs folgt nach einem kleinen südöstlichen Grasabstieg dem flachen, geräumigen Kamm. Baumgruppen behindern ab und an die Sicht. Noch wenige Stufen und schon steht man auf dem **Gratkopf** 03. Dieses eigenwillige Massiv, das sich aus Grasköpfen, kecken Türmen und Nadeln zusammensetzt, verdient eine gebührende Schaupause.

Anschließend erfordert der reizvolle Abstieg über einen sich verschmälernden Grat mit ausgesetzten, jetzt felsigen Stellen unsere volle Aufmerksamkeit. In der Weidemulde vor dem Siplingerkopf achten wir auf die Markierung und überwinden einen ansteigenden Felsverhau. Danach verlassen wir den Oberallgäuer Rundwanderweg auf der gemütlichen, zur Oberen Balderschwanger Alp führenden Talroute. Der Wegweiser Richtung Heidenkopf zeigt uns den Aufstieg über bucklige Hänge und an auffallenden Nagelfluhtürmen vorbei, zurück zum Joch zwischen Girenkopf und Heidenkopf. Nun setzt der kurze anspruchsvolle und etwas ausgesetzte Gipfelaufstieg an. Zwei felsige Steilaufschwünge mit ein paar nicht ganz zuverlässigen Tritten sind durch Drahtseile entschärft. Sie verlangen aber dennoch für wenige kitzlige Augenblicke eine saubere Kletterei. Danach lockt zur Rechten ein luftiger Aussichtspunkt. Auf fortwährend spannendem Routenverlauf ist bald zum zweiten Mal der **Heidenkopf** 02 erreicht. Dort nimmt man den bekannten Kurs hinunter zur **Scheidwangalpe** 01 auf.

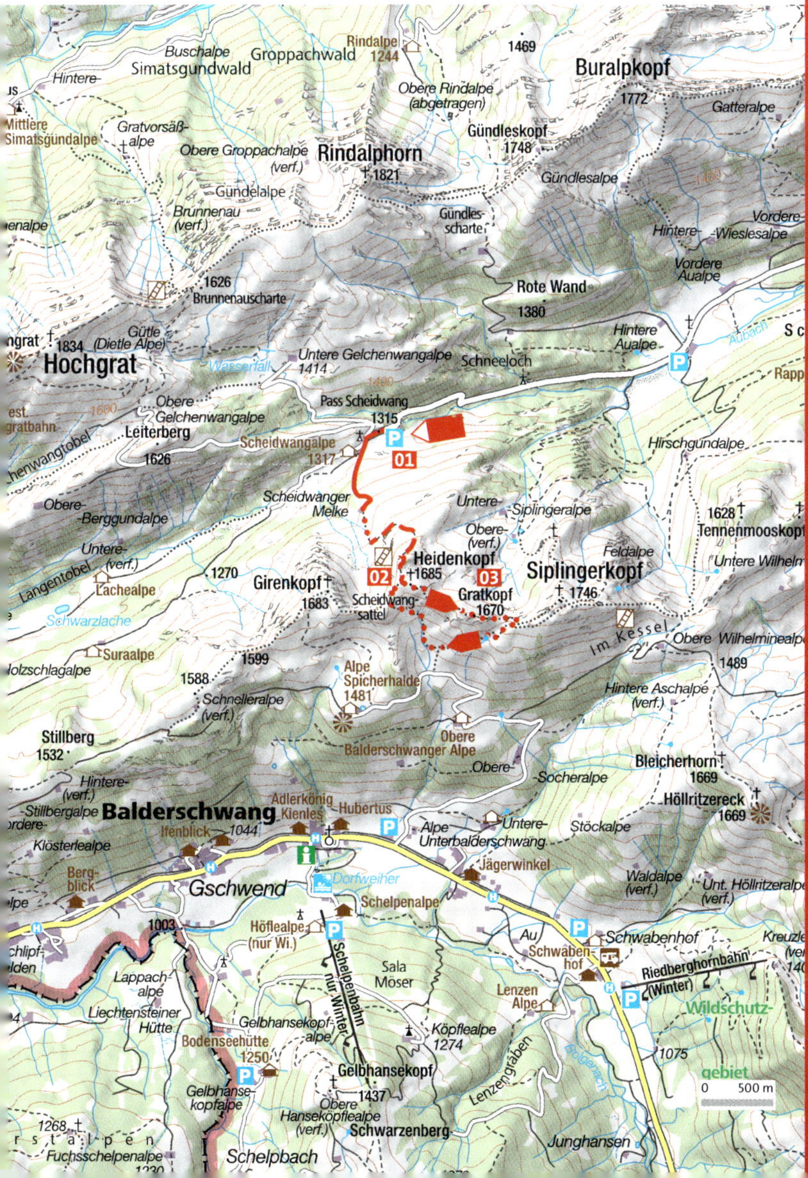

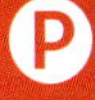

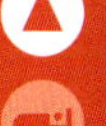

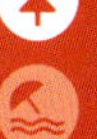

BALDERSCHWANG – GRASGEHREN

Einsames, wildes Bergland

 18,2 km 5:30 h 1061 hm 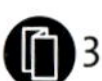668 hm 3

START | Dorfplatz, Balderschwang.
[GPS: UTM Zone 32 x: 583.290 m y: 5.257.535 m]
CHARAKTER | Springen und Hüpfen wie ein Frosch? Vom Scheuenpass über die Alte Piesen-Alpe durch das Zwiebelmoos führt die Route unter anderem. Fazit: Hoch hinauf, weit geschaut und gut verpflegt.

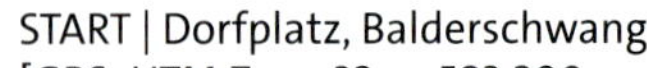

Alter Bergwald, einzigartige Moorwiesen, Einkehralpen und Hüttenromantik unterm Riedberger Horn.

Vom **Dorfplatz 01** geht es südwärts auf einem schmalen Weg Richtung Bolgenach. In Höhe der Eingangsstele von Balderschwang erreicht die Route den Anfahrtsweg zum Großraumparkplatz, wendet sich nach links, quert die **Bolgenach 02** und führt auf der anderen Seite in Sichtweite der Talstation von Schelpenbahn und Gelbhansekopflift links am Ufer der Bolgenach entlang weiter. Einmal quert der Weg den Weissachzufluss nach links und einmal nach rechts, dann steigt der breite und geröllige Alpweg steil und in vielen Kehren nach oben. Unterhalb der Köpflehütte wird ein asphaltierter Fahrweg erreicht, den die Route nach links bis zur Hütte nutzt. Kurz rechts und dann steigt ein Pfad durch das Wiesengelände steil hinauf in den Wald. Dabei nutzt die Route Abschnitte der winterlichen Skipiste und erreicht nach einem steilen Schlussanstieg die Bergstation am **Gelbhansekopf 03**.

Links geht es auf breitem Weg weiter, bis an einem Verkehrsbeobachtungsturm (für den winterlichen Hochbetrieb) ein einladender Pfad auf dem Kamm mit sehenswerten Aussichten südwärts führt. Mehrere Weideüberstiege sind zu queren, einmal um einem Auerwild-Schutzgebiet auszuweichen. An einer namenlosen Wegegabelung knapp unterhalb eines Bergkammes, der auf den Hochschelpen zuleitet, geht es links weiter, dann über zwei Weideüberstiege erst nach links, dann nach rechts und über den breiten Kamm weiter. Die Aussicht vom 1552 m hohen **Hochschelpen 04** kann sich sehen lassen, das Gipfelkreuz und die Ruhebank sind eingezäunt. Geradeaus führt eine morastige und feuchte Passage durch ein Orchideenparadies abwärts durch Wiesen, bis nach rutschiger Partie eine Forststraße erreicht und nach rechts genutzt wird. An der nächsten Kreuzung links ab und dann in zwei Kehren hinunter zum Inne-

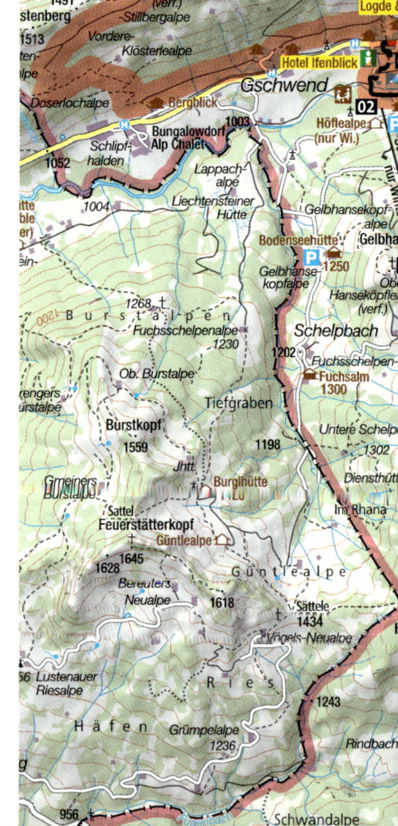

ren Scheuenbach. Die Route quert ihn nach einem vorherigen Rechtsknick und führt dann auf schönem Pfad unterhalb der bizarr aufragenden Scheuenwände hinauf in eine faszinierende Moor- und Feuchtwiesenlandschaft.

Am **Scheuenpass** **05** geht es links ab und nun für eine lange Passage durch Moorwald und Moorwiesen. Rechts erhebt sich der 1630 m hohe Piesenkopf. Die **Alte Piesen-Alpe** **06** leitet den Abstieg durch das **Ziegelmoos** **07** ein, Rutschpartien, Sprünge und federnder Boden inklusive. Dann ist die befestigte Fahrstraße erreicht, der die Route nach rechts und an der folgenden Kreuzung nach links zur **Dinigörgen-Alpe** **08** (Einkehr) folgt. Vorbei an der herrlich gelegenen Alpe geht es in den Talboden, dann nach links und später rechts steil bergauf und unter den Felswänden des Beslerkopfes entlang zur **Schönberg-Alpe** **09** (Einkehr). Von hier geht es auf breitem Alpweg durch Weiden zur Riedberg-Passstraße. Kurz hält sich die

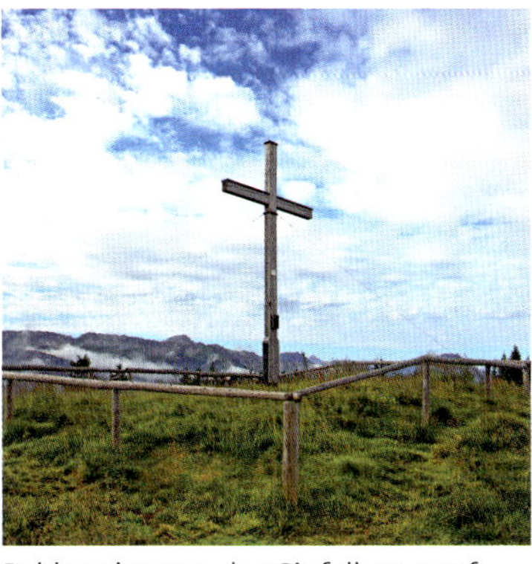

Balderschwang: das Gipfelkreuz auf dem 1552 m hohen Hochschelpen

Route rechts bis zum Parkplatz und dahinter (zuvor die Straße queren) links auf Asphaltweg Richtung Grasgehren. Schon bald geht es im spitzen Winkel nach rechts und nach kurzem Anstieg auf hangparallelem Forstweg zu den Grasgehrenliften 3 und 4, bevor es im Rechtsschwung zum Endpunkt **Grasgehren** **10** Parkplatz geht.

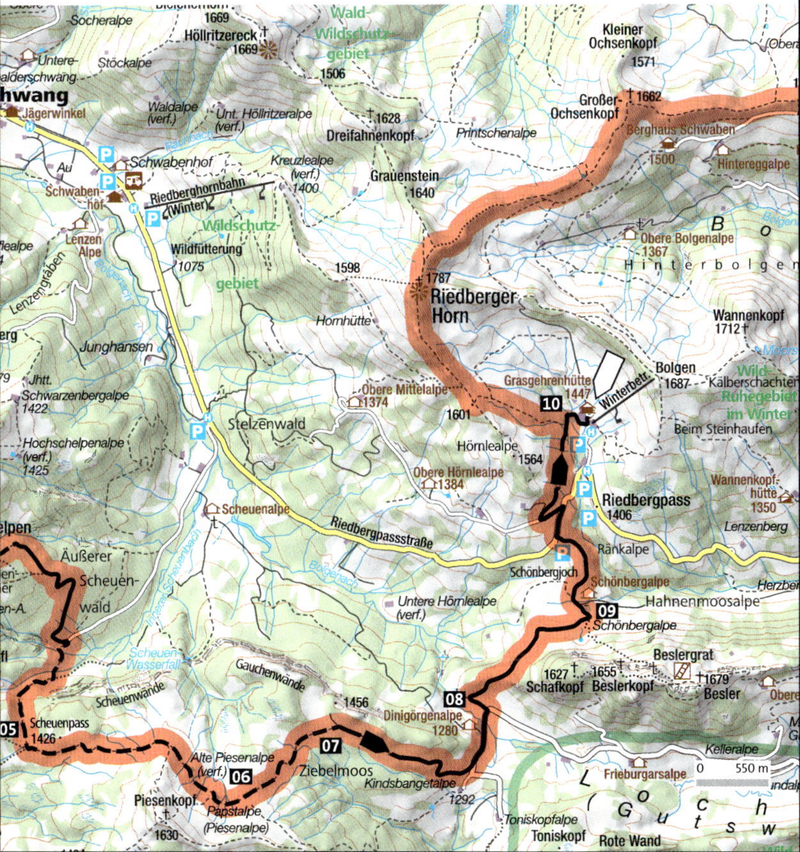

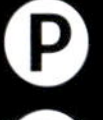

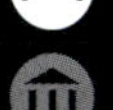
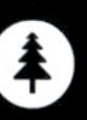
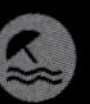

HÖLLRITZERECK • 1669 m UND BLEICHERHORN • 1669 m

Rundtour mit aufregender Abstiegsvariante

 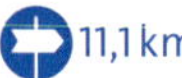 11,1 km  5:00 h  780 hm 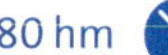  780 hm  3

START | Schwabenhof (Talstation der Riedberger Hornbahn), Bushaltestelle, 1072 m.
[GPS: UTM Zone 32 x: 585.195 m y: 5.256.672 m]
CHARAKTER | Besondere Schwierigkeiten sind normalerweise nicht zu erwarten. Wer allerdings auf dem Viehweg über die Stöckalpe absteigt, muss mit besonders matschigen Erlebnissen rechnen. Einfacher, wenn auch deutlich monotoner wäre der Abstieg auf der langen Asphaltstraße über die Obere Wilhelminealpe.

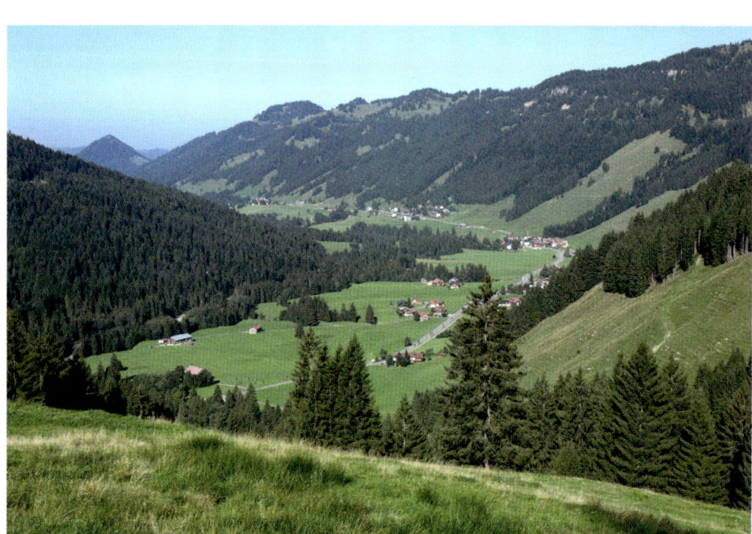

Blick auf Balderschwang

Einfache Rundwanderung mit einer Abstiegsvariante, die es in sich hat.

Der Ausgangspunkt ist beim Parkplatz der Riedberger Hornbahn (nur Winterbetrieb), direkt beim **Schwabenhof** 01 (Bushaltestelle). Neben dem Rauhbachlift beginnt die beschilderte Route zum Dreifahnenkopf. Auf grober, teils grasiger Fahrspur steigt man am Rand der Skipiste zur **Wegverzweigung** 02 auf rund 1260 Meter Höhe auf. Dort links weiter. Bei der verfallenen Kreuzlealpe (1400 Meter) erreicht man neben der Bergstation der Riedberger Hornbahn eine Wegeinmündung. Anschließend deutlich flacher ins Tal hinein.

Im weiteren Verlauf wird der Weg wieder etwas steiler, dreht auf die linke Talseite und führt in den Wald. Bei der Jagdhütte auf der **Printschenalpe** 03 endet die Fahrspur und der beschilderte Weg zweigt rechts ab, um zur Grathöhe unter dem Dreifahnenkopf anzusteigen.

Der alte Weg, der von dort direkt zum Dreifahnenkopf hinaufführt, ist wegen eines Birkhuhnbiotops gesperrt. Naturfreunde meiden ihn also und steigen auf dem neuen Weg knapp 150 Höhenmeter nach Osten ab, bis sie hinter einer Weidewiese auf eine **Wegverzweigung** 04 treffen. Bei ihr links abbiegen und dem Wegweiser zum Höllritzereck folgen. Auf langem, fast ebenem Querweg zu einer **Abzweigung** 05 auf der linken Seite (Schild Höllritzer Eck). Auf dem schmalen Bergweg etwas steiler durch Buschwerk hinauf und zum Gratsattel auf der Höhe von 1506 Meter. Dort rechts halten und auf viel begangenem Bergweg über etliche unbequeme Stufen steil zum Gipfel des **Höllritzercks** 06 hinauf. Vom ersten Gipfelziel auf gutem Bergweg nur ein wenig bergab und dann sanft ansteigend zum gleichhohen **Bleicherhorn** 07.

Der Abstieg vom Bleicherhorn verläuft auf einem Luxus-Bergweg nach Norden hinunter und trifft auf eine Asphaltstraße. Auf ihr kann man über die Obere Wilhelminealpe absteigen und auch noch einen Schlenker zur Unteren Balderschwangalpe einlegen, bis man bei Wäldle das Tal erreicht.

Wer nicht auf der langen, asphaltierten Straße absteigen will, kann diese schon nach rund 100 Metern nach links auf einen matschigen **Viehtrieb** 08 verlassen. Diesem folgt man dann mit etlichen Gegenanstiegen und schmutzigen Stiefeln über viele Schlammlöcher und an ein paar **Viehtränken** 09 vorbei, bis er sich hinter einer kleinen Hütte in einem Wiesenhang verliert. Dort einfach in der gleichen Richtung weitergehen und in den Wald hinein. Dabei muss man mehrmals unter dichten Weidezäunen durchschlüpfen, bis hinter dem Wald ein steiler Wiesenhang erreicht wird, über den man nahe an die **Stöckalpe** 10 herankommt. Unter ihr findet sich wieder ein deutlicher Pfad, der streckenweise steil und wieder sumpfig nach **Wäldle** 11 abfällt. Im Ort zur Riedbergpassstraße hinaus und an ihrem Rand nach Südosten. Hinter den letzten Häusern von Wäldle nach rechts zum Bolgenachweg und auf ihm bis zur Wegkreuzung unter dem Schwabenhof. Dort links abbiegen und zum **Ausgangspunkt** 01 zurück.

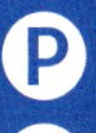
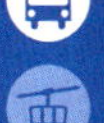

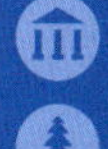
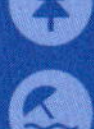

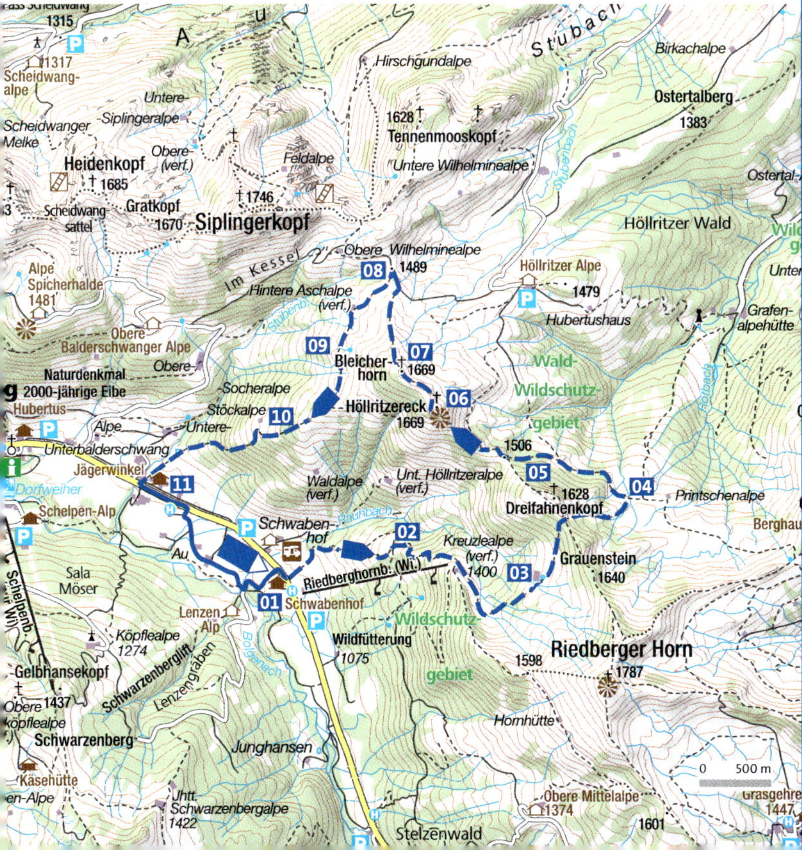

82

SIPLINGERKOPF • 1746 m

Anregende Überschreitung mit Rätikonblick

 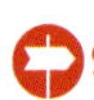 9,5 km  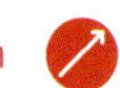 3:30 h 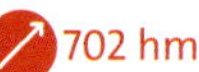 702 hm  702 hm  3

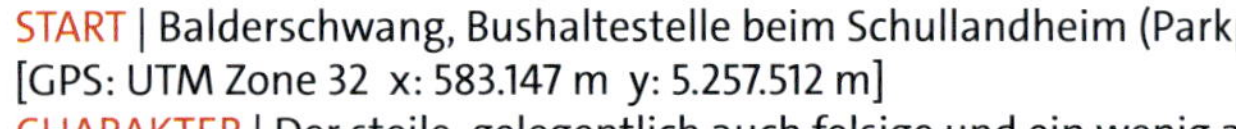

START | Balderschwang, Bushaltestelle beim Schullandheim (Parkplatz), 1044 m. [GPS: UTM Zone 32 x: 583.147 m y: 5.257.512 m]
CHARAKTER | Der steile, gelegentlich auch felsige und ein wenig ausgesetzte Gipfelübergang mit schmierigen Stellen im Abstieg verlangt Trittsicherheit. Meist bezeichnete Alpwege und Steige. Vorsicht bei Nässe! Etwas Orientierungssinn ist vorteilhaft.

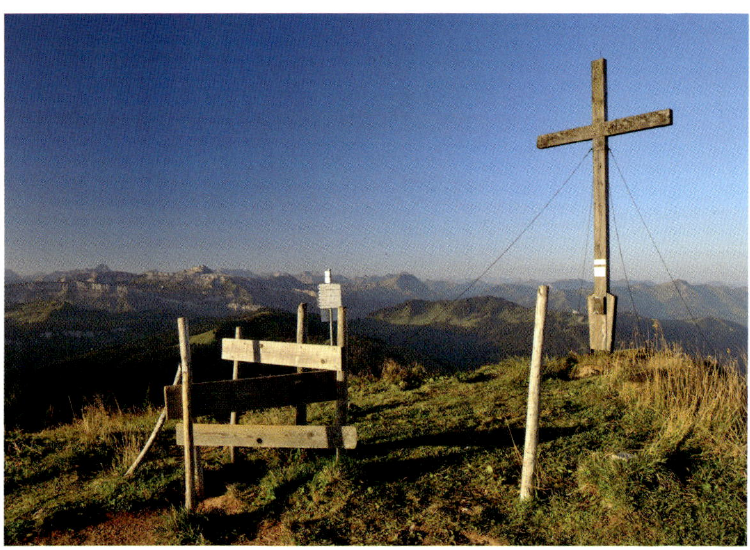

Sonnenaufgang am Siplingerkopf

Der Siplingerkopf ist die schönste und wegen seiner ostseitig bizarren Nagelfluhformationen die eigenwilligste Erscheinung über dem Balderschwanger Tal.

▶ Vom **Schullandheim** in **Balderschwang** 01 führt ein Fußgängerweg taleinwärts Richtung Siplingerkopf. Kurz danach richten wir uns nach demselben Schild. Ein asphaltierter Alpweg führt mit Säntisblick an einer 2000-jährigen Eibe vorbei. Hinter dem Talschluss erkennt man Trettachspitze und Mädelegabel.

Wir passieren die **Obere Socheralpe** 02, wandern zwischen Fichtengruppen hindurch und erreichen über eine Wegschleife die **Obere Balderschwanger Alpe** 03. Im Süden bestechen die markanten Gottesackerwände.

Eine Serpentine steigt jetzt zu einem Absatz, wo der Wegweiser „Siplingerkopf" auf einen meist unmarkierten Steig zeigt. Rechts eines Bächleins findet man wieder eine Beschilderung. Unter dem Gratkopf vorbei geht es durch lockeren Wald hinauf zum Gipfelansatz. Über steile und teilweise luftige, Trittsicherheit erfordernde Geländerippen, auf denen ab und an der nackte Fels zutage tritt, erreicht man den **Siplingerkopf** 04, den Höhepunkt des Oberallgäuer Rundwanderwegs. Sogar Verwall und Rätikon bereichern das Panorama. Der Ostabstieg folgt anfangs einem schmalen Grasrücken. Dann wechselt der spärlich bezeichnete Fernwanderkurs in eine vielgestaltige, mit wenigen Fichten bestockte Schrofenflanke, die abschüssige Passagen mit erdigen Stellen beinhaltet. Nach einer kaum brauchbaren Drahtseilsicherung gelangt man in den Sattel vor dem Tennenmooskopf.

Nächste Station ist die **Obere Wilhelminealpe** **05**, die man über Alpweiden auf einem gemütlichen Pfad erreicht. Im Bereich der Waldgrenze schlendern wir nun auf einem Alpweg hinunter zur asphaltierten Aufstiegsroute, die uns über die Obere Socheralpe nach **Balderschwang** **01** bringt.

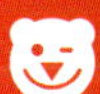
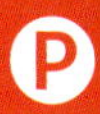

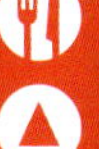

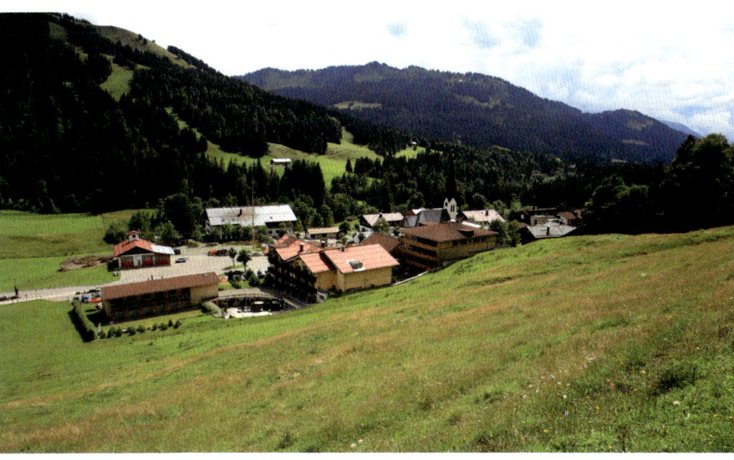

Blick auf Balderschwang

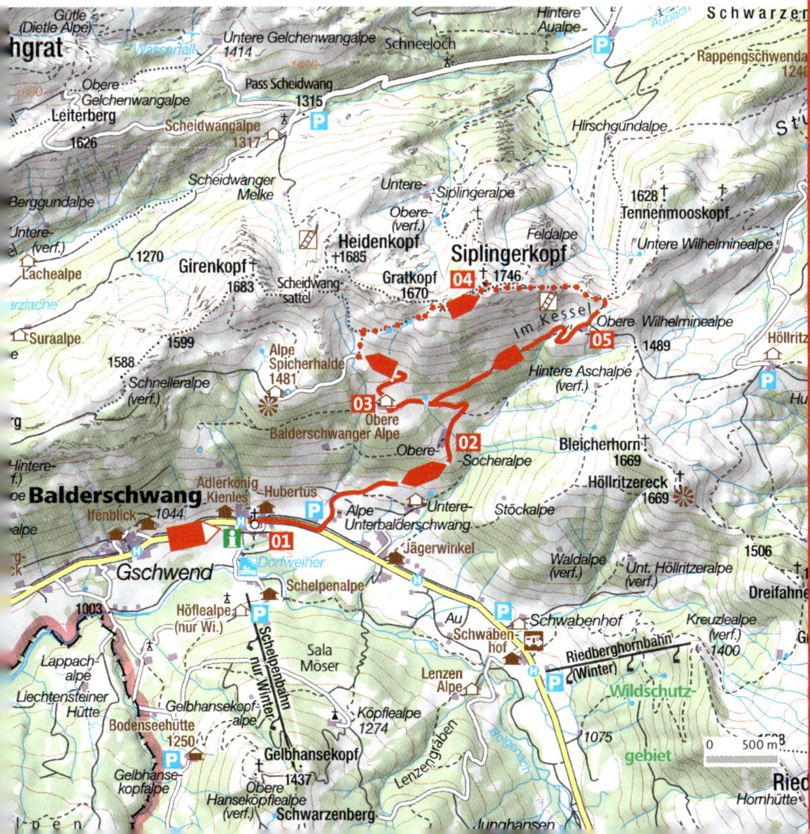

83

RINDALPHORN • 1821 m

Auf der Nagelfluhkette

  21,7 km  7:30 h 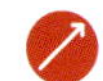 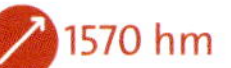 1570 hm 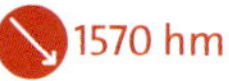 1570 hm  3

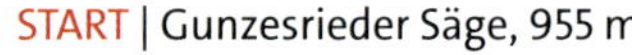

START | Gunzesrieder Säge, 955 m.
[GPS: UTM Zone 32 x: 589.968 m y: 5.262.267 m]
CHARAKTER | Lange und mühsame Rundtour, die Trittsicherheit verlangt. Für einige kurze Stellen sollte man auch schwindelfrei sein. Sinnvoll ist es, vor der Tour bei der Scheidwangalpe ein Fahrrad abzustellen, sonst wird die Tour um mehr als 1 Stunde länger.

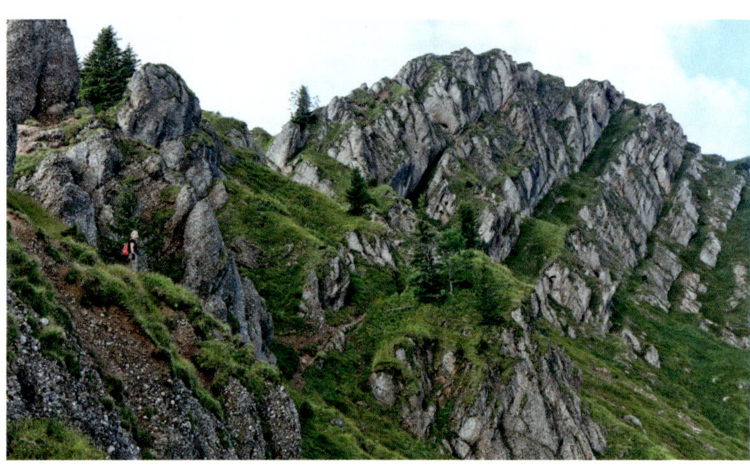

Im Anstieg zum Stuiben – hinten der Gipfel

Landschaftlich eindrucksvolle Bergtour über insgesamt 5 stramme Gipfel. Großartige Aussicht während der gesamten Tour und eindrucksvolle Nagelfluhfelsen.

Man kann mit der Hochgratbahn bis zur Bergstation auf 1704 Meter auffahren und die Nagelfluhkette von West nach Ost überschreiten. Das wird oft gemacht und auch oft unterschätzt. Sportlicher als eine Seilbahnauffahrt ist die Überschreitung von Ost nach West und der Start in der Gunzesrieder Säge, wie das hier beschrieben ist.

▶ Vom **Parkplatz** 01 geht man zur Straße hinauf und folgt einer beschilderten Asphaltstraße nach Norden hinauf, bei der Verzweigung rechts und durch einen Linksknick zur **Alpe Vorderschönebuch** 02. Dort nach rechts auf einen Wiesenweg einbiegen, über einen freien Hang und in dichten Wald hinein. Kurz vor Wiesach führt der Weg am Waldrand entlang und links haltend an der schönen **Wiesachalpe** 03 vorbei. Hinter der Alphütte zweigt der Aufstiegsweg vom Fahrweg rechts ab und führt über einen lichten Waldhang bergwärts. Der Wald verdichtet sich weiter oben, und der Pfad schlängelt sich in vielen Kehren durch das Unterholz hinauf. Ab der Höhe von etwa 1350 Meter häufen sich die Nagelfluhfelsen. Dann steigt der Bergpfad am Rande einer steilen Hangmulde forsch an. Dabei geht es ziemlich lehmig und bei Nässe rutschig zu, bis man auf der Höhe von rund 1600 Meter die Grathöhe und den **Querweg** 04, der vom Steineberg herüberkommt, erreicht. Auf ihn links einbiegen und unter markanten Nagelfluhfelsen steil hinauf.

Nach dem Steilaufschwung auf Treppenstufen fast eben am Grat bzw. auf seiner rechten Seite gegen Westen direkt auf den scharf geschnittenen Stuibengipfel zu. Auf dem Grat geht es mehrmals auf und ab, kurz an einem Drahtseilgeländer entlang und schließlich zu einer Steiganlage an einem schroffen Nagelfluhgrat. Über ihn beherzt hinauf, auf einem Pfad weiter und zum Gipfelkreuz des **Stuibens** 05.

Vom ersten Gipfelziel auf breitem Wiesenrücken relativ bequem in einen breiten Sattel hinab und von dort wieder steil weiter. Der Gipfelanstieg zweigt vom Hauptweg links ab und führt zum Kreuz auf dem **Sedererstuiben** 06 hinauf. Von ihm geht man in der gleichen Richtung über Wiesenhänge weiter, bis man wieder auf den deutlichen Bergpfad stößt.

Die Wegspur führt nun am Gatterstuiben vorbei und über den Oberen Sedererwänden auf ausgedehnte Wiesenhänge bis in einen Sattel auf rund 1580 Meter Höhe. Aus ihm führt der Weg in der gleichen Richtung, also gegen Westen weiter. Am Rande eines schroff abbrechenden Felsens schwingt sich der Steig ein kurzes Stück enorm steil und mühsam auf, bis man wieder auf einen Wiesenrücken kommt, über den man zum **Buralpkopf** 07 ansteigt.

Vom dritten Gipfelziel nach Südwesten gering abfallend weiter und schön beschaulich zum **Gündleskopf** 08 hinauf. Der Abstieg vom Gündleskopf zur **Gündlesscharte** 09 ist steil, mühsam und unbequem. Aber auch der folgende Schlussanstieg kann etwas zermürbend ausfallen. Anfangs geht es aus der Gündlesscharte zwar noch recht kommod durch den Wald weiter, doch bald schon kommt man in eine breite, aber ziemlich steile Hangmulde, durch die man auf dem ausgewaschenen Steig Kraft raubend bis in das grüne Schartl südwestlich des Rindalphorns aufsteigt. Aus ihm nach rechts die letzten Meter zum letzten **Gipfelziel** 10 hinauf.

Bis zur Wegverzweigung im grünen Sattel folgt man beim Abstieg der Aufstiegsroute. Dort schräg rechts in Richtung Hochgrat weitergehen. Anfangs ein wenig abwärts und dann auf weiten Wiesenhängen zum Punkt 1814 Meter hinauf. Von ihm führt der Weg gemütlich am Punkt 1764 Meter vorbei und in die **Brunnenauscharte** 11 auf 1626 Meter Höhe.

Aus der Scharte geht man einer Pfadspur folgend nach links bis zur **Dietlealpe (Gütlealpe)** 12 hinab, wo eine Fahrspur erreicht wird. Man folgt ihr nach Osten, kommt an der Untergelchenwangalpe vorbei, und dann wird die Straße steil. Sie führt einem Zufluss des Aubachs entlang. Dabei wird man mehrmals an schönen Wasserfällen und Badegumpen vorbeikommen, bis man schließlich bei der **Scheidwangalpe** 13 an der Wasserscheide Rhein–Donau ankommt.

Von der Scheidwangalpe folgt man dem asphaltierten Fahrweg nach Osten durch das Aubachtal bis zum **Ausgangspunkt** 01 hinaus. Fein heraus ist, wer vorher am Scheidwangpass ein Rad abgestellt hatte.

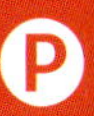

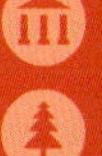
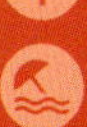

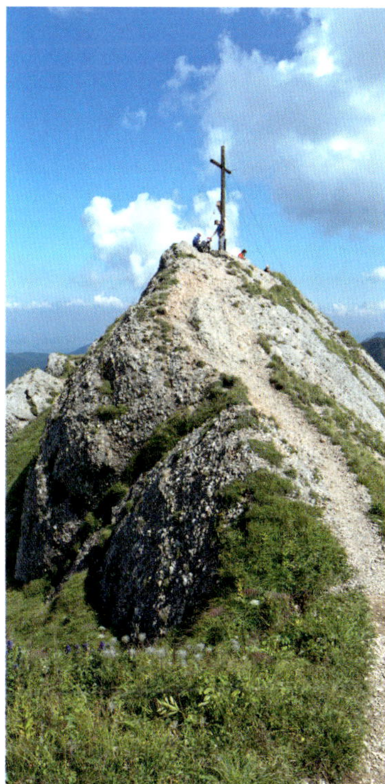
Der Gipfel des Rindalphorns

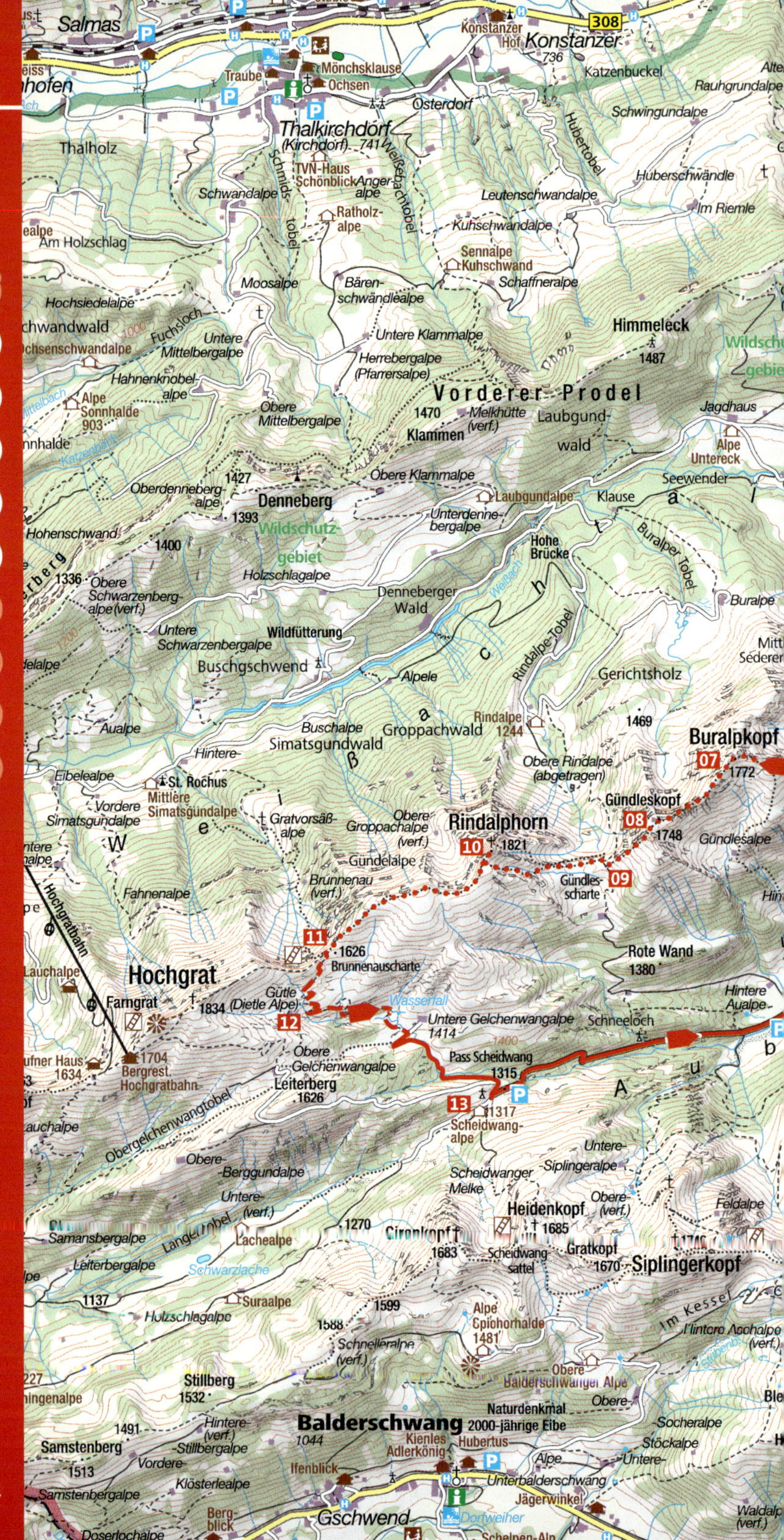
Salmas
Konstanzer
Thalkirchdorf
Thalholz
Vorderer Prodel
Denneberg
Himmeleck
Buralpkopf
Rindalphorn
Gündleskopf
Hochgrat
Pass Scheidwang
Heidenkopf
Siplingerkopf
Balderschwang
Gschwend
Stillberg
Samstenberg

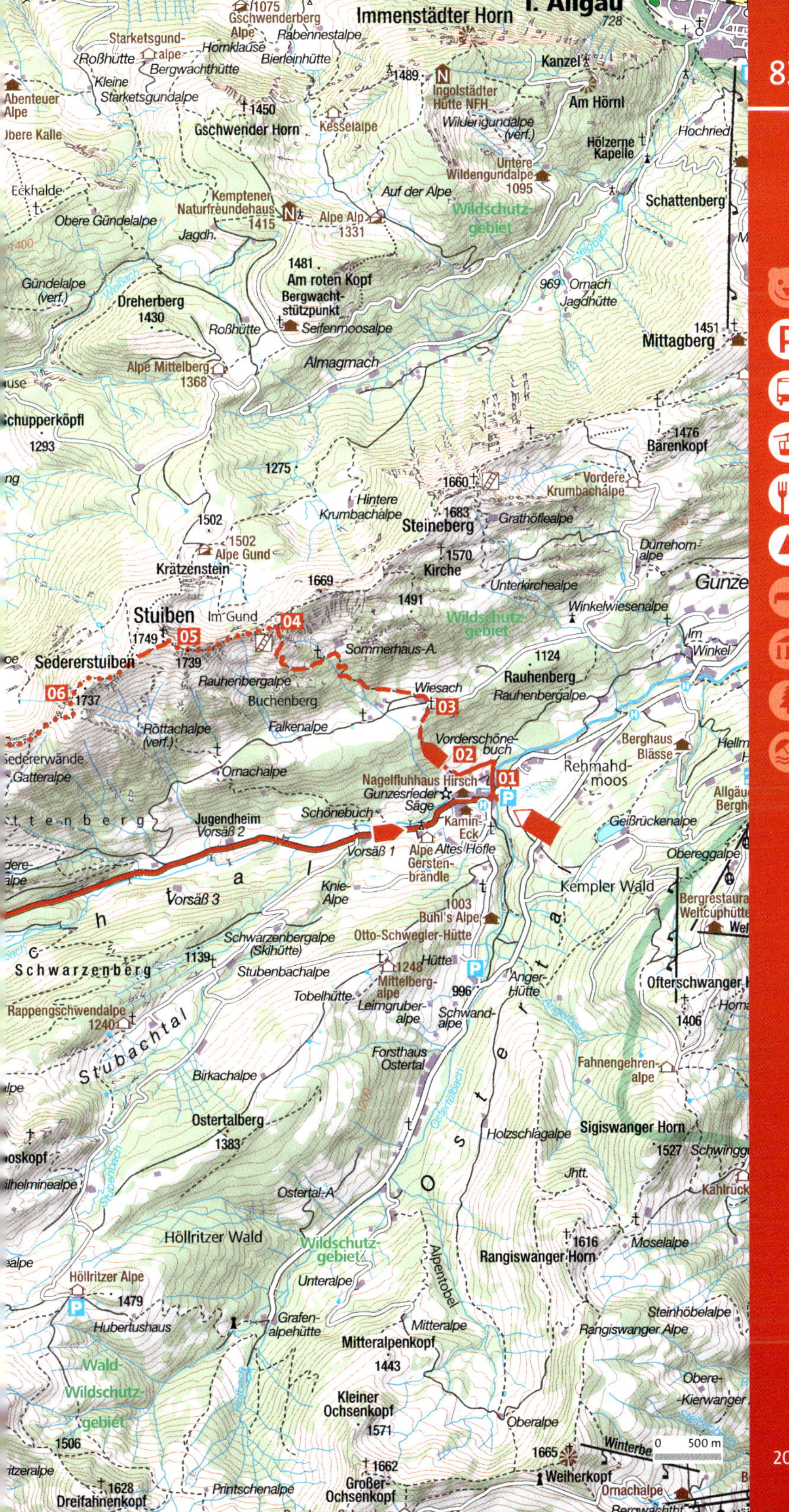
Immenstädter Horn
i. Allgäu
Gschwenderberg Alpe
Starketsgundalpe
Roßhütte
Bergwachthütte
Ingolstädter Hütte NFH
Kanzel
Am Hörnl
Gschwender Horn
Kesselalpe
Kemptener Naturfreundehaus 1415
Alpe Alp 1331
Wildschutzgebiet
Schattenberg
Am roten Kopf
Seifenmoosalpe
Dreherberg 1430
Alpe Mittelberg 1368
Almagmach
Mittagberg
Bärenkopf
Steineberg
Krumbachalpe
Alpe Gund
Krätzenstein
Stuiben
Sedererstuiben
Rauhenbergalpe
Buchenberg
Falkenalpe
Wiesach
Rauhenberg
Vorderschönebuch
Nagelfluhhaus Hirsch
Gunzesrieder Säge
Rehmahdmoos
Jugendheim
Vorsäß 1
Vorsäß 3
Schwarzenberg
Kempler Wald
Stubachtal
Ostertalberg 1383
Ostertal
Otto-Schwegler-Hütte
Sigiswanger Horn
Rangiswanger Horn
Höllritzer Wald
Höllritzer Alpe
Hubertushaus
Mitteralpenkopf 1443
Kleiner Ochsenkopf 1571
Großer Ochsenkopf
Dreifahnenkopf
Weiherkopf
Berghaus Schwaben
01
02
03
04
05
06
0 500 m

RUNDGANG MARKTOBERDORF

Marktoberdorf lädt ein!

  2,9 km  1:00 h  49 hm  49 hm 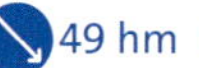  188

START | Kemptener Straße, Start- und Willkommensplatz.
[GPS: UTM Zone 32 x: 621.040 m y: 5.292.785 m]
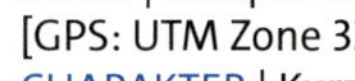
CHARAKTER | Kurze Stadtwanderung mit reichlich Überblick, einem Landeplatz für Engel, einem Schloss und einer sehenswerten Wallfahrtskirche. Die Stadt der Geschichten.

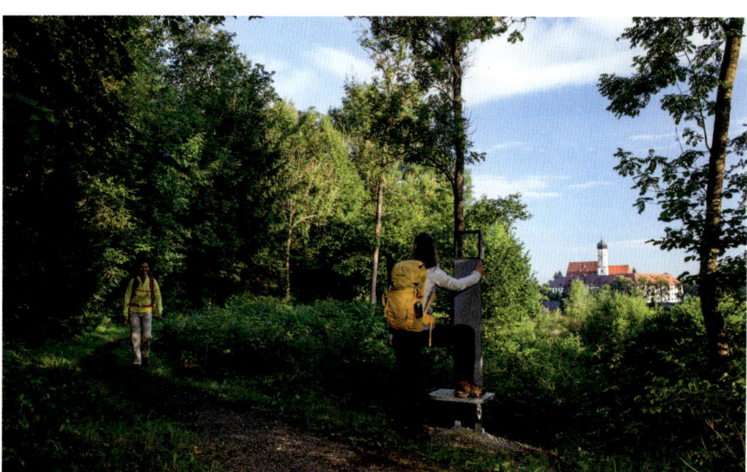

Marktoberdorf: Blick auf das Schloss

Hinauf zum Landeplatz für Engel, vorbei an Sagenpunkten und wunderschönen Blickhorizonten.

▶ Vom **Start- und Willkommensplatz Ecke Bahnhofstraße und Kemptener Straße** 01 durch die „Kemptener Straße" stadteinwärts. Die Meichelbeckstraße vorsichtig geradeaus queren. Kurz links und dann rechts in die Carl-Maria-von-Weber-Straße. Vorbei an der Kreuzung „Schützenstraße" bis zur Kreuzung „Froelichstraße", hier kurz geradeaus und dann links ab durch die Straße „Am Graben" bergauf bis zum Erreichen des „Buchelweges". Rechts herum verläuft der Fahrweg, mäßig steil ansteigend, am Waldrand des **Naturschutzgebietes „Buchel"** 02 auf der Luitpoldhöhe entlang. Es ist das grüne Herz von Marktoberdorf. Glaubt man dem Volksmund, so hat dieser 779 m hohe Buckel, seit 1889 Naherholungsgebiet, gewisse Ähnlichkeiten mit einem schlafenden Drachen, den Bauch prallvoll von Wasser und dicht mit grünen Schuppen bedeckt.

Real ist hingegen linker Hand die **Wendelinkapelle** 03 von 1907, an der die Route vorbeiführt. Der Buchelweg macht einen Linksknick und erreicht auf dem Scheitel der Höhe einen Waldweg. Hier rechts entlang. Erst lockt linker Hand eine Fokussierstele, die den sagenumwobenen **Aggenstein** 04 in der Alpenkette ins Visier nimmt, dann das Kunstwerk des einheimischen Künstlers Christoph Wank mit dem vielsagenden Namen: **Engellandeplatz** 05. Das Alpenpanorama ist jedenfalls engelgleich. Zurück auf dem Stichweg, bis rechter Hand, am Waldrand entlang, ein Wiesenweg leicht abwärtsführt, dann links auf Waldwegen bis zur Fokussierstele

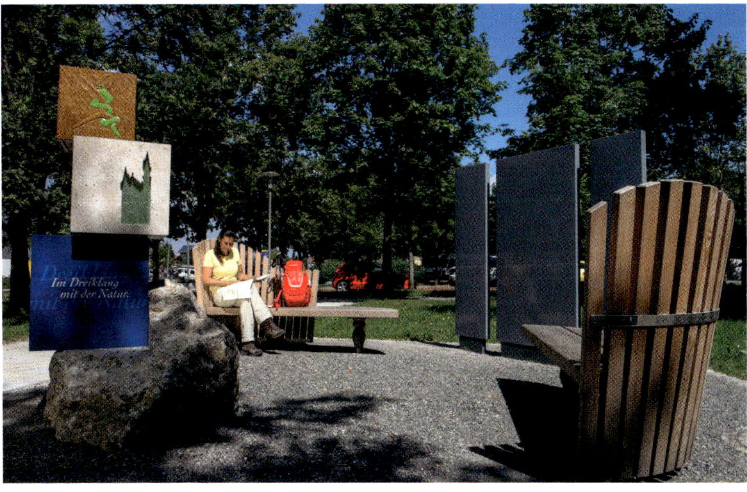

Marktoberdorf: Start- und Willkommensplatz

auf die 1774–1780 im Auftrag des Fürstbischofs Clemens Wenzeslau angelegte **Lindenallee** **06**.

Immer wieder folgen schöne Aussichten auf die Wallfahrtskirche St. Martin und das **Schloss** **07**. Nach einigen Schwüngen erreicht die Route wieder die Kreuzung „Am Graben" und führt über Am Graben, Froelichstraße, Carl-Maria-von-Weber-Straße und die Kemptener Straße zum **Ausgangspunkt** **01** zurück.

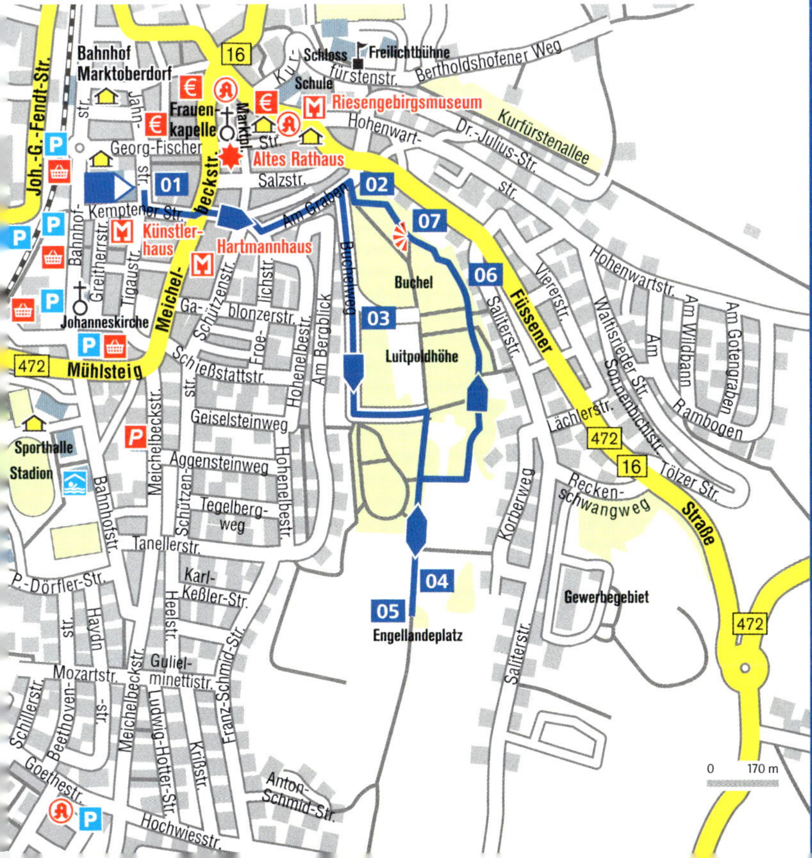

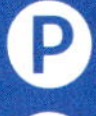
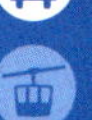
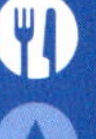

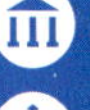
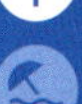

WEIHERKOPF • 1665 m UND GROSSER OCHSENKOPF • 1662 m

Auftakt des legendären Westweg-Fernwanderwegs

 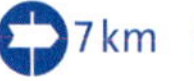 7 km 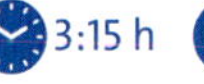 3:15 h 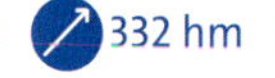 332 hm 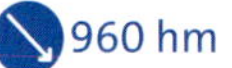 960 hm  3

START | Bolsterlang, Bushaltestelle an der Hörnerbahn (Parkplatz), 940 m. [GPS: UTM Zone 32 x: 590.877 m y: 5.257.054 m]
CHARAKTER | Kurzer Steilaufstieg zum Weiherkopf. Meist bezeichnete Steige und Pfade, Alp- und Wanderwege.

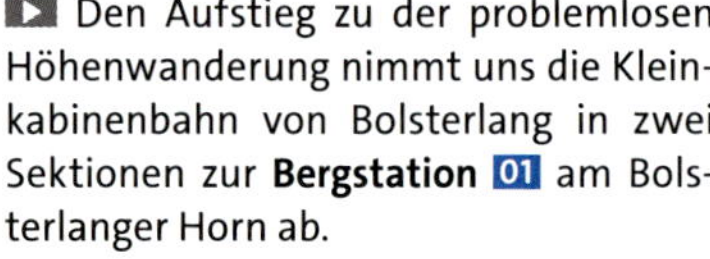

▶ Den Aufstieg zu der problemlosen Höhenwanderung nimmt uns die Kleinkabinenbahn von Bolsterlang in zwei Sektionen zur **Bergstation** 01 am Bolsterlanger Horn ab.

Auf einem meist mit Holzstufen angelegten Steig mühen wir uns über einen steilen, mit Fichten bestockten Bergrücken auf den **Weiherkopf** 02, eine an schönen Tagen recht bevölkerte Weidekuppe. Verständlich, entfaltet sich doch von hier ein fantastisches Gipfelpanorama vom Grünten über all die ungezählten Zacken, Grate und Kämme bis zum Widderstein.

Richtung Schwabenhaus geht's nun ebenfalls über einen Waldrücken bergab. Später erfreut man sich einer gemächlichen Höhenbummelei. Nach einem mäßigen Gegenanstieg verlässt man an einer Verzweigung die zum Berghaus Schwaben beschilderte Route und bleibt dem für eine Weile wieder flachen Kammverlauf treu.

Ab der nächsten Gabelung setzt der kurz unbezeichnete, aber ausgetretene und nicht sonderlich anstrengende Schlussaufstieg über einen Zwergstrauchhang mit Alpenrosen zu dem von der Westseite her beweideten Gipfelrundling namens **Großer Ochsenkopf** 03 an. Trotz der Nähe zur Bergbahn ein verhältnismäßig stilles Gipfelziel. Nur wenige kränkelnde, teilweise auch bereits abgestorbene Fichten behindern den Rundumblick. Sogar das Lechquellengebirge lässt sich hinter dem Widderstein sehen. Rechts vom Ifen dominiert der Zitterklapfen.

Wir steigen zurück zur Gabelung und in Kürze bergab zum **Berghaus Schwaben** 04, einer beliebten Einkehr. Der Alpweg Richtung Bolsterlang führt über einen Weidehang zur nahen Hintereggalp. Dort zweigt ein Pfad ab, der uns durch Wald und über Lichtungen ins Bolgental leitet. Auf einem geteerten Alpweg kommt man zur **Zunkleitenalpe** 05.

Dort lenkt das Schild „Hörnerbahn" auf einen ansteigenden Ziehweg, der im weiteren Verlauf in einen Wanderweg wechselt. Ab der Wegtafel „Sonderdorfer Gasse" ist es nicht mehr weit, am Sonderdorfer Kreuz vorbei, hinunter nach **Bolsterlang** 06.

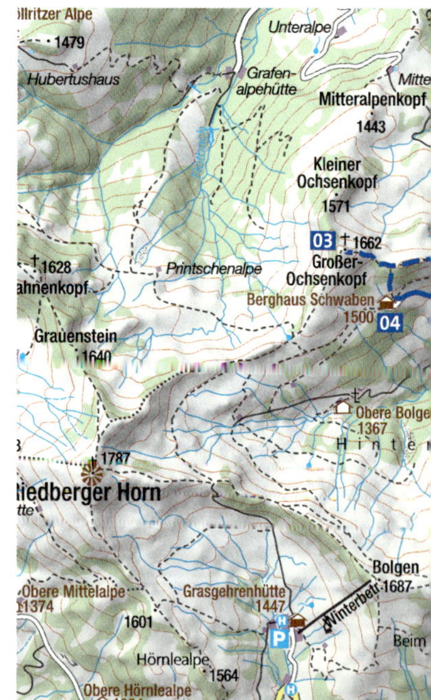

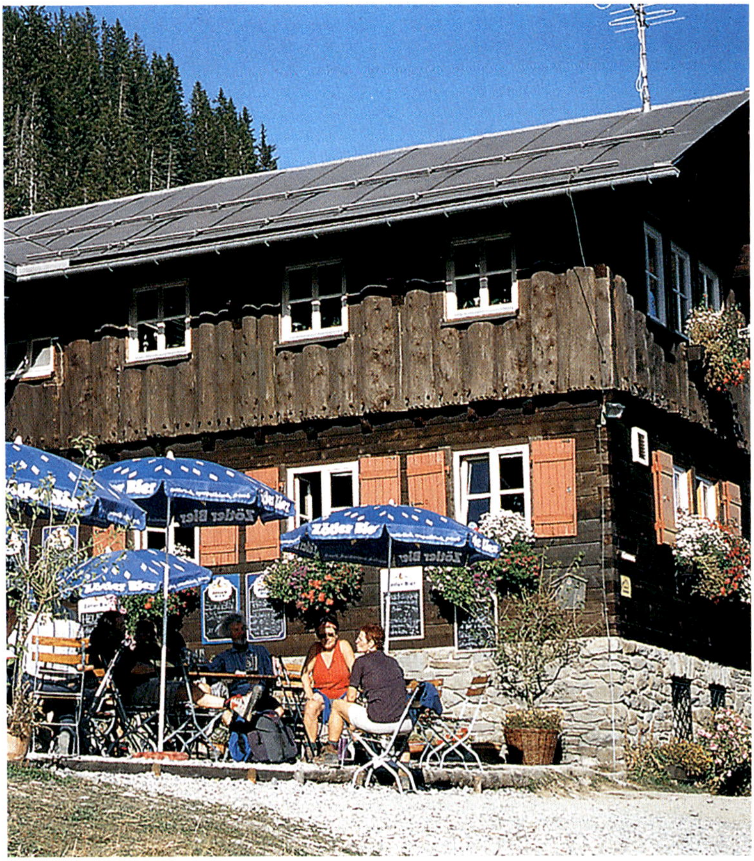

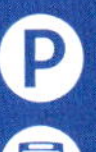
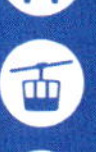

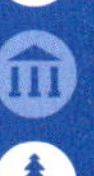

Das einladende Berghaus Schwaben am Großen Ochsenkopf

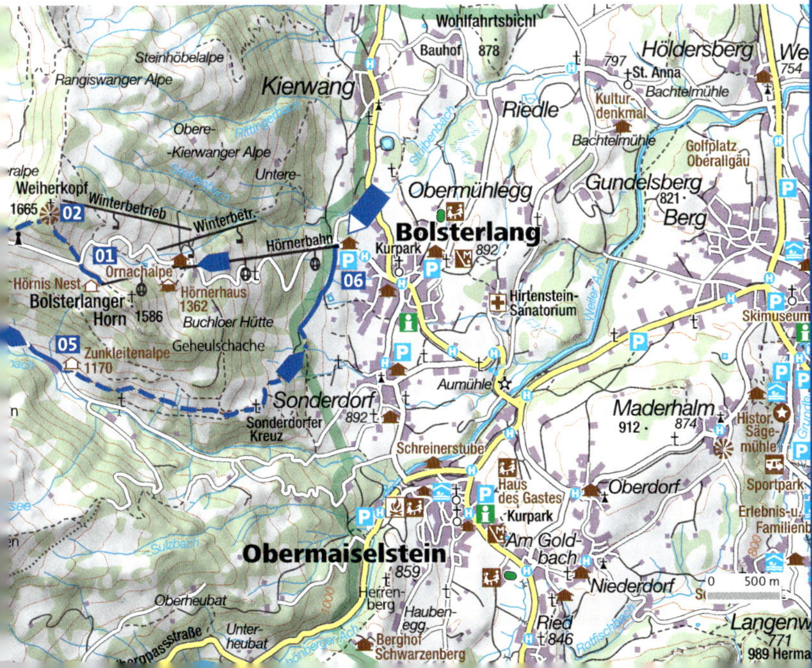

TIEFENBERGER MOOS

Im vielgestaltigen Illertal

 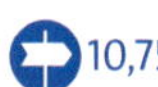 10,75 km 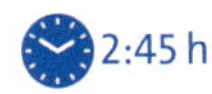 2:45 h 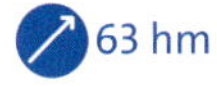 63 hm  63 hm 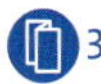 3

START | Sonthofen, Bahnhof (Parkplatz), 743 m.
[GPS: UTM Zone 32 x: 595.782 m y: 5.263.028 m]
CHARAKTER | Mäßiger Anstieg. Gut beschilderte Wirtschafts-, Wald- und Wanderwege, Pfade und ganz kurze Straßenabschnitte.

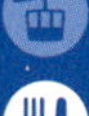

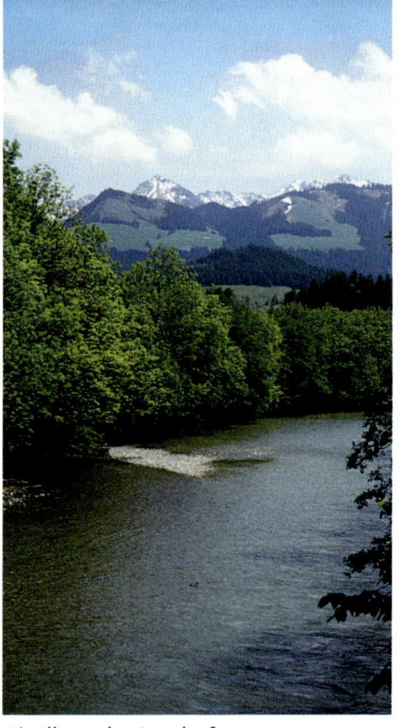

Die Iller nahe Sonthofen

Wir starten zu der Erholungsrunde am **Bahnhof** in **Sonthofen** 01 auf der Bahnhofstraße, schwenken rechts in die Moltkestraße ein und achten auf den Richtungszeiger „Stadtteil Rieden". Vor der Bushaltestelle geht es durch eine Fußgänger-Unterführung. Anschließend spazieren wir über den Illersteg und folgen links dem Ufer-Wanderweg. Wenig später ist der Stadtteil **Sigishofen** 02 erreicht.

Am Dorfeingang wählen wir links die Straße Richtung Schweineberg. Nach dem Ortsende folgt man kurz dem Fußgängerweg neben der B 19, bis ein Wirtschaftsweg in den Krebsbachtobel leitet. Dort verschmälert sich der Kurs in einen nur mäßig steigenden Waldwanderweg.

Ab der Verzweigung am Tobelende ist es nicht mehr weit zum **Sport- und Kurhotel Sonnenalp** 03. Der Fußgängerweg neben der nach Muderbolz führenden Straße hält nun auf die Sonthofner Hörner zu. Nicht lange, dann lenkt das Wandertäfelchen auf den reizvollen Pfad ins **Tiefenberger Moos** 04.

Auf zwei Eisenstegen wird ein winziger Moorbach überschritten. Am bewaldeten Rand des Feuchtgebietes lässt sich die eigenwillige Ausstrahlung dieses urigen Fleckens in vollen Zügen genießen. Wo wir auf einen querlaufenden Wanderweg stoßen, lohnt es sich, diesem Richtung Dietrichs bis zur Tafel „Vom Gletscher zum Moos" durchs teilweise offene Hochmoor zu folgen. Zurück auf der Hauptroute geht's auf einem Feldweg Richtung Fischen. Bei Tiefenberg folgt man mit Rubihornblick rechts einem ruhigen Sträßchen. An einem Waldeck ist auf die Beschilderung „Weiler" zu achten. Anfangs wieder auf einem Feldweg, wenig später auf einem Wanderweg, schlendert man durch Wald und über Lichtungen zum Ofterschwanger Ortsteil **Tiefenberg** 05.

Das Schild „Sigishofen" weist in ein Anliegersträßchen. Im weiteren Verlauf wandern wir auf einem Wirtschaftsweg bergab zur vorsichtigen Querung der Bundesstraße. Der Auwald am Illeruferweg bietet einen recht beschaulichen Ausklang zurück zu unserem Ausgangspunkt in **Sonthofen** 01.

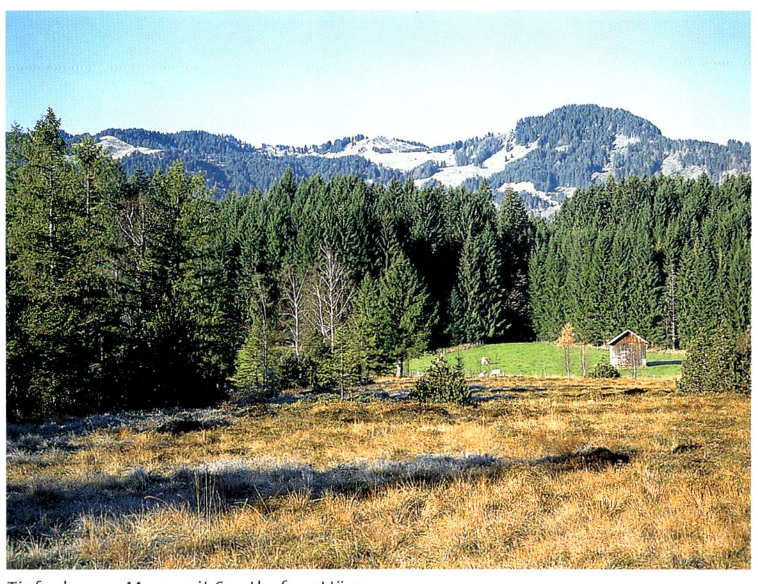

Tiefenberger Moos mit Sonthofner Hörnern

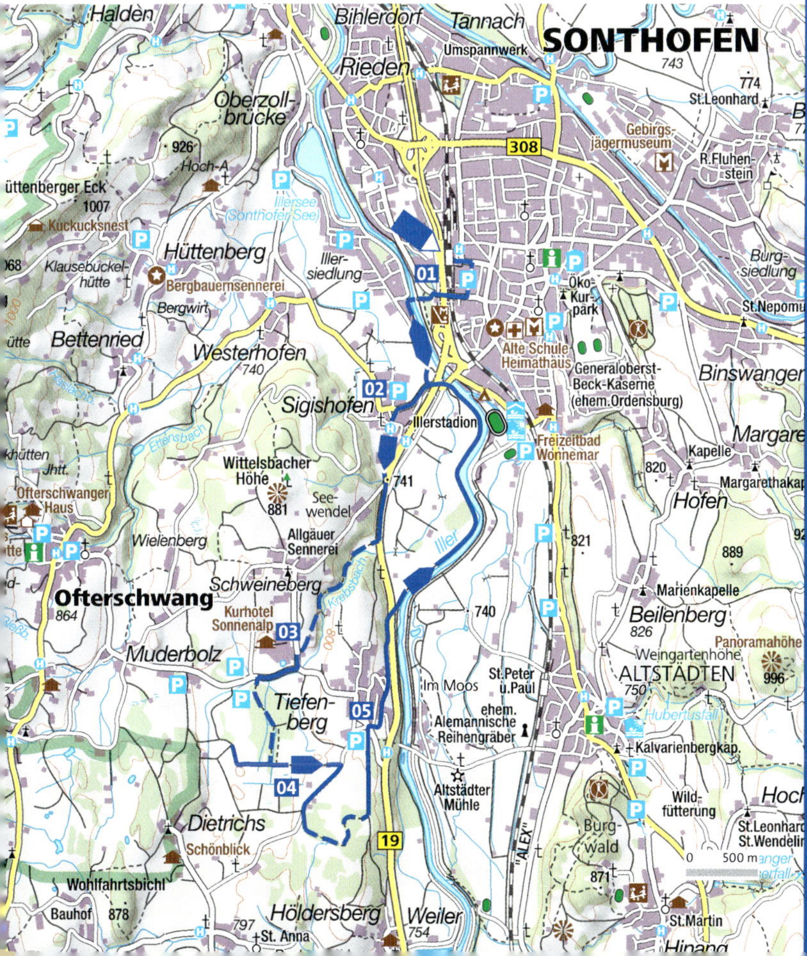

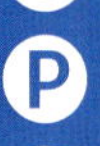
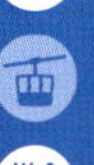

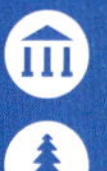

GRÜNTEN • 1738 m

Der Anstieg von Burgberg – kurz und steil

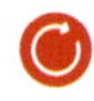  9 km 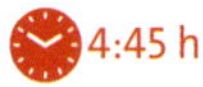 4:45 h 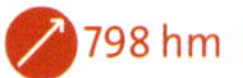 798 hm 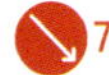 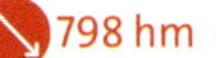 798 hm  3

START | Wanderparkplatz in Burgberg, Auf dem Ried, beim Gasthof Alpenblick. [GPS: UTM Zone 32 x: 598.435 m y: 5.265.608 m]
CHARAKTER | Breite Forst- und Wirtschaftswege, teils asphaltiert sowie steinige und steilere Wald-, Wiesen- und Bergpfade.

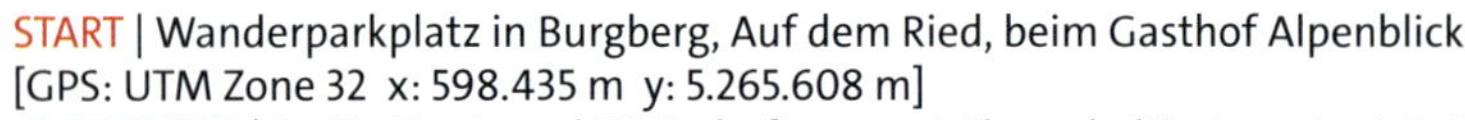

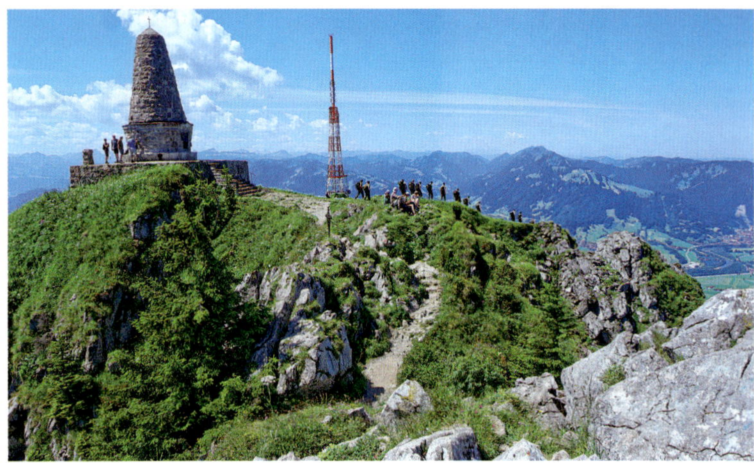

Der Gipfelweg zwischen Jägerdenkmal und Gipfelkreuz am Grünten

Vom **Parkplatz Auf dem Ried** 01 folgen wir der Markierung Nr. 6 nach rechts und erreichen nach wenigen Metern den **Gasthof Alpenblick** 02. Wir ignorieren die Abzweigung zum Parkplatz Winkel und zur Starzlachklamm und gehen geradeaus auf dem Asphaltsträßchen der Beschilderung „Grünten"/„Alpe Kehr" nach.

Leicht ansteigend gelangen wir in den Wald, passieren die rechts steil durch den Wald hinabführenden Treppenstufen zur Alpe Topfen (die mit Apfelkuchen vom Blech und 12-Monate-Bergkäse lockt) und halten uns bei der folgenden Wegteilung geradeaus (rechts leitet der Weg zur Erzgruben-Erlebniswelt). Nach Verlassen des Waldes haben wir einen schönen Blick hinab zu den Gebäuden dieser Erlebniswelt. Bei zwei Gebäuden biegt der asphaltierte Weg links ab Richtung Grünten/Alpe Schwanden, wir gelangen zur **Kehralpe** 03 und kurz nach dem Hof geht der Asphalt in Kies über. Der ordentlich ansteigende Kiesweg führt in Kehren in den schattigen Wald hoch. Bei einer Viehhütte treten wir wieder ins Freie, es wird aussichtsreich, und hier endet der Kiesweg. Ein recht schmaler Pfad führt uns den Hang hoch, teils steil geradeaus, dann wieder über flachere Passagen am sonnigen Wiesenhang querend. Wir erreichen die **Obere Schwandalpe** 04, die uns zur Einkehr lädt.

Bei der Hütte geht links ein steiniger Pfad in den Wald hoch, anfangs über Treppenstufen. Wir überqueren einen kreuzenden Kiesfahrweg und steigen weiter in Kehren steil bergauf. Der Weg wird steiniger, wurzeliger und verläuft über viele den Anstieg erleichternde Stufen, meist im schattigen Wald, hoch zu einem Sattel und einer Wegverzweigung. Wir halten uns rechts und folgen dem nicht markierten steinigen Pfad in Richtung Sendemasten. Links unten ist das Grüntenhaus zu sehen. Unterhalb vom **Sendemasten 05** folgen wir dem Holzschild „Zum Jägerdenkmal" und traversieren den Hang nach links, zur Verzweigung „Grüntenhaus/Jägerdenkmal". Wir schwenken nach rechts, unterqueren die Privatbahn des Bayer. Rundfunks und gelangen auf einem aussichtsreichen Gratweg hinüber zum **Jägerdenkmal 06** und zum Gipfel des Grünten.

Zurück zur Verzweigung nach der Bahnunterquerung halten wir uns rechts und steigen über den steinigen, teils recht steilen Waldpfad bergab, zum Schluss den meist schattigen Wald verlassend und in einer Linkskehre über den sonnigen Wiesenhang hinab zum sichtbaren **Grüntenhaus 07**.

An der Hütte vorbei geht es zunächst über Wiesengelände bergab wieder in den Wald. Wir folgen dem stetig abwärts führenden, breiter werdenden Weg, ignorieren die Winterweg-Markierungen, überqueren Bachläufe und passieren die **Abzweigung 08** rechts zum Burgberger Hörnle („nur für Geübte").

Wir folgen dem breiten Schotterweg, der uns zu einer Fahrstraße bringt, es wird flacher, wir überqueren in einer Rechtskurve einen Bachlauf, und nach der Brücke ist die Straße geteert. In Kehren geht es weiter bergab durch den Wald, bis wir unten, bei einem kleinen Parkplatz, auf die Autostraße treffen. Nach links wandern wir leicht ansteigend zurück zu unserem Ausgangspunkt, dem **Parkplatz Auf dem Ried 01**.

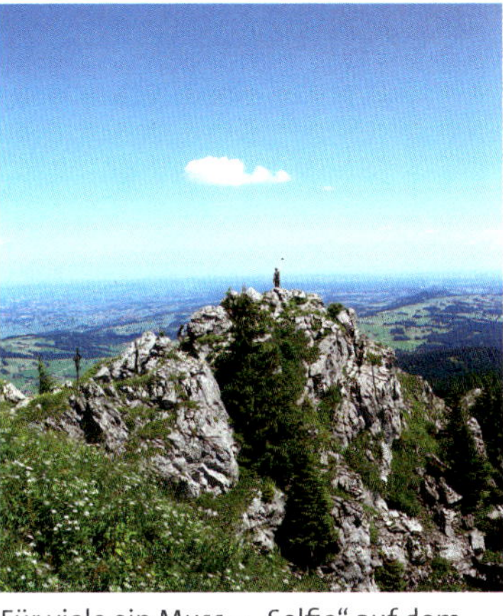

Für viele ein Muss – „Selfie" auf dem Grüntengipfel

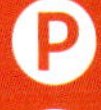
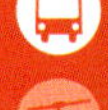

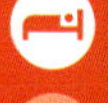

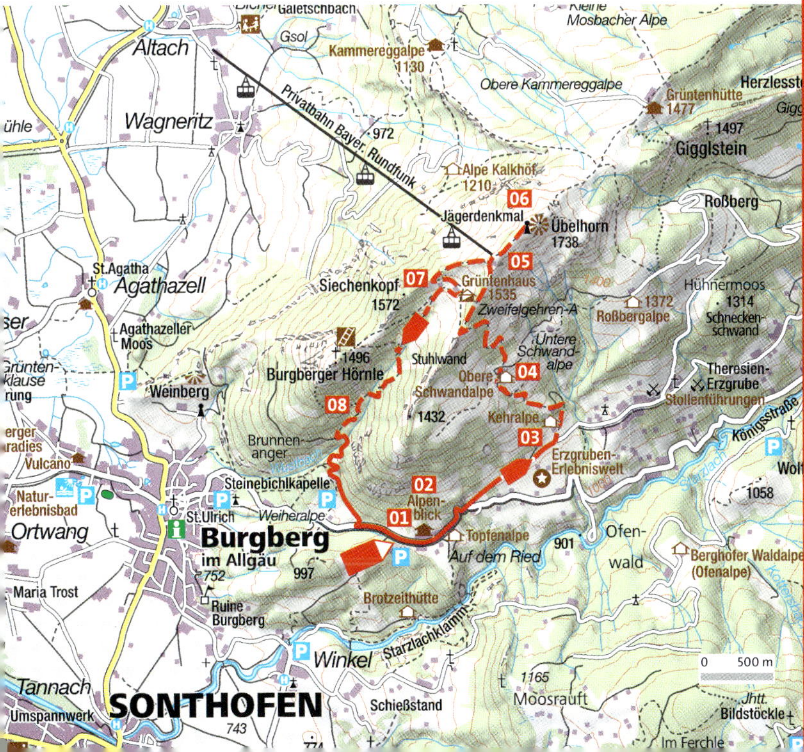

MALERWINKEL

Zauberhafte Landschaftsbilder in Stadtnähe

  5 km 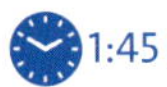 1:45 h  158 hm  158 hm  3

START | Altstädten (Stadt Sonthofen), Bahnhof, 750 m; Parkmöglichkeit rechts am Zaun.
[GPS: UTM Zone 32 x: 344.015 m y: 5.274.244 m]
CHARAKTER | Lediglich kleine Anstiege. Ausreichend beschilderte Wirtschafts- und Waldwege, Ziehweg und Pfade.

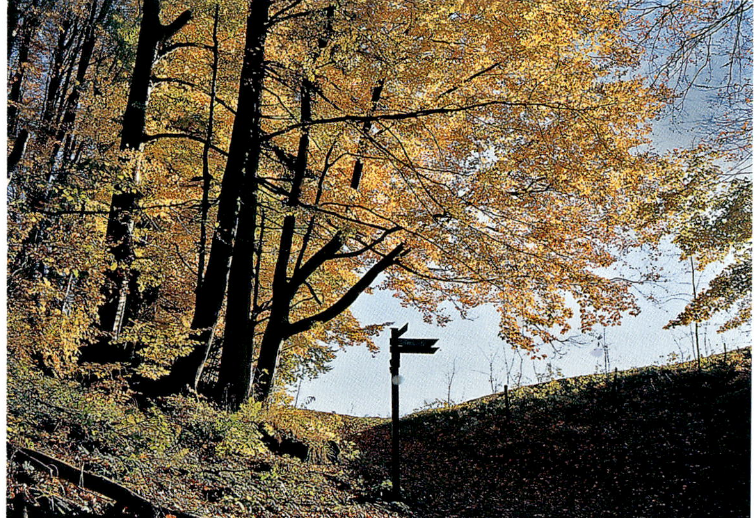

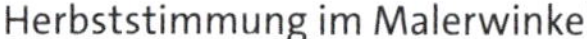
Herbststimmung im Malerwinkel

Die spannende Spazierrunde beginnt beim **Bahnhof** in **Altstädten** 01. Der Wirtschaftsweg jenseits der Geleise Richtung Fischen leitet uns, die an alemannische Reihengräber erinnernde Steinsäule passierend, auf die Oberstdorfer Berge zu. Wir benützen den nächsten Bahnübergang und achten im Dorf auf den Wegweiser „Malerwinkel". Auf einem Waldweg überwinden wir den steilen, das Illertal begrenzenden Berghang. Danach umrundet ein Pfad

Das alemannische Gräberfeld von Altstädten

Eine beachtenswerte Steinsäule beim Altstädter Bahnhof erinnert an ein beim Bahnbau 1887 entdecktes alemannischen Reihengräberfeld aus der Wende vom 6. ins 7. Jahrhundert. Der frühmittelalterliche und während der Bauarbeiten teilweise zerstörte Friedhof lag ursprünglich auf dem westlich der Kirche abgetragenen Kirchbichel. Die wiederholten Ausgrabungen deckten 80 Gräber nicht besonders wohlhabender Siedler auf. Als Grabbeigaben kamen Waffen und Schmuck zum Vorschein. Im Heimathaus Sonthofen sind noch Arm-, Finger- und Ohrringe sowie ein Schuhriemenbesatz aus Bronze, Messer und maskenplattierte Beschläge einer Gürtelgarnitur zu sehen.

im Bogen eine Schafweide. Teilweise über Stufen steigt man in wenigen Windungen durch den Burgwald empor und gelangt mit zweimaliger Forstwegquerung zum **Malerwinkel** **02**. Von der Rastbank auf der kleinen Bergeshöhe offenbart sich ein Bild für Götter. Besonders prächtig ist der Anblick, wenn der Buchenwald im spätherbstlichen Farbenreigen aufflammt. Über Thalhofen setzen die Schöllanger Burgkapelle und die schlanken Kirchtürme von Langenwang und Oberstdorf Akzente in den weiten Talkessel. Ewig könnte man hier sitzen und die Zackenfolge der begeisternden Oberallgäuer Felsmajestäten ergründen.

In ein paar engen Pfad-Serpentinen schlendern wir nun an scharfkantigen Felskloben bergab. Eine fesselnde Etappe. In **Unterthalhofen** **03** lassen wir uns am Hinanger Bach vom Wanderschild „Hinang" den Weiterweg zeigen.

Ein Ziehweg und kurz darauf wieder ein Pfad leiten uns gemütlich am Bachtobel mit kleinen Wasserfällen bergan. Im Stadtteil **Hinang** **04** hält man sich Richtung Altstädten, im Osten die Sonthofner Sonnenköpfe. Auf einem Wirtschaftsweg lässt man ein Einzelanwesen links liegen und folgt am Waldbeginn kurz talwärts einem Trimm-Dich-Pfad. Mit einem unbedeutenden Gegenanstieg führt ein Waldweg zu einem Illertal-Tiefblick. Zuletzt bringt uns ein Pfad über zwei lange Steintreppen zurück nach **Altstädten** **01**.

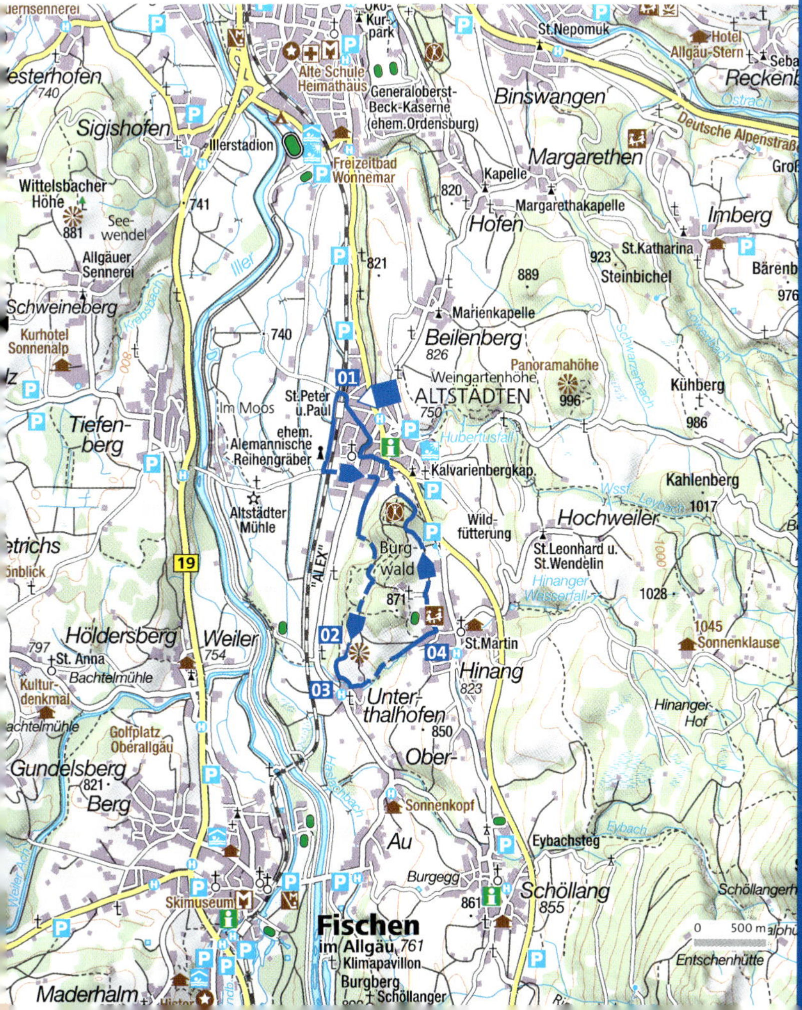

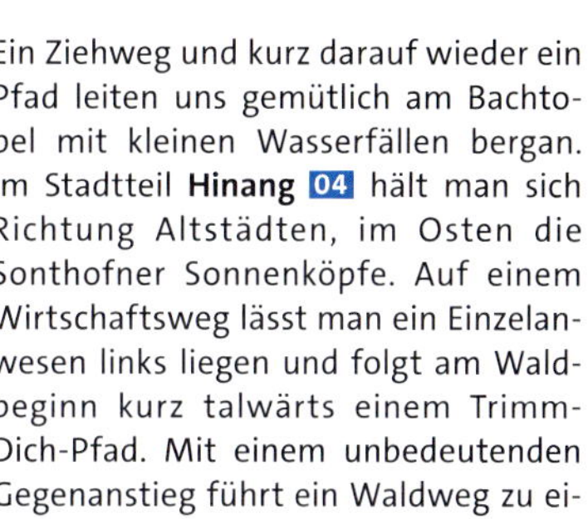

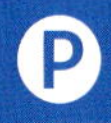

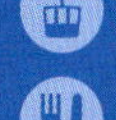
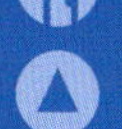

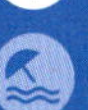

89

BERGGASTHAUS ZUM OBEREN HORN • 1320 m

Höhenwanderung am Imberger Horn

 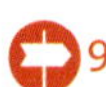 9 km  3:45 h  603 hm 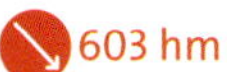 603 hm  3

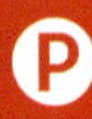

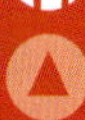

START | Bad Hindelang, Bushaltestelle am Kurhaus (Parkplatz), 820 m. [GPS: UTM Zone 32 x: 344.015 m y: 5.274.244 m]
CHARAKTER | Langer mittelsteiler Aufstieg und überwiegend steiler, etwas unangenehmer Abstieg. Ausreichend beschilderte Zieh-, Forst- und Wanderwege, kurze Abschnitte auf Pfad, Steig und Trittspur.

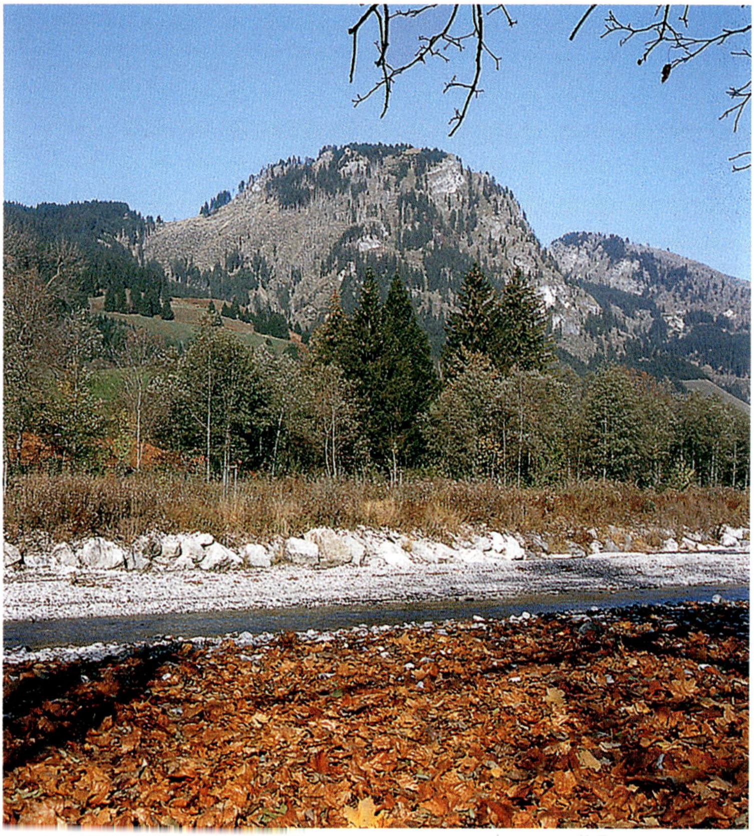

Entlang des beschaulichen Ostrachufers leitet ein Wanderweg mit Blick zum Kleinen Hirschberg zurück nach Bad Hindelang

▶ Die mit hübschen Ostrachtal-Tiefblicken erfreuende Bergwald-Rundwanderung beginnt am Kurhaus in **Bad Hindelang** **01**. Wir queren vorsichtig die Bundesstraße und gehen bei der Hornbahn über die Ostrachbrücke. Die Richtung Hornbahn-Bergstation beschilderten Forstwegschleifen, an einer kleinen Hütte vorbei, bieten reizvolle Ausblicke zum ansprechenden Marktflecken unter dem Kleinen Hirschberg. Bei einem Sendemast geht es unter der Seilbahn hindurch. Ab der Gabelung nach einem schütteren Waldflecken mit Ausschau zu den beiden Illertalstädten sind es nur noch ein paar letzte Kehren auf der auch als Rodelbahn genutzten Route durch Jungwald zum **Berggasthaus Zum Oberen Horn** **02**.

Dort richten wir uns nach dem Schild „Vorderhindelang über Zwölferkopf“ und benützen einen kurzen Wanderweg zu einem Forstweg. Dieser quert unter dem Imberger Horn einen Windwurfhang. Vom Wegende leitet der Pfad Richtung Imberg in wenigen Windungen bergab zu einem Kreuz auf einer Geländestufe und durch einen Waldstreifen zum Beginn eines weiteren Forstwegs. Über den Westrücken der unscheinbaren Kuppe namens Zwölferkopf schlendernd achte man auf die Abzweigung des Steigs nach Vorderhindelang. Später ist über einen steilen Weidehang nur noch eine Trittspur zu erkennen.

Am Hangfuß bringt uns abermals ein Forstweg rechts zur winzigen **Blörchachalpe** **03**, wo wir wieder auf den Wegweiser „Vorderhindelang“ stoßen. In wilden Serpentinen steigt man auf einem steinigen Ziehweg-Ungeheuer talwärts über weitere Weidehänge. Ohne Stöcke ein kniegelenkschindendes Unterfangen.

Nach einer möglichen Einkehr in **Vorderhindelang** **04** lenkt an der Ostrachbrücke das Täfelchen „Talstation Sesselbahn“ auf einen genüsslichen Wanderweg. Waldstreifen säumen das Flussufer zurück nach **Bad Hindelang** **01**.

Bei der Naturkneippanlage weist eine Infotafel daraufhin, dass auf einer nahen Kiesbank der Flussuferläufer brütet.

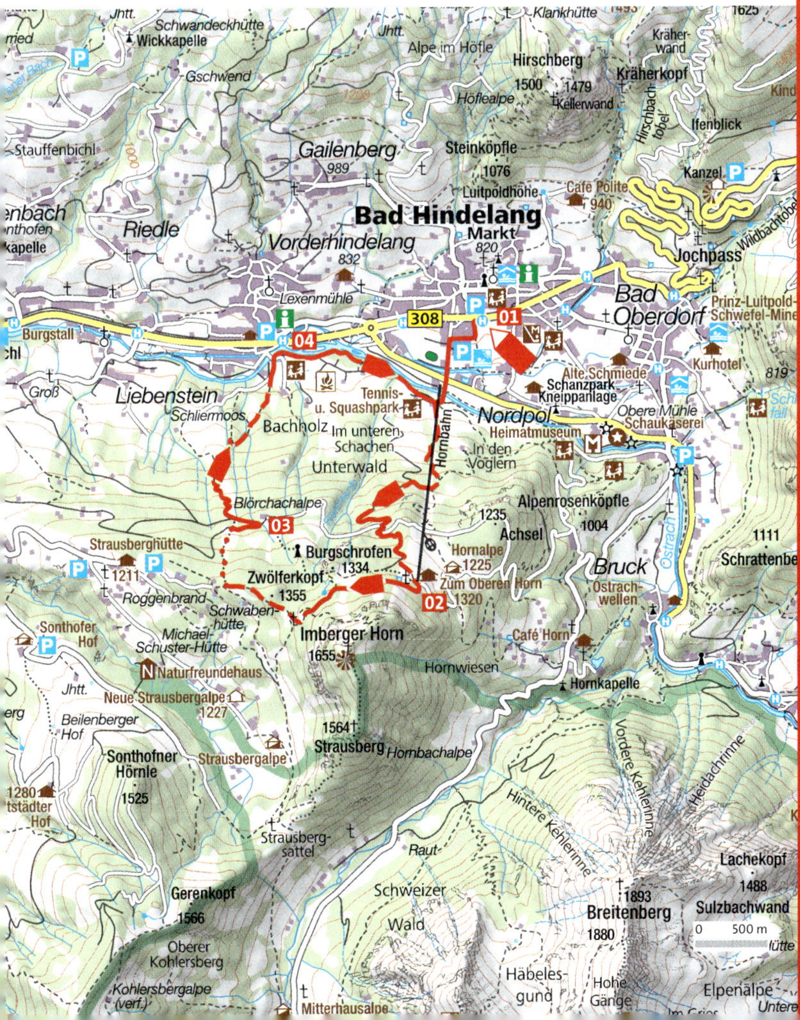

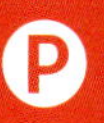
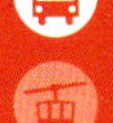

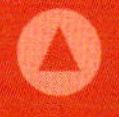
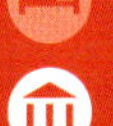

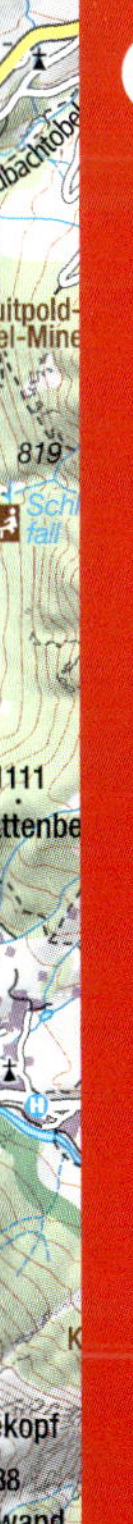

GROSSER HIRSCHBERG • 1644 m UND SPIESER • 1651 m

Traum-Blickfänge am Südrand der Voralpen

 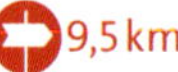 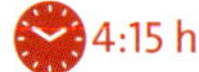 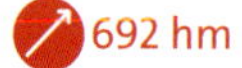 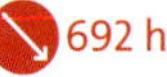 

9,5 km | 4:15 h | 692 hm | 692 hm | 3

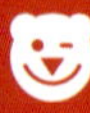

START | Unterjoch/Obergschwend (Gemeinde Bad Hindelang), Bushaltestelle (Parkplatz), 1050 m.
[GPS: UTM Zone 32 x: 606.402 m y: 5.265.938 m]
CHARAKTER | Meistens nur mäßig anstrengender Aufstieg, kurzer steiler Spieser-Abstieg. Teilweise bezeichnete Pfade und gelegentlich feuchte Steige, kleiner wegloser Abschnitt. Etwas Orientierungssinn angenehm.

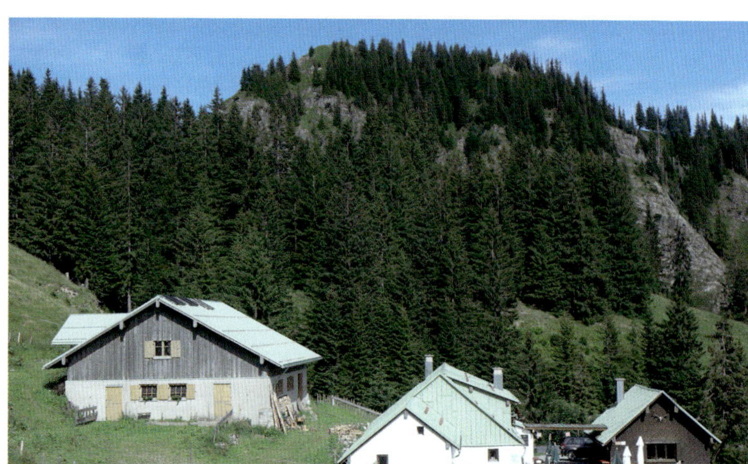

Die saisonal bewirtschaftete Hirschalpe ist eine willkommene Raststätte

An der **Bushaltestelle** in **Obergschwend** **01** zeigt uns der Wegweiser „Spieser" den Auftakt zu dieser sehr kurzweiligen Zweigipfeltour.

Vom Gasthof „Am Buchl" (geschlossen) leitet uns ein Fußweg über die Weißenbachbrücke. Dann spazieren wir auf einem Wiesenpfad recht gemütlich am rechten Schlepplift bergan. Bald verfolgen wir eine deutlich steilere Skiabfahrt. Der Sorgschrofen und die eleganten Felsgipfel des Tannheimer Tals rücken zunehmend in unser Blickfeld. Nach einem wieder flacheren Abschnitt über Weiden betreten wir auf einem mitunter felsdurchsetzten Steig die locker bewaldete Hochwanne zwischen Jochschrofen und Hirschberg. Feuchte Stellen sind zum Teil mit Baumscheiben besser begehbar gemacht. Zwischen den letzten Fichten und Buchen, Eschen und Ahorn breitet sich Strauchwerk aus. Über karge Alpweiden erreichen wir schließlich den **Steinpasssattel** **02**.

Auf dem Pfad Richtung Spieser über einen kleinen Rücken und den eher gemächlichen Südhang des Hirschbergs ansteigend weitet sich das Blicksegment zur Zugspitze und über den Hochvogel und die Daumengruppe bis zu den Walsertaler Bergen. Von der unscheinbaren Einsattelung am Spieser gewinnt man in Kürze über einen bequemen Hohenrücken weglos den Gipfelrundling mit dem Namen **Großer Hirschberg** **03**.

Zurück an der Einsattelung wandern wir auf kurzem Steig ebenfalls ohne Anstrengung an einer Fichtenreihe hinauf zum wenige Meter höheren **Spieser** 04.

Nun setzt anfangs in südwestlicher Richtung über harmlose Felsstufen der steile Abstieg über den Nordwestrücken an. Der teilweise mit Latschen gekleidete Berg zeigt hier seine schroffe Seite. Von der Verzweigung auf einem Weideboden zieht sich ein Pfad auf gleichbleibender Höhe um den Spieser herum zur **Hirschalpe** 05.

Kurz vor der beliebten Einkehr bietet sich ein prachtvoller Tiefblick auf den Hintersteiner Talkessel. Zwischen zwei Waldflecken müssen wir noch einen kleinen Gegenanstieg bewältigen, dann nehmen wir auf dem **Steinpasssattel** 02 den bekannten Kurs nach **Obergschwend** 01 auf.

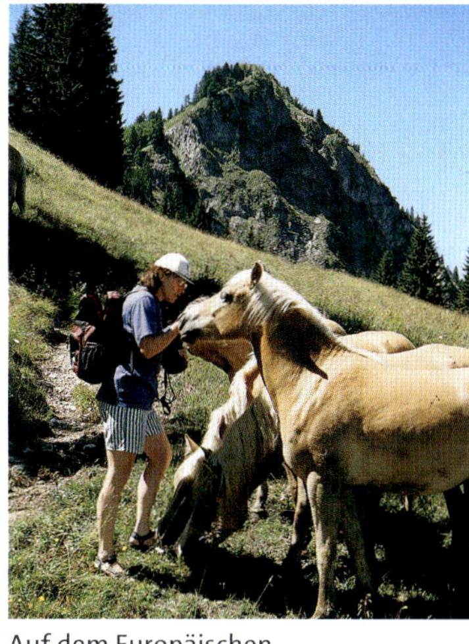

Auf dem Europäischen Fernwanderweg E 4 zum Großen Hirschberg

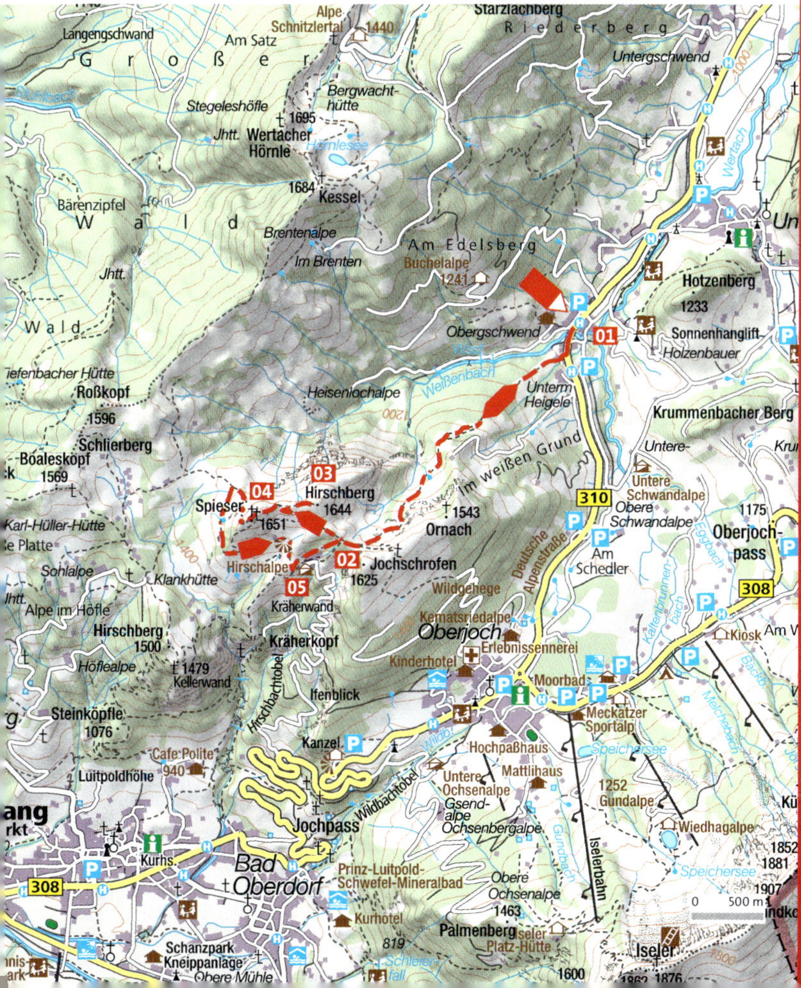

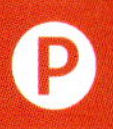

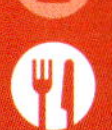
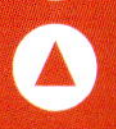

BAD HINDELANG – SCHATTWALD

Spannendes Wanderstück

 14,5 km 6:30 h 943 hm 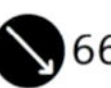660 hm 3

START | Unterer Buigenweg, Tourist-Information Bad Hindelang. [GPS: UTM Zone 32 x: 603.412 m y: 5.262.241 m]
CHARAKTER | Deutsch-österreichisches Wanderspektakel. Steige, ein Wasserfall, verwunschene Schmugglerpfade und alles vor der Kulisse des Iseler und der Tannheimer Berge – überragend schön, aber fordernd!

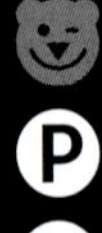
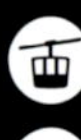
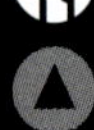

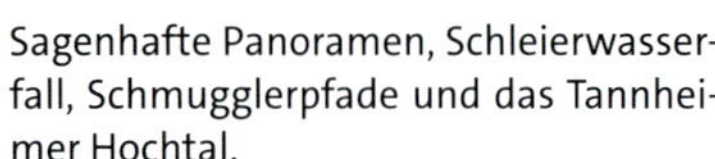

Sagenhafte Panoramen, Schleierwasserfall, Schmugglerpfade und das Tannheimer Hochtal.

Von **Bad Hindelang 01** führt der „Untere Buigweg" erst durch die Unterführung und dann ortsauswärts zu einem **Abzweig 02**. Hier zweigt die Route links ab durch das Hirschbachwäldchen mit der alten rekonstruierten Nagelschmiede. Den Hirschbach querend, geht es zum Wildbach und dann links auf dem Barfußpfad bis zur Querung des „Eisenhammerweges" und weiter, vorbei am Kneippkurgarten Schanzpark, bis zu einer **Straßenkreuzung 03**. Durch die „Bärengasse" führt die Etappe zur querenden „Rainbühlgasse", dort dann rechts entlang, bis links die „Kurze Gasse" abzweigt. Von dieser führt dann später der „Bürglesweg" rechts weg, bevor die Etappe in Höhe der Hausnummer 4 links ab durch Wiesen bergan steigt. Unterhalb des Hotels Prinz-Luitpold-Bad geht es rechts herum entlang eines der seltenen Golfplätze bis zu einer Privatstraße und dann rechts in den „Vaterlandsweg" (auch Pfad der Liebe) in Richtung des Schleierfalls. Rasch erreicht die Tour die Eingangsstele von Bad Hindelang und eine Wegekreuzung in Sichtweite des Ellesbaches. Hier zweigt der Weg links ab und führt zum Abzweig Richtung **Schleierfall 04**. Dabei handelt es sich um einen Wasserfall, der aus 60–80 Metern Höhe wie ein Vorhang schleierförmig von einer Felskante fällt. Der Stichweg ist daher sehr lohnend.

Die Hauptroute ignoriert den Abzweig und führt steil und in vielen Kehren bergauf. Später führt der Weg hangparallel zur Westflanke des Iseler und ausgesprochen aussichtsreich nordwärts. Rastbänke laden zum Verweilen ein. Dann zweigt in einer **Spitzkehre 05** nach rechts der Weg ab und führt in vielen Kehren und Schleifen mäßig steil bergauf. Unterhalb des **Palmenberges 06** stößt von links ein aus dem Tal kommender Weg von der Oberen Ochsen Alpe hinzu.

Es geht in Laufrichtung geradeaus weiter, teils felsig, teils durch eine steile Geländerinne bergauf und dann in einem Wald in Kehren mit gehörigen Anstiegen Richtung **Iselerplatzhütte 07**. Die Hütte ist bald erreicht. An der Hütte vorbei öffnet sich rasch einer der vielen Traumblicke der folgenden Strecke. Es geht unterhalb der Bergstation

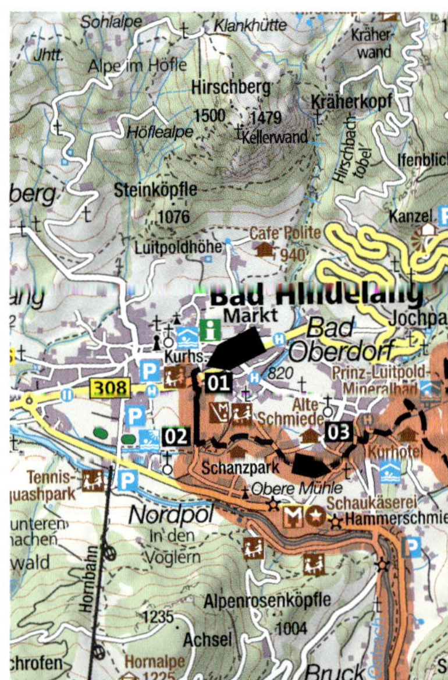

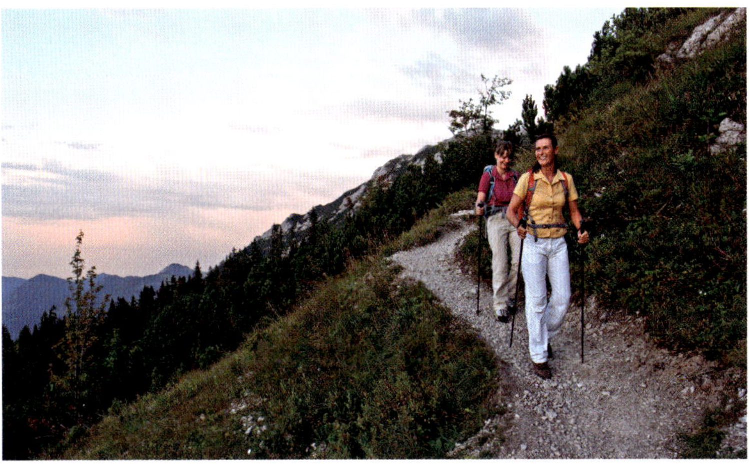

Bad Hindelang: am Iseler

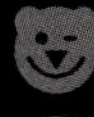
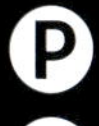
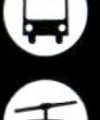

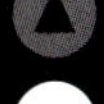
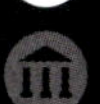

der **Iselerbahn** 08 hindurch geradeaus Richtung Vordere Wiedhagalpe weiter. Mit grandiosem Panorama auf die Steilwände des Iseler erfolgt der Abstieg zur **Alpe** 09 (Einkehr). Rechts entlang zieht die Route erst auf dem Zufahrtsweg, dann rechts auf Feldweg bzw. Pfad am Hang entlang, quert zwei Bäche und erreicht die Wegegabelung „Vordere Wiedhag". Rechts ab führt der Pfad nun äußerst abwechslungsreich, teils mit kurzen Steilanstiegen versehen, zur deutsch-österreichischen Grenze mit historischem **Schlagbaum** 10. Zwischen den beiden Bergbahnen verläuft auf der gleichen Trasse ein spannend inszenierter Schmugglerweg.

Die Route führt an der Bergstation der **Wannenjochbahn** 11 mit Einkehrhütte vorbei, erst zu einer Trilogiebank und, weiter über die Skipisten absteigend, zum Fahrweg am **Stuibenbach** 12. An der dortigen Kreuzung (rechts geht es zur Stuiben-Alpe – Einkehr) steigt der Weg links hinunter. Bald quert der Weg den Bach und zweigt kurz später links durch Wiesen ab, wo er auf einen asphaltierten Weg trifft.

Links ab geht es zu einer **Kreuzung** 13, wo rechts die Hauptroute Kurs auf Tannheim nimmt. Links ab geht es weiter zum **Parkplatz** 14 des Wannenkopfliftes, wo die Tour an der Infostele endet.

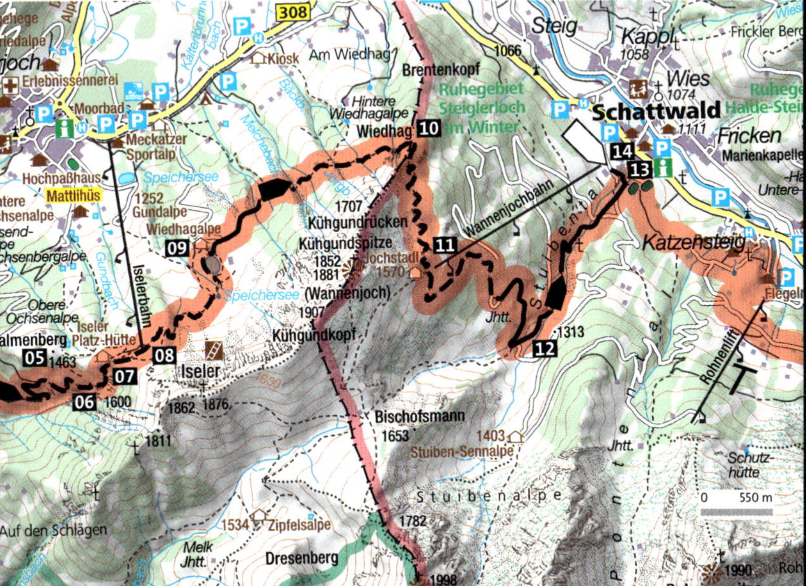

92

WIEDEMERKOPF • 2163 m

Das Faltengesicht am Luitpoldhaus

 14,25 km 7:45 h 1133 hm 1133 hm 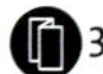3

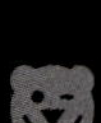

START | Hinterstein/Giebelhaus (Gemeinde Bad Hindelang), Bushaltestelle, 1066 m; zu erreichen mit dem Bus auf einem Anliegersträßchen ab dem Hinterdorf von Hinterstein.
[GPS: UTM Zone 32 x: 606.520 m y: 5.253.061 m]
CHARAKTER | Für den steilen, ausgesetzten und gesicherten Gipfel in zum Teil unzuverlässigem Fels mit leichter Kletterei (I) ist Trittsicherheit und alpine Erfahrung notwendig. Überwiegend bezeichnete Steige und Steigspuren sowie Alpwege.

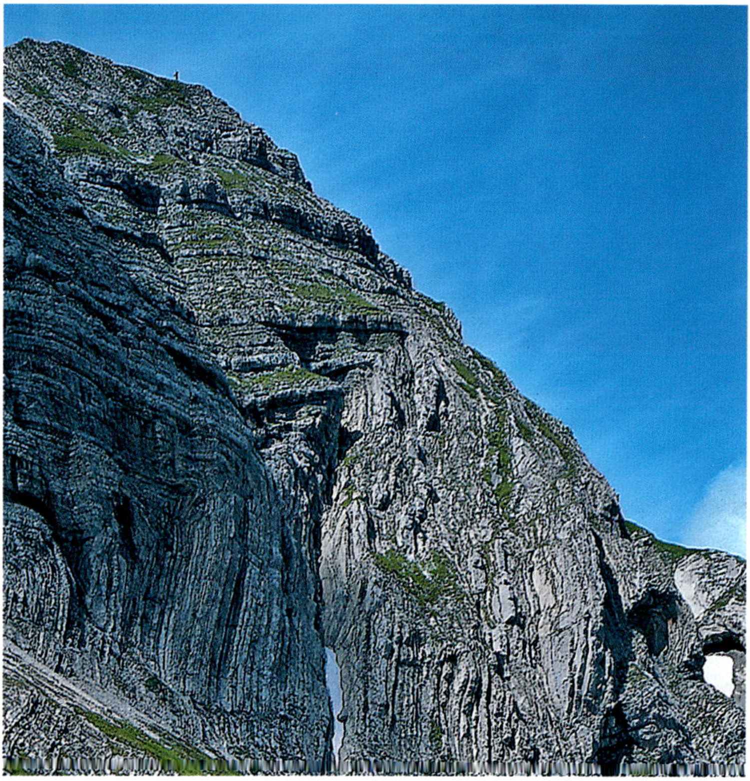

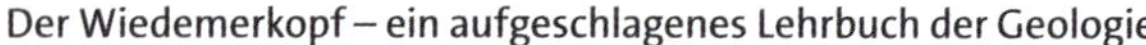

Der Wiedemerkopf – ein aufgeschlagenes Lehrbuch der Geologie

Die Tafel Richtung Luitpoldhaus zeigt am **Giebelhaus 01** den Kurs zu der charaktervollen Dolomitburg nahe des Hochvogels. Nach der Obertalbachbrücke verlassen wir das Sträßchen Richtung Bärgündele. Hinter der benachbarten Alphütte überwindet ein unbeschilderter Steig einen kleinen Weidehang. Bald geht's unbeschwert durch lockeren Mischwald an der Nordostflanke des Giebels entlang. Wieder auf dem nun schmäleren Alpweg mit einer Serpentine wandern wir meist über Weiden. Auf der Karschwelle zwischen Fuchskarspitze und Wiedemerkopf erkennt man das Luitpoldhaus. Nach der

Materialseilbahn ziert eine 2000-jährige Eibe den Wegesrand. Noch vor der **Pointhütte** **02** ist das Schild „Alpe Bärgündle" zu beachten. Ein überwiegend flacher Ziehweg quert auf einer Holzbrücke den Stierbach. Im Talschluss fesselt der kecke Schneck. Auf Eisenstegen werden zwei weitere Bäche gequert, bevor die **Untere Bärgündelealpe** **03** zur Rast lädt.

Der ab und an felsige Steig an einem Wasserfall vorbei durch die Krummholzzone und über die Weiden der Oberen Bärgündelealpe weist nur kurze stärkere Steigungen auf. Stege überbrücken zwei Sturzbäche. Nach dem Absolvieren eines Geröllhatschers am Fuß des Wiedemers kommen wir zum **Prinz-Luitpold-Haus** **04**. In einer kleinen Seemulde kann man das skurrile Faltengesicht des Gipfelziels recht eindrucksvoll bewundern. Das Schild „Kemptner Hütte" verlangt wenig unterhalb des Hauses eine kurzzeitig steinschlaggefährdete Querung am Rand der Geröllhalde. An der anschließenden Gabelung folgen wir dem oberen Grassteig zum Einstieg in die Felsen. Die pfiffige, gelegentlich ausgesetzte und durch alte Drahtseile gesicherte Route über die Nordwestflanke weist nur sparsame, verblasste Markierungen auf. Steile Aufschwünge und schuttbedeckte Passagen beinhalten einfache Kletterstellen (I) in manchmal brüchigem Fels.

Der **Wiedemerkopf** **05** ist kein ausgeprägter Gipfel, sondern nur ein Vorsprung des zerhackten Kammes, den der Kreuzkopf nach Norden entsendet.

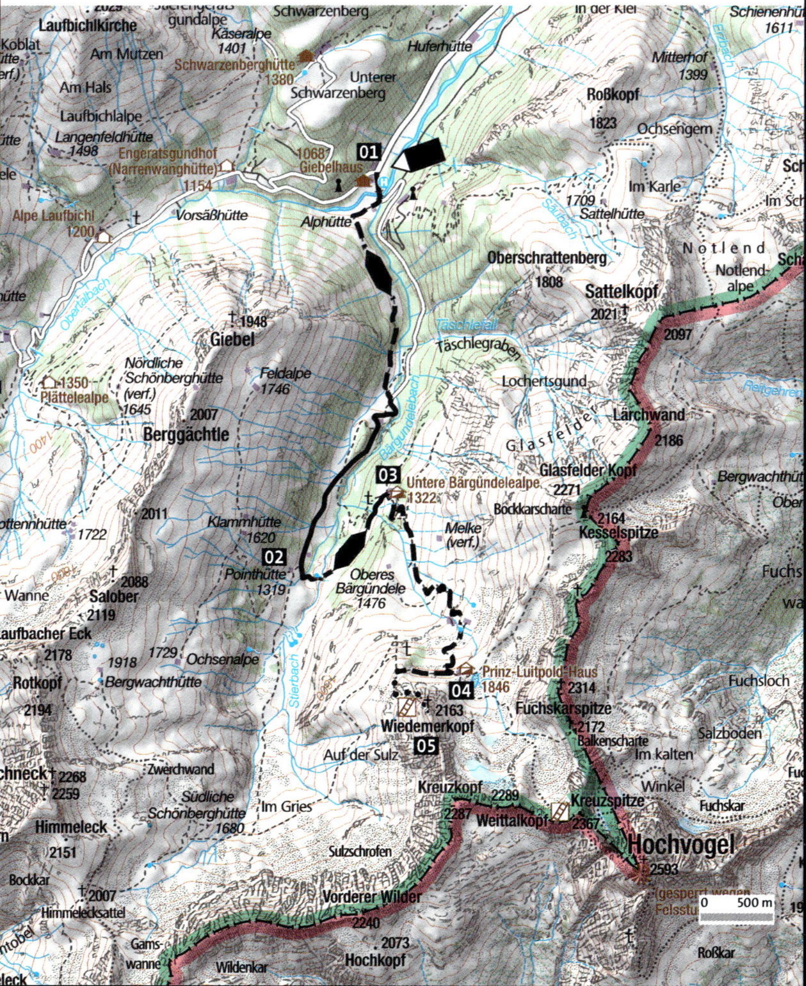

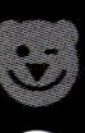
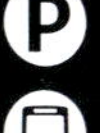
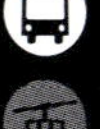
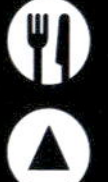
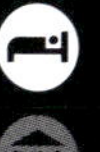

ENTSCHENKOPF • 2043 m

Stramme Gipfeltour

 12 km 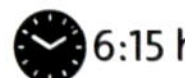6:15 h 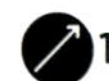1232 hm 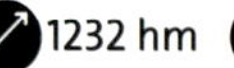1232 hm 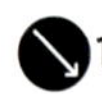3

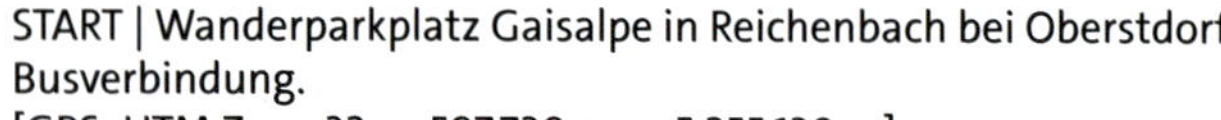

START | Wanderparkplatz Gaisalpe in Reichenbach bei Oberstdorf, Busverbindung.
[GPS: UTM Zone 32 x: 597.730 m y: 5.255.130 m]
CHARAKTER | Abwechslungsreiche Rundtour, die zum Großteil auf schmalen, felsigen Steigen und Pfaden verläuft. Neben einigen Drahtseilstellen gibt es im Aufstieg zum Gipfel auch Passagen, bei denen man Hand an den Fels anlegen muss.

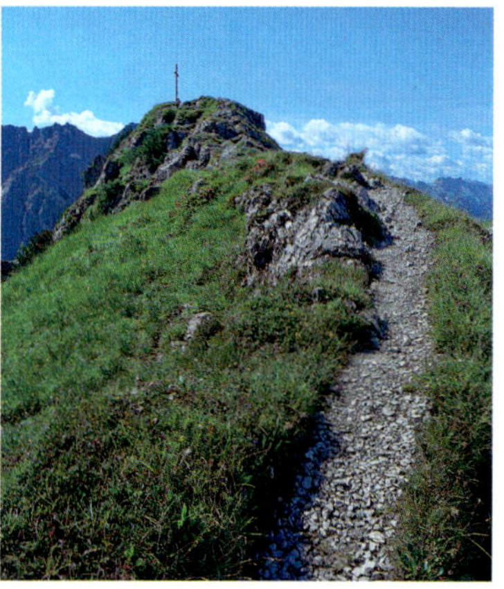

Die letzten Meter zum Entschenkopf-Gipfelkreuz

Herrliche Gipfeltour, die mit einem schluchtartigen Tobelweg, steilen Waldpfaden und felsigen Steigen und Gratwegen einiges an Kondition verlangt, dafür mit fantastischen Aussichten, zwei wunderbaren Seen und Einkehrmöglichkeiten am Anfang und am Ende der Rundwanderung bestens entschädigt.

Vom **Wanderparkplatz Gaisalpe 01** wandern wir auf einem Asphaltsträßchen leicht ansteigend in den Wald hoch, passieren links eine Abzweigung zur Schönen Aussicht und überqueren einen Bachlauf. In einer deutlichen Rechtskurve zweigt links der markierte **Tobelweg 02** ab. Wir verlassen den Asphalt und folgen dem breiten Kiesweg, der am Bachlauf entlang verläuft. Der Weg verengt sich, es geht über Holzstufen hoch und wenig später gelangen wir zur ersten Brücke. Über Holz- und Eisenstufen sowie einer Eisenleiter steigen wir steil und teilweise in engen Kehren im Tobel bergauf, überqueren den rauschenden Bachlauf noch zweimal, bis wir, zuletzt flacher werdend, auf ein Asphaltsträßchen treffen, das uns links hoch zum **Berggasthof Gaisalpe 03** bringt.

Hier endet der Asphalt und wir folgen der Markierung „Entschenkopf" auf einem Schotterweg in Richtung Wald. Auf einem wurzeligen Pfad steigen wir ordentlich steil am Waldrand entlang an, passieren ein Waldstück, wo wir uns an den rot-weißen Markierungen an den Bäumen orientieren, und gelangen dann auf teilweise durch Viehtritte sumpfige Passagen zur **Rubi-Hütte 04**.

Mit herrlicher Aussicht zum Entschenkopf und zum Rubihorn steigen wir recht steil hoch, durch ein weiteres Waldstück, bis wir offenes Alpgelände erreichen und am **Falkenjoch 05** nach rechts schwenken. Allmählich baut sich der Entschenkopf gewaltig vor uns auf, der Pfad wird steiler, führt in engen Kehren durch Latschen hindurch, wird steiniger und felsiger und verläuft schön am Grat entlang aufwärts. Wir schwenken rechtshaltend zu den Felsen und es folgen einige kleine Klettereinlagen über den geröllig-felsigen Steilhang. Nach dieser Steilpassage erreicht man oben den Grat und ist wenig später am Gipfelkreuz des **Entschenkopfs 06**, der eine fantastische Rundumsicht gewährt.

Der Abstieg verläuft recht steil abwärts auf einem schmalen, gerölligen Felspfad, meist direkt am Grat, mit schönen Tiefblicken nach links und rechts hinab und hinüber zum Nebelhorn. Rechts unten sind bald die beiden Gaisalpseen zu erkennen. Der schmale Pfad traversiert dann unterhalb des Grats am Hang entlang, führt durch Latschen und ist an manchen Stellen recht abschüssig, Rutschgefahr; Trittsicherheit ist gefragt! Nach einem kleinen Gegenanstieg geht es um einen Felskopf herum und weiter in steilen Kehren Richtung See hinab. Es folgen nochmals felsige, teils etwas ausgesetzte Passagen und eine drahtseilgesicherte Stelle, die uns um einen Felskopf herumleitet. Bei der Verzweigung, Pos. 1842 m, schwenken wir nach rechts und folgen dem abwärts führenden kiesigen Pfad. Wir umrunden etwas oberhalb am Hang den **Oberen Gaisalpsee 07** in einem großen Linksbogen und steigen weiter ab zum **Unteren Gaisalpsee 08**.

Wir bleiben auf dem Weg oberhalb des Sees und steigen über den nun wieder stärker Steigcharakter annehmenden Weg über geröllige und felsige, teils recht steile Stufen abwärts. Es wird ausgesetzter, Drahtseilstellen folgen

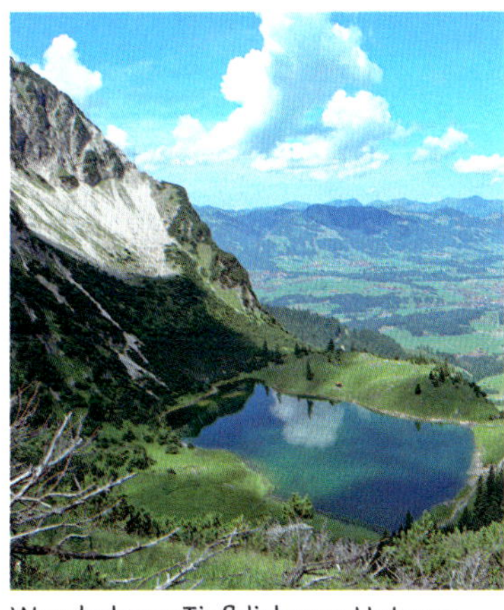
Wunderbarer Tiefblick zum Unteren Gaisalpsee

und es geht über Holz- und stellenweise recht speckig-glatte Felsstufen steil bergab. Nach einer freien Wiesenfläche und einem kleinen Waldstück biegen wir links ab und wandern zur Unteren **Richtersalpe 09** hinab, geradeaus ist auch die Gaisalpe zu sehen. Auf einem Asphaltsträßchen geht es weiter bergab zum Waldrand und rechts stoßen wir wenig später auf den Hinweg. Auf dem bekannten Weg durch den Gaißbachtobel wandern wir zurück zum **Wanderparkplatz Gaisalpe 01** in Reichenbach.

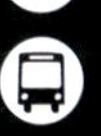

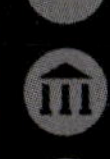
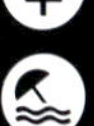

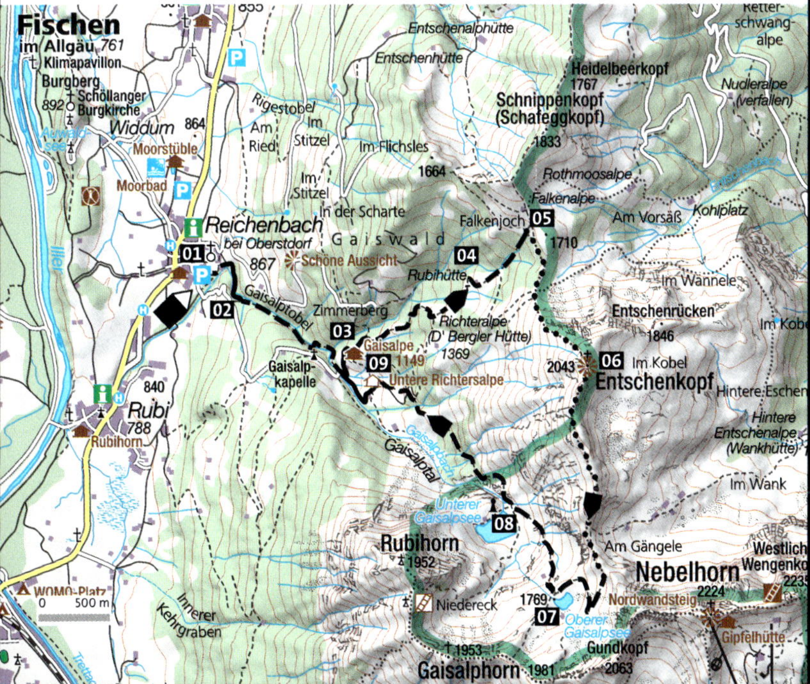

HOCHLEITE UND FREIBERGSEE

Mit Hilfe der Söllereck-Gondel vom Berg ins Tal

  7,75 km  2:45 h 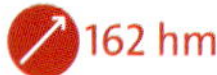 162 hm 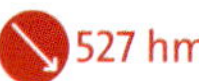 527 hm  3

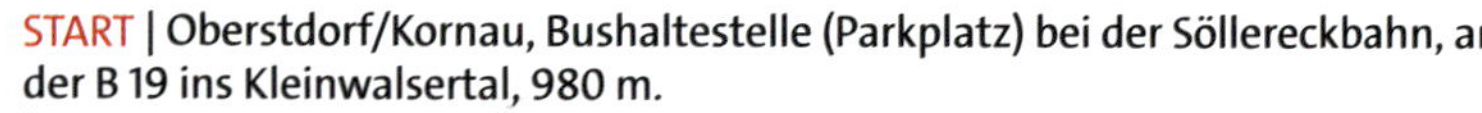

START | Oberstdorf/Kornau, Bushaltestelle (Parkplatz) bei der Söllereckbahn, an der B 19 ins Kleinwalsertal, 980 m.
[GPS: UTM Zone 32 x: 344.015 m y: 5.274.244 m]
CHARAKTER | Unbedeutende Anstiege, mitunter steiler Abstieg zur Alp Huberles-Schwand. Teilweise bezeichnete Pfade und Steige sowie Wander-, Alp- und Fahrwege.

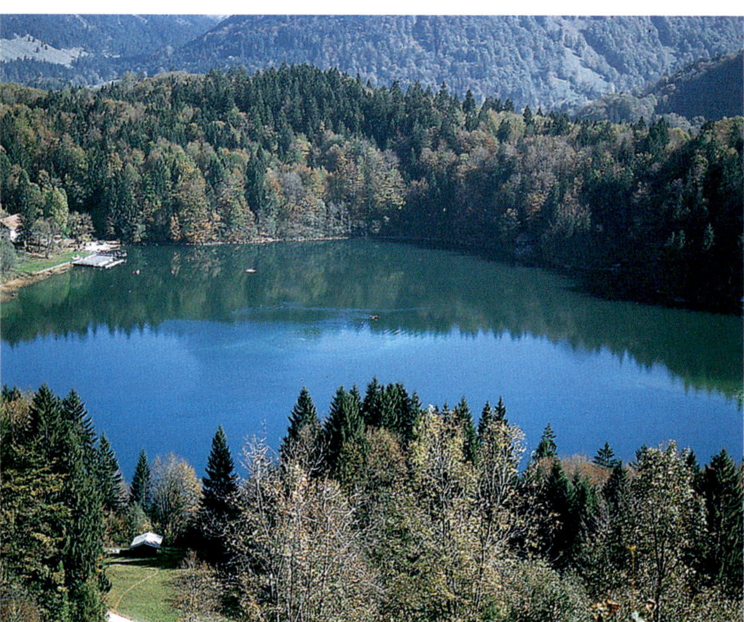

Bei Spaziergängern, Wanderern und Badegästen gleichermaßen beliebt – der waldumschlossene Freibergsee über dem Stillachtal

Rasch gelangt man von der Bushaltestelle bei der Söllereckbahn im Ortsteil Kornau hinauf zur Talstation. Die Gondel bringt einen zum **Gasthaus Schönblick 01**, dem Startpunkt der kurzweiligen Wanderung.

Richtung Freibergsee geht es auf einem Spazierweg leicht steigend zum nahen Berghaus Am Söller und weiter auf einem Waldwanderweg. Ein langer Holzsteg trägt uns trockenen Fußes über eine Feuchtwiese, zumindest bis zum nächsten Wegweiser. Dort quert links ein unbezeichneter Pfad vollends das **Hühnermoos 02**. Im Zickzack einen zunehmend steileren Waldhang bergabsteigend ist darauf zu achten, dass man den mitunter undeutlichen Steig nicht verliert. Wer gepflegte Wege vorzieht, wählt besser den beschilderten Kurs über Schwand.

An der Alp Huberles-Schwand, auch Ottos Hütte genannt, liegen plötzlich drei parallele Oberstdorfer Bergketten vor uns mit Nebelhorn, Schneck und Höfats. Von der bescheidenen Bergweide leitet ein flacher Ziehweg durch ein Waldstück und unter dem Felsriegel des Schartenkopfs vorbei zu einem weiteren kleinen

Weidegebiet mit einer Privathütte. An der folgenden Einmündung in einen Alpweg weist das Schild bergab zum **Berggasthaus Hochleite** 03.

Auf dem erneut zum **Freibergsee** 04 beschilderten Pfad queren wir nochmals mittels eines Holzstegs eine Feuchtwiese. Dann schimmert, während wir in Windungen teilweise über Holzstufen durch den schönen Bergwald talwärts spazieren, bereits das ersehnte Badegewässer durchs Geäst. Zuletzt erreichen wir auf einem Fahrweg das Strandcafé am malerischen Freibergsee. Wir gehen ein kurzes Stück zurück, bis der Edmund-Probst-Weg Richtung Söllereckbahn abzweigt. Der mit vielen ausführlichen Tafeln als Naturlehrpfad angelegte, anfangs flache, später leicht steigende Wanderweg leitet an einem Felsaufschluss vorbei und kreuzt mehrere kleine Bachtobel und Lichtungen. Bald nach dem Naturfreunde-Ferienheim Freibergsee taucht das **Alpengasthaus Bergkristall** 05 auf. Auf einem Anliegersträßchen ist es jetzt nicht mehr weit zur Söllereckbahn in **Kornau** 06.

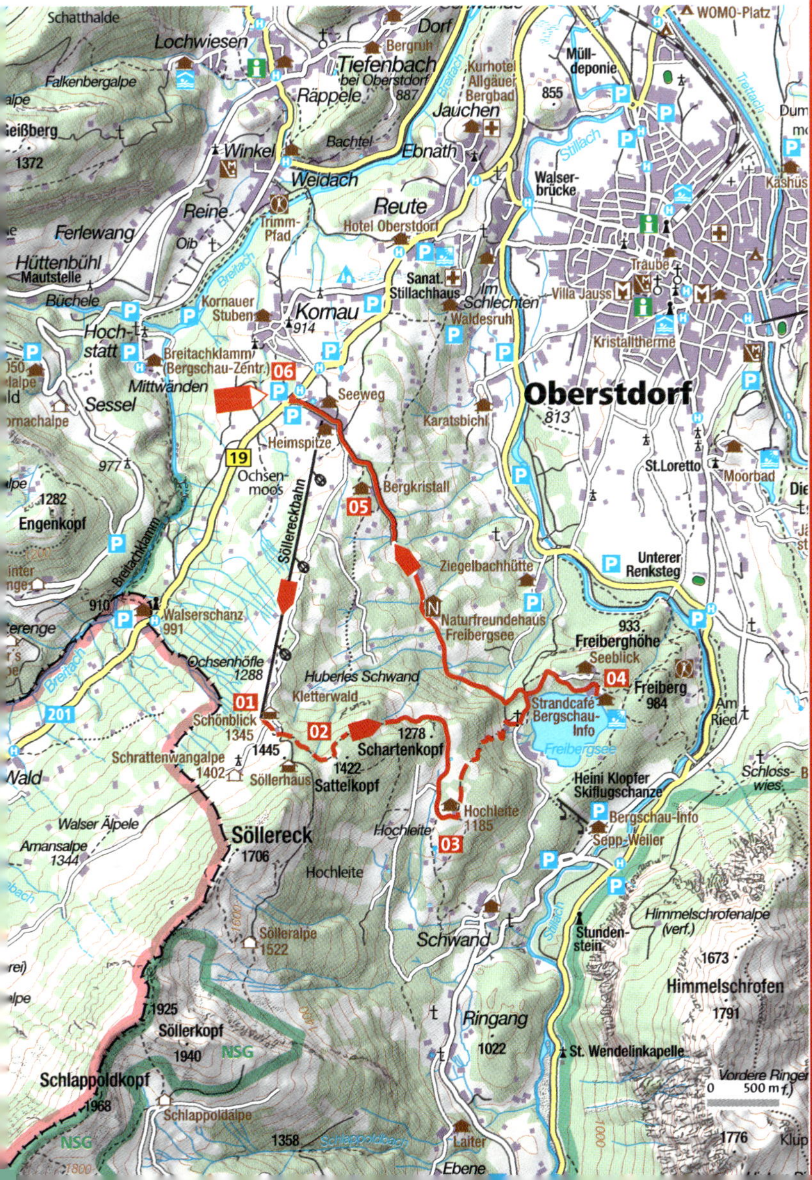

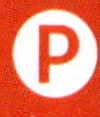

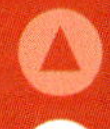
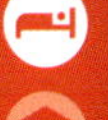

OBERSTDORF – EDMUND-PROBST-HAUS

Wilde Gebirgsbäche, einsames Hochtal, steile Bergflanken

 12,2 km 5:30 h 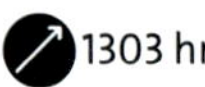1303 hm 196 hm 3

START | Rossbichlstraße, Eissportzentrum Oberstdorf.
[GPS: UTM Zone 32 x: 597.097 m y: 5.250.994 m]
CHARAKTER | Für konditionsstarke und bergerfahrene Könner und Kenner eine Prachttour. Auf endlosen Pfaden steil durch die Seewände zu einem traumhaften Bergsee und dann die Nacht auf der Berghütte.

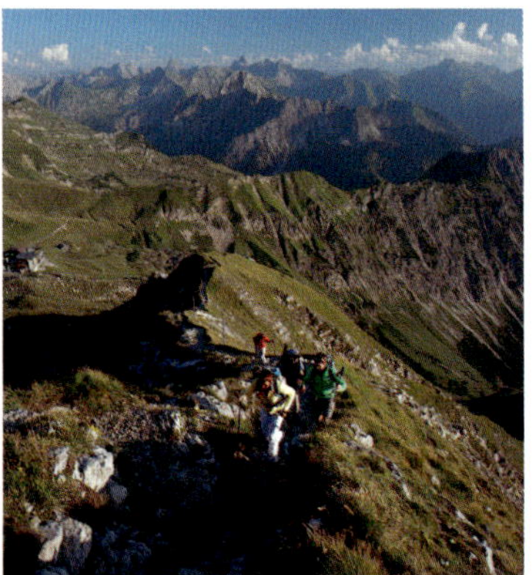

Oberstdorf: am Nebelhorn

Diese Tour lässt sich hervorragend mit den Touren 96 und 97 zu einer mehrtägigen Wanderung ausbauen.

In Sichtweite des **Eissportzentrums 01**, wo die jungen, jüngsten und erfahrenen Eiskunstläufer an ihrem Können ganzjährig feilen, geht es links ab in die „Roßbichlstraße“. Rechts darf man die drei Trilogienadeln über der Trettach bestaunen und bemerkt sicher das gläserne Gebäude des Faltenbach-Kraftwerks. Durch die „Faltenbachstraße“ geht es nun links herum bergauf. Zunächst an einigen Villen vorbei, dann zum Eingang der Erdinger Arena. Die Münchner Brauerei ist Namensgeber der Schattenbergschanzen. Weiter bergauf und aus der Bebauung heraus erreicht die Route rasch den Abzweig zum **Gasthof Pension Kühberg 02** (ganz rechts über Stichweg) und halbrechts den abzweigenden Feldweg. Dieser führt durch wunderschönes Wiesen- und Waldgelände und nähert sich sicht- und hörbar mehr und mehr der Trettach. Den **Zusammenfluss von Oybach und Trettach 03** kann man nicht ohne weiteres sehen, aber bevor der von links heraneilende Oybach gequert werden könnte, geht es links ab auf einem schönen Uferweg, der den Namen Dr.-Hohenadel-Weg trägt. Mehrfach steigt man über Geländestufen aufwärts, die der Oybach schäumend und gischtend überspringt. Dann erreicht man den Fahrweg ins Talinnere.

Nach dem riesigen Holzkreuz rechts begeistert die Ahornallee, dann gibt es wieder Gelegenheit, dem Oybach ganz nahe zu kommen. Links ab folgt die Route dem Gebirgsfluss und führt im großen Bogen vor den **Berggasthof Oytalhaus 04**. Den Fahrweg nutzt die

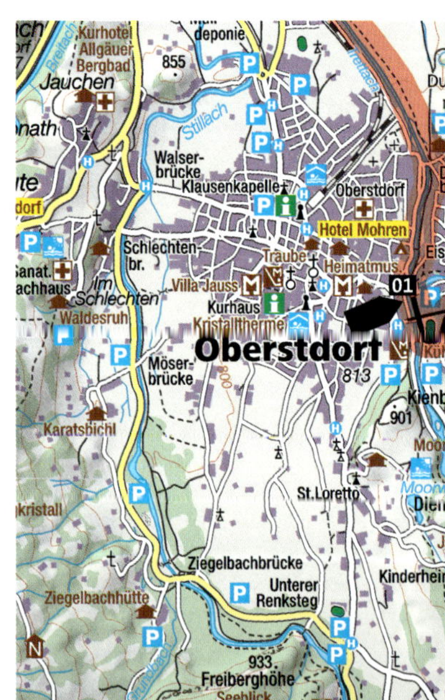

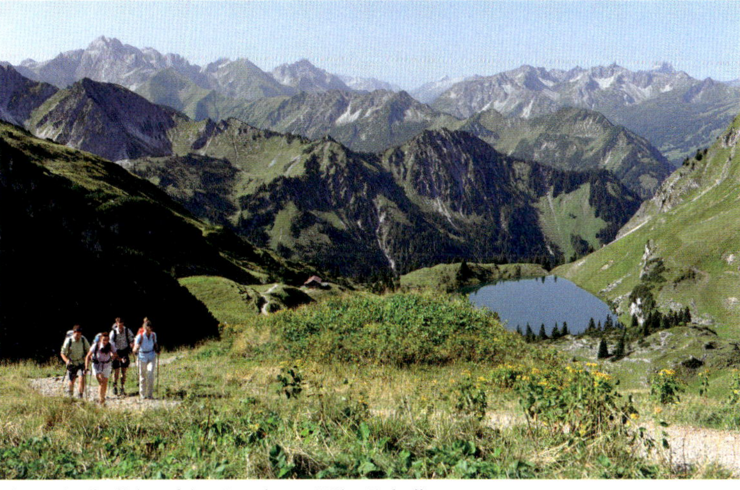

Oberstdorf: Blick auf den Seealpsee Nähe Nebelhorn

Route linker Hand zur Querung des Oybaches und um sich dann wenig später nach links zu emanzipieren.

Ab jetzt beginnt ein besonders **spannendes Aufstiegsszenario 05**. Man darf Bergbäche überspringen, wühlt sich durch ein Schuttfeld (Achtung, nach ca. 120–150 m Aufstieg den Hang nach links queren – keine Markierung) und findet nach der Querung den Bergsteig. Der turnt dann scheinbar endlos in vielen Schwüngen und Kehren hinauf. Über Mäggles Egg, einer geröllreichen Bergflanke, geht es nach links und dann in eine Taleinbuchtung, an deren Ende sich dann erstmals der Blick auf den Seealpsee öffnet. Was für eine Idylle. Der Pfad tanzt, später links abzweigend, zum **See 06** hinunter, folgt dem Ufer nach Norden und steigt dann wieder steil an der **Hinteren See-Alpe 07** vorbei durch Steilwände unterhalb des Zeigergipfels hinauf zum **Zeigersattel 08** auf 1922 m Höhe. Der Blick zurück ist atemberaubend. Der Blick voraus einladend.

Bald erreicht die Route den Fuß des Geländesattels mit der Nebelhornbahn und dem Ziel, dem **Edmund-Probst-Haus 09**.

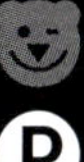
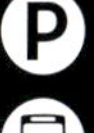
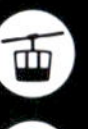
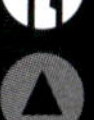
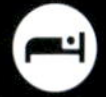

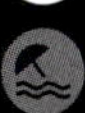

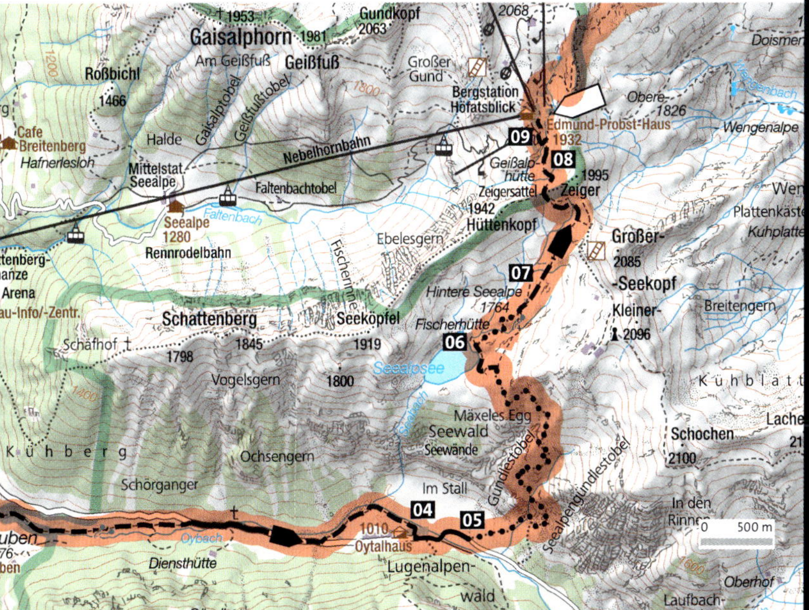

EDMUND-PROBST-HAUS – SCHWARZENBERGHÜTTE

Wandern wie auf einem anderen Stern

  8,2 km 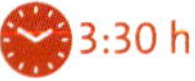 3:30 h 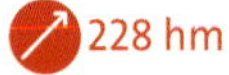 228 hm 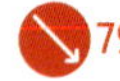 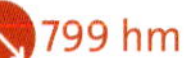 799 hm  3

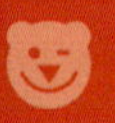

START | Edmund-Probst-Haus.
[GPS: UTM Zone 32 x: 601.653 m y: 5.252.010 m]
CHARAKTER | Das ist alpines Bergwandern. Über die Hochfläche des Koblat läuft der Bergwanderer zu drei idyllisch gelegenen Bergseen und steigt über zwei Alpen zur gemütlichen Übernachtungshütte ab.

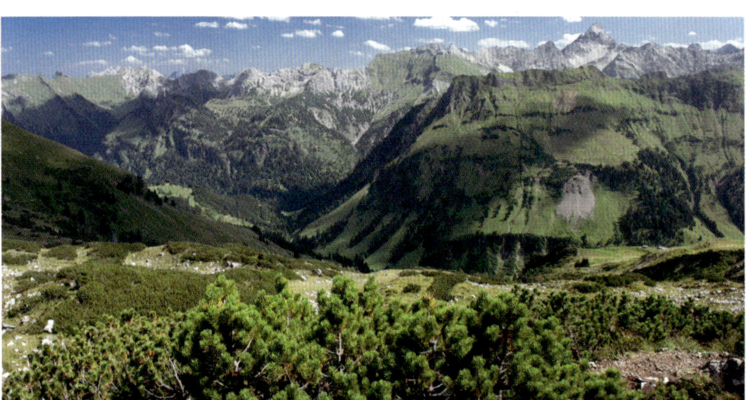

Oberstdorf: am Koblat

Diese Tour lässt sich hervorragend mit den Touren 95 und 97 zu einer mehrtägigen Wanderung ausbauen.

▶ Los geht's vor dem **Edmund-Probst-Haus** 01 unmittelbar an der Bergstation der Nebelhornbahn. Gegenüber der Bergstation führt die Etappe erst einmal Richtung Großer Daumen und steigt mäßig steil unter dem Westlichen Wengenkopfberg hinauf bis zur einer ersten Kreuzung. Hier wendet sich die Route nach links, erreicht einen Bergkamm und führt weiter in Richtung Großer Daumen über die Karsthochfläche des Koblat. Durch schöne Bergwiesen, durchsetzt mit Schrannen und Felsbrocken, geht es auf und ab, bis der Weg an einer Wegegabelung nach links leitet.

Später bietet der **Aussichtspunkt „Aussicht auf Oberstdorfer Berge"** 02 einen beeindruckenden Rundum-Blick auf die Allgäuer Bergwelt. Wenige Meter weiter orientiert sich die Route nach rechts und folgt dem Bergpfad durch eine artenreiche Flora mit Enzian, Alpenrose und Spinnweb-Hauswurz. Wieder gabelt sich der Weg, es geht links weiter und durch ein gerölliges Gelände, das vereinzelt mit Grasflächen durchsetzt ist. Die Assoziation einer Mondlandschaft ist hier nicht von der Hand zu weisen. Immer wieder schweift der Blick dabei über das tief eingeschnittene Wengenbachtal, während der Weg unterhalb der mächtigen Felsflanken der Wenköpfe (links) entlangführt. Auf und ab und links und rechts windet sich der Weg durch das Gelände, dass vor allem vom Karst, zahlreichen Felssprüngen und Latschenkiefern dominiert wird. Der Hochflächencharakter ist der früheren Überdeckung durch Eismassen geschuldet, die vielen Risse und Schrannen der allmählichen Zersetzung durch Wasser, Hitze und Frost. Die einzige Orientierung sind Wegweiser an markanten

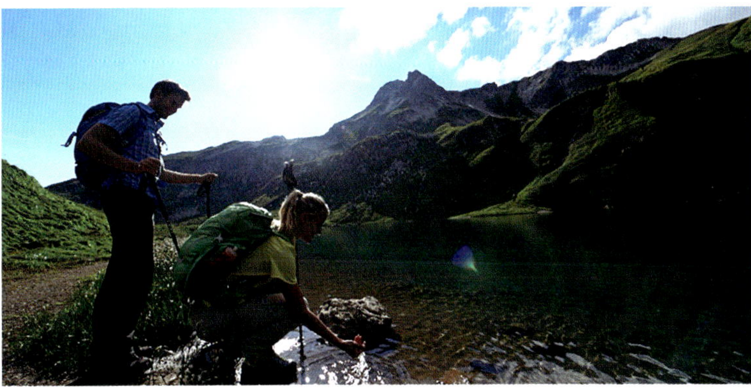

Bad Hindelang: Engeratsgundsee

Abzweigungen und die rote Farbmarkierung im Gelände. Nun erreicht der Weg den **Koblatsee** **03** auf 1966 m Höhe, es geht hier rechts am kleinen Bergsee vorbei und bald darauf zu dem 2012 m hoch gelegenen **Laufbichelsee** **04**, an dem der Weg ebenfalls rechter Hand vorbeiführt und in Richtung Engeratsgundsee und Schwarzenberghütte verläuft.

Vorbei an einem kleinen Gipfelkreuz etwas oberhalb des Sees führt der Pfad weiter durch die bizarre Karstlandschaft mit hunderten großer und kleiner Felsbrocken, zwischen einigen Lawinenrinnen blitzt Restschnee. Der nächste See auf dem Laufplan ist nun der **Engeratsgundsee** **05** mit der steinernen Seehütte. Es geht rechts an dem stillen See vorbei, in dem sich der Himmel, die Wolken und die steilen Bergwände spiegeln.

Es folgt ein **ausgeschilderter Abzweig** **06**, der nach rechts und steil hinab zur Schwarzenberghütte führt. Von nun an begleitet der Gündlesbach den weiteren Weg ins Tal zunächst zur **Käser-Alpe** **07**. Hier geht es links ab und das letzte Stück hinab bis zur **Schwarzenberghütte** **08** und damit dem Ende dieser Tour.

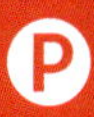
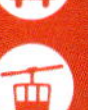

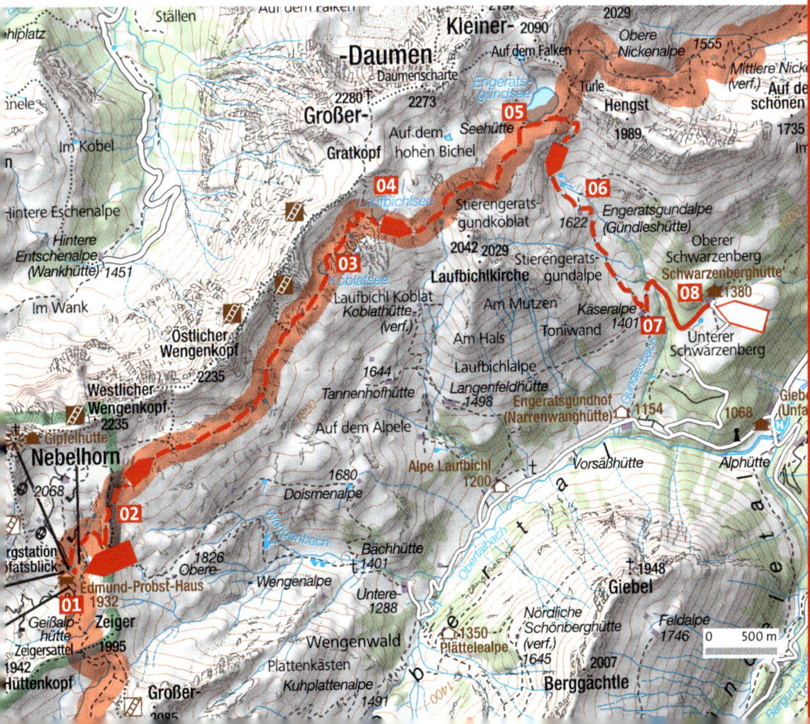

SCHWARZENBERGHÜTTE – BAD HINDELANG

Langer Abstieg aus der Einsamkeit

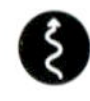  17,9 km  6:00 h  640 hm  1193 hm  3

START | Schwarzenberghütte.
[GPS: UTM Zone 32 x: 606.083 m y: 5.253.796 m]
CHARAKTER | Eine alpine Bergtour mit einem langen Abstieg. Diese Etappe vereint vieles: wilde Bergkulisse, entlegene Alpen, reißende Gebirgsbäche, gigantische Alpwiesen, einsame Täler und würzige Luft.

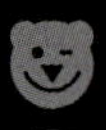
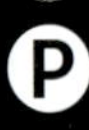

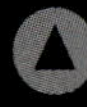

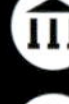
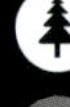

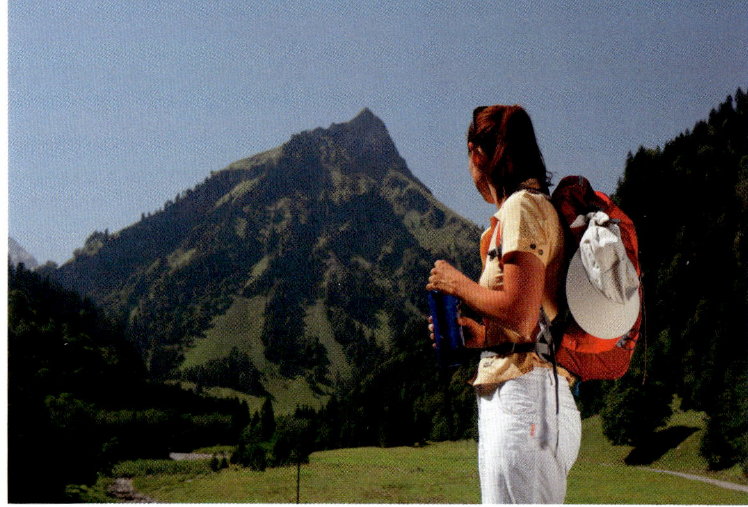

Bad Hindelang: Hintersteiner Tal

Diese Tour lässt sich hervorragend mit den Touren 95 und 96 zu einer mehrtägigen Wanderung ausbauen.

▶ Von der **Schwarzenberghütte** **01** steigt die Route über die Käser-Alpe steil hinauf zum idyllischen **Engeratsgundsee** **02**, der unter dem Gipfel des Kleinen Daumens am Grunde eines riesigen Talkessels liegt.

An der Wegegabelung steigt der Weg nun rechts steil hinauf zum **Türle** **03**, einem Bergsattel zwischen den Gipfeln von Kleinem Daumen und Hengst. Dann beginnt ein unglaublich spannender Abstieg durch das Tosenbachtal. In Kehren und Schwüngen geht es vorbei an der Oberen Niggen-Alpe, dann durch extrem felsiges und rutschiges Gelände im Linksbogen zum Alpgelände der **Mittleren Niggen-Alpe** **04** und dann im Rechtsbogen um dessen flaches Alpgebäude herum. Der Tosenbach wird nach heftigen Regenfällen seinem Namen gerecht, daher kann man sich die zweifache Querung unterhalb des Alphauses sparen, wenn man kurz vor dem Tosenbach die Direttissima wählt und dann links weg auf dem flacheren Alpboden unter der Gebirgsmauer von Pfannenbichler und Mittagsspitze auf die Untere Niggen-Alpe zuläuft. Die Markierung in diesem Gelände gewährleisten rote Farbpunkte. Bald erreicht der Weg eine Waldpassage und erreicht das schöne Alpgebäude, bevor es kurz davor wieder in Kehren nach rechts abwärtsgeht.

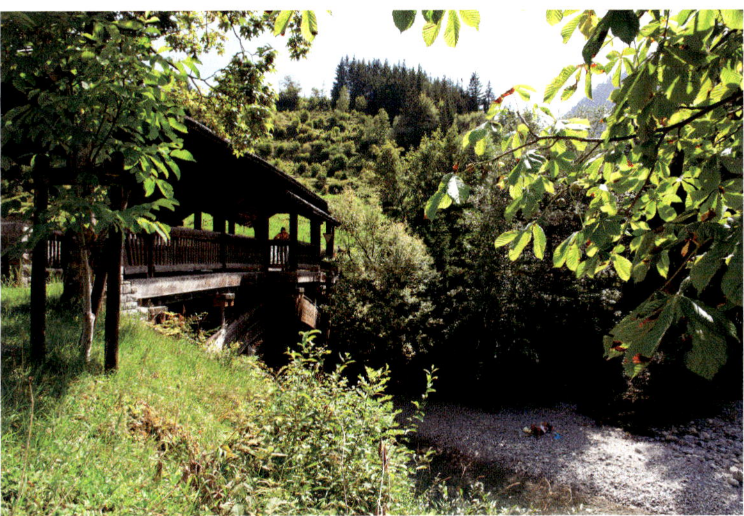

Bad Hindelang – Hinterstein: an der Ostrach

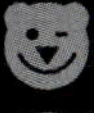
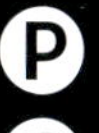
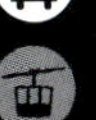
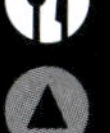
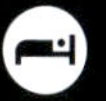

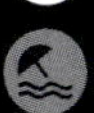

Der Weg steigt nochmals steil in Kehren durch den Wald ab und erreicht wieder flacheres Gelände und bald schon die Alpweiden der Möslealpe. Es folgt eine fast hangparallele Passage, an deren Ende die **Möslealpe 05** liegt.

Um das urige Alpgebäude herum führt der Weg rechts über Wiesen zum Waldrand hinunter und nutzt dann den sehr steilen Zufahrtsweg in Kehren bis zu einer Fahrstraße. Nun geht es links ab durch den Talboden des breiten Hintersteiner Tales mit der **Ostrach 06** als treue Begleiterin bis kurz vor Hindelang. An der Mündung des Eckbachtobels in die Ostrach nimmt die Etappe erstmals Sichtkontakt mit dem Wildfluss auf. Vor der Brücke geht es links weiter, den Fluss rechts in Hör- und Sichtweite. An der nächsten Brücke geht es rechts über die Ostrach und gleich links ab, an der Ostrach entlang. An der folgenden Wegekreuzung geht es links weiter, vorbei an der Eingangsstele von **Bad Hindelang 07**, und über eine überdachte Holzbrücke über die Ostrach und rechts des Flusses weiter.

Es geht vorbei am Kutschenmuseum und die Ostrach rückt für kurze Zeit weiter weg. Der Weg führt durch Wald und Weiden, rechts gibt es schöne Blicke auf Hinterstein, bevor die dritte Querung des Wildflusses nach rechts folgt. Wieder über eine überdachte **Holzbrücke 08** mit schönen Blicken in den Ostrachtobel. Es geht links ab zur Straße, der die Route kurz nach links folgt und dann links wieder die Ostrach quert. Die Route zieht im Linksbogen über eine Bergflanke und nähert sich vor dem Weiler **Bruck 09** wieder der Ostrach.

Am Wasserkraftwerk vorbei geht es vor dem Dorf rechts über eine herrliche, überdachte Holzbrücke über die Ostrach, um, links ab, eine Weile der Zufahrtsstraße nach Hinterstein auf Gehweg Richtung Bad Hindelang/Bad Oberdorf zu folgen. Dann zweigt die Route links ab und führt zwischen Straße und Fluss bis zu einem Wanderparkplatz. Der wird der Länge nach durchgequert, bevor nach einer Straße ein Uferweg rechts der Ostrach weiterführt. Statt die Ostrach ein sechstes Mal (nach links) zu queren, laufen wir geradeaus zur Bergwacht, dann weiter über den Parkplatz und die folgende Straße und einen Bachlauf zum ehemaligen Brauereigasthof Nordpol – heute **Hotel Alte Schmiede 10**. Dem „Schmittenweg" folgen wir nach links bis zu einer Kreuzung. Rechts ab geht es bis zur Querung des Hirschbaches und geradeaus führt ein Sträßchen nach Bad Hindelang und erreicht den „Unteren Buigweg". Eine Unterführung leitet unter der B 308 hindurch und direkt zur Tourist-Information und dem Kurhaus mit dem **Start- und Willkommensplatz 11**.

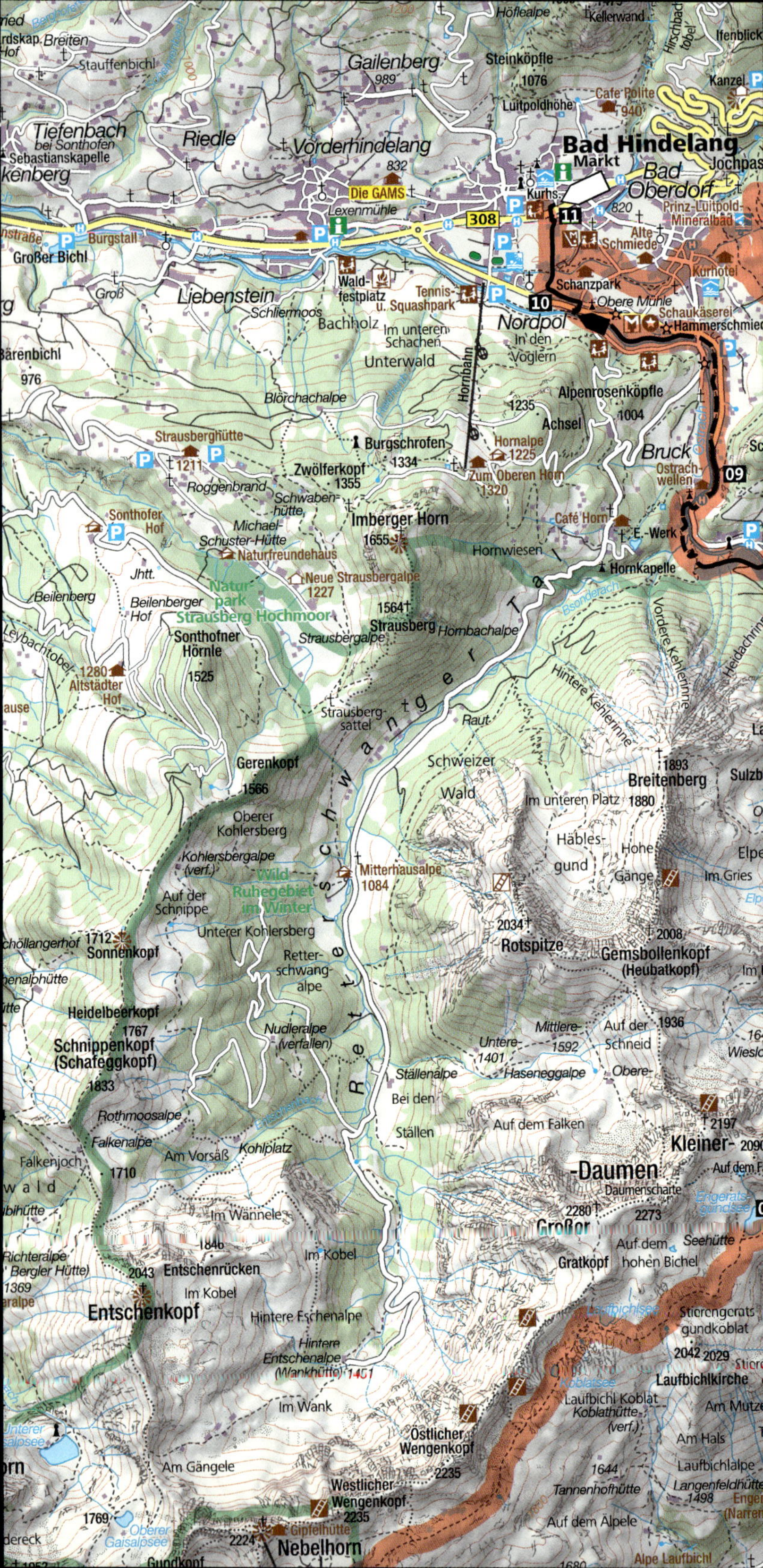

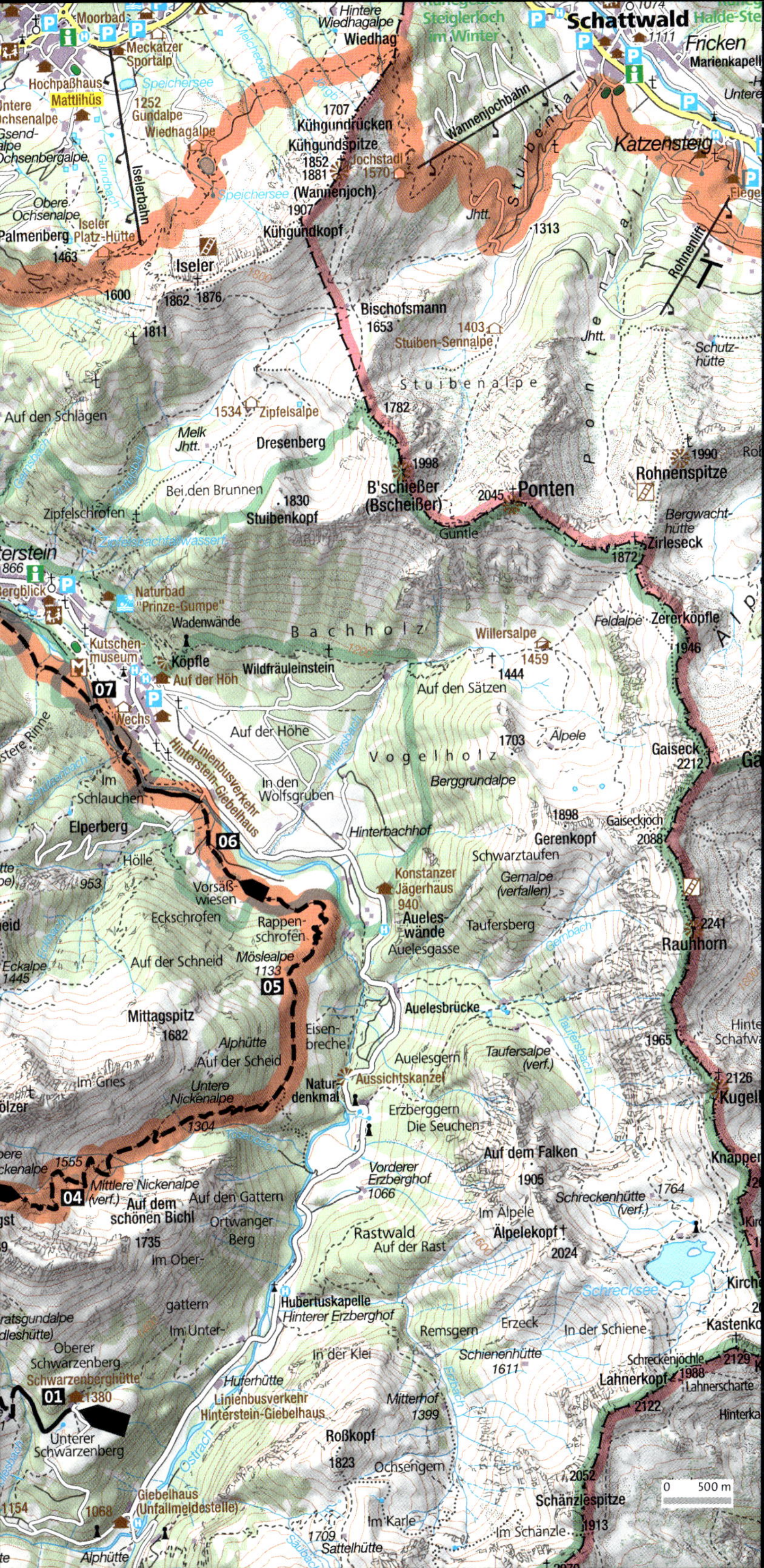
Moorbad
Hintere Wiedhagalpe
Wiedhag
Steiglerloch im Winter
Schattwald
1111
Fricken
Marienkapelle
Meckatzer Sportalp
Hochpaßhaus
Mattlihüs
Speichersee
1252 Gundalpe
Wiedhagalpe
1707
Kühgundrücken
Kühgundspitze
1852
1881
Jochstadl 1570
Wannenjochbahn
Katzensteig
Speichersee
(Wannenjoch)
1907
Obere Ochsenalpe
Iseler Platz-Hütte
Iselerbahn
Palmenberg
1463
Kühgundkopf
Jhtt.
1313
Rohnenlift
Iseler
1876
1862
1600
1811
Bischofsmann
1653
1403
Stuiben-Sennalpe
Jhtt.
Schutz-hütte
Stuibenalpe
1782
Auf den Schlägen
1534
Zipfelsalpe
Melk Jhtt.
Dresenberg
1998
1990
Rohnenspitze
Bei den Brunnen
1830
B'schießer (Bscheißer)
2045
Ponten
Zipfelschrofen
Stuibenkopf
Guntle
Bergwacht-hütte
Zirleseck
1872
Zipfelsbachfallwasser
866
Naturbad "Prinze-Gumpe"
Wadenwände
Bachholz
Feldalpe
Zererköpfle
Willersalpe
1946
Kutschen-museum
Köpfle
Wildfräuleinstein
1459
1444
Auf der Höh
07
Auf den Sätzen
Wechs
Auf der Höhe
1703
Älpele
Gaiseck
2212
Linienbusverkehr Hinterstein-Giebelhaus
Vogelholz
Im Schlauchen
In den Wolfsgruben
Berggrundalpe
1898
Gaiseckjoch
2088
Elperberg
Hinterbachhof
Gerenkopf
06
Schwarztaufen
Hölle
953
Konstanzer Jägerhaus
Gernalpe (verfallen)
Vorsäß-wiesen
940
Aueles-wände
Taufersberg
Eckschrofen
Rappen-schrofen
Auelesgasse
2241
Rauhhorn
Auf der Schneid
Möslealpe
1133
Eckalpe
1445
05
Auelesbrücke
Mittagspitz
1682
Eisen-breche
Alphütte
Auf der Scheid
Auelesgern
Taufersalpe (verf.)
1965
Im Gries
Untere Nickenalpe
Natur-denkmal
Aussichtskanzel
2126
Erzberggern
Die Seuchen
1304
Auf dem Falken
1555
Vorderer Erzberghof
1066
1905
Schreckenhütte (verf.)
1764
Mittlere Nickenalpe
04
Auf dem schönen Bichl
Auf den Gattern
Ortwanger Berg
Im Alpele
Rastwald
Auf der Rast
Älpelekopf
2024
1735
Im Ober-gattern
Schrecksee
Hubertuskapelle
Hinterer Erzberghof
Im Unter-
Remsgern
Erzeck
In der Schiene
Oberer Schwarzenberg
Schwarzenberghütte
In der Klei
Schienenhütte
1611
Schreckenjöchle
Lahnerkopf
1988
Lahnerscharte
2129
01
1380
Huferhütte
Linienbusverkehr Hinterstein-Giebelhaus
Mitterhof
1399
2122
Unterer Schwarzenberg
Roßkopf
1823
Ochsengern
2052
Schänzlespitze
1154
1068
Giebelhaus (Unfallmeldestelle)
Im Karle
1913
Im Schänzle
1709
Sattelhütte
Alphütte
0
500 m

KANZELWANDHAUS • 1520 m

Aussichtsreiche Tour unter dem Fellhornkamm

  8,25 km  3:00 h 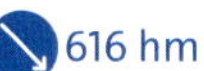 616 hm 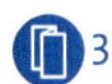 616 hm 3

START | Oberstdorf/Faistenoy, Bushaltestelle bei der Fellhornbahn (Parkplatz), 904 m.
[GPS: UTM Zone 32 x: 344.015 m y: 5.274.244 m]
CHARAKTER | Kurzzeitig spürbarer Aufstieg. Gut beschilderte Steige und geteerte Alpwege, anfangs Pfad.

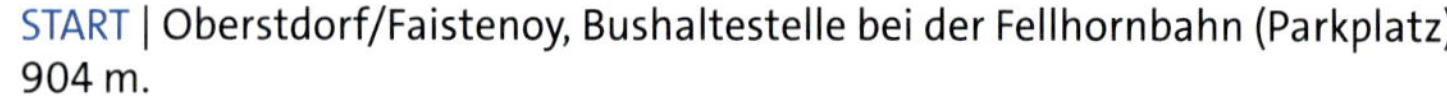

Der Warmatsgund einst und heute

Das Kanzelwandhaus in einer der bedeutendsten und modernsten Skiregionen des Allgäus war früher von abgeschiedenen Hochweiden umgeben und gehörte ursprünglich der Sonthofner Ordensburg. Diese ließ hier im Warmatsgund, der schon seit dem Mittelalter als Weidegebiet bekannt ist, kurz vor dem Zweiten Weltkrieg auch noch andere Gebäude errichten wie die Fiderepasshütte und die Jagdhütte bei der Höflealp. Das wildreiche Hochtal hatte ab dem ausgehenden 19. Jh. dem Prinzregenten Luitpold als wichtiges Jagdrevier gedient. Heute wird im Warmatsgund sogar ein Kraftwerk betrieben. Von den einstmals vier Alpen ist abgesehen vom „Umzug“ der alten Höflealp ins Freilichtmuseum nur noch das Schlappoldhöfle übrig geblieben. Die Kühgundalpen und Wankalpen sind längst Lawinen zum Opfer gefallen.

Talort des unbeschwerten Warmatsgund-Ausflugs ist **Faistenoy** 01. Hinter der Fellhornbahn lenkt der Wegweiser „Kanzelwandhaus“ auf einen gemütlichen Mischwaldpfad. Dieser wird bald für eine Weile von einem schweißtreibenden, gelegentlich mit Holzstufen befestigten Zickzacksteig abgelöst. Zwischendurch spitzelt das Oberstdorfer Parade-Felskleeblatt Trettachspitze, Mädelegabel und Hochfrottspitze durchs Astwerk. Unter uns macht ein über Wildbachverbauungen rauschender Sturzbach auf sich aufmerksam. Wo wir auf den zum Schlappoldhöfle führenden Alpweg stoßen, halten wir uns Richtung Fiderepasshütte. Die Route steigt danach in angenehmerer Manier und kreuzt nach einem Bachsteg im äußeren Warmatsgund ein paar kleinere Wasserläufe.

Ein Stück nach einer **Forsthütte** 02 quert man einen Alpweg und schlendert durch zunehmend aufgelockerte Waldbestände zum **Kanzelwandhaus** 03. Daneben steht die Möseralp. Am Naturfreunde-Ferienheim, das auch dem Bergwanderer für eine Stärkung offensteht, überrascht eine pracht-

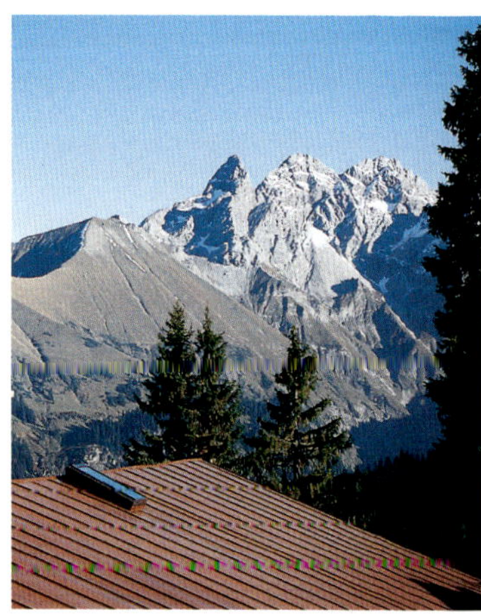

Als unverkennbares Wahrzeichen des hintersten Stillachtals begeistert das Felskleeblatt Trettachspitze, Mädelegabel und Hochfrottspitze

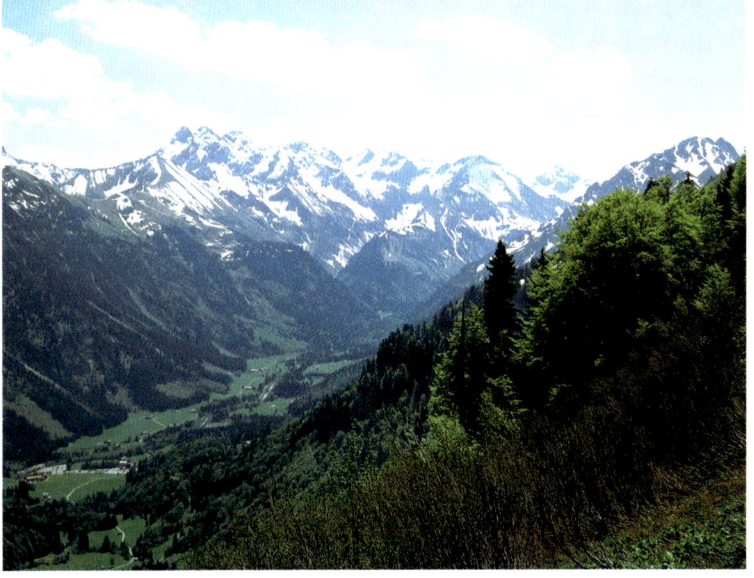

Tiefblick aufs Stillachtal, abgeriegelt von den Allgäuer Hochalpen

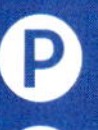

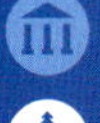
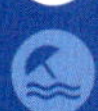

volle Gipfelschau: rechts wild gezackt Oberstdorfer Hammerspitze und Hochgehrenspitze, links Gundköpfe und Schafalpenköpfe, jenseits der Stillach die graziösen Spitzen der Höfats und der Große Krottenkopf. Für den Abstieg über licht bewaldete Weidehänge wählen wir den geteerten Alpweg. Dabei prägen sich immer wieder die schönsten Landschaftsbilder ein. Nach Querung des bereits vom Aufstieg bekannten Sturzbachs geht's unter der Fellhornbahn hindurch zum **Schlappoldhöfle** **04**.

Das Schild „Fellhornbahn-Talstation" dirigiert uns nach zahlreichen Haarnadelkurven wieder auf den morgendlichen Steig, der hinunter nach **Faistenoy** **01** leitet.

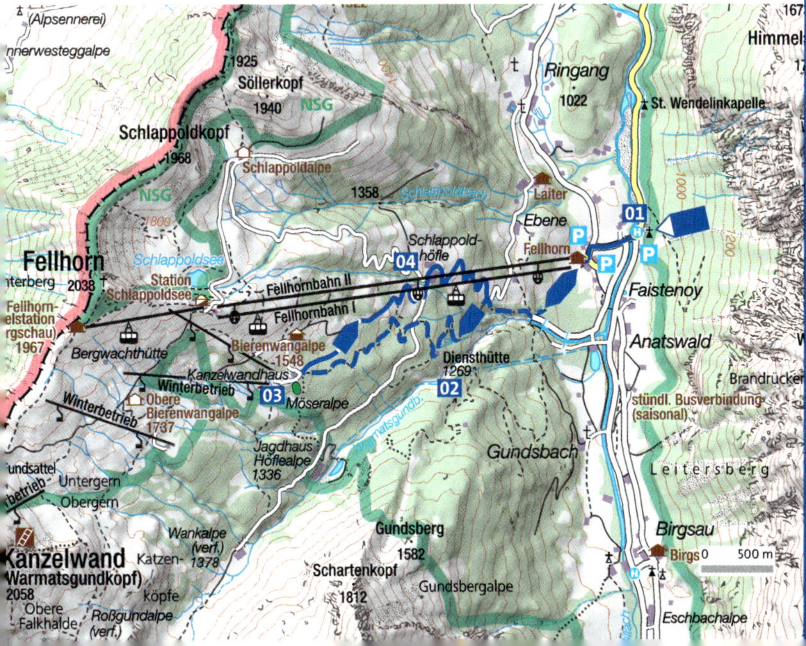

FIDEREPASSHÜTTE • 2067 m

Durch den Warmatsgund in die Schafalpen

  15,5 km  6:00 h 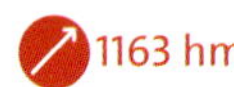 1163 hm 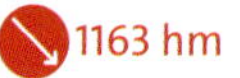 1163 hm  3

START | Oberstdorf/Faistenoy, Bushaltestelle bei der Fellhornbahn (Parkplatz), 904 m.
[GPS: UTM Zone 32 x: 344.015 m y: 5.274.244 m]
CHARAKTER | Kurze steile Aufstiege. Meist bezeichnete Steige und Alpwege, anfangs Pfad.

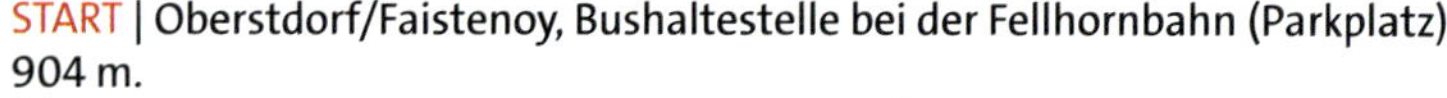

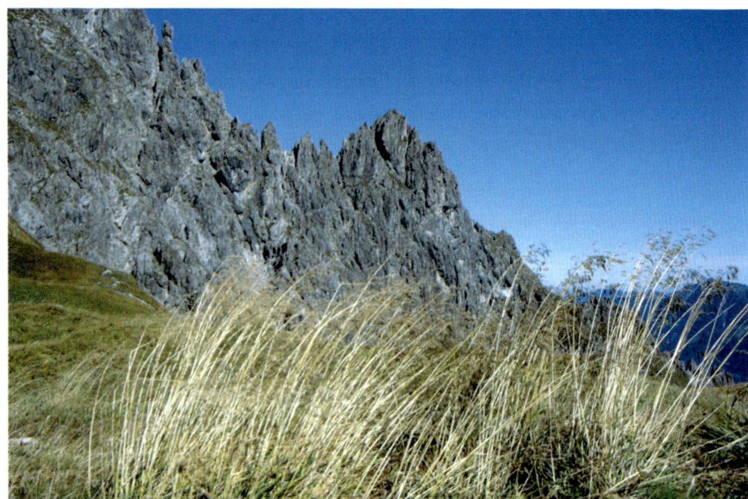

Luftig – der Nordostgrat der Oberstdorfer Hammerspitze

In atemberaubender Nähe begeistert auf der Fiderepasshütte die Formenvielfalt der Walsertaler Berge und Schafalpen. Mit ein wenig Glück kann man Begeher des Mindelheimer Klettersteigs beim Überschreiten der Leiter beobachten. Fesselndes Schaustück direkt über dem Alpenvereins-Stützpunkt ist der rassige Zackengrat der Oberstdorfer Hammerspitze.

▶ Hinter der Fellhornbahn in **Faistenoy** 01 lenkt der Wegweiser „Fiderepasshütte" auf einen gemütlichen Mischwaldpfad. Dieser wird bald für eine Weile von einem gelegentlich mit Holzstufen befestigten, schweißtreibenden Zickzacksteig abgelöst.

Ab und an spitzeln Trettachspitze, Mädelegabel und Hochfrottspitze durchs Astwerk. Nach einem Bachsteg kreuzen wir, wieder in angenehmerer Manier, ein paar kleinere Wasserläufe und kommen zu einer **Forsthütte** 02, wo der Aufstieg zur Bierenwangalpe abzweigt.

Hier folgen wir links dem unmarkierten Pfad, der in einen geteerten, sanft steigenden Alpweg mündet. Auf die Felszinnen der Schafalpenköpfe zuhaltend wandert man hinein in den verschwiegenen Warmatsgund. Nach einer weiteren Forsthütte, wo die alte, heute im Allgäuer Bergbauernmuseum Diepolz befindliche Höflealp stand, lichtet sich der Wald. Zur Linken bauen sich die kaum jemals besuchten Gundköpfe auf. Hinter einer Bachbrücke endet der Alpweg. Ein Feldweg zieht sich nun durch den hochromantischen Alpkessel am Fuße der Oberstdorfer Hammerspitze und der

Hochgehrenspitze. Dann schwingt sich ein Steig über einen Krummholzhang empor mit den im Herbst zahlreich vorhandenen Birken.

Von der winzigen auf einer Karschwelle stehenden **Kühgundalpe** 03 ist die Fiderepasshütte bereits sichtbar. Unter den schroffen Schafalpenköpfen entschwindet man über die mit Zwergsträuchern bewachsenen Buckelböden in den hintersten Kargrund. Am Rand eines Geröllstroms weicht man in ein paar Serpentinen einem Schrofenriegel aus und trifft wenig später bei der **Fiderepasshütte** 04 etwas oberhalb des gleichnamigen Passes ein.

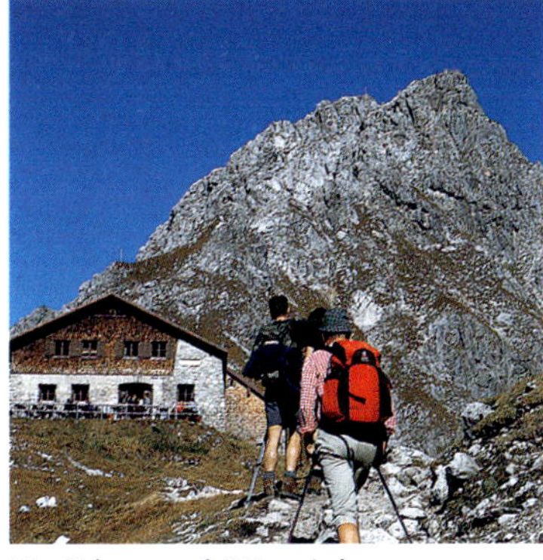

Die Fiderepasshütte wird von der rassigen Oberstdorfer Hammerspitze überragt

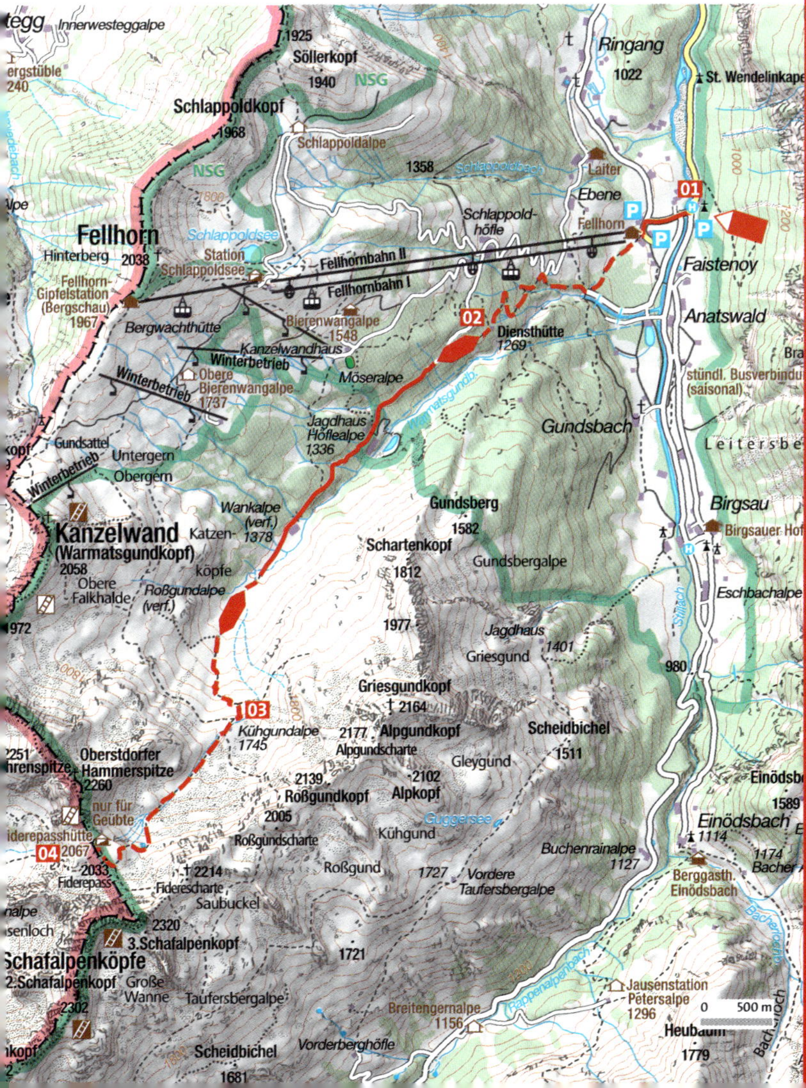

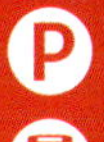
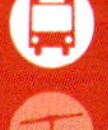

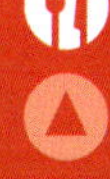

RAPPENSEEKOPF • 2469 m UND HOCHRAPPENKOPF • 2425 m

Gipfelüberschreitung für gehobene Ansprüche

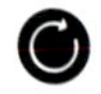 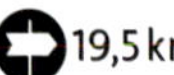19,5 km 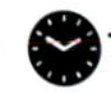10:00 h 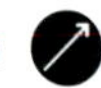1610 hm 1610 hm 3

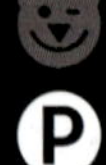
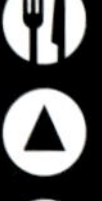

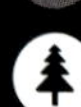

START | Oberstdorf/Birgsau, Bushaltestelle, 959 m, zu erreichen mit dem Linienbus von Oberstdorf; letzter Parkplatz in Faistenoy.
[GPS: UTM Zone 32 x: 344.015 m y: 5.274.244 m]
CHARAKTER | Längere steile Aufstiege. Die Trittsicherheit und leichte, stellenweise brüchige Kletterei (I) fordernde Überschreitung des Rappenseekopfs verlangt Ausdauer und Erfahrung. Gut bezeichnete Pfade und Steige, anfangs Fahrweg. Übernachtung empfehlenswert.

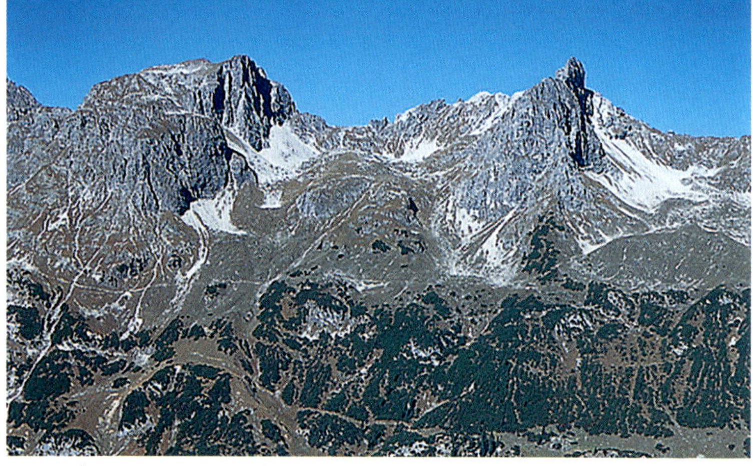

Vom Aufstieg zur Rappenseehütte schweift der Blick hinüber zu den einsamen Gundköpfen

▶ Unsere knackige Zweigipfeltour im westlichen Allgäuer Hauptkamm beginnt an der Bushaltestelle im Ortsteil **Birgsau** **01**. Die Anliegerstraße im Stillachtal wechselt nach kurzem in einen Fahrweg, der uns durch den Bergwald nach **Einödsbach** **02** bringt. Ein erst noch gemütlicher Waldpfad führt über einen Wildbachsteg und später hinauf zur Petersalpe. Auf einem Steig überwinden wir einen Erlenhang zu der auf einem Absatz stehenden **Enzianhütte** **03**

Nach Queren der Linkerskopfflanke steigt die Route erneut an zur Geländestufe am Mußkopf. Bald darauf ist am Rand einer noch begrünten Hochmulde die **Rappenseehütte** **04** mit dem Kleinen Rappensee erreicht.

Der kurzzeitig flache Steig Richtung Rappenseekopf schwingt sich – unter uns der Große Rappensee – über die von der Hochgundspitze herunterziehenden, etwas unangenehmen Block- und Schutthalden empor zu einer Scharte mit Blick zum Hohen Licht. Das an einer Weggabelung angebrachte Schild „Leichter Weg" räumt die anfänglichen Bedenken angesichts der aufsteilenden Schrofenflanke schnell wieder aus. Dennoch weist die bestens gestufte Route ein paar ausgesetzte Passagen auf. Der steile, mitunter brüchige Mittelteil verlangt sogar ein kurzes Handanlegen (I) und einen geübten Blick für zuverlässige Griffe und Tritte. Zuletzt meist dem Grat folgend ist für eine kleine Steilstufe, die auch rechts leicht umgangen werden kann, ein beherztes Zupacken angesagt.

Vom **Rappenseekopf** 05 gelangt man über bescheidene Schrofenköpfe (I) mit festem Fels und einen Grasrücken in einen Sattel. Der **Hochrappenkopf** 06 bietet uns einen problemlosen Schrofenrücken an.

Zurück im Sattel geht's anfangs im Zickzack, später Schutthalden querend, zur Rappenseehütte, wo man den bekannten Weg nach **Birgsau** 01 zum Ausgangspunkt zurückwandert.

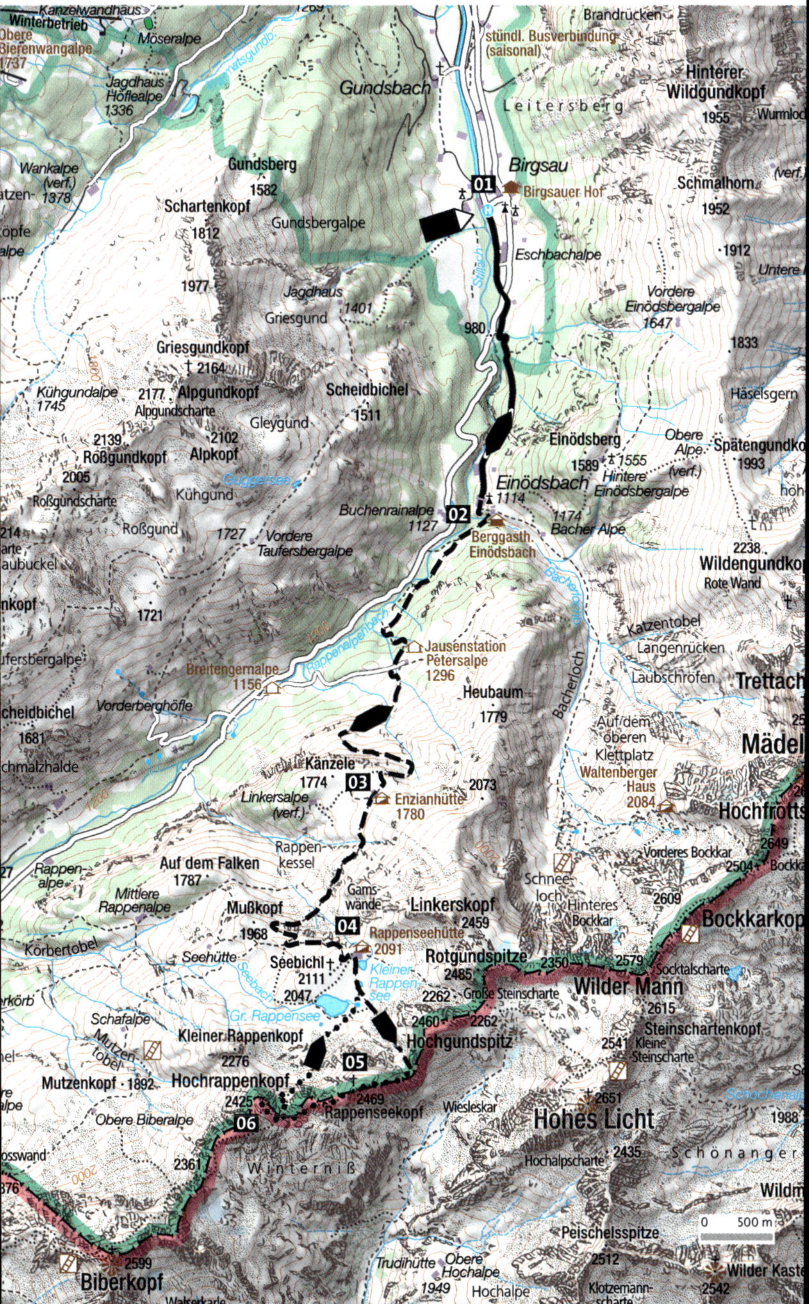

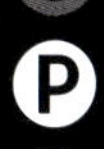

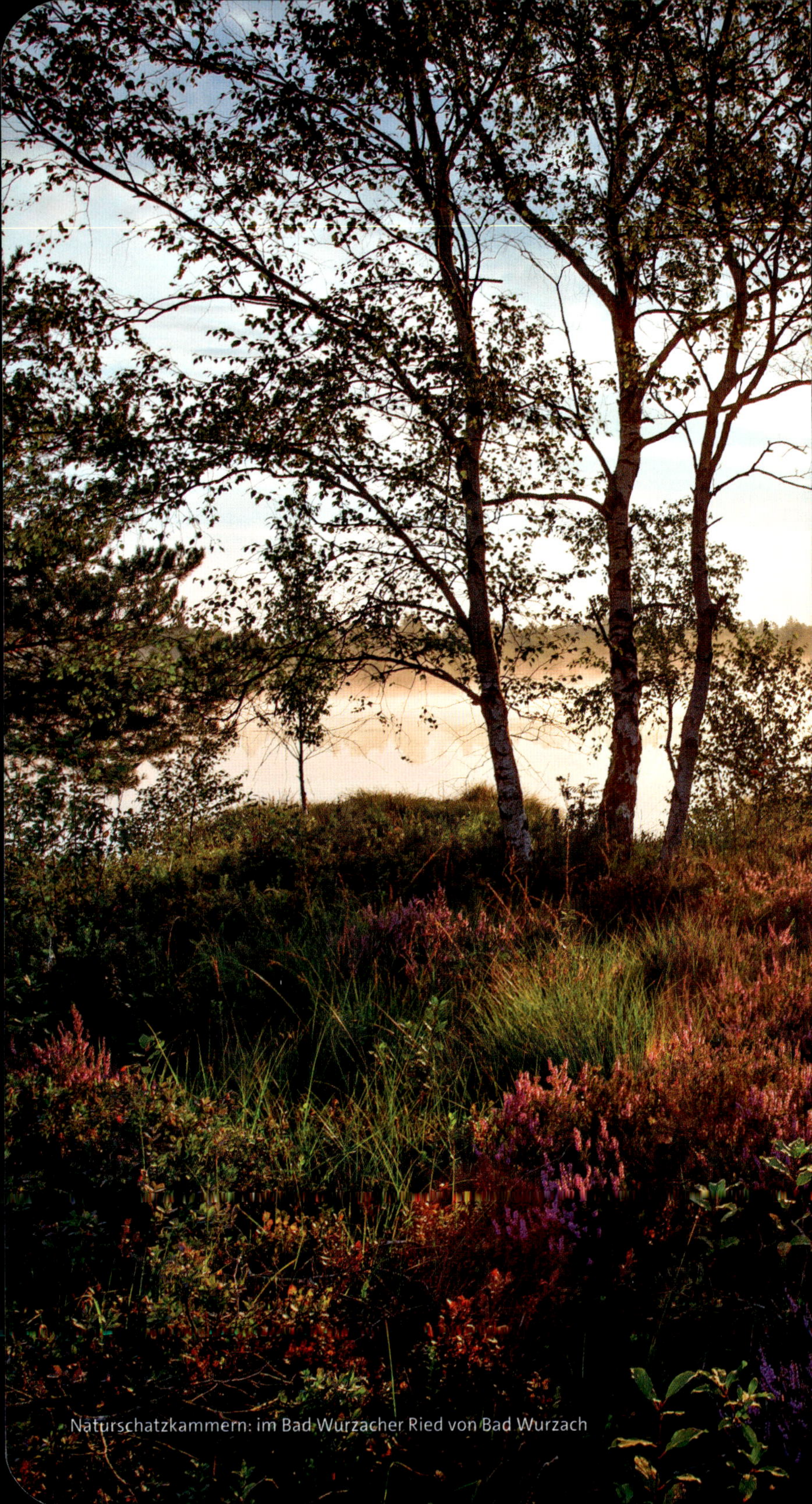

Naturschatzkammern: im Bad Wurzacher Ried von Bad Wurzach

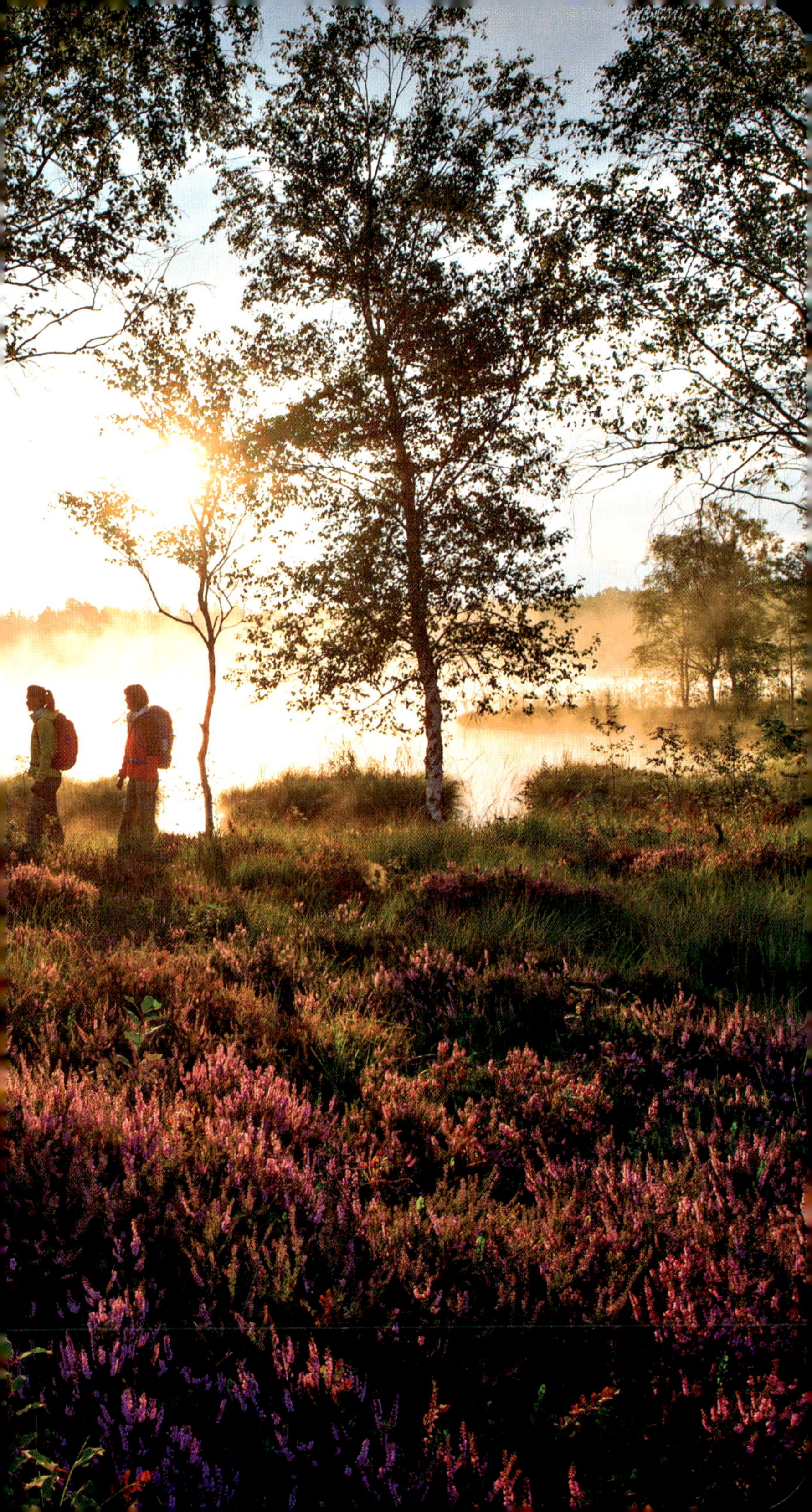

TOURISMUSINFORMATIONEN

Altusried
Kulturamt und Gästeinformation Altusried
Hauptstraße 18, 87452 Altusried
Tel. +49 (0) 83 73 / 70 51
www.altusried.de

Bad Grönenbach
Kur- und Gästeinformation
Bad Grönenbach
Marktplatz 5, 87730 Bad Grönenbach
Tel. +49 (0) 83 34 / 605 31
www.bad-groenenbach.de

Bad Hindelang
Bad Hindelang Tourismus
Buigenweg 2, 87541 Bad Hindelang
Tel. +49 (0) 83 24 / 89 20
www.badhindelang.de

Bad Waldsee
Kurverwaltung
Ravensburger Straße 3
88339 Bad Waldsee
Tel. +49 (0) 75 24 / 94 13 42
www.bad-waldsee.de

Bad Wurzach
Bad Wurzach-Info
Rosengarten 1, 88410 Bad Wurzach i. A.
Tel. +49 (0) 75 64 / 30 21 50
www.bad-wurzach.de

Balderschwang
Gäste-Info Balderschwang
Dorf 16, 87538 Balderschwang
Tel. +49 (0) 83 29 / 10 56
www.balderschwang.de

Betzigau
Gemeindeamt
Rotkreuzstraße 2, 87488 Betzigau
Tel. +49 (0) 83 15 / 57 70 20
www.betzigau.de

Blaichach
Tourist-Info Blaichach
Immenstadter Straße 7, 87544 Blaichach
Tel. +49 (0) 83 21 / 607 69 50
www.blaichach.de

Buchenberg
Tourist-Info
Rathaussteige 2, 87474 Buchenberg
Tel. +49 (0) 83 78 / 92 02 22
www.buchenberg.de

Burgberg
Gästeinformation Burgberg
Rettenberger Straße 2
87545 Burgberg
Tel. +49 (0) 83 21 / 78 78 97
www.burgberg.de

Dietmannsried
Gemeindeamt
Rathausplatz 3
87463 Dietmannsried
Tel. +49 (0) 83 74 / 582 00
www.dietmannsried.de

Durach
Gemeinde Durach
Bahnhofstraße 1, 87471 Durach
Tel. +49 (0) 831 / 56 11 90
www.durach-allgaeu.de

Eglofs
Gästeamt Argenbühl
Kirchstraße 9, 88260 Argenbühl
Tel. +49 (0) 75 66 / 940 20
www.argenbuehl.de

Ermengerst
Gemeinde Wiggensbach
Marktplatz 3, 87487 Wiggensbach
Tel. +49 (0) 83 70 / 920 00
www.wiggensbach.de

Fischen
Tourismus Hörnerdörfer GmbH
Im Anger 15, 87538 Fischen i. Allgäu
Tel. +49 (0) 83 26 / 364 60
www.hoernerdoerfer.de

Füssen
Füssen Tourismus & Marketing
Kaiser-Maximilian-Platz 1
87629 Füssen
Tel. +49 (0) 83 62 / 938 50
www.fuessen.de

Görisried
Gemeinde Görisried
Kirchplatz 8, 87657 Görisried
Tel. +49 (0) 83 02 / 97 23
www.goerisried.de

Halblech
Gästeinformation Halblech
Bergstraße 2a, 87642 Halblech
Tel. +49 (0) 83 68 / 285
www.halblech.de

Haldenwang im Allgäu
Gemeindeamt
Römerstraße 3, 87490 Haldenwang
Tel. +49 (0) 83 74 / 930 00
www.haldenwang.de

Illerbeuren
Schwäbisches Bauernhofmuseum
Museumsstraße 8, 87758 Illerbeuren
Tel. +49 (0) 83 94 / 14 55
www.bauernhofmuseum.de

Immenstadt
Das AlpSeeHaus - Bühl am Alpsee
Seestraße 10, 87509 Immenstadt
Tel. +49 (0) 83 23 / 998 87 17
www.immenstadt.de

Isny
Isny Marketing GmbH
Unterer Grabenweg 18, 88316 Isny i. A.
Tel. +49 (0) 75 62 / 97 56 30
www.isny.de

Kaufbeuren
Kaufbeuren Tourismus &
Stadtmarketing e.V.
Kaiser-Max-Straße 3A
87600 Kaufbeuren

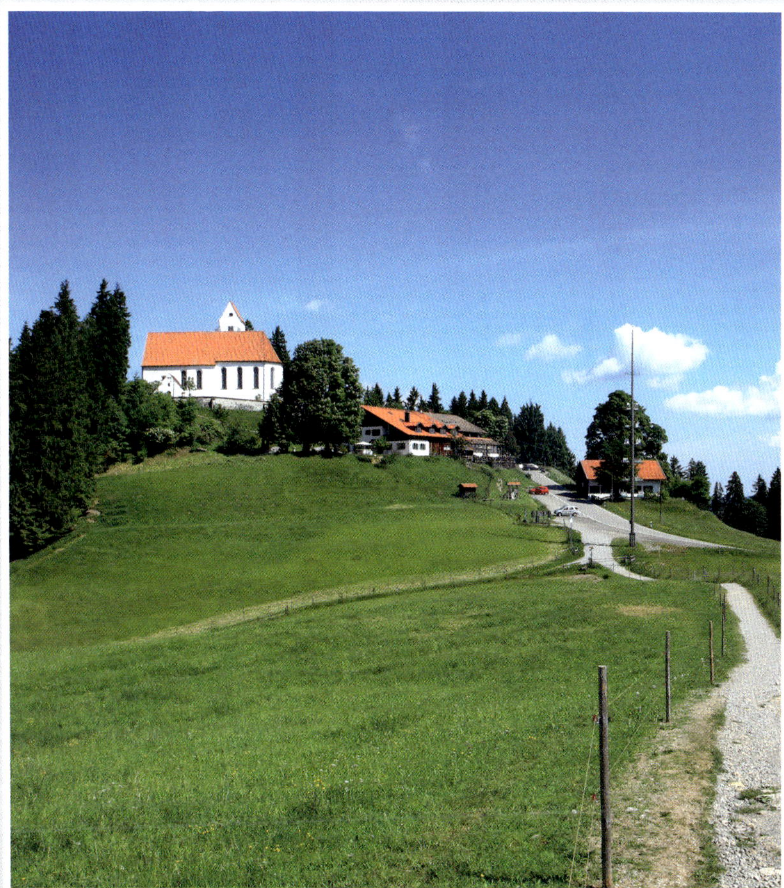

Stötten am Auerberg: Kapelle St. Georg am Auerberg

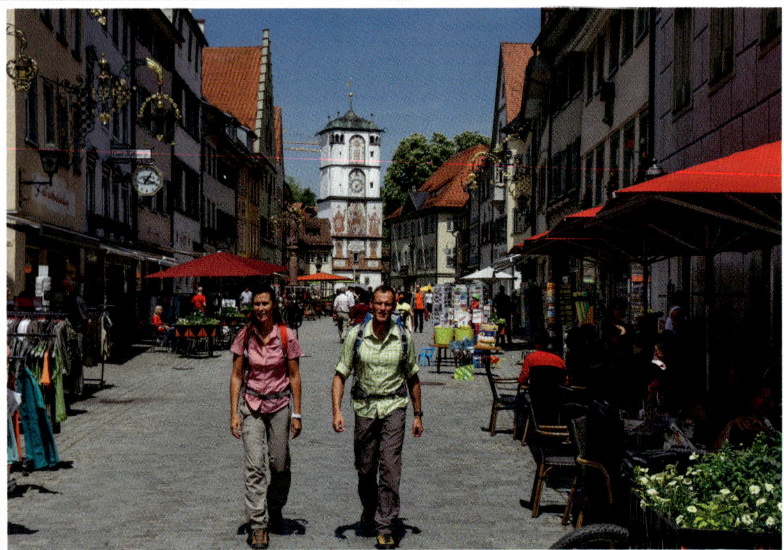

Wangen: in der Altstadt

Tel. +49 (0) 83 41 / 43 71 90
www.kaufbeuren-tourismus.de

Kempten
Tourist-Information
Rathausplatz, 87435 Kempten
Tel. +49 (0) 831 / 252 52 37
www.kempten.de

Kißlegg
Gäste- und Bürgerbüro im Neuen Schloss
Schlossstraße 5, 88353 Kißlegg
Tel. +49 (0) 75 63 / 93 61 43
www.kisslegg.de

Lechbruck
Touristinformation Lechbruck am See
Flößerstraße 1, 86983 Lechbruck am See
Tel. +49 (0) 88 62 / 98 78 30
www.lechbruck.de

Leutkirch
Touristinfo Leutkirch
Marktstraße 32
88299 Leutkirch im Allgäu
Tel. +49 (0) 75 61 / 871 54
www.leutkirch.de

Lindenberg
Tourist-Information in der Kulturfabrik
Museumsplatz 1, 88161 Lindenberg
Tel. +49 (0) 83 81 / 928 43 10
www.lindenberg.de

Marktoberdorf
Touristikbüro Marktoberdorf
Richard-Wengenmeier-Platz 1
87616 Marktoberdorf
Tel. +49 (0) 83 42 / 40 08 45
www.touristik-marktoberdorf.de

Missen-Wilhams
Tourismusbüro Missen-Wilhams
Hauptstraße 45, 87547 Missen
Tel. +49 (0) 83 20 / 456
www.missen-wilhams.de

Nesselwang
Tourist-Information
Hauptstraße 20
87484 Nesselwang
Tel. +49 (0) 83 61 / 92 30 40
www.nesselwang.de

Obermaiselstein
Grasgehren Berghütte
Riedbergpass 1
87536 Obermaiselstein
Tel. +49 (0) 83 26 / 77 73
www.berghuette-grasgehren.de

Oberreute
Gästeamt Oberreute
Hauptstraße 34
88179 Oberreute
Tel. +49 (0) 83 87 / 12 33
www.oberreute.de

Oberstaufen
Oberstaufen Tourismus Marketing GmbH
Hugo-von-Königsegg-Straße 8
87534 Oberstaufen
Tel. +49 (0) 83 86 / 930 00
www.oberstaufen.de

Oberstdorf
Tourismus Oberstdorf
Prinzregenten-Platz 1, 87561 Oberstdorf
Tel. +49 (0) 83 22 / 70 00
www.oberstford.de

Ofterschwang
Gästeinformation Ofterschwang
Kirchgasse 1, 87527 Ofterschwang
Tel. +49 (0) 83 21 / 821 57
www.ofterschwang.de

Ottobeuren
Touristikamt Kur & Kultur Ottobeuren
Marktplatz 14, 87724 Ottobeuren
Tel. +49 (0) 83 32 / 92 19 50
www.ottobeuren.de

Oy-Mittelberg
Kur- und Tourismusbüro Oy-Mittelberg
Wertacher Straße 11, 87466 Oy-Mittelberg
Tel. +49 (0) 83 66 / 207
www.oy-mittelberg.de

Pfronten
Pfronten Tourismus
Vilstalstraße 2, 87459 Pfronten
Tel. +49 (0) 83 63 / 698 88
www.pfronten.de

Rettenberg
Tourist-Info Rettenberg
Bichelweg 2, 87549 Rettenberg
Tel. +49 (0) 83 27 / 920 40
www.rettenberg.de

Scheidegg
Scheidegg Tourismus
Rathausplatz 8, 88175 Scheidegg
Tel. +49 (0) 83 81 / 895 55
www.scheidegg.de

Sonthofen
Tourist-Info Sonthofen
Rathausplatz 1, 87527 Sonthofen
Tel. +49 (0) 83 21 / 61 52 91
www.sonthofen.de

Stötten am Auerberg
Gemeinde Stötten
Füssener Straße 11
87675 Stötten am Auerberg
Tel. +49 (0) 83 49 / 920 40
www.stoetten.de

Sulzberg
Gemeindeamt
Rathausplatz 4, 87477 Sulzberg
Tel. +49 (0) 83 76 / 920 10
www.sulzberg.de

Waltenhofen
Gemeindeamt
Rathausstraße 4
87448 Waltenhofen
Tel. +49 (0) 83 03 / 790
www.waltenhofen.de

Wangen im Allgäu
Gästeamt-Touristinformation Wangen
Bindstraße 6, 88239 Wangen im Allgäu
Tel. +49 (0) 75 22 / 742 11
www.wangen.de

Weiler-Simmerberg
Tourist-Information Weiler
Hauptstraße 14, 88171 Weiler i. Allgäu
Tel. +49 (0) 83 87 / 391 50
www.weiler-tourismus.de

Weitnau
Tourismusbüro Weitnau
Hoheneggstraße 25, 87480 Weitnau
Tel. +49 (0) 83 75 / 92 02 41
www.weitnau.de

Wertach
Tourist-Info Wertach
Rathausstraße 3, 87497 Wertach
Tel. +49 (0) 83 65 / 70 21 19
www.wertach.de

Wiggensbach
Gemeindeamt
Marktplatz 3, 87487 Wiggensbach
Tel. +49 (0) 83 70 / 920 00
www.wiggensbach.de

Wildpoldsried
Gemeindeamt
Kemptener Straße 2, 87499 Wildpoldsried
Tel. +49 (0) 83 04 / 920 50
www.wildpoldsried.de

IMPRESSUM

© KOMPASS-Karten, A-6020 Innsbruck (21.01)
1. Auflage 2021 Verlagsnummer 1625 ISBN 978-3-99044-984-4

Text und Fotos (soweit nicht anders angegeben):
Siegfried Garnweidner
Allgäu GmbH
Michael Sänger
Maria Strobl
Walter Theil

Titelbild: Ein Sommer auf der Alm (© Peter Atkins – stock.adobe.com)

Fotonachweis:
S. 16, 17, 21, 32, 33, 35, 47, 56, 57, 59, 80, 102, 107, 110, 112, 114, 115, 130, 152–153, 165, 166, 170, 171, 174, 175, 180, 181, 206, 207, 221, 228, 229, 230, 231, 232, 233, 242–243, 245, 246: Allgäu GmbH
S. 20: cityfoto24/AdobeStock
S. 2, 3, 12, 13, 24, 26, 27, 28, 29, 30, 38, 40, 42, 46 unten, 66, 67, 72, 74, 76, 78, 86, 87, 88, 90, 91, 94, 100, 101, 108, 116, 117, 118, 119, 120, 128, 129, 136, 138, 140, 141, 142, 143, 144, 162, 164, 168, 169, 198, 202, 203: Siegfried Garnweidner
S. 34, 50, 126, 197, 201: Michael Sänger
S. 44, 62, 64, 69, 70, 82, 83, 84, 92, 96, 98 links, 104, 124, 125, 133, 135, 146, 147, 148, 149, 150, 157, 158, 160, 172, 176, 177, 178, 182, 183, 190, 192, 194, 209, 210, 211, 212, 213, 214, 216, 218, 219, 222, 224, 225, 226, 236, 237, 238, 239, 240: Walter Theil, Archiv Kompass
S. 46 oben: www.fotolia.de
S. 51: Miguel Moreno/AdobeStock
S. 85: Grutzifix/fotolia.de
S. 98 rechts: Heinz Schiffer/fotolia.de
S. 193: VRD/AdobeStock
S. 200: thomasp24/AdobeStock

Grafische Herstellung: Maria Strobl
Wanderkartenausschnitte: © KOMPASS-Karten GmbH
Kartengrundlage für Gebietsübersichtskarte 14-15:
© MairDumont, D-73751 Ostfildern 4

Alle Angaben und Routenbeschreibungen wurden nach bestem Wissen gemäß unserer derzeitigen Informationslage gemacht. Die Wanderungen wurden sehr sorgfältig ausgewählt und beschrieben, Schwierigkeiten werden im Text kurz angegeben. Es können jedoch Änderungen an Wegen und im aktuellen Naturzustand eintreten. Wanderer und alle Kartenbenützer müssen darauf achten, dass aufgrund ständiger Veränderungen die Wegzustände bezüglich Begehbarkeit sich nicht mit den Angaben in der Karte decken müssen. Bei der großen Fülle des bearbeiteten Materials sind daher vereinzelte Fehler und Unstimmigkeiten nicht vermeidbar. Die Verwendung dieses Führers erfolgt ausschließlich auf eigenes Risiko und auf eigene Gefahr, somit eigenverantwortlich. Eine Haftung für etwaige Unfälle oder Schäden jeder Art wird daher nicht übernommen. Für Berichtigungen und Verbesserungsvorschläge ist die Redaktion stets dankbar. Korrekturhinweise bitte an folgende Anschrift:

KOMPASS-Karten GmbH
Karl-Kapferer-Straße 5, A-6020 Innsbruck
www.kompass.de/service/kontakt

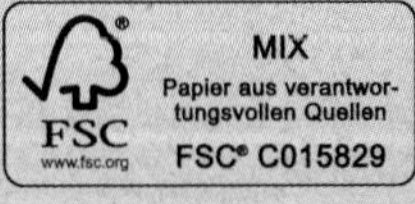